本书受到中国人民大学国家发展与战略研究院智库丛书出版资助

智库中社 中国经济外交蓝皮书(2018)
China Economic Diplomacy Blue Book

国际经济舞台上
的外交引领者

Diplomatic Leader in the International Economic Arena

主　编：李　巍
副主编：张玉环　宋亦明

中国社会科学出版社

图书在版编目（CIP）数据

国际经济舞台上的外交引领者：中国经济外交蓝皮书.2018／李巍主编.
—北京：中国社会科学出版社，2018.4
ISBN 978－7－5203－2066－5

Ⅰ.①国…　Ⅱ.①李…　Ⅲ.①对外经济关系—研究报告—中国—2018
Ⅳ.①F125

中国版本图书馆 CIP 数据核字（2018）第 027437 号

出 版 人　赵剑英
责任编辑　王　茵
特约编辑　郭　枭
责任校对　赵雪姣
责任印制　王　超

出　　　版　中国社会科学出版社
社　　　址　北京鼓楼西大街甲 158 号
邮　　　编　100720
网　　　址　http://www.csspw.cn
发 行 部　010－84083685
门 市 部　010－84029450
经　　　销　新华书店及其他书店

印　　　刷　北京君升印刷有限公司
装　　　订　廊坊市广阳区广增装订厂
版　　　次　2018 年 4 月第 1 版
印　　　次　2018 年 4 月第 1 次印刷

开　　　本　710×1000　1/16
印　　　张　33.75
插　　　页　2
字　　　数　455 千字
定　　　价　138.00 元

中国经济外交蓝皮书(2018)
编委会

主　　　编　李　巍

副　主　编　张玉环　宋亦明

项目组成员(以姓氏笔画为序)

王劭慧　　艾雪颖　孙　忆　孙　妍

向恬君仪　朱红宇　吴　娜　苏　晗

汪皓明　　罗仪馥

中国经济外交迈入新时代

改革开放以来，中国逐步融入到全球经济体系当中，并不断学习与消化吸收既有的国际经济规则体系。伴随着中国与其他各国经济相互依赖不断加深，中国深度参与全球和区域经济治理、扩大对外经济合作的需求也不断增加，中国经济外交因此迅速兴起，并逐渐成为中国整体外交活动中的重要内容。

2008年之后，中国在国际经济外交中的角色发生了重大变化。受金融危机和债务危机影响，美国和欧盟在全球经济事务中的领导地位受到冲击，而中国在全球体系中的经济实力地位不断提升，并于2010年超越日本成为世界第二大经济体，中国在处理国际经济事务中所扮演的角色愈发重要。这促使中国从国际经济外交舞台上的普通参与者和跟随者转变为舞台中央的"弄潮儿"和引领者。

2013年之后，中国的经济外交活动更加奋发有为，新一届政府上台之后在经济外交方面亮点频出，在多个领域都取得重要进展。首先，中国开展了积极有为的贸易外交，包括推动WTO框架下的全球多边谈判不断艰难向前，完成中国—东盟自贸区升级版、中韩和中澳自贸区谈判，推动"区域全面经济伙伴关系"的谈判进程，倡议建立亚太自由贸易区，进而打造以中国为中心的自贸区网络。其次，中国推动了一系列货币和金融外交活动，包括加强在二十国集团（G20）和金砖机制框架下的全球金融治理，力推"清迈倡议"多边化，领导建立亚洲基础设施投资银行（AI-

IB），促成人民币加入国际货币基金组织（IMF）特别提款权货币篮子，签订一系列货币互换协议等。不仅如此，中国还提出并开始实施"一带一路"倡议，同沿线国家加强了发展战略的对接，全面深化在贸易、投资、基础设施、产能等领域的合作，在政策沟通、设施联通、贸易畅通、资金融通、民心相通领域取得重要成就，使其成为中国经济外交的一面旗帜。

2017年，中国经济外交可谓迈入新时代，经济外交在中国经济发展和对外交往中的作用进一步凸显。全球层面，在逆全球化和经济民族主义浪潮愈演愈烈的背景下，中国积极为维护全球化和自由贸易体系、促进世界经济增长贡献中国方案。从年初达沃斯世界经济论坛中国国家主席习近平呼吁联手打造创新驱动的增长模式、开放共赢的合作模式、公正合理的治理模式、平衡普惠的发展模式，到5月北京举行"一带一路"国际合作高峰论坛吸引100多个国家和国际组织参加、收获270多项成果，再到9月厦门金砖峰会成为金砖机制发展新起点，中国持续不断地为世界经济发展注入新动能。区域层面，中国在亚太经合组织、上海合作组织、东亚系列峰会、中国—中东欧"16＋1合作"等机制下与各个伙伴国开展经济往来，在发展战略对接、产能合作、应对金融风险、基础设施建设等领域加强区域经济合作。双边层面，中国与美国、欧盟、日本等主要发达经济体积极开展双边经济合作，管控经贸分歧和矛盾，寻求经济合作的新增长点；同时，中国还与新兴经济体和发展中国家签订了涉及贸易投资、能源资源、基础设施、经济技术、气候变化、医疗器械等领域的诸多双边合作文件，打造共同发展的利益共同体。

总之，中国经济外交秉持着创新、协调、绿色、开放、共享的发展理念，以构建开放型世界经济为愿景，以打造人类命运共同体为共同目标，取得了一系列成果，不仅为中国经济发展、对外经济交往保驾护航，还为打造新型大国经济关系、改革和完善全球经济治理体系、构建人类命运共同体贡献了中国智慧，注入了强劲动力。

正是在这一背景下，中国人民大学国际关系学院副教授和国家发展与战略研究院研究员李巍及其研究团队，不断加强对中国经济外交的学术研究和政策追踪，近年来，他们在该领域出版了两部重要学术专著，发表了多篇学术论文、政策报告和媒体评论，其研究成果不仅在学术界产生了较强影响，而且得到了国家主要领导人的重要批示，并正在转化为实际政策。

目前，国内对经济外交概念的使用还有些混乱，为了明确研究的对象和边界，李巍团队对"经济外交"进行了清晰而严格的界定，认为经济外交是一国中央政府及其所属具体职能部门围绕经济事务，针对他国政府、国际组织或跨国公司而对外开展的官方交往活动。在依据这一定义的基础上，从2017年开始，李巍团队对中国国家主要领导人，以及外交部、商务部、财政部、中国人民银行、国家发展和改革委员会（包括能源局）、科技部、农业部、工信部、环保部等政府部门的经济外交活动，进行了追踪分析。他们每月举行一次会议，对当月的经济外交重要事件进行细致梳理和深入评估。经过一年的积累，他们最终成就了这本《中国经济外交蓝皮书（2018）——国际经济舞台上的外交引领者》。

该书分为六个部分：第一部分为年度总报告，对2017年全年中国经济外交的进展和成果进行全面总结和评估；第二部分为月度报告，针对各月重要事件进行详细介绍和深度评论；第三部分为"重要事件"，全景式梳理国家领导人和上述部委所开展的经济外交活动；第四部分为"相关事件"，关注中国企业、民间组织及个人等开展的并不属于经济外交范畴但也相对重要的对外经济活动；第五部分为文献整理，梳理了体现中国经济外交思想、原则和政策的领导人讲话、署名文章以及经济外交相关的官方协议和文件。第六部分为数据汇集，将能够反映中国经济外交走向的诸多关键性数据加以摘编和整理，并对主要的数据进行了年度对比。该书一方面提供了关于中国经济外交的大量事实性细节，另一方面又有针对性地进行了评论性的分析，可谓一本研究中国经济外交的年度"大百科全书"。

随着今后中国在国际经济事务中发挥的作用愈发重要，经济外交在中国外交体系中的地位也必然会进一步提高。我们不仅需要加强中国经济外交的政策分析，也有必要加强经济外交的学科建设。作为一个三级分支学科，经济外交与国际政治经济学（IPE）、世界经济、外交学这三个二级学科关系密切，而作为中国社会科学研究的学术重镇，中国人民大学的相关院系在上述三个学科领域均具有较强的研究实力。基于此，中国人民大学国家发展与战略研究院将为该团队的研究成果提供大力支持，鼓励《中国经济外交蓝皮书》编写的连续性和机制化，希望借此提升中国人民大学国家发展与战略研究院在中国经济外交领域的政策研究水平，同时推动中国人民大学国际关系学院经济外交学科的建设与发展。

中国人民大学副校长、

国家发展与战略研究院执行院长

刘元春

2018 年 1 月 5 日

目　录

第一部分

中国经济外交 2017 年年度报告

从参与者到引领者

2017 年是中国经济外交全面发力并取得丰硕成果的一年。面对"英国脱欧"和"特朗普革命"这两起"黑天鹅事件",中国以人类命运共同体为根本理念,以构建新型国际关系为主要目标,以"共商、共建、共享"为基本原则,在"一带一路"倡议的主方向引导下,在多个领域开展了积极的经济外交,以推动国际经济合作,引领全球经济秩序转型。中国在实现自身经济发展的同时,通过与世界各国开展务实经济合作的形式和世界分享本国发展的红利,并且积极推动全球和区域层次上的经济治理。

2017 年 12 月 11 日,联合国发布了《2018 年世界经济形势与展望》指出,中国对全球经济的贡献约占三分之一。这说明作为世界第二大经济体的中国在全球经济体系的稳定和发展中发挥了不可替代的作用。中国的经济外交成为中国对世界经济增长和全球经济治理发挥影响、贡献力量的重要渠道和方式。

这一年,中国经济外交的实践覆盖范围广泛,所涉内容极其丰富。中国立足东亚和周边,紧紧抓住亚太和欧亚大陆两个核心区域,并向非洲和南美洲地区辐射,全球多个地区都能感受到中国经济力量的存在和影响。中国在"一带一路"外交、自贸区谈判、参与和引领全球与区域经济治理、与主要经济体的双边经济外交和经济制裁外交等方面都表现突出,本报告主要总结 2017 年中国经济外交的基本内容和特点,并对 2018 年的中国经济外交进行一些展望。

◇◇ 一　"带路"外交全面发力

2013 年 9—10 月，习近平主席先后在出访中亚和东南亚期间提出建设"丝绸之路经济带"和"21 世纪海上丝绸之路"的倡议。自此，以"开放合作、和谐包容、互利共赢"为核心价值观的"一带一路"倡议便成为中国对外交往实践的最重要内容之一。在随后的几年里，随着落地实施的合作项目不断增多与深化，中国"带路"外交在中国整体经济外交乃至整个大外交中的地位也日益凸显。2017 年正是中国"带路"外交全面发力、成效显著的一年。

（一）"带路"外交成就巨大

"一带一路"倡议提出四年以来已得到 100 多个国家和国际组织的积极响应。2017 年，在国家高层的引领及相关部门的配合下，"一带一路"经济外交取得新进展，中国首次举办"一带一路"国际合作高峰论坛引发世界瞩目，"一带一路"在顶层设计、战略对接、资金保障、项目落地等方面均取得积极进展。

第一，高峰论坛助力"一带一路"合作。2017 年 5 月，中国首次举办了"一带一路"国际合作高峰论坛，包容开放的"一带一路"倡议得到众多国家的积极支持和参与，首次峰会吸引了 29 位国家元首出席，来自 100 多个国家和国际组织的 1200 多名代表参会。习近平主席在"一带一路"国际合作高峰论坛开幕讲话中指出世界政治经济发展面临和平赤字、发展赤字、治理赤字，对此中国提出"一带一路"倡议，致力于通过打造开放型合作平台，维护和发展开放型世界经济，共同创造有利于开放发展的环境，推动构建公正、合理、透明的国际经贸投资规则体系。

峰会期间，中国国家领导人同与会国家领导人举行多场双边会晤，积极对接各自的发展战略，推动在"一带一路"框架下展开合作。峰会在政策沟通、设施联通、贸易畅通、资金融通、民心相通领域收获270余项成果。在世界经济复苏乏力、贸易保护主义和逆全球化思潮愈演愈烈的背景下，"一带一路"倡议真正体现了中国对全球治理的思考，以项目合作制为基础，给予沿线国家及域外国家参与国际合作新平台，促进全球经济复苏和发展。

第二，不断完善顶层设计支持性机制。一是进一步完善"一带一路"工作机制。2015年中国已成立推进"一带一路"建设工作领导小组，统筹推进"一带一路"工作，2017年年初国家发改委同外交部等13个部门和单位，共同建立了"一带一路"PPP工作机制，通过完善顶层机制推动"一带一路"沿线国家基础设施建设合作。

二是出台"一带一路"海上合作方案。2017年国家发改委、国家海洋局联合发布《"一带一路"建设海上合作设想》，这是自2015年3月发布《推动共建丝绸之路经济带和21世纪海上丝绸之路的愿景与行动》以来，中国政府首次就推进"一带一路"海上合作提出中国方案，也是"一带一路"国际合作高峰论坛的领导人成果之一。

三是推动建立中老经济走廊，并拟建中缅"人字形"经济走廊。"一带一路"建设以六大经济走廊为核心，在推进这六大经济走廊过程中，2017年中国又先后同老挝和缅甸达成了共建中老经济走廊和中缅人字形经济走廊的共识，以作为对中南半岛经济走廊的细化。国家主席习近平11月13日在万象同老挝国家主席本扬举行会谈，双方同意加快中国"一带一路"倡议同老挝"变陆锁国为陆联国"战略对接，提出共建中老经济走廊，并签署了中老经济走廊建设合作文件，打造中老命运共同体。此外，中方还提议与缅甸共建中缅经济走廊，11月19日，中国外交部长王毅在内比都与缅甸国务资政兼外交部长昂山素季会谈时，提议与缅方共同探讨建设北起中国云南，经中缅边境南下至曼德勒，然后再分别向东西延伸到仰光新城和皎漂经济特区的"人字形"中缅经济走廊，形成三端支撑、三足鼎立的大合作格局。这两大新经济走廊的提出将进一步丰富"一带一路"倡议，并突出了中南半岛国家在"一带一路"建设中的重要地位。

第三，持续推进战略对接，扩大"一带一路"朋友圈。国家领导人频繁在双边及多边国际场合倡议"一带一路"，将"一带一路"同其他国家和地区的发展战略相对接，深化双边及地区合作。截至 2017 年 10 月，中国已经和 74 个国家及国际组织签署"一带一路"合作协议，与 30 多个"一带一路"参与国家签订产能合作协议。

值得注意的是，中国的"一带一路"朋友圈也逐步吸引了原本持犹豫和怀疑态度的美国和日本。5 月，美国总统特别助理、白宫国家安全委员会亚洲事务高级主任波廷杰率团参加了"一带一路"国际合作高峰论坛。日本对"一带一路"倡议的态度转换更为明显，11 月以来，日本领导人在中日首脑会晤等场合多次表示，中日可在"一带一路"框架下展开合作，日本政府还计划对"一带一路"倡议下的中日民间合作项目（包括节能环保、产业结构优化、跨欧亚大陆物流三大领域）提供金融服务。

第四，完善"一带一路"融资平台。丝路基金、亚投行、国家政策性银行及其他区域融资平台均为"一带一路"建设提供资金保障。"一带一路"国际合作高峰论坛上中国宣布将为丝路基金新增资金 1000 亿元人民币，丝路基金主要以股权投资方式支持企业"走出去"，截至 2017 年 12 月，已签约 17 个项目，累计投资金额 70 亿美元，支持项目涉及总投资金额达 800 亿美元。亚洲基础设施投资银行持续扩容，截至 12 月，2017 年共增加 27 个成员国，成员国数量增至 84 个。截至 2017 年 12 月 25 日，亚投行已实施 24 个项目，撬动 185 亿美元基础设施项目投资。

2017 年，中国国家开发银行和中国进出口银行均设立基础设施等专项贷款支持"一带一路"建设。此外，区域融资平台进一步发展，例如中国—中东欧投资合作基金二期已完成设立，募集资金 10 亿美元；新成立中国—中东欧银行联合体，国开行将提供 20 亿等值欧元开发行金融合作贷款；等等。

第五，不断推动合作项目落地。2017 年"一带一路"六大经济走廊多个项目落地实施。中巴经济走廊作为"一带一路"旗舰项目，在以走廊建设为核心，以瓜达尔港、能源、交通基础设施、产业合作为重点的"1+4"合作布局建设中取得突破，例如，能源类 17 个优先项目中萨希瓦尔燃煤电站、卡西姆港燃煤电站已于 2017 年投入运营，成为中巴经济走廊首批投产的能源项目，其他项目也将在 2019 年完工。

2017 年中蒙俄经济走廊快速推进，如 4 月中国石油进入俄罗斯市场的第一个项目——阿穆尔气体处理厂项目——第二标段正式启动，这也是中国公司在俄罗斯工程领域承揽的单体最大项目；9 月中蒙跨境经济合作区（中方一侧）基础设施建设项目全面战略合作协议签署，标志着中蒙二连浩特—扎门乌德跨境经济合作区进入全面施工建设阶段；等等。

此外，中国—中南半岛经济走廊交通、能源等基建项目也在稳步推进，如雅万高铁、中老铁路进入实施阶段，中泰铁路也将正式开工。新亚欧大陆桥经济走廊建设项目中，中欧班列最引人注目，2017 年中欧班列开行数量已突破 3000 列，创中欧班列年度开行数量历史新高。此外，孟中印缅经济走廊、中国—中亚—西亚经济走廊建设也在持续推动。

（二）"带路"外交遭遇的风险与挑战

"一带一路"倡议虽受到国际社会的广泛欢迎，但由于沿线多为发展中国家和地缘政治冲突热点地带，"一带一路"框架下合作面临着地缘政治、经济金融、法律等多重风险，倡议推动四年来，包括墨西哥高铁、比雷埃夫斯港口等在内的多个项目遭受了停工、取消等挫折，给中国企业带来巨额经济损失。2017 年以来，"一带一路"建设快速推动，不过由于受制于世界经济形势、地缘政治、东道国国情等因素，"一带一路"倡议也遭遇了风险和挑战。

第一，地缘政治风险仍然是"一带一路"倡议面临的首要威胁。一方面，"一带一路"沿线不乏政治环境和安全形势严峻的地区，政治危机、恐怖主义袭击频发，影响项目推进。2017 年中东地区发生卡塔尔断交危机、非洲津巴布韦发生政治危机，突发政治事件可能对"一带一路"建设及中国对外投资带来潜在风险。另一方面，"一带一路"参与国可能面临地缘战略困境，表现最为突出的即南亚地区，斯里兰卡、尼泊尔等国同地区大国印度关系复杂，在同中国共建"一带一路"时，这些国家不得不顾及印度态度，导致"一带一路"合作不畅；而中印洞朗对峙进一步表明印度对"一带一路"倡议有较深的疑虑。

第二，经济金融风险制约"一带一路"建设进程。"一带一路"框架下多为大型基础设施项目，一方面，沿线国家经济发展相对不充分，财政支付能力有限，对中国的资金要求较高，项目建设很可能由双方合作演变为中国单方面"做慈善"，这会对中国经济金融带来较大负担；另一方面，基建项目耗资大、周期长、收益慢，沿线国家经济又易受国际经济波动、大宗商品价格波动等影响，一旦发生经济震荡，项目可能面临资金短缺、甚至被终止的风险，前期投入付诸东流，此前中铁在委内瑞拉投资的高铁项目就因东道国发生经济危机而遭受严重损失。

第三，法律风险不容忽视。在逆全球化和贸易保护主义思潮抬头的背景下，针对我国企业尤其是央企"走出去"的法律壁垒逐渐增多，2017 年 2 月中国承建的匈塞高铁遭到欧盟委员会调查，目的是调查中国投资是否符合欧盟法律。中国企业参与"一带一路"建设，对外投资还需充分考虑当地法律，避免因法律信息不对称等问题影响项目推进。

◇◇ 二 自贸区外交稳中有进

在区域和双边层次展开自由贸易协定（FTA）谈判，推进以中国为中心的自贸区网络建设，是当前中国经济外交实践中的重点内容。从党的十八大提出加快实施自由贸易区战略以来，中国政府就积极推动形成面向全球的高标准自由贸易区网络。2013 年，党的十八届三中全会提出要以周边为基础加快实施自由贸易区战略；2014 年 12 月，习近平总书记在主持中共中央政治局第十九次集体学习时进一步提出要逐步构筑起立足周边、辐射"一带一路"、面向全球的自由贸易区网络；2015 年 11 月，中央全面深化改革领导小组第十八次会议审议通过《关于加快实施自由贸易区战略的若干意见》，详细提出我国自由贸易区建设的总体要求、基本原则、目标任务、战略布局；再到 2017 年 10 月党的十九大报告中提出，促进自由贸易区建设成为中国坚持对外开放的基本国策，推动建设开放型世界经济的重要组成部分。

整体上看，2017 年中国自贸区建设取得了丰厚成果。不论是助力区域经济一体化进一步深入发展，还是力图提升双边经贸合作水平以实现互利共赢，中国自贸区外交的表现都可圈可点。

（一）区域自贸协定谈判取得新进展

在区域层面，中国大力推动 RCEP、中日韩自贸区等区域自由贸易机制向前发展，并力图借助区域经济一体化的契机以实现自身重塑国际贸易规则体系、引领地区发展导向的大国抱负。

第一，中国积极参与了每一次 RCEP 谈判，并在其中发挥重要的推动作用，既希望通过 RCEP 的制度平台在经济上加强与地区伙伴之间的互动与联系，同时也以期借此掌握未来的全球贸易规则制定权与主导权。在各方努力下，RCEP 谈判在 2017 年度进展显著，各方细化谈判领域，加紧推进货物、服务、投资三大核心领域市场准入问题和各领域案文磋商，使谈判逐步进入更加实质化、具体化的阶段。2 月、5 月、7 月、10 月，RCEP 分别举行了第 17 轮、第 18 轮、第 19 轮、第 20 轮谈判。11 月 14 日，国务院总理李克强出席了 RCEP 领导人会议。此次会议是自 2012 年 RCEP 谈判机制启动以来，有关各国就此项议题举行的首次领导人会议，表明相关各国推动区域经济合作的热切愿望，各国领导人表示将致力于达成一个现代、全面、高质量和互惠互利的经济伙伴协定，以支持一个开放和具有促进作用的区域贸易和投资环境。

从机制定位上看，RCEP 谈判旨在最终"达成一个现代、全面、高质量、互惠的"一揽子经济伙伴关系协定，但这一目标的实现既需要平衡不同经济发展水平的成员国差异化的经济利益需求，又要满足各成员国对高标准规则的迫切追求。两相拉锯之下，各国在 RCEP 具体议题规则往往难以达成完全一致的意见。因此，尽管 RCEP 在 2017 年接连进行了四轮谈判，谈判回合总数已达 20 轮；"RCEP 有望年底达成"的呼声从 2015 年一直延续到 2017 年；各成员国也反复表示要加倍努力，化政治承诺为实际行动，推动谈判顺利结束，但 RCEP 仍未能在 2017 年顺利进入收尾阶段。对中国而言，由于"跨太平洋伙伴关系协定"（TPP）在美国退出后难有起色，先前被大肆渲染的"TPP 围堵中国发展"的论调似有平息的趋势，但对未来国际经贸新规则制定权的争夺仍在继续，中国作为力图争取规则主动地位的经济大国，推动 RCEP 尽快结束实质性谈判是国家发展的利益所在。在自身动力和地区环境的双重影响下，未来中国在 RCEP 谈判中的表现仍备受期待。

第二，中日韩自贸区在 2017 年进行了第 11 轮和第 12 轮谈判。中日韩三方都表示对谈判高度重视，并致力于尽早达成一份全面、高水平、互惠、具有独特价值的自贸协定，但事实上，三方在贸易自由化框架方面的分歧比较大，难以有效地磋商并达成一致意见。具体到每轮谈判的内容来看，三方在 2017 年的两轮谈判中都是就货物贸易、服务贸易、投资等重要议题深入交换意见。虽然在谈判中也涉及三方工作组会议，但似乎更多只是起到相互接触和政策交流的效果。于中国而言，中日韩自贸区建设有助于打通中日韩三国市场渠道并整合三方产业价值链，进而有利于中国国内 GDP 增长率；同时，由于日韩在自贸区建设方面有比较先进的经验，这对于中国未来进一步打造自贸区网络来说也颇有借鉴意义。因此，如何促使中日韩自贸区达成一些实质性成果，对中国而言非常重要，也可能是 2018 年中国在地区自由贸易建设方面需要努力的一个重点。

此外，在更广泛意义上，中国也多次强调了要坚持在 APEC 合作框架下开展亚太自贸区建设，重点推进贸易与投资自由化和便利化，助推亚太地区的新一轮大发展，为区域经济一体化的未来发展做出贡献。

（二）双边自贸协定日益扩大与深化

在双边层面，中国在 2017 年不仅致力于扩大自贸伙伴"朋友圈"，还着手提升自身的"朋友圈"质量；不仅与富有的伙伴共同挖掘更多的经济增长点，也与欠发达的伙伴探索深化互利共赢的新模式。

首先，从自贸协定的自身进度来看，2017 年，中国和马尔代夫、格鲁吉亚签订自由贸易协议，并且和智利顺利达成了升级版的自贸协议，这三个自贸协定从谈判启动到协议签署只用了较短的 1—2 年时间，这使得已签订协议的中国自贸区数量到 2017 年年底达到 16 个。中国还在和斯里兰卡、以色列、挪威、巴基斯坦、新加坡（升级版）、新西兰（升级版）

持续进行自贸协议或升级版谈判，并取得了一定进展，其中和挪威、巴基斯坦（第二阶段谈判）已谈判的时间较长，但因期间多种因素影响，谈判未能持续进行并达成一致。中国还启动了和加拿大、毛里求斯、蒙古国、瑞士（升级版）、巴勒斯坦的自贸协定谈判或升级版谈判的可行性联合研究，其中中国—加拿大、中国—毛里求斯的联合可行性研究基本完成，中国与毛里求斯还签订了启动谈判的谅解备忘录（详见表1—1），为下一步的谈判启动做好基础。可以看出，2017 年中国拓展自贸朋友圈的对象更多的是发展中国家，这体现出中国对南南合作与交往的高度重视；但中国升级朋友圈质量的对象则更多是较为发达的国家，如新加坡、新西兰、瑞士等，这体现出中国对吸取先进经验的重视。

　　值得注意的是，2017 年 12 月，中国—加拿大自贸协定原本被寄予了很高期望，被指有望在加拿大总理特鲁多访华期间正式启动中加自贸谈判，但这最终未能成行。其中一个原因就在于，加方希望将环境、劳工、性别等问题纳入讨论框架并体现加拿大的价值观，但中方却更希望这是一项偏向纯粹经济的协定。尽管美国重谈北美自贸区的冲击给中加在经济上带来亲近的机会，此次双方却未能如愿达成一致、启动自贸谈判。这再次证明，自贸协定并非纯粹的经济产物，它也被附加了政治意味，双边自贸协定尤为如此。加拿大是中国首次与七国集团成员探讨签订自贸协定的对象，如若能最终成行，那将能为中国打开与主流发达国家签订自贸协定的大门提供有利经验。

　　其次，从自贸伙伴的地区分布上看，中国既有的自贸协定网络主要集中在东亚乃至亚太，但通过观察 2017 年中国的自贸区外交的布局可以发现，中国选择的自贸对象国，在一定程度上与"一带一路"倡议的布局相契合。例如，新加坡、新西兰、蒙古、马尔代夫、斯里兰卡、格鲁吉亚等，这些国家都位于"一带一路"的经济建设带上，体现出自贸区建设与正在推进的"一带一路"倡议相契合。通过重点推进"一带一路"沿线国家自由贸易区建设，深化与沿线国家的经贸合作，不仅能为自贸区网络的搭建节省宣传与政策成本，还能使两者形成一种相互配合、相互促进的格局，使中国自贸区建设辐射"一带一路"，共同助力新时代中国国家形象的塑造。

总体上看，2017 年中国实施的自由贸易区战略及相关外交实践取得了比较丰硕的成果，并日渐展现出了中国日益凸显的开放自信。随着中国日渐成为全球经济开放合作的践行者、推动者、引领者，中国在着力构建一个立足周边、面向全球的自由贸易区网络的过程中正愈发呈现出一种积极主动的姿态。

表 1—1　　　　　　　　中国自贸协定进展情况

		当前状态	2017 年进展
已签协议的自贸区（16 个）	中国—智利（升级）	已签协议（2017 年 11 月签署升级议定书）	7 月 12 日　自贸协定升级第 2 轮谈判 8 月 28 日　自贸协定升级第 3 轮谈判 11 月 11 日　签署升级议定书
	中国—马尔代夫	已签协议（2017 年 12 月签署自贸协议）	3 月 7 日　第 5 轮谈判 9 月 16 日　结束谈判，签署谅解备忘录 12 月 7 日　签署自贸协议
	中国—格鲁吉亚	已签协议（2017 年 5 月签署自贸协议）	5 月 13 日　签署自贸协议
	中国—澳大利亚	已生效（2015 年 6 月签署自贸协议）	2 月 21 日　自贸协定联合委员会第一次会议 3 月 24 日　签署审议 FTA 有关内容的意向声明
	中国—韩国	已生效（2015 年 6 月签署自贸协议）	—
	中国—瑞士	已生效（2013 年 5 月签署自贸协议）	—
	中国—冰岛	已生效（2013 年 4 月签署自贸协议）	—

续表

		当前状态	2017 年进展
已签协议的自贸区（16个）	中国—哥斯达黎加	已生效（2010 年 4 月签署自贸协议）	—
	中国—秘鲁	已生效（2009 年 4 月签署自贸协议）	—
	中国—新加坡	正在升级（2008 年 10 月签署自贸协议）	—
	中国—新西兰	正在升级（2008 年 4 月签署自贸协议）	—
	中国—智利	已升级（2005 年 11 月签署自贸协议）	—
	中国—巴基斯坦	正在升级（2006 年 11 月签署自贸协议）	—
	中国—东盟	已升级（2002 年 11 月签署自贸协议）	—
	内地与港澳更紧密经贸关系安排*	—	
	中国—东盟（"10 + 1"）（升级）	已生效（2015 年 11 月签署升级议定书）	—
正在谈判的自贸区（9个）	《区域全面经济伙伴关系协定》（RCEP）	谈判中（2012 年 11 月启动谈判；2013 年 5 月首轮谈判）	2 月 21 日　第 17 轮谈判 5 月 2 日　第 18 轮谈判 5 月 21 日　第 3 次部长级会议 7 月 17 日　第 19 轮谈判 9 月 10 日　第 5 次部长级会议 10 月 24 日　第 20 轮谈判 11 月 12 日　部长级会议 11 月 14 日　首次领导人会议
	中日韩	谈判中（2012 年 11 月启动谈判；2013 年 3 月首轮谈判）	1 月 11 日　第 11 轮谈判 4 月 13 日　第 12 轮谈判
	中国—斯里兰卡	谈判中（2014 年 9 月启动谈判；2014 年 9 月首轮谈判）	1 月 16 日　第 5 轮谈判

		当前状态	2017 年进展
正在谈判的自贸区（9个）	中国—以色列	谈判中（2016 年 3 月启动谈判；2016 年 9 月首轮谈判）	7 月 11 日　第 2 轮谈判 11 月 28 日　第 3 轮谈判
	中国—挪威	谈判中（2008 年 9 月启动暨首轮谈判，2010 年后中止；2017 年 4 月恢复谈判）	8 月 21 日　第 9 轮谈判
	中国—巴基斯坦自贸协定第二阶段谈判	谈判中（2011 年 3 月首轮谈判）	9 月 14 日　第 8 次会议
	中国—新加坡自贸协定升级谈判	谈判中（2015 年 11 月启动谈判；2016 年 1 月首轮谈判）	6 月 15 日　第 3 轮谈判 10 月 11 日　第 4 轮谈判
	中国—新西兰自贸协定升级谈判	谈判中（2017 年 3 月启动谈判；2017 年 4 月首轮谈判）	4 月 25 日　第 1 轮谈判 7 月 4 日　第 2 轮谈判 11 月 27 日　第 3 轮谈判
	中国—海合会	谈判中（2004 年 7 月启动谈判；2005 年 4 月首轮谈判；2009 年起海合会中止谈判；2016 年 1 月恢复谈判）	—
正在研究的自贸区（12个）	中国—加拿大	研究中（2016 年 9 月启动自贸联合可行性研究）	2 月 20 日　联合可行性研究暨探索性讨论第 1 次会议 4 月 24 日　联合可行性研究暨探索性讨论第 2 次会议 7 月 31 日　联合可行性研究暨探索性讨论第 3 次会议 9 月 12 日　联合可行性研究暨探索性讨论第 4 次会议 12 月 7 日　中国商务部表示可行性研究基本完成
	中国—毛里求斯	已启动谈判（2016 年 11 月启动自贸联合可行性研究）	12 月 12 日　签订启动谈判谅解备忘录
	中国—巴勒斯坦	研究中（2017 年 11 月启动自贸联合可行性研究）	11 月 30 日　签订启动联合可行性研究谅解备忘录

续表

		当前状态	2017 年进展
正在研究的自贸区（12 个）	中国—蒙古国	研究中（2017 年 5 月启动自贸联合可行性研究）	5 月 12 日　签订启动联合可行性研究谅解备忘录
	中国—瑞士自贸协定（升级）	研究中（2017 年 1 月启动自贸区升级联合研究）	1 月 16 日　签订启动自贸协定升级联合研究 5 月 18 日　自贸区升级联合研究第 1 次会议
	中国—哥伦比亚	研究中（2012 年 5 月启动自贸联合可行性研究）	—
	中国—摩尔多瓦	研究中（2015 年 1 月启动自贸联合可行性研究）	—
	中国—斐济	研究中（2015 年 7 月启动自贸联合可行性研究）	—
	中国—尼泊尔	研究中（2016 年 3 月启动自贸联合可行性研究）	—
	中国—巴布亚新几内亚	研究中（2016 年 7 月启动自贸联合可行性研究）	—
	中国—孟加拉国	研究中（2016 年 10 月启动自贸联合可行性研究）	—
	中国—秘鲁自贸协定（升级）	研究中（2016 年 11 月启动自贸升级联合研究）	—

注：*本报告涉及的自贸协议是经济外交意义上的，主要指国家行为体层面的经济往来。港澳台地区同属于一个中国，不适用经济外交的概念，故不将"内地与港澳更紧密经贸关系安排"列入考察范围。

资料来源：根据中国自由贸易区服务网（http://fta.mofcom.gov.cn/index.shtml）公布的信息整理而成。

◇◇ 三　积极推动全球与区域经济治理

作为一个全球性大国，中国经济外交的一个重要方面还体现在其对全球和区域经济治理的参与、推动和引领上。在 2017 年，中国在全球及区域经济治理机制中发挥的作用日益突出，以"一带一路"倡议和人类命运共同体理念为代表的"中国智慧"与"中国方案"产生的影响越来越大。可以说，2017 年见证了中国由全球经济治理的参与者到引领者角色转变。

（一） 中国与全球经济治理

作为 2017 年度二十国集团（G20）"三驾马车"之一，中国积极推动 G20 在杭州峰会多项成果的基础上继续在全球治理领域发挥建设性作用。G20 升格为领导人峰会后在全球治理中所发挥的作用愈发突出，已经从金融治理外溢至各个领域的治理。2017 年，中国协助轮值主席国德国设定会议议程并助推共识决议落实，发挥了建设性的作用。1 月，中国参加了二十国集团框架下的绿色金融研究小组会议和农业部长会议；3 月，中国参加了 G20 财政部长与央行行长会议；4 月，中国参加了 G20 外交部长会议和第二次财政部长与央行行长会议。7 月，习近平主席参加了 G20 汉堡峰会，并就贸易、金融、能源、气候变化、发展、非洲等议题阐释中国理念，提出中国方案，大力推动国际合作，并借助此次峰会大力推介了"一带一路"。在全球治理进入"G20 时代"的大背景下，中国始终重视 G20 框架下的各级别会议，在该机制下积极参与各项多边合作与治理实践。

另外，中国担任 2017 年度金砖国家系列会议的轮值主席国，除了筹备领导人峰会之外还先后组织了多场部长级会议，并开创性地提出并实践了"金砖+"模式，推动金砖国家在全球治理中发挥更加重要的作用。3 月 17 日，首次金砖国家财长和央行行长会在德国巴登巴登举行。6 月 7 日，第二届金砖国家能源部长会议在北京召开，与会各国探讨了能源安全、能源转型和能源研究合作平台建设。6 月 16 日，第七届金砖国家农业部长会议在南京召开，各国围绕"创新与共享，共同培育农业发展新动能"的主题进行深入交流。6 月 19 日，金砖国家外长会晤在北京举行。6 月 19 日，中国担任金砖国家轮值主席国期间的第二次金砖国家财长和央行行长会议在上海举行。第三次金砖国家环境部长会议在天津举办，各国就环境治理问题进行了探讨。9 月 3—5 日，金砖国家领导人峰会在中国厦门举行，习近平主席主持了峰会并强调在金砖机制下就贸易、金融、气候、能源等多个领域开展治理合作。"金砖＋"模式的提出和实践更是将更多发展中国家纳入金砖治理的框架和议程之下，为全球治理提供了新的助力。

　　一年一度的联合国大会向来是中国参与全球治理的重要制度平台，2017 年外交部长王毅代表中国出席了第 72 届联合国大会，参与了联合国一般性辩论、《世界环境公约》主题峰会、气候变化问题高级别非正式对话会、参加了中非外长第四次联大政治磋商和金砖国家外长会晤等会议等多场重要活动。王毅在联合国大会等系列会议上重申了构建人类命运共同体、构建开放型世界经济、实现经济全球化再平衡等一系列重要构想，承诺积极履行气候治理、环境治理、发展治理等责任。更为重要的是，王毅利用此次联合国大会向世界各国积极推销了"一带一路"，力推"一带一路"在各国落地实施，为全球治理注入源自中国的新动能。

　　即便面临着美国退出《巴黎协定》的负面冲击，中国仍然积极参与并引领了全球气候治理进程，推动波恩气候变化大会取得了多项重要成果。2017 年 6 月初，美国总统特朗普作出了退出《巴黎协定》的决定，全球气候治理因此蒙上了阴影。正是在这一背景下，11 月中旬联合国气候变化大会在波恩举行，中国气候变化事务特别代表解振华率团参加了此次气候变化大会。大会召开期间，解振华等会见了基础四国的其他各方，就发展中国家的贡献、中国应对气候变化的努力和成效、2020 年前减排承诺和行动等问题进行了沟通。解振华还参与了应对气候变化南南合作高级别论坛，与来自孟加拉国、巴西、埃塞俄比亚、马尔代夫、蒙古国等国的代表交换了意见。气候变化大会高级别会议召开期间，解振华表示中国正在探索出一条应对气候变化、保护环境与实现经济增长多赢的发展路径，在实现国内经济转型升级的同时，一定百分之百兑现自己的承诺，充分展现对构建人类命运共同体的中国担当。在中国等国的推动下，波恩气候变化大会取得了重要的成果，这一过程中中国展现了在全球气候治理领域强大的合作能力与合作意愿，始终坚定地作为全球气候治理和可持续发展的参与者、贡献者，以及治理多边进程的维护者。

此外，中国还通过其他多项机制全方位地推动全球治理进程。2017年年初，国家主席习近平出席了世界经济论坛 2017 年年会，在主旨演讲中回答了如何正确认识经济全球化、如何引领世界经济走出困境、如何推动中国经济进一步发展，向世界传递了中国声音，提出中国的应对方案。2 月，外交部长王毅在第 53 届慕尼黑安全会议上发表主旨演讲中表示，中国一直是国际合作的坚定倡导者和推动者，中国将以"一带一路"为契机为全球治理提供公共产品。10 月，中国人民银行行长周小川出席了国际货币基金组织与世界银行秋季年会，他指出虽然中国仍重点关注解决国内问题，但同样致力于推动全球金融治理，坚定支持改革和完善国际货币体系。同期，周小川在参加国际货币与金融委员会第 36 届会议时还讨论了全球经济金融形势与风险、全球政策议程和基金组织改革等涉及全球金融治理的议题，重申了中国参与全球金融治理的积极意愿。

最后，中国还积极推动世界贸易组织（WTO）框架下的多边贸易合作。2017 年 12 月，WTO 在布宜诺斯艾利斯举行了两年一度的部长会议。此次 WTO 部长会议并没有针对全球贸易形成实质性的共识，这再次凸显出了 WTO 作为多边贸易体制的尴尬。此次会议上，中国在农业议题、渔业补贴议题、服务贸易国内规制议题、电子商务议题以及投资便利化和中小微企业等新议题方面，都建设性地积极参与谈判磋商，为推动各成员增进共识、减少分歧作出了巨大努力。在此次 WTO 部长会议上，中国代表团团长钟山明确提出中国支持多边贸易体制、建设开放型世界经济、构建人类命运共同体的坚定立场，极大鼓舞了各方信心，为会议奠定了良好基调。中国在全球贸易治理中所发挥的作用和所处的地位还将进一步提升。

总之，2017 年中国参与了涉及贸易、金融、投资等多个全球治理机制，向世界传达了中国积极参与全球治理的鲜明信号，提出了参与全球治理的中国方案，为推动全球治理进程发挥了积极的作用。

（二）中国与区域经济治理

在区域层次上，中国以多种形式积极地投入区域多边经济合作机制的建设中，为区域经济治理提供公共物品，在东亚地区、亚太地区、中亚及南亚等区域展示着一个大国以开放、包容的理念推动区域内国家共同发展的担当与决心。

1. 东亚区域合作

东亚是中国参与区域治理的最核心区域。2017 年，中国在东亚地区的区域治理中扮演着重要的角色，推进成员国在各种制度框架的合作提质升级，在经济全球化的背景下构建更为紧密的区域命运共同体。这一年间，在东亚峰会、中国—东盟（10 + 1）峰会、东盟—中日韩（10 + 3）峰会等在内的东亚系列峰会上，中国都积极提出了自己的治理主张。

2017 年 5 月，中国分别参加了第 20 届东盟与中日韩（10 + 3）财长和央行行长会议、第 23 次中国—东盟高官磋商、东盟与中日韩（10 + 3）高官会、东亚峰会（EAS）高官会和东盟地区论坛（ARF）高官会。6 月，第 15 届东亚论坛在湖南长沙举行。7 月，中国参加了中国—东盟互联互通合作委员会第三次会议。8 月，外交部部长王毅先后出席中国—东盟（10 + 1）外长会议、东盟与中日韩（10 + 3）外长会议。9 月，中国参加了第 15 次东盟—中日韩环境部长会议、第 17 届东盟与中日韩（10 + 3）农林部长会议。通过上述交流平台，东亚各国就经济发展与区域合作等问题进行深入的沟通，对于促进共识的形成和推动务实合作的进一步开展具有重要意义。

11 月 12—16 日，国务院总理李克强在菲律宾分别出席第 20 次中国—东盟（10 + 1）领导人会议、第 20 次东盟—中日韩（10 + 3）领导人会议和第 12 届东亚峰会。李克强在发言中表示，中方始终把东盟作为周边外交的优先方向，并提出东亚经济共同体建设要秉持促进地区经济一体化，实现融合发展和共同发展的宗旨；坚持东盟的中心地位，坚持协商一致、开放包容、照顾各方舒适度的"东盟方式"两个原则。这展示出中国积极推动东亚区域合作，并在区域治理中承担责任的意愿和决心。

在东亚合作的大框架下，澜湄合作是中国在东南亚中南半岛地区积极发挥作用的重要次区域合作机制。澜湄合作是由中国国务院总理李克强首次提出的，2016 年 3 月，在海南三亚召开了澜沧江—湄公河合作（澜湄合作）首次领导人会议。目前这一机制在贸易、投资、产业、基础设施、资源、生态等领域的合作已初见成果。12 月 15 日，澜湄合作机制第三次外长会议在中国大理举行，在会后发表的《联合公报》中指出，首次领导人会议确定的 45 个早收项目大多已经完成或取得实质进展，各国外长就《澜湄合作五年行动（2018—2022）》原则达成一致，并且确保 2018 年 1 月在柬埔寨举行的澜湄合作第二次领导人会议取得成功。澜湄合作机制正在成为该地区的一个新的重要经济合作机制。

2. 亚太经济合作

亚太经济合作组织（APEC）是目前亚太地区比较成熟的大规模多边区域经济组织，在区域性贸易、投资、技术交流等经济合作领域发挥重要作用。中国秉持支持经济全球化的原则，维护多边贸易体制，以成员国的身份积极推动 APEC 机制建构的进一步完善及成员间经贸合作的深化。

2017 年 5 月，第 23 届 APEC 贸易部长会议在越南河内举行，会议通过了《第 23 届贸易部长会议共同行动》。10—11 月，第 24 届 APEC 财长会和第 29 届外交和贸易部长级会议在越南举行，与会各国就全球和区域经济金融形势、基础设施长期投资及创新和包容增长等议题深入交换了意见，增进了成员国之间的相互理解，有利于区域经济一体化进程的进一步推进。

11 月，国家主席习近平出席在越南举行的 APEC 领导人与东盟领导人对话会，并就 APEC 同东盟合作提出共同推进区域经济一体化、共同推进互联互通建设、共同推进包容、可持续发展三点建议。习近平还出席了 APEC 工商领导人峰会，提出建设开放型经济、谋求创新增长、加强互联互通、加强经济发展包容性四点建议。不仅如此，习近平还专门指出，"建成亚太自由贸易区是亚太工商界多年的梦想。2006 年，正是在工商界呼吁下，亚太经合组织领导人在河内首次把建设亚太自由贸易区确立为远景目标。2014 年，我们在北京启动亚太自由贸易区进程。我们应该行动起来，全面深入落实北京路线图，向着建成亚太自由贸易区的目标不断迈进，为开放型亚太经济提供机制保障"。上述建议得到与会国家的积极回应与支持，表明关于亚太区域经济治理的"中国方案"影响力正在日益扩大。

3. 中亚区域经济合作

上海合作组织是中亚、南亚地区的主要政府间合作机构，其成员国也是"一带一路"倡议的重要沿线国家，近年来其合作领域从安全逐渐向经济延伸。2017 年，中国依托上海合作组织，不断推动区域合作与各国战略发展对接，以实现区域共同发展的国际目标。

6 月，国家主席习近平在哈萨克斯坦出席上海合作组织成员国元首理事会第十七次会议。在阿斯塔纳峰会上，习近平结合中方担任主席国工作设想，在政治、经济、安全、人文、机制建设等方面提出一系列重要倡议和举措，包括商签长期睦邻友好合作条约未来 5 年实施纲要、打击"三股势力"未来 3 年合作纲要、贸易便利化协定、支持建立地方合作机制、倡议成立媒体合作机制，以及开展多领域论坛和活动等，引起与会各方广泛反响和积极支持。

6 月，外交部长王毅在出席"上海合作组织日"招待会时表示，中国在担任主席国期间，计划举行 58 项大型活动及数百场配套活动，推动商签近 20 份合作文件，与各成员国共同努力，促进本组织政治、安全、经济、人文、对外交往、机制建设六大领域合作取得新成就。

11 月 30 日—12 月 1 日，国务院总理李克强参加了在俄罗斯城市索契举行的上合组织成员国政府首脑理事会第十六次会议。这是印度、巴基斯坦在获得成员国地位后八国领导人第一次正式会晤。本次会次重点讨论了经贸合作等问题。李克强在发言中强调加快中方倡议的"一带一路"与其他上合组织成员国的发展战略进行对接。另外，就如何推动上合组织地区务实合作，李克强提出提升贸易自由化便利化水平、构建快捷便利的联通格局、提升产能合作水平、挖掘创新合作机遇等重要主张。本次总理会议最重要的成果之一是批准了《2017—2021 年上合组织进一步推动项目合作的措施清单》，涵盖贸易、投资、海关、农业等 7 大领域的 38 项措施，各项多边合作倡议落地实施，有利于上合组织成员国在贸易、产能、交通、金融等多个领域的合作向更高水平、更深层次发展。

不仅如此，中国还积极推动与欧亚经济联盟的战略对接。欧亚经济联盟是由俄罗斯和白俄罗斯、哈萨克斯坦、亚美尼亚、吉尔吉斯斯坦等独联体国家所组成的经济联盟。2017 年，中国与欧亚经济联盟及其成员国互动频繁，1 月和 4 月，中国与欧亚经济联盟先后在北京和莫斯科举行第二轮和第三轮经贸合作协议谈判，双方就贸易便利化和海关程序、技术性贸易壁垒和卫生与植物卫生措施、贸易救济、竞争、知识产权、电子商务、法律与机制条款、政府采购和部门合作 9 个议题文本进行了深入磋商，进一步交换信息，并就部分条款达成共识，取得了阶段性成果。

◇◇ 四　双边经济外交深入推进

2017 年，中国与世界主要经济体展开广泛而深入的双边经济外交，其中比较引人关注的是中国与美国、欧洲国家、日本、俄罗斯的经济外交。中美元首互访为两国开展深入的经贸合作奠定基础，"一带一路"倡议则为中欧、中俄在能源、金融等领域的合作深化，以及中日经贸关系的回暖创造契机。不过，中国与美国、欧洲国家间的经济摩擦依然存在，未来还可能随着中国对外经济活动的扩大与深化而日益增多，这也是值得高度重视的。

（一）中美经济外交

2017 年，中美经贸关系在曲折中发展。特朗普当选美国总统时威胁对中国产品施加高关税，中美存在爆发"贸易战"的危险。随后，中美开展了频繁的经济外交活动，通过三次元首会晤、多次元首通话以及副总理级的全面经济对话和其他层次的各种谈判，有效管控中美经贸分歧、改善中美经贸关系。不过，受制于中美在全球产业链上地位、国际分工及贸易结构不同等因素，以及美国国内环境的变化，中美经贸摩擦升级的可能性持续存在。

1. 元首互访力推中美经贸合作

第一，"庄园会晤"释放合作信号。在中美"贸易战"隐忧增大之际，两国元首会晤及时释放中美经贸合作信号，推动两国经贸关系及双边合作迈上新台阶。国家主席习近平于 4 月 6—7 日访问美国，同特朗普总统举行首次中美元首会晤。此次会晤在经贸领域取得积极进展，在机制建设上，中美两国建立全面经济对话机制，取代奥巴马时期的中美战略与经济对话，为中美经贸对话创立新平台；随后中美启动"百日计划"谈判，旨在通过谈判扩大中美经贸规模、缩小贸易不平衡。中美两国元首的海湖庄园会晤，在一定程度上减轻了外界对特朗普政府执政后美国对华经贸政策的不确定性，消除了对中美经贸关系的紧张感。

第二，特朗普访华经贸成果丰硕。11月8—10日，美国总统特朗普对中国进行国事访问，中美经贸问题是这次元首会晤的重点议题，两国元首充分交换意见，合作成果引人注目。

一方面，两国元首坦诚交流经贸分歧、充分表达各自经贸诉求。中方表示愿就增加自美商品进口、各自外资安全审查政策同美方加强沟通，同时也希望美方切实放宽对华高技术产品出口管制、履行《中国加入世界贸易组织议定书》第15条义务、公平对待中国企业赴美投资、推动中金公司独立在美申请相关金融业务牌照进程、慎用贸易救济措施。美方则强调中美经贸再平衡对双边经济关系的重要性，实施公平贸易以增加美国就业和出口，还希望中国能公平对待美国企业，进一步扩大市场准入，同时加快实施市场化改革，减少双边贸易逆差。特朗普总统认为中国政府对经济的干预已经给全球贸易体系造成了压力，美国将利用一切可用的贸易救济措施，为美国企业创造公平的竞争环境。

面对中美经贸分歧，中美双方均同意以对话方式解决，双方将就中美经济合作一年计划或中长期合作规划保持沟通，这也为中美经贸关系营造出良好的合作氛围，有助于为双方开展长期稳定的经贸对话提供动力。

另一方面，中美达成价值2535亿美元的经贸大单，经贸合作迈出坚实一步。此次特朗普访华，29家企业高管随行，两国元首还出席中美企业家对话会闭幕式，并见证涉及能源、科技、金融、农业等领域的多项合作协定签署。高达2535亿美元的经贸大单中反映了中美经贸合作新动向，最为突出的即扩大美国对华出口，促进两国贸易再平衡。

具体来看，一是能源合作取得突破。特朗普总统将能源出口作为减少贸易赤字、增加美国就业、带动经济增长的重要抓手，对华能源出口也驶入快车道。此次特朗普总统访华达成的经贸大单中，能源合作约占一半，为缓解中美贸易不平衡、增大两国贸易规模发挥重要作用。二是科技合作迎来机遇。长期以来，美国一直对中国实行歧视性出口管制政策，对华高技术产品出口受到严格管控。此次中美达成多项科技领域贸易协议为未来两国科技合作奠定基础，两国在航空、汽车、通信、材料等高科技领域合作有所突破。三是农业合作持续发力。中美两国互为重要的农产品贸易伙伴，此次特朗普访华中美在农产品贸易领域再掀新篇章，中国将从美国进口 50 亿美元大豆，京东也将从美采购 20 亿美元农产品。农产品在中美贸易中比重不大，但一直是中美贸易的平衡器，未来两国农业合作仍有广阔空间。

2. 高层经济对话弥合经贸分歧

作为第一次"习特会"的重要成果，"百日计划"谈判和中美全面经济对话机制为中美经济团队沟通和交流提供平台，也为两国弥合经贸分歧、推进经贸合作创造机遇。

第一，"百日计划"谈判收获颇丰。"百日计划"谈判旨在利用一百天时间解决中美经贸中存在的问题，促进两国贸易再平衡，分别由中美全面经济对话中方牵头人汪洋副总理与美方联合牵头人财政部长姆努钦和商务部长罗斯共同推动。中美双方工作团队在进行了一个多月、近 30 轮的磋商后，5 月 12 日同时公布"百日计划"早期收获，中美两国就农产品贸易、金融服务、投资和能源等 10 大问题达成共识，中国承诺尽快允许进口美国牛肉，签署美国对华长期天然气出口合同，以扩大中国从美进口；将允许在华外资、全资金融服务公司提供信用评级服务，向美方金融机构颁发中国银行间债券市场承销牌照和结算代理人业务资格，以扩大金融领域市场准入；美国则承诺从中国进口熟制禽肉，同时将派代表参加中国举办的"一带一路"国际合作高峰论坛。

"百日计划"早期收获不仅有利于减少美国对华贸易逆差，还可以撬动其他经贸议题，对促进中美经贸关系发挥了积极作用。当然，"百日计划"谈判并不能面面俱到，中美经贸中深层次、根本性的问题无法依靠短期对话彻底解决，还需通过长期对话机制保持交流磋商，双方也同意制订中美经济合作一年计划甚至更长远计划，最终实现中美互利共赢。

第二，首轮中美全面经济对话喜忧参半。中美全面经济对话机制取代了奥巴马政府时期的战略与经济对话，仅就经贸问题展开磋商，该机制将由国务院副总理汪洋和美国财政部长姆努钦和商务部长罗斯共同推动。7月19日，在华盛顿举行的首轮中美全面经济对话落下帷幕，中美双方再次就缩小中美贸易赤字达成共识，然而，除此之外并没有就其他具体问题达成协议。

一方面，对话机制的运行为中美经贸长期稳定的合作奠定基础。中美双方就经贸问题进行交流，并收获了一些共识，比如双方讨论了经济合作一年计划，为两国经济提供一个稳定、可预期的合作框架；同意围绕宏观经济和金融、贸易合作、投资合作、全球经济治理等方面开展合作；同意为缩小贸易逆差进行建设性合作；拓展服务业合作领域，共同做大服务贸易蛋糕；扩大双方相互投资，创造更加开放、公平、透明、便利的投资环境；在促进高技术产品贸易方面作出更大努力；提升产业合作水平，推动制造业互利合作；等等。

另一方面，对话未达成经贸合作协议引发外界担忧。作为"习特会"达成的四个高层对话机制之一，首轮中美全面经济对话格外引人注目并被给予厚望，外界期待对话能在重大经贸合作领域收获成果。然而事与愿违，此次对话并未在具体经贸领域有所斩获，尤其是美国和中国先后取消对话会后的记者会，更加引发外界猜疑，西方媒体甚至认为中美对话失败。事实上，中美经贸合作与摩擦长期并存，双方关注的经贸问题并非朝夕之间可以解决，诸如特朗普政府关心的贸易再平衡问题更多的源于两国国际分工、产业结构的不同，短期对话难以彻底弥合分歧。双方能够通过对话已然展现出合作姿态，为中美经贸长期稳定发展奠定基础。

3. 中美贸易摩擦升级压力犹存

2017 年，虽然特朗普政府并未履行将中国列为汇率操纵国、对中国产品征收高关税等极端贸易政策，在两国高层推动下，中美化解了"贸易战"风险，但是两国经贸摩擦依然频发。特朗普政府对中国实施了多项贸易调查、不承认中国市场经济地位等，为中美贸易健康发展带来障碍，短期来看，中美贸易摩擦仍存在升级风险。

第一，美国对华施加多项贸易调查，阻碍中美经贸关系平稳发展。2017 年以来，特朗普政府已对中国产品发起多项贸易调查，例如对钢铁和铝产品展开"232 调查"、对冷拔钢管展开反倾销和反补贴调查、对知识产权展开"301 调查"、对光伏产品展开"201 调查"，美国商务部更是针对中国铝材启动了"自发性"反倾销调查，等等。美国发起贸易调查主要目的仍然是减少对华贸易逆差，同时促进国内相关产业就业和经济增长。

然而，中国对美巨额货物贸易顺差是由中美两国宏观经济结构差异性等多种因素决定的。一是美国金融服务业发达，制造业则出现"空心化"现象，依赖进口，中国则依靠廉价劳动力延续出口导向性增长模式，这一国际分工在短期内难以改变。二是美国对华出口管制也不利于改变贸易逆差，7 月 18 日，国务院副总理汪洋出席在华盛顿举行的中美工商界联合欢迎午餐会并发表演讲，提到根据卡内基国际和平基金会发布的报告，如果美国将对华出口管制程度降至对巴西的水平，对华贸易逆差最多可缩减 24%；如果降至对法国的水平，最多可缩减 34%。三是统计原因夸大贸易不平衡，由于存在转口贸易、再出口以及统计差异等因素，美方统计对华贸易逆差数额往往大幅高于中方统计，据商务部研究，美方统计的2008年至2014年逆差数据平均高估19%。

2017年以来，特朗普政府采取的贸易保护措施并不能从根本上解决赤字问题，相反会增加中美贸易摩擦，不利于中美经贸关系稳定可持续发展，解决赤字问题还需双方共同努力。

第二，美国拒绝承认中国市场经济地位，损害中国合法利益。2016年12月11日，中国正式加入世界贸易组织（WTO）15年。根据《中国加入世界贸易组织议定书》第15条d款，"无论如何，a（2）款规定应在加入之日后15年终止"，a（2）款规定中国企业在接受其他国家反倾销调查时，调查国可以使用替代国价格进行比价，从而确定反倾销幅度。然而，特朗普政府于11月30日正式拒绝中国在全球贸易规则下获得"市场经济"待遇的要求，意味着美国将继续采取替代国价格对中国企业设置较高的反倾销税率。这直接违背了WTO规则，释放了贸易保护主义信号，不利于维护中美经贸关系大局及全球自由贸易体系。

（二）中欧经济外交

过去一年间，中国与欧洲国家经济外交的总体特征表现为合作与摩擦并存。其中，中欧经济合作主要在以下三方面展开：

其一，高层经济对话推机制进中国与欧洲国家在各个领域扩大合作，共同发展。5月31日—6月2日国务院总理李克强参加了第十九次中国—欧盟领导人会晤，虽然当下国际形势不确定因素在不断增多，但在此次会晤中欧签署了包括投资、知识产权、海关、科技合作等领域10余项合作文件，这明确发出中欧关系保持稳定并且持续巩固的积极信号。国务院副总理马凯在北京分别与法国经济和财政部长勒梅尔和英国财政大臣哈蒙德共同主持了第五次中法高级别经济财金对话和第九次中英经济财金对话，在两次对话中就宏观经济形势和政策、贸易、投资和产业战略、金融改革以及技术进步对增长、就业和公平的影响等议题展开讨论。11 月 27 日，李克强参加了在匈牙利首都布达佩斯举行的第六次中国—中东欧国家领导人会晤，会晤发布了《中国—中东欧国家合作布达佩斯纲要》，中国—中东欧"16＋1"合作机制使得中国与中东欧国家的合作驶上"快车道"。在此机制的护航和助推下，建设匈塞铁路、"中欧陆海快线"和"三海港区合作"等多个重大倡议先后提出。中欧之间的高层经济对话机制为中欧在各领域的务实合作提供了基础性保障，有利于具体项目尽快落地实施。

其二，"中国制造 2025"与欧洲各国的战略对接成为中欧双边合作的新契机。科技合作依然是中国与欧洲国家合作的重点，"中国制造 2025"概念则成为中欧战略对接的重要衔接点。2 月 22 日，国家主席习近平在北京会见法国总理卡泽纳夫时指出将"中国制造 2025"同法国"未来工业计划"发展战略对接，抓好重点项目的落实，保持新兴领域合作的发展势头。6 月 26 日，习近平在北京会见瑞典首相勒文时表示，要将中国"十三五"规划、创新驱动发展战略、"中国制造 2025"同瑞典"智慧工业"战略对接，加强在清洁能源、智慧城市、生命科学、绿色金融、高铁、航天等领域合作。7 月 4 日，习近平在柏林同德国总理默克尔举行会谈时认为双方要支持两国企业开展"中国制造 2025"同德国"工业 4.0"对接合作，释放两国制造业优势同互联网结合的巨大创新潜力，深化在智能制造、航空、新能源汽车、绿色发展、青年创新创业、未来交通等领域合作。7 月 7 日，习近平在汉堡会见英国首相特蕾莎·梅时强调，中英双方要加强各领域务实交流合作，在"一带一路"倡议框架内，加强中国"十三五"规划、"中国制造 2025"同英国现代产业战略、"英格兰北部经济中心"等发展计划对接，深化金融、核电等合作。中欧在技术上有一定的互补优势，并把彼此作为海外投资的重要基地，中国与欧洲国家通过"中国制造 2025"与欧洲国家的经济战略相对接，共同寻找世界经济的增长点，确保重要领域在全球范围内的竞争力。

其三，能源气候领域合作成为中欧合作的重点。3月21—25日，欧洲投资银行代表在对中国进行的为期五天访问中重点讨论了2015年签署的巴黎气候协定中欧洲承诺给包括中国在内的发展中经济体提供应对气候变化的融资问题，并且预计2017年一整年欧洲投资银行对华合作投资将提高到5亿欧元。在6月2日第十九次中国—欧盟领导人会晤中，中欧双方都表示要加强应对气候变化合作，推动落实好《巴黎协定》，共同努力为落实《2030年可持续发展议程》作出贡献。紧接着在同月22日的第七次中欧能源对话中，中国能源局局长努尔·白克力与欧盟气候行动和能源委员卡内特共同签署了《中欧能源合作路线图2017—2018年度工作计划》。中欧在保障能源安全、推动能源转型、应对气候变化、保障经济社会可持续发展方面拥有广泛的共同利益，2017年中欧为履行巴黎其后协定而开展的合作行动是正在逐渐将中欧在能源气候领域的政治意愿转化为实在性成果。

中国与欧洲经济合作在2017年中取得了丰硕的成果，但双方在经济领域存在的摩擦也不容忽视。中欧经济外交摩擦主要包括以下两个方面：

第一，欧盟未改贸易和投资保护主义倾向，对华经济政策继续保持严厉态势。2月5日，欧盟表示将对中国三种钢铁产品展开反倾销调查，并敦促中国削减钢铁产能。2月28日对原产于中国的中厚板产品作出反倾销调查终裁，并决定实施为期5年的反倾销措施，反倾销税率为65.1%—73.7%。3月2日，欧盟将针对中国光伏面板的反倾销关税延长18个月。欧盟对于中国能对欧洲市场造成冲击的领域持有极为谨慎的态度，不惜频频通过反倾销调查来防范中国。除了贸易领域，欧盟国家同样关注境外国家投资对欧盟利益的影响。7月12日德国内阁通过了政府干预战略性重要企业被收购的监管新规，主要用于限制欧盟以外国家的收购行为，德国成为第一个采取措施收紧外资收购的欧盟国家。这项限制外资的新规定不乏德国政府对中国资本日益增加的担忧。在这一政策出台之后，欧盟也有效仿行动。9 月 14 日欧盟委员会在布鲁塞尔发布欧盟外资审查法律框架草案，意图对外资并购欧盟公司进行更严格的审查；新框架下的审查标准包括外资并购是否会对关键基础设施、关键技术、关键原材料产品的供应安全造成影响，是否会导致敏感信息泄露，以及外国投资者是否由政府控制等。尽管中国在与欧盟在有关投资贸易谈判中坚持对话磋商，但欧盟相对严厉的对华政策使得中欧难以在投资贸易合作中形成进一步的共识。

第二，欧盟对本应如期履行《中国加入世界贸易组织议定书》的第 15 条义务问题上"裹足不前"。根据《中国加入世界贸易组织议定书》第 15 条规定，世贸组织成员应于 2016 年 12 月 11 日终止对华反倾销的"替代国"做法，这决定了中国的"完全市场经济地位"能否被赋予合法性。2017 年中国主要领导人通过经济外交手段进行了多方游说，就欧盟履行《中国加入世界贸易组织议定书》第 15 条义务问题进行了多番讨论，但欧盟依然保持暧昧态度。年初欧盟以敦促中国削减钢铁产能为理由把授予中国市场经济地位认可的提议推迟到夏季。但在 6 月举行的第十九次中国—欧盟领导人会晤中，中方强调《中国加入世界贸易组织议定书》第 15 条是"日落条款"，切实如约履约既是履行应有的国际义务，也是遵守国际规则，尊重基于规则的国际秩序；然而欧洲理事会主席图斯克、欧盟委员会主席容克均并没有给予明确回应。对于欧盟成员国就授予中国市场经济地位这一提议，德国表示支持，而意大利强烈反对，法国总理卡泽纳夫希望双方能找到妥善解决方案。在 12 月 1 日美国政府向世贸组织正式提交书面文件反对在反倾销调查中给予中国"市场经济地位"待遇之后，欧盟成员国是否继续跟随美国，将成为中欧经济外交未来发展的最大不确定因素。

（三）中日经济外交

作为东亚地区的两个经济大国，中国与日本之间存在着深刻的竞争关系，加上复杂的历史因素影响，中日之间近年来的外交关系一直处于相对冷淡的状态。不过，在 2017 年，中日经济外交关系呈现出了一些积极的态势。这一方面是因为，美国总统特朗普上台后，美国的外交政策出现了一定的战略回缩，这使得日本意图再像过去一样借助日美同盟关系的力量在经济上制衡中国的可能性有所降低。另一方面，中国和日本在构建开放的国际经济金融秩序上是具有一定的利益契合点的，就连日本官方也承认，日中"通过对话和合作，共同努力为世界作出贡献，这是两国唯一的选择"。在内外两方面的因素作用下，2017 年中日经济外交关系有所突破。

第一，日本对中国"一带一路"倡议的立场有所松动，并向中国释放出愿意参与"一带一路"建设的信号。2017 年 6 月，在第 18 次中国商务部—日本经济产业省副部级定期磋商会议上，中国向日本介绍了"一带一路"倡议，并与日本就亚洲基础设施建设互联互通进行了建设性探讨，日本给予了一定的回应。到 2017 年 7 月，中国国家主席习近平在出席 G20 德国汉堡峰会期间会见了日本首相安倍晋三，再次欢迎日本与中国在"一带一路"框架内展开合作；而安倍晋三也表示，愿意同中国深化经贸、金融、旅游等合作并探讨"一带一路"框架下合作。而到了 2017 年 11 月，当中国国家主席习近平和日本首相安倍晋三在越南岘港出席亚太经合组织第二十五次领导人非正式会议时再次碰面，两国又一次提及要积极探讨并推动"一带一路"框架内在互联互通、拓展金融、环保节能等方面的合作。从日本态度的变化上可以明显感受到，日本也意欲从中国正在推进的"一带一路"合作倡议中分享经济红利。在具体措施上，11 月日本还派出经济界代表组成访华团，与中国政要会谈，并与商务部、国家发改委、工信部的官员交换意见，还前往广东考察当地企业，多次提及要挖掘"一带一路"框架下中日合作的潜力。

第二，中日在 RCEP 等共同参与的地区制度框架下探寻深化经贸合作、实现共同治理的可能。由于美国退出 TPP 后，TPP 前景黯淡，日本积极活动要在经贸关系方面寻找更多合作的机遇。除了努力推动 TPP 继续发展并将 TPP 改名为"跨太平洋伙伴关系全面进步协定"（CPTPP）外，日本还有一个地区合作制度的选择，那就是 RCEP。由于主推 CPTPP 的发展需要付出更大的政策成本，相较之下，日本支持 RCEP 的可能性有所增加。2017 年 2 月 27 日至 3 月 3 日，RCEP 第 17 轮谈判在日本神户举行。这是美国退出 TPP 后，RCEP 的 16 个成员国举行的第一轮谈判，意义重大。在此轮谈判中，成员国在约 13 个议题上展开协商，包括投资和电子商务的基本原则、关税减让、货物与服务贸易、原产地规则和知识产权等相关议题，成员国在中小企业和经济合作方面已经达成基本共识。目前RCEP 谈判已进行了 20 轮。尽管各方多次强调要齐心协力尽快实质性结束RCEP 谈判，但 RCEP 的最终达成仍需经历诸多挑战与考验。对于日本而言，尽管 RCEP 并不够令人满意，但这已经是既有的促进亚太经贸规则升级的选项中最有可能的一个制度选择了。因此，在中短期内，中日两国在RCEP 等制度框架下可能有比较深入的合作。

第三，在金融货币、环境保护、科技创新等具体领域方面，中日双方的务实合作正在有序开展。其中既包括了制度化的经济外交往来，如2017 年 5 月 5 日的"10 + 3"财长和央行行长会议、5 月 6 日的中日财长对话、9 月 13—14 日的中日韩央行行长会议等；也包括了就环境保护、科技交流等议题上通过中日官员互访开展的非制度化的友好交流与合作。

总体上看，在美国战略回缩的背景之下，日本开始重新审视自身的对外经济关系布局，从而另寻经济合作的出路，这给中日两国提升双边经济合作水平、深化在共同的经济治理制度框架下的互利合作提供了有利契机，双方目前也展开了一些良性互动和接触。不过，仍然要警惕日本的右倾化趋势，避免日本在历史问题、领土主权等问题上的错误立场对中日正常经济往来、中国民众情感等方面造成更大的阴影及负面影响。

（四）中俄经济外交

2017年，中俄开展了涵盖多个领域、涉及不同层级、跨越多个机制的经济外交，取得了一系列重要成果。首脑外交引领了中俄经济外交的基本走向。7月，国家主席习近平访俄会见俄罗斯总统普京和总理梅德韦杰夫。9月，习近平在厦门金砖峰会期间会见了普京。10月，国务院总理李克强和国家主席习近平先后在北京会见了参加中俄总理第二十二次定期会晤的梅德韦杰夫。11月，习近平在出席亚太经合组织岘港峰会期间再次会见了普京。同月，李克强赴俄罗斯会见了普京。两国领导人密集探讨了"一带一路"倡议与欧亚经济同盟的战略对接，强调加强投资、能源、地方等多个领域的合作，开展"冰上一带一路"合作，等等。两国领导人频频互访、会晤，为中俄经济外交提供了良好的顶层设计，从宏观层面保障了两国经济外交取得积极成果。

中俄在总理定期会晤机制下开展了一系列卓有成效的经济外交，能源合作成为2017年度中俄经济外交的重点。4月，国务院副总理张高丽在俄罗斯与俄罗斯第一副总理舒瓦洛夫共同主持召开中俄能源委员会会议，就中俄重点能源项目合作交换意见。9月，张高丽与俄罗斯副总理德沃尔科维奇举行中俄能源合作委员会第十四次会议，再次就能源问题进行了探讨。此外，张高丽还分别于2月和9月会见了俄罗斯天然气工业公司总裁米勒，就中俄原油贸易及原油增供、东线天然气、亚马尔液化气、西线天然气、远东供气等合作项目进行了交流。2017年11月12日，中俄远东石油管道二期建设完成，东线天然气管道已经上马，亚马尔项目也已投产，总理定期会晤机制和副总理级的中俄能源合作委员会在其中发挥了重要的作用。

除此之外，中俄各部长级的经济外交合作也非常活跃，在能源、金融、贸易、科技等多个领域取得了多项成果。2017 年，外交部部长王毅、中国人民银行行长周小川、商务部部长钟山、国家能源局局长任努尔·白克力、科技部部长万钢、财政部副部长刘伟、农业部副部长屈冬玉及副部长张桃林、工业和信息化部副部长刘利华等分别与俄方部长举行会谈，就扩大能源贸易规模、共同加强金融合作、推动对俄投资、开展科技研发合作、加强"一带一路"与欧亚经济联盟战略对接、加强两国民间互访等问题进行了交流，签署了一系列合作文件并取得了多项重要成果。中俄在部长层面开展了多项经济外交合作，成为两国经济外交的中坚力量。

除此之外，金砖机制、上海合作组织、二十国集团等也成为中俄开展多边经济外交的重要制度平台，两国在这些机制下开展了多项经济合作。2017 年 9 月，金砖国家峰会在厦门召开，习近平会见普京，双方除了大力推进中俄经济合作外，还共同推动金砖合作走深走实，力求开启金砖合作第二个"金色十年"。在金砖机制下，中俄两国的财政部长、央行行长、能源部长（局长）、农业部长、外交部长等先后会晤，就诸多更为技术性的问题进行了探讨。上海合作组织于 2017 年 6 月举行了元首理事会，于 4 月和 9 月分别举行了两次部长会议，中俄在上海合作组织的框架下对经济事务进行了卓有成效的探讨，特别是在"一带一路"与欧亚经济联盟战略对接等问题上形成了诸多共识。此外，在二十国集团框架下，中俄两国也就贸易、金融、能源、气候变化、发展、产能对接等诸多议题进行了探讨，共同发出了改良全球治理体系的呼声。

总之，中俄两国在 2017 年开展了密集的经济外交活动，高层领导人频繁互访会晤，中俄总理定期会晤机制以及下属各机制运转高效，两国在诸多全球和地区治理机制下也进行了紧密的合作，在能源、战略对接、产能合作、投资等诸多领域达成了诸多成果，取得了积极的成效。

◇◇ 五　通过经济制裁促进地区安全

经济制裁作为一个国际行为体对另一个破坏国际规则、安全与秩序与国际行为体实施的惩罚性措施，也是经济外交的一种表现形式。2017 年中国制裁外交的两个典型案例是对韩国乐天的制裁和对朝鲜的制裁。

（一）乐天在华经营受"萨德"影响遇冷

2 月 28 日，随着韩国乐天集团同韩国国防部正式签署"萨德"换地协议，中韩双方因部署"萨德"而产生的矛盾进一步升级。选址问题解决之后，"萨德"部署进程就完全掌控在韩国军方手里，落地节奏将大大加快。乐天集团是中韩关系良好发展的受益者，此次卷入部署"萨德"的政治风波且配合韩国军方的行动，不仅使其丧失了在华经营的民意基础，也进一步将中韩关系以及东北亚战略安全局势推入旋涡。

面对外界对于中国政府是否会对韩国乐天集团采取惩戒措施的问题，外交部发言人耿爽 28 日回应表示，外国企业在华经营成功与否，要由中国市场和中国消费者决定。中方欢迎外国企业来华投资兴业，并始终依法保护外国企业在华的合法权益，但是有关企业在华经营必须依法合规。此番表态也暗示着，中国消费者自发地在法律允许的范围内对乐天作出坚决回应在所难免。

自从 2016 年 7 月韩美政府决定部署"萨德"反导系统以来，中韩双方不仅政治关系遇冷，经贸往来也受到影响，中韩合作的民意基础遭到严重损害。部署"萨德"意在防御可能来自朝鲜的导弹威胁，然而其 2000 公里雷达探测范围实际涵盖了中国的东北、华北以及华中大部分地区，同时也将俄罗斯远东地区大部分中远程导弹发射活动置于监视之下。这种超出了半岛防卫需求的反导系统部署，客观上损害了中国和俄罗斯的战略安全利益，从而打破了东北亚现存的安全格局，也严重损害了中韩之间的战略互信。本就复杂的东北亚局势随着"萨德"的部署将会变得更加紧张。

乐天自从卷入"萨德"换地风波，便开始遭遇中国民众的抵制，陷入在华经营困境。换地协议正式签署以来，乐天在华门店陆续关停，乐天产品也遭遇下架。乐天集团 1994 年便进入中国，如今在华拥有 120 多家门店、业务覆盖 24 个省市，涉及零售、旅游、石化、金融、制造、食品、建设、服务等多个领域。2016 年，乐天在华营业额 3.2 万亿韩元。其中就免税店一项，中国游客消费比重占乐天免税店总销售规模的七成。由此可见，在华经营困境将对乐天集团产生不小的影响。

而乐天的经营困境只是中韩经贸关系受挫的缩影，中韩两国在过去几年由于高层往来互信而产生的紧密合作关系正在受到挑战。2015 年，中韩贸易额达到 2758 亿美元，中国是韩国第一大贸易伙伴和第二大投资对象国，韩国也一直积极参与人民币国际化进程，开展紧密的经贸合作符合双方共同的利益。然而受部署"萨德"影响，赴韩旅游的相关产品陆续下架，赴韩中国游客减少，韩国免税店收入出现下滑，韩国影视娱乐产业在中国的扩展也受到限制。可以预见的是，随着韩国继续执意推进"萨德"部署，两国间各领域合作很可能遭遇更大困难。未来中韩自由贸易区协定的实施、中韩货币领域的进一步合作的前景并不明朗。

（二）中国在解决朝核问题中发挥建设性作用

2017 年，朝鲜进行的多次弹道导弹试射搅动着东北亚的紧张局势。

国际社会一再加大对朝鲜的经济制裁力度，试图通过切断朝鲜核试验和导弹试验的资金、原料来源等对朝施加压力。而中国方面也发布了多项声明支持联合国决议并对朝鲜实施经济制裁。

2月18日，中国商务部和海关总署发布公告，为执行联合国安理会决议，将从2月19日起全面暂停进口朝鲜原产煤炭，临时禁令有效期至2017年底。

8月14日，中国商务部和海关总署再次发布公告，全面禁止自朝鲜进口煤、铁、铁矿石、铅、铅矿石、水海产品。

8月25日，中国商务部发布声明，禁止朝鲜实体或个人来华新设中外合资经营企业、中外合作经营企业、外资企业，禁止已设立企业增资扩大规模。此举与联合国安理会的制裁决议一致。商务部补充说，对违反联合国决议的中国公司对朝鲜投资和现有投资的增资申请不予核准。

9月22日，中国商务部宣布，自2017年10月1日起，限制对朝鲜出口精炼石油产品，并且，自公告发布之日起，按照联合国针对朝鲜核导活动实施的制裁措施，中国将限制对朝鲜的能源供应并停止进口朝鲜纺织品。在前几轮制裁后，纺织品被认为是朝鲜现在最主要的外汇收入来源。按照联合国的前几轮制裁措施，中国已经减少了自朝鲜进口的煤炭、铁矿石、海鲜及其他产品。

国际社会为推动朝鲜半岛无核化采取了多项措施，进行了多轮经济制裁。制裁是手段、工具而非目的，通过胁迫、惩罚目标国，向目标国释放信号，威慑目标国，从而起到同政治和军事手段相同的作用，即期待目标国改变政策。2017年8月以来，国际整体对朝实施的经济制裁力度有所加强，最大限度遏制朝鲜核武器和导弹计划，但如何从根本上解决朝鲜核问题，还需将朝鲜拉回谈判桌前，通过对话谈判等政治渠道和平解决问题。

中国通过的一系列制裁措施旨在惩罚并警告邻国朝鲜不要追求发展核

武器，而非完全切断其经济命脉，将其逼到绝境。中方一直呼吁朝鲜半岛核问题必须通过和平方式解决。中国外交部长王毅在第 72 届联合国大会一般性辩论上发言时曾提及：“目前越陷越深的恶性循环必须打破，恢复对话和谈同样是执行安理会决议的必要步骤。”中国方面一直呼吁所有相关各方继续遵守联合国针对朝鲜的制裁决议，避免采取单边行动，通过和平谈判解决朝鲜问题。

◇◇ 六　2018 年中国经济外交的展望

展望 2018 年，随着新一届国家机构领导人员的产生，中国经济外交仍将继续全面推进，预计会在多个方面取得更大进展。

第一，在自贸区建设与谈判方面，2018 年中国的自贸区战略布局很可能还将继续呈现出区域和双边层次同时并进的特点。一方面，在区域层面，中国或将不遗余力地推动 RCEP 谈判取得实质性成果并最终达成一致。尽管 RCEP 是以东盟为主导的大型区域贸易制度安排，但中国规模庞大的经济体量和不容忽视的大国权威客观上决定了中国将在 RCEP 的最终达成上发挥至关重要的作用。中国将重点助力 RCEP 的谈判进展，力争早日占领国际经贸规则体系的主动地位。而对于中日韩自贸区，中国仍将继续推动其谈判进程，但能否达成实质性成果，还将视三国政治关系情况而定。

另一方面，在双边层面，中国可能还将从两大方面入手，针对不同的自贸伙伴对象有不同的谈判重点。首先，继续密切与新兴经济体和发展中国家之间的联系，尤其重视与“一带一路”沿线的发展中国家深化密切合作，使未来自贸区建设进一步与中国国家发展战略相契合。其次，尝试拓展或深化与发达经济体之间的自贸联系，提升中国自由贸易网络的质量，借此也进一步熟悉发达经济体在自贸谈判中的"套路"。从这个角度看，中国与加拿大的自贸区谈判、中国与新加坡与新西兰自贸协定升级谈判都将是 2018 年可期待的自贸协定进展亮点所在。

第二，中国"带路"外交的力度仍将进一步加大。2017 年，中国政府相继出台并启动了《"一带一路"体育旅游发展行动方案（2017—2020年）》《中长期油气管网规划》《铁路"十三五"发展规划》《"一带一路"民心相通行动计划（2017—2020）》等多项行动方案。以这些规划为依据，中国将在 2018 年发动更多的国家加入"一带一路"倡议，在贸易投资、基础设施一体化建设与能源开发等方面开展进一步合作。从政府的重视程度、企业的活跃程度及沿线国家的回应情况来看，2018 年"带路"外交将继续焕发活力。

然而，这不意味着"带路"外交将是一帆风顺的。从 2017 年的表现及国际形势的预期来看，2018 年"带路"外交也将面临一定的风险，其中最为突出的是海外安全威胁。"一带一路"沿线复杂的地缘政治形势和宗教民族矛盾尚未消弭，企业海外经营的安全难以得到保障。此外，美国亚太战略尚未定型，印度的有意干扰和日本的暧昧表态，都将成为 2018年"带路"外交的外部不确定与不稳定因素。另一方面，随着"带路"外交范围的扩大，如何维系一个如此庞大的经济外交网络，对于中国政府而言是一大考验。如何改善沿线国家政府及其民众对中国"一带一路"倡议的评价，为"带路"外交创造更加良好的国际舆论环境，也是未来中国推进"带路"外交首先必须应对的问题。

第三，当前大国关系"不稳定期"与全球治理和区域治理的"重构期"重叠，中国将继续积极参与并引领全球和区域治理，为中国发展和世界和平创造更加有利的条件。2018 年，G20 峰会将在阿根廷首都布宜诺斯艾利斯举行，主题为均衡和可持续发展增进共识。南非将举办第十届金砖峰会，此次峰会将对非洲滞后的工业化水平给予更大关注。2018 年

APEC 会议将在巴布亚新几内亚举行，主题是"把握包容性机遇，拥抱数字化未来"。另外，中国将接任上海合作组织轮值主席国并于 2018 年 6 月举办峰会。中国将更加注重抓住机遇，增强在区域一体化、可持续发展、气候变化等重大国际和地区问题上的立场协调，增强与发展中国家、G20、APEC、金砖国家等多边对话平台中的有效合作。

第四，在能源领域，2018 年中国会在现有合作机制下与相关国家、国际组织开展一系列技术性对话和谈判，着力推进一批重点能源合作项目的落地，同时为全球能源治理与能源商业合作提供助力。首先，中国将进一步完善与澳大利亚、印度尼西亚、美国、加拿大、英国、俄罗斯、沙特阿拉伯等国现有的能源合作对话机制、能源合作工作组、能源论坛，在这些机制下继续开展务实交流与合作，落实与上述国家签署的涉及油气开发、电力输送、核电利用、新能源研发、可燃冰开发、低碳技术研发等的多项协议及备忘录。特别是，中国将重点推动中美、中俄能源合作，推进中俄天然气东线管道、对美国阿拉斯加州天然气项目投资和西弗吉尼亚州页岩气项目投资等一批重点能源合作项目落地。其次，中国将继续在国际能源署、国际清洁能源、国际能源论坛等多边机制下与其他国家开展合作，就低碳经济、应对价格波动、北极能源开发等诸多议题进行交流磋商，为全球能源治理提供助力。最后，中国政府还将与埃克森·美孚、切尼尔、雪佛龙、俄罗斯石油天然气公司、泰拉能源公司等国际能源公司保持密切的沟通与合作，推动商业能源合作，保障中国的能源安全。

第五，中美经贸关系在 2018 年将延续曲折向前的发展态势，机遇与挑战并存。一是双边重点合作领域继续深入。"百日计划"和特朗普总统访华均取得重要收获，中美在能源、农产品等领域互补性强，具有广阔的合作空间，未来有望继续扩大贸易规模；党的十九大报告提出要推动形成全面开放新格局，我国将继续扩大外资市场准入，在金融等服务业领域同美国深化合作。中美还有望在"一带一路"框架下开展合作，共同探索基础设施建设合作、第三方合作等领域，推动中美经贸关系实现互利共赢。二是中美经贸摩擦不确定性犹存。一方面，2017年美国对中国钢铁、铝、知识产权等领域展开多项调查，调查结果在2018年后陆续出台，美国可能对中国产品施加惩罚性关税，这将为中美经贸关系增加障碍。另一方面，特朗普总统将减少贸易逆差作为执政重要内容，而2017年中国对美贸易顺差仍然呈增加态势，不排除美国继续加大对中国的贸易保护力度的可能性，中美经贸摩擦压力未减。三是中美高层对话助力经贸合作。中美经贸合作与竞争并存，在两国元首及经济团队的持续对话中，中美可有效通过沟通交流管控分歧、加强合作。2018年，两国元首仍有机会在多边和双边场合进行会晤，持续为中美经贸关系发展提供动力，中美全面经济对话等机制也将继续为两国探讨经贸议题提供平台。

第六，未来一段时间内，国际社会将继续加强对朝鲜的经济制裁力度，通过切断朝鲜核试验和导弹试验的资金、原料来源等手段进一步遏制朝鲜核武器和导弹计划，不断对朝施加压力。美国将继续号召各国中断对朝外交、中断对朝原油贸易，以单边或多边制裁形式对朝鲜实施惩罚。联合国安理会也将继续出台更强有力的对朝制裁措施，制定出国际社会共同应对朝鲜核导活动升级的方案。目前，中国已发布了多项声明支持联合国决议并对朝鲜实施经济制裁，未来，中国会继续呼吁所有相关各方在继续遵守联合国针对朝鲜的制裁决议的基础上，避免采取单边行动，通过和平谈判解决朝鲜问题。

◇ 七　结语

中国正在成为全球经济外交舞台上最为活跃的角色。经济外交既是中国在政府层面对外交往的重要内容，也是中国融入全球经济、进一步提升本国在全球经济中地位的一种手段。纵观 2017 年中国一系列经济外交活动及其成果，它一方面为中国和相关国家带来了可观的经济增长福利，深化中国与世界各国家与地区的经贸关系。根据商务部公布的数据，2017年 1—11 月中国出口总额为 13.85 万亿元人民币，同比增长 11.6%，进口总额达 11.29 万亿元人民币，增长 20.9%，对美国、欧盟、日本和俄罗斯的出口同比分别增长 15.4%、13.3%、8.8% 和 20.4%，中国与世界主要国家的对外贸易发展趋势向好。另一方面，2015 年以来逆全球化趋势渐显，世界主要发达国家贸易保护主义抬头，全球经济发展的不确定性和地缘经济与政治风险加剧的背景下，作为最大发展中国家的中国并未收缩对外经济交往，反而进一步"外向化"，依据"开放、包容、共同发展"的理念在世界范围内开展务实且有秩序的合作。这种适时承担起大国责任，增强世界各国对全球经济发展的信心的举动确实提高了中国在全球经济的地位——不是"世界第二大经济体"这种体量排名上的地位，而是负责任的、值得信赖与依靠的经济大国乃至强国的地位。

第二部分

中国经济外交月度报告

◇ 一 中国在达沃斯力推全球化(一月报告)

2017 年 1 月,国家主席习近平出席达沃斯世界经济论坛成为 2017 年中国经济外交开年亮点。习近平在达沃斯发表演讲,向世界传递了中国捍卫自由开放国际经济体系的决心,在反全球化斗士特朗普上台执政的背景下,习近平的讲话引发全世界关注。该月,中国继续在二十国集团(G20)的各个机制中发挥建设性作用,2017 年是 G20"德国年",中国参加了 G20 框架下绿色金融研究小组会议和农业部长会议,作为 2016 年 G20 峰会主办国,中国继续为汉堡峰会提供动力。在区域层次,经贸谈判持续推进。该月,中国和瑞士启动自贸区升级联合研究,中日韩自贸区第 11 轮谈判和中国与欧亚经济联盟经贸合作协议第二轮谈判先后在北京举行。不仅如此,中国继续推动"一带一路"合作,外交部长王毅出访亚非多国,宣介"一带一路"倡议。

(一) 习近平主席达沃斯论坛引领全球化

2017 年世界经济论坛于 1 月 17—20 日在瑞士小镇达沃斯举行,本届论坛的主题为"领导力:应势而为,勇于担当",主要聚焦于推动全球合作、振兴全球经济、改革市场资本主义、应对第四次工业革命、增进身份认同等多个话题。

国家主席习近平首次出席了世界经济论坛 2017 年年会开幕式,并发表题为《共担时代责任 共促全球发展》的主旨演讲。在全球经济增长缓慢、反全球化思潮不断抬头的形势下,习近平主席回答了如何正确认识经济全球化、如何引领世界经济走出困境、如何推动中国经济进一步发展,向世界传递了中国声音，提出了中国的应对方案，成为 2017 年中国经济外交的开年亮点。

20 世纪 80 年代以来，经济全球化迅猛发展，为世界经济增长提供了强劲动力。然而，经济全球化的"双刃剑"效应为世界各国带来了许多棘手难题，贸易投资发展造成国家之间以及国内不同阶层之间贫富差距扩大，"9·11"恐怖袭击事件标志着安全威胁也呈现"全球化"趋势，反全球化思潮日益增长。

面对经济增长缓慢、贫富差距扩大、恐怖主义蔓延等全球性问题，一些国家开始采取保护主义和孤立主义政策，然而这并非解决问题的根本之道。习近平在演讲中分析了这些问题的根源，指出世界经济存在三大突出矛盾，包括全球增长动能不足，难以支撑世界经济持续稳定增长；全球经济治理滞后，难以适应世界经济新变化；全球发展失衡，难以满足人们对美好生活的期待。面对这些问题，只有牢固树立人类命运共同体意识，携手努力、共同担当，同舟共济、共渡难关，才能从根本上解决问题。习近平提出了推动世界经济增长和全球化再平衡的中国方案，呼吁联手打造创新驱动的增长模式、开放共赢的合作模式、公正合理的治理模式、平衡普惠的发展模式。此外，习近平还介绍了中国经济的发展路径，当前中国经济进入新常态，虽然中国经济长期向好的基本面未变，但依然面临一定的下行压力，对此，中国将采取加快供给侧结构性改革，着力提升经济增长质量和效益、加大重要领域和关键环节改革力度，激发增长动力和市场活力、积极营造宽松有序的投资环境、大力建设共同发展的对外开放格局等措施，同时推动"一带一路"建设同各国人民共享发展成果。

中国是经济全球化的受益者，并不断成为贡献者。中国经济快速增长，为全球经济稳定和增长提供了持续强大的动力。中国提出的"一带一路"倡议也是创新现有全球治理机制的创举之一，通过"一带一路"倡议加强国家间经济合作，为全球经济寻求新的经济增长点，"一带一路"

沿线多为新兴市场国家和发展中国家，各国资源禀赋不同，经济合作潜力巨大，可以通过政策沟通、设施联通、贸易畅通、资金融通和民心相通实现沿线各国互利共赢、携手发展。

此次达沃斯论坛，习近平主席演讲掷地有声地阐释中国方案，体现出中国正在转变全球经济治理中的身份，不断发出中国声音、贡献中国智慧，以负责任大国的引领者身份为全球经济注入发展动力和信心。

（二）"一带一路"外交继续推进

2017 年 1 月，中国继续推进"一带一路"外交，进一步加强同"一带一路"沿线各国之间的联动合作。在亚太地区，中国和菲律宾经贸部门举行会谈，助力两国关系改善，同时有利于扩大"一带一路"朋友圈；在欧洲地区，习近平主席访问瑞士、匈塞铁路项目会议召开，引领欧洲"一带一路"建设；在中亚地区，吉尔吉斯斯坦总统访华，推进中吉两国在中亚地区的"一带一路"合作。

在亚太地区，中国从点到线，为"一带一路"战略寻求更多伙伴支持，减少推行阻力。亚太经济圈是"一带一路"的起点，也是"一带一路"战略的重要组成部分，而菲律宾作为"海上丝绸之路"沿线国家，同中国的经济外交互动成为亮点之一。1 月 12 日，中缅经济、贸易和技术联委会第四次会议在北京召开，就落实两国领导人共识、加强在对接两国发展战略、边境贸易、基础设施建设、能源、跨境经济合作区、金融、对缅援助、区域经济一体化等各领域务实合作达成广泛共识。1 月 23 日，菲律宾财政部部长多明计斯率领的菲政府代表团访华，商务部部长高虎城率中方代表团同其在北京举行会谈，决定重启中菲经贸联委会。菲律宾表示积极支持"一带一路"建设倡议，希望中方进一步扩大对菲基础设施建设领域投资并开展融资合作。中菲两国重启经贸对话，不仅有利于改善两国友好关系，增加经贸往来，还有利于在"一带一路"框架下促进两国经济、基础设施建设等方面发展，维护地区稳定和发展。

在欧洲地区，国家主席习近平参加达沃斯论坛期间访问瑞士。瑞士是中国在欧洲推动"一带一路"的重要伙伴，早在2015年8月，瑞士就率先成为加入亚投行的欧洲国家之一。中瑞两国在经济发展水平和产业结构方面存在一定差异，双方在数字化、智能制造、产能等方面都能实现优势互补。习近平主席访问期间，中瑞两国在扩大贸易、投资、金融、保险合作规模等多领域达成共识，还提出推动中瑞自由贸易协定升级。中国可以凭借与瑞士的良好合作关系，充分利用瑞士欧洲金融中心的重要作用，联通中欧，加快"一带一路"建设。

此外，国家发展和改革委员会副主任王晓涛与塞尔维亚交通和基础设施部部长顾问拉德·奥布拉多维奇于2017年1月22日在北京召开匈塞铁路项目工作会议，继续推动匈塞铁路建设。2015年，中国与匈塞两国分别签署项目合作文件，宣布将合作升级旧的匈塞铁路，项目全程分三段进行建设，2015年12月，塞尔维亚段正式开工实施。匈塞铁路项目是中国铁路进入欧盟市场的第一个项目，也被视为"一带一路"战略的旗舰项目。该铁路建成后，将极大改善中东欧基础设施建设，不仅中、匈、塞等直接参与方可从中受益，而且中东欧乃至整个欧洲都可以共享这一中欧贸易通道带来的好处，匈塞铁路作为"一带一路"战略框架下的重要基础设施项目，对于更多欧洲国家积极参与到"一带一路"建设中具有引领和示范效应。

在中亚地区，吉尔吉斯斯坦总统阿塔姆巴耶夫于2017年1月6日访问中国，国家主席习近平与阿塔姆巴耶夫总统在北京举行会谈。吉尔吉斯斯坦是中国在中亚地区推动"一带一路"建设的重要国家，阿塔姆巴耶夫总统访华期间，中吉达成加快推进重大基础设施建设项目、落实产能投资合作、促进两国中小企业和农业等领域合作、做好"一带一路"建设同欧亚经济联盟建设对接等共识。中吉加强合作沟通表明中国正在稳步推进"一带一路"在中亚地区的布局。

（三）中国瑞士启动 FTA 升级联合研究

2017 年 1 月，中国继续推动自由贸易协定（FTA）谈判，一方面，同已签署 FTA 的伙伴国寻求 FTA 升级谈判，该月最为突出的即和瑞士达成启动中瑞 FTA 升级联合研究的谅解备忘录；另一方面，继续推进谈判中的 FTA 取得进展，主要就中日韩自贸区、中国—斯里兰卡 FTA 以及 RCEP 谈判等同伙伴国交换意见。

首先，在中国国家主席习近平对瑞士进行国事访问期间，中瑞于 1 月 16 日签署《关于中国—瑞士自由贸易协定升级的谅解备忘录》，双方宣布启动中瑞 FTA 升级联合研究。中瑞双方于 2011 年 1 月启动 FTA 谈判，2013 年 5 月，李克强总理访问瑞士期间，中瑞双方签署了关于完成中瑞自贸区谈判的谅解备忘录，2013 年 7 月，时任商务部部长高虎城与瑞士联邦委员兼经济部部长施耐德－阿曼代表两国政府在京签署《协定》，2014 年 7 月 1 日正式生效。中瑞 FTA 是近年来中国对外达成的水平最高、最为全面的自贸协定之一，不仅零关税比例和双方合作机制化水平高，协定中还涉及包括政府采购、环境、劳工与就业合作、知识产权、竞争等新规则，对促进中瑞经贸合作发挥重要作用。此次中瑞 FTA 升级研究，两国将共同探讨提升和丰富协定内容的可能性，提升中瑞经贸合作水平，助力中欧经贸关系发展，同时也意味着中国要在适应更高标准、更严要求的国际经贸新规则的进程中迈上新台阶。

其次，中国致力于推动东亚乃至亚太地区的区域 FTA 进展。1 月 11 日，中日韩自贸区第十一轮谈判在北京举行，三方就货物贸易、服务贸易、投资规则等重要议题深入交换了意见。中日韩自贸区谈判于 2012 年

11 月启动，中日韩三国在经济发展水平和产业竞争力方面存在一定的差异，该自贸协定的最终达成将有助于整合地区价值链分工，实现互利互惠。1 月 23 日，中国在与 2017 年东盟轮值主席国菲律宾举行会谈时也表示愿密切配合深化中国—东盟自贸区建设，共同推动 RCEP 谈判尽快结束。这表明中国在实施区域 FTA 战略过程中重视与制度伙伴的关系建设，并为倡导符合自身利益的国际经贸规则制定模式争取更坚实的伙伴支持。此外，在对美国退出 TPP 作出回应时，中国表明将继续致力于推进亚太地区经济一体化进程，推进 RCEP 谈判和亚太自贸区建设。RCEP 是中国在当前国际经贸规则体系重塑背景下所倡导的弹性、灵活、包容的规则制定路径，亚太自贸区则是未来新兴经贸规则最终实现的平台之一，对 RCEP 和亚太自贸区的重视体现了中国在应对国际贸易制度变迁时的立场。

最后，中国与南亚国家斯里兰卡在双边自贸区第五轮谈判中充分交换意见，涉及货物贸易、服务贸易、投资、经济技术合作、原产地规则、海关程序和贸易便利化、技术性贸易壁垒和卫生与植物卫生措施、贸易救济等议题，谈判取得积极进展。早在 2016 年 4 月斯里兰卡总理维克拉玛辛哈访华时，国务院总理李克强就已指出要推动中斯战略合作伙伴关系迈上新台阶。斯里兰卡的区位优势使其成为国际物流通道的重要中转站，有利于中国与外界开展更广泛的经济合作；中国在产能、装备、技术等方面的优势也契合斯里兰卡打造经济发展区的设想。因此，双方都有强烈的意愿尽快达成 FTA，中国亦可借中斯 FTA 深化在南亚地区的经济存在。

（四）中国 G20 法兰克福系列会议

2017 年 1 月，中国在二十国集团（G20）框架下与有关各方保持合作，继续就推动全球经济合作发挥着建设性作用。当前，G20 正式进入"德国时间"，G20 框架下多项国际会议在德国悉数召开。中国参与了 G20

框架下绿色金融小组会议与农业部长会议，继续为全球金融治理和农业治理提供中国方案，贡献中国智慧。

1月16—17日，由中国人民银行和英格兰银行共同主持的G20绿色金融研究小组会议在法兰克福举行，会议研究了推进金融业环境风险分析、改善环境数据的可获得性以及建立环境风险分析的知识共享平台等议题，讨论了建立环境风险分析的知识共享平台和环境数据指南等选项。

1月22日，中国农业部部长韩长赋一行参加了在柏林举办的农业部长会议，会议以"农业与水"为主题，同时着重探讨了农业创新和"互联网＋"等重要议题。中国参与了多项议题的探讨，就抑制金融风险、发展绿色金融、开展农业合作、创新农业模式等问题提出了技术性的方案，为全球金融及农业治理贡献了中国智慧。

另一方面，中国与德国就2017年度G20会议的筹备工作保持着密切的协作，双方希望继续推动G20在全球金融治理中发挥重要作用。1月25日，国务院总理李克强应约与德国总理默克尔通了电话。两国领导人不仅就双边关心的地区及国际事务保持沟通外，还重点就G20汉堡峰会的筹备工作进行了深入交流。G20采用上一届主办国、当届主办国、下一届主办国"三驾马车"的共同筹办机制，中国作为"三驾马车"之一，为汉堡峰会的举办继续提供了重要的助力。

（五）特朗普上任调整美国经济政策

2017年1月20日，特朗普正式上任成为美国新任总统。随后，特朗普开始履行竞选承诺，签署多项总统行政令和备忘录，初步调整其对外经济政策。上任前，特朗普的贸易保护主义言论搅动着自由开放的国际贸易体系，令多个贸易伙伴国感到不安，上任后特朗普政府的经济外交行动似乎印证了美将"放弃"多边主义的大旗，一切政策主张将服务于"美国优先"，而商人出身、具有实用主义特点的特朗普能否坚持推动其政策，仍有待进一步观察。

从特朗普上台以来的具体经济外交行动看，美国对外经济政策有以下变化。

一是美国正式退出TPP，TPP作为奥巴马政府"亚太再平衡"战略的经济支柱，彰显了美国重返亚太、遏制中国的战略决心，而特朗普认为TPP对美国是一个"潜在的灾难"。美国退出TPP令其他成员国感到不满，日本首相安倍晋三直言没有美国参与的TPP将"毫无意义"，日本等国不得不改变策略，弥补美国退出TPP带来的损失。

二是重谈北美自贸协定（NAFTA）似乎不可避免。特朗普一向反对多边自贸协定，多次谈及重谈或退出NAFTA，2月13日加拿大总理特鲁多访问美国，特朗普同其会谈时表示要重谈NAFTA，但针对加拿大的条款仅需微调。目前因特朗普的"修墙令"、遣返移民等政策，美墨关系趋于紧张，虽然墨西哥官方表示预计NAFTA重谈将在2017年6月正式开启，但也不能排除有其他因素阻碍重谈开启的可能性。

三是开始酝酿双边FTA。特朗普反对多边贸易协定，但表示会以双边FTA取而代之。特朗普在同英国首相特蕾莎·梅以及日本首相安倍晋三会晤时，分别谈及脱欧后的英美自由贸易协定谈判以及日美贸易框架。在双边谈判中，美国的权力地位将得到放大，美国能获得更大的谈判优势，特朗普可以最大限度地维护美国利益。

特朗普政府政策重心在于促进国内经济发展，经济外交活动也服务与此，特朗普的退出TPP、重谈NAFTA等政策，以及增加关税、指责他国为"汇率操纵国"等言论皆为维护美国经济利益的具体手段，若能促进美经济发展，特朗普恐会继续"践行"保护主义，若效果不彰，特朗普改弦更张也未必没有可能。

◇ 二 中国自贸区谈判有序推进(二月报告)

2017 年 2 月,中国经济外交的亮点仍然是自贸区谈判和"一带一路"外交不断取得进展。在自贸区外交上,中国与澳大利亚、新西兰、加拿大、海合会等经济体的 FTA 都有新进展。在"一带一路"外交上,外交部长王毅同"海上丝绸之路"沿线重要国家领导人会见,继续推动"一带一路"框架下的双边合作。

此外,中国国家领导人在多双边场合推动欧盟履行《中国加入世界贸易组织议定书》第 15 条。而由于韩国决定部署"萨德"导弹防御系统,中韩关系出现波折,这对中韩经济关系也构成了一定的影响。

(一)第四轮中澳外交与战略对话在堪培拉举行

2 月,中国国家领导人在多边和双边外交场合继续倡议"一带一路",尤其在"海上丝绸之路"上强化同沿线国家的互利合作,最为突出的是同澳大利亚举行第四轮中澳外交与战略对话,强调对接澳大利亚的"北部大开发"计划和"一带一路"倡议。

在南太平洋上,7 日,外交部长王毅在堪培拉与澳大利亚外交部长毕晓普举行第四轮中澳外交与战略对话。双方决定加强战略沟通,进一步实施中澳双边自贸协定;推进发展战略对接,加强第三方合作和国际产能合作,通过创新提升合作水平,这意味着中国将具有输出国内过剩产能的新方向。中国将加快对接澳大利亚的"北部大开发"计划和"一带一路"建设,将中澳全面战略伙伴关系提升至新的水平。在特朗普上台、美国贸易政策向贸易保护主义倾斜的背景下,美国与其传统盟友和贸易合作伙伴之间的关系出现松动，这是中国同澳大利亚改善经济和政治关系的良好机会。中澳两国在"一带一路"框架下，进一步深化合作，共同构建开放型世界经济、引导全球化向更加包容普惠方向发展、反对各种形式保护主义，表明中国的"一带一路"战略已经成为亚太地区国家对区域经济合作规则的新选择。

此外，17 日，外交部长王毅在德国波恩出席二十国集团外长会议期间会见印尼外交部长蕾特诺。此次会见，印尼表示愿与中方深化现有对话机制，更好对接印尼"全球海洋支点"战略和中方"海上丝绸之路"倡议，进一步提升两国在投资、农业、海洋的领域合作的质量和水平。印尼是"21 世纪海上丝绸之路"沿线重要国家，中国和印尼已在"一带一路"框架下展开多项合作，其中，雅万高铁项目格外引人关注。雅万高铁连接印尼首都雅加达和第四大城市万隆，高铁建成后将有力地拉动沿线经济发展，该项目也是中国高铁全面"走出去"的第一单，对于进一步开展高铁外交具有重要的示范效应。不过，雅万高铁从招标时的中日激烈竞争到如今的项目暂时搁置，也表明中国在推行"一带一路"过程中仍受到地缘政治带来的诸多阻碍。

（二）中加加快 FTA 联合可行性研究步伐

2 月，中国继续推进自由贸易协定（FTA）谈判。受美国特朗普总统贸易保护主义倾向影响，中国被一些国家视为维护全球贸易自由化的新希望，而中国也正把握时机，争取在国际经贸规则重塑与制定过程中发挥重要作用。

首先，中国与美国盟友或传统势力范围内国家推动或深化 FTA 合作。一是对美国传统盟友加拿大，由于特朗普宣称要重新考虑北美自由贸易区（NAFTA），加拿大也意图寻求其他促进贸易自由化的方式与伙伴，因此中国与加拿大之间也加快了联合可行性研究的步伐。2 月 20—24 日，中国—加拿大自贸区联合可行性研究暨探索性讨论第一次会议在北京举行。加拿大是世界第十大经济体，也是中国重要经贸伙伴。双方将在联合可行性研究中深入分析两国经贸合作潜力，并通过探索性讨论就各自关注问题及对未来自贸协定的预期广泛交换意见，为两国政府未来是否启动自贸区谈判提供参考依据。中加探索 FTA 是两国向国际社会及相关国家发出共同维护全球贸易自由化的积极信号，也是中国扩大 FTA 伙伴圈的一大进展。

二是对已签订 FTA 的亚太国家澳大利亚和新西兰，2 月 7—10 日，外交部长王毅先后访问澳大利亚和新西兰，中国与澳新都充分肯定既有的 FTA 实施成果，决定要在已有的基础上进一步深化合作，构建开放型经济，共同维护国际贸易体制，反对贸易保护主义。

三是对美国传统势力范围的国家、海合会重要成员沙特阿拉伯，中国明确表示要加快推进中国—海合会自贸区谈判，沙方也愿为此发挥积极作用。目前中国和海合会已进行了九轮 FTA 谈判，双方结束了 15 个谈判议题中的 9 个议题，在技术性贸易壁垒（TBT）、法律条款、电子商务三个章节的内容接近达成一致，核心的货物、服务等领域已取得积极进展。若中国—海合会 FTA 最终达成，中国在石油等重要战略资源方面的全球供应将更有保障，也能在一定程度上缓解国际社会对中国的能源压力。

其次，中国继续推动亚太区域 FTA 谈判。例如，2 月 24 日，在中国和菲律宾共同举办的"中菲经贸投资论坛"上，两国都表示将努力推动 RCEP 谈判进程；2 月 27 日，中国与新加坡也提出要推动包括 RCEP 在内的亚太自贸区建设，尽快完成 RCEP 谈判，维持全球自由贸易体制。在与其他国家领导人或相关政府官员交往过程中，中国不断确认这些国家对 RCEP 建设的支持，为最终促成 RCEP 谈判结束巩固已有的制度伙伴支持。

从进展上看，2 月 27 日，RCEP 第 17 轮谈判在日本神户进行，平行举行了货物、服务、投资、知识产权、电子商务、法律与机制问题工作组会议。各方进一步努力，加紧推进货物、服务、投资三大核心领域市场准入问题和各领域案文磋商，推动谈判进入更加实质性的阶段。然而，RCEP 谈判成员国存在较大的异质性，日本、澳大利亚等国也是 TPP 的成员国，在 TPP 进程停滞后意图通过 RCEP 实现高水平的自由化，但中国、印度等国却对开放市场持有谨慎态度，两大阵营分歧较大。尽管如此，各方仍力争达成妥协，尽快提出一个能够实现亚太经贸合作规则的具体方案。对中国等利益相关国家而言，这需要极大的外交智慧与技巧。

最后，值得一提的是，中国始终坚持提高自身适应高水平国际经贸规则的能力与实力，目前中国国内"1 + 3 + 7"的自贸区试点格局初步形成，全面深化改革和扩大开放的试验田作用进一步彰显。这表明中国为进一步参与并重塑国际经贸规则体系而作出的适应性改革已凸显成果，中国开展贸易外交的能力有所提升。

（三）外交部长王毅赴德参加 G20 会议

2 月，二十国集团（G20）外长会议在德国波恩举行，中国外交部长王毅参会，与各国外长就经济议题保持密切磋商。一方面，G20 是全球治理的重要多边场合，此次 G20 外长会议上，中国就落实《2030 年可持续发展议程》、对非伙伴关系等议题表明了中国的立场。王毅表示，为落实好《2030 年可持续发展议程》，中方主张国际社会应打造和平稳定的国际环境，创建创新、联动、开放、包容的世界经济，倡导共享发展的理念，建立新型全球发展伙伴关系，并把可持续发展议程融入本国发展战略。中方认为，应坚持和平与发展并重，并尊重非洲各国的意愿，采取具体举措支持构建对非伙伴关系。中方正在以自己的实际行动践行"真实亲诚"的对非政策理念。

另一方面，G20 外长会议期间，王毅还分别与德国外交部长加布里尔、英国外交大臣约翰逊、欧盟外交与安全政策高级代表莫盖里尼、俄罗斯外交部长拉夫罗夫、印尼外交部长蕾特诺、墨西哥外交部长比德加赖以及美国国务卿蒂勒森进行了双边会晤。在与上述国家外交部长的会晤中，王毅表达了与有关各国在促进双边贸易增长、扩大投资、加强在全球金融治理中的协调、推动在其他经济领域开展合作的意愿，得到了各方积极回应。当前，G20 已经成为中国开展多边和双边经济外交的重要平台，中国不仅与有关各国就全球金融治理开展了密切的合作，与各国就双边经济事务的磋商同样颇具成效。

（四）中国敦促欧盟履行《中国加入世界贸易组织议定书》第15条

2 月，在对欧经济外交活动中，中国国家领导人多次敦促欧盟履行《中国加入世界贸易组织议定书》第 15 条规定。

2016 年 12 月 11 日，中国加入世界贸易组织（WTO）满 15 周年，作为当时"入世"的一项重要条件，《中国加入世界贸易组织议定书》第 15 条规定，"如受调查的生产者不能明确证明生产该同类产品的产业在制造、生产和销售该产品方面具备市场经济条件，则该 WTO 进口成员可使用不依据与中国国内价格或成本进行严格比较的方法"。同时规定以上条款应在中国加入 WTO 的 15 年后终止，即 WTO 成员应于 2016 年 12 月 11 日终止在对华反倾销调查中使用"替代国"做法，此后世贸组织成员在对华反倾销调查中必须以中国企业的价格和成本为基础确定倾销幅度。

这一规定能否如期实现具有十分重大的意义，因为这决定了中国的"完全市场经济地位"能否被赋予合法性。对此，中国主张按照协定中国将自动获得市场经济地位，这得到了 90 多个国家的承认，但是日美欧等西方国家依旧态度暧昧，认为中国企业的经贸活动仍受到政府强烈干预，不承认中国的市场经济地位。为改变这一局面，2017 年伊始中国主要领导人便通过经济外交手段进行多方游说。

1 月 25 日，国务院总理李克强同德国总理默克尔通电话时明确指出，希望德方继续推动欧盟尽早履行《中国加入世界贸易组织议定书》第 15 条所作承诺。2 月 21 日，国务院总理李克强同来华进行正式访问的法国总理卡泽纳夫举行会谈时也着重强调，欧盟应全面、彻底履行《中国加入世界贸易组织议定书》所作承诺。2 月 16 日，王毅外长在德国波恩出席二十国集团外长会议时与德国外交部长加布里尔、欧盟外交与安全政策高级代表莫盖里尼会见时，同样表达了对欧盟早日履行《中国加入世界贸易组织议定书》第 15 条所作承诺的希望。这是中国在经济领域通过外交手段保护本国核心利益的重要体现，也是中国加入世贸组织后必须经受的重要考验。截至 2017 年 2 月，中国的外交游说都得到了欧方的积极回应，默克尔、卡泽纳夫和莫盖里尼均正面表示，将进一步推动这一问题的妥善解决。倘若获得欧盟方面的支持，《中国加入世界贸易组织议定书》第 15 条的实现有望得到极大推动。

（五）中新推动第三个合作项目落地

2 月 27 日，中共中央政治局常委、国务院副总理张高丽在北京会见新加坡副总理张志贤，并共同主持中新双边合作联委会第十三次会议、苏州工业园区联合协调理事会第十八次会议、天津生态城联合协调理事会第九次会议和中新（重庆）战略性互联互通示范项目联合协调理事会第一次会议。中国与新加坡政府间的第三个合作项目即中新（重庆）战略性互联互通示范项目得到了正式推进。1994 年和 2007 年，中国与新加坡先后推动了两个政府间合作项目：苏州工业园和天津生态城。从 2015 年起开始筹划的重庆战略性互联互通项目则将中新政府之间的合作推进到3.0时代。

中新（重庆）战略性互联互通项目围绕"现代互联互通和现代服务经济"主题，推进金融服务、航空、交通物流、信息通信技术四大合作领域，契合了"一带一路""西部大开发"和"长江经济带"的发展战略，配合目前中国国内经济结构的产业升级和转型。选址在重庆有多方面考虑：首先，作为中国西部唯一的直辖市，近年来重庆已经成为了新加坡投资的重点，如2006年双方合资建立中新大东方人寿，2011年新加坡太平洋电信在重庆打造世界级数据中心，2015年重庆邀请新加坡参与临空经济区的规划设计等；其次，新加坡的凯德和淡马锡成功竞得重庆朝天门的地块，项目投资高达210亿元，这也为重庆在项目候选城市竞争中胜出增添了重要筹码。

回顾迄今为止的中新政府间合作项目，经验与教训并存。第一个项目苏州工业园区是一个具备国际竞争力的高科技工业园及现代花园式城镇，外部是工厂用地，内部是居民住宅用地，旨在吸引软件导向的资讯科技和生化科技产业。新加坡内阁资政李光耀提出"软件转移"这一概念，意在将新加坡的政府规划、管理城市的方法移植到苏州工业园区。苏州工业园区推行"亲商"理念，实行"政企分开"的管理模式：园区管委会作为苏州市政府的派出机构在行政辖区内全面行使管理职能，而中新苏州工业园区开发有限公司（CSSD）则是园区的开发主体，由中新双方财团组成。1994年成立时中方出资比例占35%，新方65%；后由于1997年亚洲金融危机的影响，以及苏州新区的建立引发了中新双方在项目发展理念上的分歧，2001年股比进行了调整，中方占65%，新方占35%。

此前新加坡媒体对于本国政府在苏州工业园区的表现评价一直很低，认为李光耀的投资没有取得相应回报，但随后新方态度发生了转变，认为苏州工业园区为新加坡赢得了政治上的无形利益并建立了新加坡的良好声誉。苏州工业园区在中国也确实产生了品牌效应，于是中新政府间又展开了第二个项目的合作——天津生态城。这个项目依然借鉴新加坡先进的管理模式，在城市规划、循环经济、生态建设、可再生能源利用、中水回用等方面进行广泛合作，双方政府意在合作建设一座资源节约型、环境友好型、社会和谐型的城市。目前，项目进展顺利。

根据相关报道，苏州工业园区和天津生态城两个项目盈利尚为可观。中方政府得到 GDP 增长、就业机会增加和税收收入增长；新方得到主要来源于"租赁收入"和"中介服务费"的投资回报。

无疑，新加坡对外输出的先进管理模式和经验是值得中国借鉴学习的，但在项目具体实施运行过程中，应当避免地方保护主义和外资主导的"飞来经济"可能带来的隐患，这也是中新（重庆）战略性互联互通项目所应格外警惕的情况。

◇ 三　中澳、中新经济合作上台阶（三月报告）

3 月，中国经济外交双边层面最引人关注的事件是李克强总理出访澳大利亚和新西兰两国，此次出访不仅拓宽了中国与澳新在能源、金融等方面的合作，更重要的是推动了中澳和中新自由贸易协定（FTA）取得重要进展。在区域层面，在澜沧江—湄公河合作机制成立满一年之际，中国主导成立了"澜沧江—湄公河合作中国秘书处"，为进一步加强区域合作提供了制度助力。在全球层面，中国参加在德国举行的二十国集团（G20）财政部长和央行行长会议，就金融治理、对非投资、促进经济复苏等问题同 G20 成员国进行了广泛探讨。

（一） 中澳、中新自由贸易取得新进展

3月，中国自贸区（FTA）战略在亚太地区取得新突破。在双边层面上，3月22—29日李克强总理出访澳大利亚、新西兰时，同澳大利亚政府签署了《中华人民共和国政府与澳大利亚政府关于审议中国—澳大利亚自由贸易协定有关内容的意向声明》（以下简称《声明》），正式宣布两国将于2017年启动中澳FTA服务章节、投资章节以及《关于投资便利化安排的谅解备忘录》的审议。中澳FTA于2015年12月20日正式生效以来，中澳经贸关系平稳发展。按照协定规定，双方将在协定生效后2—3年内对服务和投资等议题进行审议。《声明》的签署显示了中澳两国支持经济全球化、推动贸易自由化和投资便利化的坚定决心，为深化两国经贸合作注入新动力。

李克强总理同新西兰总理英格利希举行会谈时，中新双方表示将启动中新FTA升级谈判，中国将与新西兰一同构建"1＋3"升级版合作新格局，即打造一个"升级版"自贸区，进一步扩大贸易和投资开放度，提升经贸合作水平，以发展战略对接、创新驱动、农牧业合作为三大增长动能，为中新合作提供多元支撑。

澳大利亚和新西兰是两个与中国贸易优势互补的发达国家，也是中国在亚太地区重要的战略贸易伙伴。在逆全球化、贸易保护主义抬头的背景下，中国与澳、新两国进一步深化自贸联系，不仅拓宽了中国与两国在经贸领域的合作宽度与深度，还对外发出了共同维护全球自由贸易体制的积极信号，为世界经济发展提供稳定预期，也有利于中国在参与构建国际经贸新秩序的进程中获得更多的伙伴支持与认可。

在区域层面，3月3日，《区域全面经济伙伴关系协定》（RCEP）第17轮谈判在日本神户结束，这是2017年RCEP首轮谈判，平行举行了货

物、服务、投资、知识产权、电子商务、法律与机制问题工作组会议。各成员国加紧推进货物、服务、投资三大核心领域市场准入问题和各领域案文磋商，推动谈判进入更加实质性的阶段。由于与 RCEP 相对应的"跨太平洋伙伴关系协定"（TPP）在美国退出之后前景不明，RCEP 的推进情况客观上被各方赋予了更高的期望。

此外，该月中国还分别与摩尔多瓦、毛里求斯两国深入进行了 FTA 联合可行性研究并与对方达成一致；中国与马尔代夫 FTA 第五轮谈判也取得了积极进展。由此可见，中国自贸区战略正在不断实施并着力开展新格局。

（二）中菲经济合作持续升温

中国和菲律宾是一衣带水的友好邻邦，由于 2012 年中菲爆发黄岩岛冲突、2013 年菲律宾前总统阿基诺三世将南海问题提交海牙临时仲裁庭，中菲关系一落千丈。中菲经贸关系也受到一定影响，中国实施了加强菲进口水果检验、取消中国人赴菲旅游等经济制裁措施，从菲进口出现一定波动，中国企业对菲投资热情大减，投资额急剧下降。2016 年，随着菲律宾新总统杜特尔特上台并访问中国，中菲关系逐步改善，经贸合作大为增加。这主要是由于杜特尔特总统致力于振兴本国经济，在国内大力推动基础设施建设，希望同中国搁置南海争议，以谈判形式解决南海争端，同时恢复两国经贸对话，加强中菲互利合作，以增加本国就业、推动国内经济增长。

2017 年以来，中菲两国经济外交活动日益频繁，两国政府重启经贸对话、实现战略对接，在"一带一路"框架下推动双边经贸合作迈上新台阶。1 月 23 日，菲律宾财政部长多明计斯率领的菲政府代表团访华，商务部部长高虎城率中方代表团同其在北京举行会谈，做出重启中菲经贸联委会的决定，并商签《中菲经济合作发展规划》，进一步推动中国—东盟自贸区建设以及 RCEP 谈判。菲律宾表示积极支持"一带一路"建设倡议，希望中方进一步扩大对菲基础设施建设领域投资并开展融资合作。1月 24 日，国家发展和改革委员会副主任、国家能源局局长努尔·白克力在北京会见菲律宾能源部长阿方索·库西，双方就建立双边能源合作机制达成共识。2 月 10 日，菲律宾南部城市苏里高发生 6.7 级强震，中国政府对菲律宾启动紧急人道主义救援机制，帮助菲律宾政府应对此次地震灾害。2 月 24 日，中国商务部和菲律宾贸工部联合主办的"中菲经贸投资论坛"在马尼拉举行。

3 月 7 日，中国菲律宾两国政府经贸联委会第 28 次会议在菲律宾首都马尼拉举行，从而将中菲经济外交推向一个新高潮。中国商务部部长钟山率中国政府经贸代表团出席，与菲律宾贸工部长洛佩兹共同主持会议。联委会取得六个方面重要成果：一是双方将加强"一带一路"倡议与"菲律宾雄心 2040"战略对接；二是双方共同确认将在随后一周汪洋副总理访问菲律宾期间，正式签署《中菲经贸合作六年发展规划》，中方金融机构将为有关项目落实提供必要的融资支持；三是双方就一批优先合作和事关民生的项目深入讨论并达成共识；四是中方愿继续扩大自菲进口有竞争力的产品，鼓励中方企业对菲投资，积极参与菲律宾基础设施建设和民生改善工程，积极探讨在菲合作建设工业园；五是中方支持杜特尔特总统领导的菲律宾政府发展经济、改善民生，营造良好的内外部发展环境；六是双方同意在多边体制下加强合作，推动中国—东盟区域合作和 RCEP 谈判。中菲两国重启经贸对话，不仅有利于改善两国友好关系，增加经贸往来，还有利于在"一带一路"框架下促进两国经济、基础设施建设等方面发展，维护地区稳定和发展。

此外，中菲两国还通过更高层会晤强化政府合作意愿。3 月 17 日，国务院副总理汪洋正式访问菲律宾，并同菲律宾总统杜特尔特会谈，菲方表示不希望在南海问题上同中方对立，愿继续同中方拓展务实合作，这对于落实元首共识、聚焦合作内容、保持两国关系良好发展意义重大。访问期间，汪洋与菲律宾财政部长多明计斯等内阁经济管理团队举行会谈，双方达成多项合作共识，一是深化双方在基础设施建设、贸易、投资、农渔业、旅游、交通等各领域的合作，二是探索在"一带一路"框架下的合作，助力菲律宾经济发展，三是合力推动区域合作，支持东盟共同体建设，推动 RCEP 谈判取得积极进展。双方还签署了《中菲经贸合作六年发展规划》等合作文件。

杜特尔特总统上任后，妥善处理南海问题，逐步改善中菲关系，中菲经济外交也日益活跃，并带动两国经贸关系快速发展。习近平主席还邀请杜特尔特总统出席 2017 年 5 月在北京举行的"一带一路"国际合作高峰论坛，中菲还可进一步扩大在"一带一路"框架下的合作，促进两国关系更进一步。

（三）澜湄机制进一步强化

3 月，澜沧江—湄公河合作机制满一年。2016 年 3 月 23 日，澜沧江—湄公河合作首次领导人会议在海南三亚举行，中国、柬埔寨、老挝、缅甸、泰国和越南六个澜沧江—湄公河流域国家与会，会议确定了澜湄合作框架将以政治安全、经济和可持续发展、社会人文为三大合作支柱；互联互通、产能合作、跨境经济合作、水资源合作、农业和减贫为五个优先方向，澜湄合作机制正式启动。

3 月 10 日，"澜沧江—湄公河合作中国秘书处"在北京正式成立，标志着澜湄合作机制建设的进一步完善，也表明中国进一步推进澜湄合作的意志与决心。澜湄合作最大的特色就是务实高效、项目为本。该机制推进刚满一年，截至目前已经取得了一定成果，据外交部长王毅介绍，澜湄合作机制已建立了领导人会议、外长会、高官会、工作组会一整套立体式的推进格局，确定了"3+5"合作架构，选定了45个早期收获项目，目前已经有大半完成或正在推进当中，在五个优先领域成立了四个联合工作组。在首次领导人会议上确定设立的澜湄合作专项基金，目前已正式启动项目申请，该基金将提供3亿美元支持六国提出的中小型合作项目。中方在首次领导人会议上提出的人民币优惠贷款框架和美元信贷额度也在逐步落实中。澜湄合作在推进基础设施建设，如中老铁路与中泰铁路建设、港口升级等发挥了实质作用。此外，在澜湄合作框架之下，六国在推进区域生态与社会发展等方面也展开务实合作，比如开展热带病风险评估及检测预警、红十字会社区卫生发展合作；建设扶贫试点，提升湄公河国家减贫能力；推进流域水文、森林、生态监管和养护合作等。

　　中国与澜湄流域国家地理位置毗邻，经济联系密切且具有互补性，经济合作发展空间巨大，并且有一定的合作基础。近十年来，六国的GDP年均增长率近7%，成为东亚地区乃至全球最具发展潜力的地区之一。2016年，中国与湄公河五国贸易额达1959亿美元，中国是柬埔寨、缅甸、泰国和越南的第一大贸易伙伴，是柬埔寨、老挝和缅甸的第一大投资国。

　　与20世纪90年代在该地区陆续成立的大湄公河次区域合作（GMS）机制、湄公河委员会（MRC）和东盟—湄公河流域开发合作三大机制相比，澜湄合作的突出特点在于该机制单纯由区域内的六个国家联合发起并建立，六国本着平等协商的精神，致力于维护地区和平稳定，缩小发展差距，该机制是人类命运共同体外交理念的落地实践。澜湄流域是中国推动"一带一路"建设的沿线地区，澜湄合作以及"一带一路"倡议为该地区国家间合作提供了广阔的发展机遇和合作资源。当然，澜湄合作机制仍面临一定挑战，该地区一些国家国内政治不稳定、地区整体经济发展相对落后、澜湄流域合作机制较多且面临外来竞争较大等，机制建设和项目推进还需充分考虑风险。

（四）G20 财长和央行行长会议交锋激烈

3 月 17—18 日，G20 财长与央行行长会议在德国巴登巴登举行，此次会议主要内容为促进世界经济复苏、推动国际金融改革合作，中国人民银行行长周小川和财政部部长肖捷率中国代表团出席了会议。会议认为，虽然当前全球经济持续复苏，但增速却并不理想，并且仍然存在下行风险。对此各国需要共同使用包括货币、财政和结构性改革政策在内的所有政策工具，力争实现"强劲、可持续、平衡和包容性"增长的目标。为了加强对金融改革实施情况和效果的监测，各国再次强调了推进金融部门改革的重要性并承诺继续落实改革议程。此外，在此次会议中，各国承诺要深化和扩大与非洲国家的国际经济和金融合作，并且启动了"促进对非洲投资"倡议。加强与非洲国家的金融和经济合作成为本次会议的亮点。

美国力阻在公报中写入"反对贸易保护"，贸易保护主义的回潮成为此次会议的核心焦点与主要争议。此次会议是美国新任财长姆努钦在 G20 会议上的首次亮相，然而他却向世界传递出消极的贸易保护主义信号。迫于美国压力，此次会议公报删除了"反对贸易保护主义"的承诺，虽然公报并不具有实际效力，但是其象征意义仍旧使得多数与会者倍感失望与沮丧，同时这也为各国经济政策协调和全球经济复苏增加了不确定性。

与之相反，中国财政部部长肖捷与央行行长周小川发出了坚定的"中国声音"，中国将继续推动国际经济合作。在会议中，肖捷强调各国应加强宏观经济政策协调，继续促进全球贸易和投资增长，反对各种形式的贸易保护主义。周小川则提出了加强国际货币基金组织框架下的合作、推动"清迈倡议"多边化、切实防范金融稳定风险等一系列建议及措施。在此次会议上，中国向世界传递出了加强国际经济合作、推进金融改革、反对贸易保护主义的信号，得到了包括德国在内的多个国家和国际组织的积极响应。未来，中国将会在全球经济治理中继续扮演积极的角色，发挥建设性作用。

（五）博鳌亚洲论坛举行

3月23—26日，博鳌亚洲论坛2017年年会在海南举行，此次会议主题为"直面全球化与自由贸易的未来"，年会开幕式于3月25日举行，国务院副总理张高丽出席开幕式并发表题为"携手推进经济全球化共同开创亚洲和世界美好未来"的主旨演讲。在经济全球化遇到挑战之际，此次博鳌亚洲论坛，中国和其他亚洲国家围绕全球化、增长、改革、新经济四大板块，共同探讨维护经济全球化及自由开放的国际贸易体系等问题，为推动区域及全球经济繁荣和可持续发展贡献智慧。

具体来看，中国在博鳌亚洲论坛2017年年会上有以下亮点。

第一，中国继续为推动亚洲经济发展和区域合作提供思路。张高丽副总理在演讲中指出，亚洲国家始终是经济全球化和自由贸易的积极参与者和坚定支持者，既收获了经济全球化的累累硕果，也为经济全球化作出了重要贡献。在经济全球化遭遇挫折之际，亚洲国家还要共同坚持和平发展，树立和践行共同、综合、合作、可持续的安全观，共同维护和平稳定的发展环境；大力促进创新发展，按照二十国集团领导人杭州峰会重要共识，向创新要动力、向改革要活力，建设创新型世界经济；携手引领开放发展，推动建设利益共享的价值链和利益融合的大市场，构建面向全球的经济合作和自由贸易网络；积极践行共享发展，推动经济全球化更具包容性、普惠性，促进全球范围平衡发展；努力推动公正发展，推动全球经济治理体系变革，为全球经济增长提供有力保障。

第二，"一带一路"引领亚洲区域经济合作。在逆全球化和贸易保护主义浪潮愈演愈烈的背景下，亚洲的区域经济合作进展依然如火如荼。此次亚洲博鳌论坛年会上，各方对亚洲区域经济合作给予热忱关注，而其中中国提出的"一带一路"也发挥了重要的引领作用。中国积极将"一带一路"建设同沿线国家的发展诉求相对接，催生了一系列区域经济合作设想，中国积极同"一带一路"沿线国家对接发展战略，例如积极对接蒙古的"草原之路"计划、土库曼斯坦的"大丝绸之路复兴"倡议、越南的"两廊一圈"等，还共同建设诸如中巴经济走廊、孟中印缅经济走廊等，推动澜沧江—湄公河合作，等等。在全球经济复苏乏力的情况下，"一带一路"倡议为推动亚洲区域合作、拉动亚洲国家经济增长注入动力。

此外，中国还同其他与会各国共同向世界各国政府和全球企业界发出《博鳌亚洲论坛关于促进经济全球化的宣言》，《宣言》指出逆全球化和贸易保护主义措施无益于解决世界经济难题，世界必须主动顺应全球化，改革全球治理体系。与会国承诺要在完善国际经济秩序和全球治理体系、推动贸易投资自由化便利化进程、探讨建立更加开放包容和公平合理的双多边贸易制度安排、发挥跨国资本流动对经济增长的驱动作用、积极推动技术创新、共同促进基础设施互联互通等六个方面加强沟通协调与合作，为推动经济全球化朝更加开放、包容、普惠、均衡的方向发展，发挥自身的独特作用。

（六）特朗普政府贸易政策明朗化

3月以来，特朗普政府在贸易领域的政策进展似乎放慢了脚步，在宣布退出TPP之后，特朗普政府并没有迅速推出更多贸易保护政策，仅仅是在3月底签署两项贸易行政令，分别要求对美国贸易逆差原因进行研究、完善征收惩罚性反倾销税的方法。特朗普政府是在酝酿更为激进的贸易保护主义政策，还是会软化其反全球化立场？从目前来看，特朗普正在逐步放弃吸引人眼球的竞选言论，取而代之的是解决现实问题的"实用主义"思路。

第一，"贸易战"可能性降低。3月16日，美国财政部长姆努钦在与德国财政部长朔伊布勒联合召开的新闻发布会上表示，特朗普总统并不打算发动贸易战，也不反对自由贸易，但美国与部分国家之间的贸易应当更加均衡。特朗普政府强调推动公平贸易，3月初，美国贸易代表办公室向国会提交《2017年总统贸易政策议程和2016年度报告》，报告阐释了特朗普政府贸易政策的目标和当务之急，一是捍卫国家主权，美国将不遵守侵犯美国主权的世贸组织裁决；二是严格执行美国贸易法律，绝不容忍不公平竞争；三是进一步打开海外市场，减少贸易壁垒，增进公平竞争；四是聚焦双边自贸协定。竞选时期，特朗普提出的增加关税等极端贸易保护政策让全球担心"贸易战"爆发，从特朗普上任后的贸易政策及其经济团队的表态来看，"贸易战"的可能性在逐渐降低，而特朗普政府追求公平贸易的决心不变。

第二，保护主义仍在路上。虽然爆发全面"贸易战"的可能性较低，但是特朗普为履行竞选承诺、实现"美国优先"政策目标，实行贸易保护主义措施仍然是大概率事件。3月31日，美国总统特朗普签署了两项行政令，分别要求对美国每年5000亿美元的贸易逆差进行一次为期90天、针对各个国家不同产品的研究及对贸易伙伴国的"不公平贸易"征收制裁税。同时，美国贸易代表办公室发布了《2017年度国别贸易壁垒评估报告》，报告中列出的贸易壁垒清单涉及63个国家，并以较大篇幅批评中国的产能过剩和大量出口等"不公平贸易行为"。美国在贸易问题上终于有所行动，以调查贸易逆差情况作为解决贸易赤字问题的开端，中国也成为头号"目标"。4月举行的中美元首会晤即将到来，贸易问题将成为重要议题之一。

此外，本月的 G20 财长和央行行长会议发布的联合公报不仅删除了以往必提的有关反对贸易保护主义的措辞，而且抛弃了气候协议承诺，汇率问题探讨也没有得到实质性的进展，仅仅保留了以往的措辞。美国的保护主义强硬立场占据了优势地位，公报对现实情况的承认似乎预示着全球化进程将进一步逆转。好消息似乎是美国还在参与全球经济合作，G20 财长和央行行长会议虽然成为特朗普政府的"胜利之作"，但是这也预示着未来的国际经济合作仍然可期。对于其他国家来说，7 月的 G20 德国汉堡峰会仍是一个机会，在 2017 年初全球经济向好的局势下，加强各国合作、促进全球经济增长是每个国家所期望看到的，即使是逐渐内顾的美国，也不会希望出现第二次世界大战之前以邻为壑的局面。

第三，美德经贸摩擦升温。2016 年，德国是美国第三大贸易逆差来源国，仅次于中国和日本，美德贸易逆差达 649 亿美元。另外，美德出口产品具有高度竞争性。因此，美德贸易逆差也是特朗普总统亟待解决的问题之一。3 月 17 日，德国总理默克尔在白宫与美国总统特朗普会晤。在贸易问题上，特朗普再次强调公平贸易，认为美国在全球贸易中受到不公平待遇。默克尔认可公平贸易的重要性，但强调应以开放的思维来看待全球化。对于特朗普主张的双边而非多边贸易协议，默克尔呼吁德美两国再度举行贸易谈判，强调欧盟成员国由欧盟代表对外一致进行贸易谈判。两国首脑会晤并未为解决两国贸易逆差开出"药方"，相反自说自话，默克尔建议的重启 TTIP 谈判也没有得到回应。

除贸易问题外，特朗普团队还指责德国操纵欧元汇率，可能利用汇率问题向德国施压解决贸易逆差问题。然而，根据美国对汇率操纵国的评估标准：对美国拥有巨大贸易逆差，每年超过 200 亿美元；经常项目盈余与 GDP 之比超过 3%；持续单方向地干预外汇市场，德国不符合第三项标准。理论上讲，德国并非汇率操纵国。自 1994 年来，美国财政部就再也没有认定主要贸易伙伴为汇率操纵国，一旦认定美国将对贸易伙伴国采取措施大大增加贸易成本，这无论对主要贸易伙伴还是美国自身都将带来负面影响。4月中旬，美国财政部即将发布新的《美国主要贸易伙伴汇率政策评估报告》，"汇率战"能否发生，我们可以拭目以待。

◇ 四 中国加强与中东欧经济合作（四月报告）

2017年4月，张高丽副总理出访中东欧是本月中国经济外交的重点关注事件，张高丽在中东欧推介"一带一路"，进一步加强与东欧国家多领域合作，并倡议加强双边战略对接，共同推动"一带一路"建设。此外，本月G20、金砖国家等多边框架下的经济金融会议相继召开，中国阐述金融治理理念，在全球金融治理进程中发挥影响力。最后，本月中国气候变化外交动作频繁，与"基础四国"等就气候变化问题进行磋商，在多双边层次共同推动应对气候变化合作。

（一）中美元首海湖庄园会晤

4月6—7日，国家主席习近平赴美国佛罗里达州海湖庄园，同美国总统特朗普举行中美元首会晤，这是特朗普总统上任以来中美两国元首首次面对面沟通。两国元首就中美关系和共同关心的重大国际地区问题进行深入交流，取得了诸多共识。经贸问题是"庄园会晤"重要议题之一，面对中美经贸不平衡，特朗普总统曾威胁将中国列为"汇率操纵国"、对中国产品施加高关税，中美存在爆发"贸易战"风险。此次"习特会"在经贸领域取得积极成果，中美元首经济外交不仅化解"贸易战"威胁，还将持续为改善两国经贸关系增添动力。

一是中美创新经贸对话机制。两国元首宣布建立包括全面经济对话在内的四个高级别对话机制，会晤期间，双方启动了全面经济和外交安全两个对话机制，重点讨论了机制运作方式和工作重点。随着中美经贸关系日益密切、中美经贸摩擦不断增多，为解决两国经贸冲突、加强经贸对话，两国政府先后设立了中美商贸联委会、战略经济对话、战略与经济对话以及全面经济对话等机制，通过政府层面政策沟通，增信释疑，为促进两国经贸关系发展提供有力保障。此次"习特会"成立的中美全面经济对话机制将由中国国务院副总理汪洋和美国财政部长姆努钦、商务部长罗斯共同推动，这一高级别对话机制不同于奥巴马时期的战略与经济对话，仅就经贸问题展开磋商，将集中精力为解决中美经贸问题发挥作用。

二是中美启动"百日计划"谈判。"百日计划"谈判将由中美全面经济对话牵头人汪洋副总理、姆努钦和罗斯共同推动，双方将围绕贸易领域的合作展开为期100天的谈判，旨在缩小中美之间的贸易不平衡性。4月9日，美国商务部长罗斯接受采访时称，美国希望看到中美贸易关系很快取得实实在在的成果，美方主要目标有两个，一个是大幅降低美国对中国的贸易逆差，另一个是增加中美贸易总规模。长期以来，两国经贸关系存在一大特征即中美贸易失衡，根据美国商务部统计，2016年美国对华贸易逆差高达3470亿美元，占美国贸易逆差总额的46%。中美可通过"百日计划"谈判缓解贸易失衡，促进中美经贸关系平稳可持续发展。

中美元首首次会晤并未在经贸领域签署合作大单，但元首经济外交的成果依然显著，元首之间建立友好的私人联系和良性互动首先消除了中美爆发"贸易战"的风险，释放出中美友好合作的决心和信号，而新型对话机制和"百日计划"谈判则为未来中美经贸关系发展奠定良好基础。尽管中美经贸不平衡难以在短时间内迅速解决，但两国加强经贸合作、缓解贸易摩擦的举措依然值得期待。

（二）张高丽副总理中东欧推介"一带一路"

4月11—19日，国务院副总理张高丽赴俄罗斯举行中俄投资合作委员会第四次会议和中俄能源合作委员会双方主席会晤，访问爱沙尼亚、斯洛文尼亚、阿尔巴尼亚，赴哈萨克斯坦举行中哈合作委员会第八次会议。在"一带一路"国际高峰合作论坛即将召开之际，张高丽副总理此访重点推介"一带一路"，强调与各国加强发展战略对接，进一步落实双边务实合作。

中俄经贸关系是两国全面战略协作伙伴关系的重要组成部分，习近平主席和普京总统达成"一带一路"建设和欧亚经济联盟对接的战略共识，为两国深化经贸关系发展提供了新机遇。此次，张高丽副总理赴俄罗斯同普京总统会见时，双方也表示要继续推动两国发展战略对接，加快推进能源大项目建设，着力扩大投资合作，积极拓展财金领域合作。张高丽表示，中方高度重视并积极支持俄方提出的"欧亚伙伴关系"倡议，普京也强调，俄方欢迎中方投资者积极参与俄经济建设。

张高丽副总理同俄罗斯第一副总理舒瓦洛夫举行了中俄投资合作委员会第四次会议。双方一致强调，要积极推动本次会议确定的73个合作重点项目，持续发挥重大合作项目对两国投资合作的带动作用。双方将督促两国企业按照商业原则，推动清单项目早日落地，并给予必要指导和服务。要积极推动地区和中小企业合作，双方同意将中俄地区间投资合作纳入委员会工作范畴，研究在委员会框架下设立"中小企业投资合作分委会"。中俄投资合作委员会是2014年俄罗斯总统普京出席上海亚信峰会时，中俄将两国关系提升至全面战略协作伙伴关系的重要成果之一，自2014年起，委员会在张高丽副总理和舒瓦洛夫副总理的主持下已召开4次，对推动中俄两国双边投资发挥了重要作用。

张高丽副总理还与俄罗斯副总理德沃尔科维奇举行了中俄能源合作委员会双方主席会晤，就中俄重点能源项目合作交换意见并达成广泛共识。双方一致强调，要继续深化能源合作，积极推进中俄东线天然气管道、亚马尔液化天然气等项目进程，加强油气上游项目合作，开展储气库、天然气发电和天然气发动机燃料等合作，积极推进标准互认和合格评定等领域合作，推动两国能源合作取得更多实际成果。能源合作是中俄经贸务实合作的重点，20 世纪 90 年代，两国政府就设立了能源合作机制，2008 年两国元首倡议成立副总理级能源谈判机制（现更名为中俄能源合作委员会），中俄能源合作委员会已召开 13 次会议，对加强两国能源合作、推动两国关系发展意义重大。

此外，张高丽副总理还访问了爱沙尼亚、斯洛文尼亚、阿尔巴尼亚，张高丽表示欢迎各方在"一带一路"和"16＋1 合作"框架内，加强双方在基础设施建设、农业、旅游、产能等领域合作。"一带一路"发端于中国，联结中亚、东南亚、南亚、西亚以及欧洲地区，欧洲国家也可以在"共商共建共享"原则下共同参与"一带一路"建设，通过政策沟通、设施联通、贸易畅通、资金融通和民心相通实现沿线各国互利共赢、携手发展。

哈萨克斯坦作为"一带一路"沿线重要国家，已经同中国进行了多项合作，共建"一带一路"取得了丰硕成果。此次，张高丽赴哈萨克斯坦分别会见哈萨克斯坦总统纳扎尔巴耶夫、总理萨金塔耶夫，并和第一副总理马明举行中哈合作委员会第八次会议。中哈领导人一致认为，双方要进一步全面深化"一带一路"建设，认真做好《丝绸之路经济带建设和"光明之路"新经济政策对接合作规划》的落实工作，持续推进产能、经贸、能源、金融合作，不断扩大互联互通合作，积极开展跨界水、环保、人文合作等。

（三）中国参加 G20 财长和央行行长系列会议

4月以来，二十国集团（G20）财政部长与央行行长会议、金砖国家财政部长和央行行长副手会议、世界银行与国际货币基金组织发展委员会部长级会议以及东盟—中日韩财政部长与央行行长副手会议悉数召开。作为世界主要经济体和全球经济治理的重要主体，中国参加了上述会议，为加强区域和全球金融合作、防范金融风险、推动全球经济复苏贡献了中国智慧。

G20财长和央行行长会议在美国举行，中国关注全球失衡和风险管控。2017年度第二次 G20 财长和央行行长会议于4月20—21日在美国华盛顿举行。会议主要讨论了当前全球经济形势和增长框架、国际金融架构及全球金融治理、促进对非洲投资倡议、金融部门发展和监管等议题。财政部部长肖捷和中国人民银行行长周小川率团出席。肖捷部长表示，近期全球经济复苏态势向好，市场情绪趋于乐观，但仍面临诸多风险和不确定性，特别是部分发达国家经济政策尚不明朗。G20各国应加强宏观经济政策协调，继续落实 G20 杭州峰会重要成果，不断深化结构性改革，积极促进开放型世界经济发展，不断巩固经济复苏势头。周小川行长指出，有国家提出应关注全球失衡问题，中方认为更应关注全球失衡与现行国际金融架构之间的内在联系。由于现行国际金融架构存在缺陷，资本流动与经常账户余额的变动呈反方向。亚洲金融危机爆发后，亚洲各国认识到，金融安全网不够完善，国际货币基金组织的危机救助存在不足，因此储备货币成为安全港，资金流向储备货币国。危机后，亚洲各国致力于发展出口，并积累外汇储备，购买发达国家的安全资产。本次金融危机的情况也是类似的，发达国家为应对危机推出量化宽松政策，此后随着其经济复苏稳固而退出量化宽松政策，全球资本流动开始逆转。因此，应关注失衡与国际金融架构之间的内在联系。

同期，金砖国家财政和央行行长副手会议也在美国举行，中国大力推进落实财金合作倡议。此次会议由财政部副部长史耀斌和人民银行副行长易纲共同主持，金砖国家财政和央行副手以及新开发银行代表出席了会议。根据今年3月召开的首次金砖国家财长和央行行长会议共识，此次会议主要就中方提出的推进金砖国家务实财金合作相关倡议进行了讨论，包括加强在新开发银行（NDB）业务发展、应急储备安排（CRA）机制建设、政府和社会资本合作（PPP）、金砖国家本币债券市场发展、会计准则趋同和审计监管等效、金融机构和金融服务网络化布局、货币合作、国际税收、反洗钱与反恐融资等领域合作。会议认为，面对复杂的全球经济金融环境，金砖国家应通过深化务实合作促进本国和世界经济增长，同时增强自身经济韧性。各方欢迎中方提出的相关务实合作倡议，并愿就技术性问题继续进行深入讨论，力争尽早达成共识，为将于9月召开的金砖国家领导人厦门会晤做好财金成果准备。

世界银行集团和国际货币基金组织发展委员会部长会议、国际货币基金组织国际货币与金融委员会（IMFC）系列会议分别在美国举行。4月21—22日，世界银行集团和国际货币基金组织在华盛顿举行了第95届发展委员会部长级会议。中国财政部部长肖捷出席会议并发言。会议指出，全球经济增长势头加强但仍存在下行风险，世界银行集团与国际货币基金组织应与成员国共同努力，促进包容和可持续增长，降低金融脆弱性，创造更多就业岗位和经济机会；同时大力促进消除贫困和减少不平等，确保经济全球化的收益得到广泛分享。肖捷指出，各成员国应坚持多边主义，支持世界银行集团较大幅度增资，增强财务能力；支持世界银行集团治理改革，提高发展中国家的话语权和代表性，维护其在全球发展事业中的领导地位。

同期，国际货币基金组织第35届国际货币与金融委员会系列会议也在华盛顿召开，会议主要讨论了全球经济金融形势与风险、全球政策议程和基金组织改革等问题。中国人民银行周小川行长率团出席会议并发言，易纲副行长参加了会议。会议呼吁各成员国继续使用包括货币、财政和结构性改革在内的政策工具，促进经济实现强劲、可持续、平衡、包容和高就业增长。会议还呼吁进一步完善全球金融安全网，包括加强基金组织与区域金融安排的合作，以及探索扩大 SDR 的作用。在此次会议上，迫于美国的压力，IMF 放弃了此前反对一切形式保护主义的承诺，引发了广泛的争议。

东盟与中日韩（10 + 3）财政和央行副手会于 4 月 5—6 日在菲律宾举行，各方交换了意见。各方在会上重点讨论了全球和区域宏观经济形势以及 10 + 3 宏观经济研究办公室、清迈倡议多边化、亚洲债券市场倡议等 10 + 3 财金合作重点议题。中国人民银行副行长殷勇、财政部国际经济关系司司长刘健率团参会，并就清迈倡议多边化（CMIM）、东盟与中日韩宏观经济研究办公室（AMRO）以及区域和中国经济金融形势做了发言。会议间隙，殷勇和刘健还出席了中日韩财政和央行副手会，就加强区域金融合作交换了意见。在之后举行的东盟峰会上，东盟各国表示要加速推进 RCEP 谈判进程，这标志着东亚区域经济合作即将驶入"快车道"。

（四）中国主持"基础四国"气候变化部长级会议

4 月，在中国气候变化事务特别代表解振华的牵头下，中国气候变化外交持续推进，在多边层次，中国参加"基础四国"气候变化部长级会议，助力应对气候变化，在双边层次，中国推动多项应对气候变化交流合作。

在多边层次，通过"基础四国"气候变化部长级会议阐释中国观点。"基础四国"是中国、印度、巴西、南非四个发展中大国在气候变化议题上加强沟通、增强互信、协调立场的重要合作机制。自 2009 年建立以后，

"基础四国"在推动气候变化多边进程、维护发展中国家的团结和共同利益方面，发挥了重要的作用。

4月10—11日，第二十四次"基础四国"气候变化部长级会议在北京举行，中国气候变化事务特别代表解振华，南非环境部副部长汤普森，巴西外交部环境、能源、科学和技术事务副秘书长卡瓦略，印度环境、森林与气候变化部联合秘书长普拉萨德出席本次会议，按照"基础四国＋"模式，《联合国气候变化框架公约》第二十三次缔约方大会主席国代表、斐济地方政府、住房和环境部长库马尔，埃及环境部长法赫米，"77国集团"主席国代表、厄瓜多尔驻华特命全权大使博尔哈作为观察员出席会议。

此次"基础四国"部长级会议，各国就当前气候变化国际形势下如何推进气候多边进程进行沟通，重点就《巴黎协定》的后续谈判、强化2020年前的行动、各国国内的行动和务实合作等问题交换意见。会议指出，发达国家要兑现《联合国气候变化框架公约》及其《巴黎协定》下承担为发展中国家有效实施和有力行动提供资金、技术开发和换让、能力建设支持的法律义务。会议发表了"基础四国"气候变化部长级会议的联合声明，强调"基础四国"将全面、有效、持续实施《联合国气候变化框架公约》及其《京都议定书》和《巴黎协定》各项要素的最高政治承诺。

在会后的新闻发布会上，解振华提到了中国应对气候变化的行动，表示中国已经提出应对气候变化的国家自主贡献，"十三五"规划把2020年的目标作为约束性指标，并作出相关部署。针对美国新政府气候变化政策的变化，解振华表示，如果美国国内政策有变化，会直接影响美国国家自主贡献目标得的实现。积极应对气候变化是对全人类负责的行动，实行绿色低碳发展有助于实现全球可持续发展，各个国家都不会逆历史潮流而动。作为"基础四国"之一，中国愿意和美国进一步在这方面加强合作和沟通，共同推动此进程。

在双边层次，中国积极推动应对气候变化交流合作。一是同欧盟开展气候变化外交，考察中国低碳项目。3月31日—4月1日，欧盟气候能源委员卡涅特来华考察，中国气候变化事务特别代表解振华陪同卡涅特前往张家口市张北镇、宁波市等地调研，考察国家风光储输示范工程、中国电科院风电检测中心、舟山港绿色港口等低碳项目，并与宁波市政府就低碳城市建设、碳排放达峰进展等问题举行座谈。二是解振华访问斐济，推动气候变化交流合作。4月18—22日，解振华率团访问斐济，就《联合国气候变化框架公约》第23次缔约方会议（COP23）和气候变化南南合作等相关问题与斐方深入交换意见，并对斐济受气候变化不利影响村庄和南南合作需求进行实地调研。

◇◇　五　中国"带路"外交新高潮（五月报告）

5月，中国经济外交的标志性事件是在北京举行的"一带一路"国际合作高峰论坛。论坛期间，中国开展了密集的多边及双边外交，达成270余项成果，为全球化和全球治理贡献了中国方案。此外，亚洲开发银行理事年会以及东盟与中日韩财长和央行行长会议分别在日本横滨召开，中国与各方讨论了加强区域金融合作、进一步推动亚洲开发银行开展业务以及加速推进清迈倡议多变化进程等诸多议题。最后，本月中国自贸区外交有较大突破。中国不仅与格鲁吉亚签署了自由贸易协定（FTA），与蒙古国、摩尔多瓦、毛里求斯FTA联合可行性研究取得进展，在APEC和RCEP框架下的区域贸易协定谈判也形成了实质性的共识与成果。

（一）中美"百日计划"收获早期成果

中美"百日计划"谈判是"习特会"重要成果之一，旨在通过百天谈判扩大中美贸易总量，缩小贸易不平衡。截至目前，中美"百日计划"谈判达成了包括农产品、金融服务、能源等在内的十项早期成果。美国总统特朗普曾对中国及中美经贸关系持强硬态度，外界对两国之间可能爆发"贸易战"的猜想层出不穷，而"百日计划"的提出及早期成果的收获为解决两国经贸问题、促进中美经贸关系可持续发展奠定了良好基础。不过，由于中美经贸不平衡问题很大程度上源于两国国际分工和产业结构不同，中美贸易摩擦升级的压力持续存在。

5月12日，在中美全面经济对话中方牵头人汪洋副总理与美方联合牵头人财政部长姆努钦、商务部长罗斯的共同推动下，中美双方通过密集沟通，"百日计划"谈判取得积极进展。中美双方同时公布《中美经济合作百日计划早期收获》，中美两国已经就十大贸易问题达成初步协议，包括中国从美国进口牛肉和液化天然气、对美出口熟制禽肉等以扩大贸易规模为核心的措施；中国开放信用评级服务市场、电子支付市场、债券市场等以扩大金融领域市场准入为核心的措施及实施跨境结算、平等对待中国银行业等金融措施；加快审批美方提交的生物技术产品；此外，美国还将派代表参加"一带一路"国际合作高峰论坛。双方还同意，在落实中美经济合作"百日计划"取得切实进展的基础上，将着手讨论中美经济合作一年计划，以进一步强化促进中美经济交流与合作的行动。

"百日计划"早期成果的达成对降低中美贸易冲突风险意义重大，特朗普政府将减少贸易逆差作为其执政的重要任务之一，"百日计划"早期收获有利于促进中美贸易实现再平衡，继续发挥中美经贸关系在中美关系中的"压舱石"作用。不过，一些前美国官员、特朗普顾问、商业高管认为中国只是重申了原本的承诺，例如，关于美国牛肉输华和开放中国电子支付市场等中国早有承诺。另外，美方还认为解决中国钢铁和铝产能过剩、确保美国企业在华投资可得到公平待遇等并没有在早期收获中充分体现。而中国也有自身诉求，诸如推动美国履行《中国加入世界贸易组织议定书》第15条义务、减少对华高技术产品出口限制、降低中国企业赴美投资阻碍、减少美国采取贸易救济措施等。

受制于中美在全球产业链上地位、国际分工及贸易结构不同等因素，中美经贸中深层次的问题难以通过"百日计划"谈判解决，还需通过长期经济对话逐步实现贸易平衡。同时，中美还可以探索更多合作领域，诸如加强基础设施建设、探索第三方合作、推动中美双边投资协定谈判等，为中美经贸合作增添动力。

（二）"一带一路"国际合作高峰论坛在京召开

5月14—15日，"一带一路"国际合作高峰论坛在北京举行，29位国家元首出席峰会，来自100多个国家和国际组织的1200多名代表参会。高峰论坛期间及前夕，各国政府、地方、企业等达成一系列合作共识、重要举措及务实成果，形成高峰论坛成果清单。此次峰会是中国自2014年以来举办北京APEC会议、二十国集团（G20）杭州峰会之后的又一大主场外交，与其他首脑会议不同的是，"一带一路"国际合作高峰论坛是由中国提出，展现了中国推动国际合作的意愿和能力。

国家主席习近平在"一带一路"国际合作高峰论坛开幕讲话中指出世界政治经济发展面临重重挑战，"世界经济增长需要新动力，发展需要更加普惠平衡，贫富差距鸿沟有待弥合。地区热点持续动荡，恐怖主义蔓延肆虐。和平赤字、发展赤字、治理赤字，是摆在全人类面前的严峻挑战"。面对挑战，全球范围内贸易保护主义情绪不断发酵、一些国家和地区还掀起了反全球化浪潮，而中国作出的回应则是提出"一带一路"倡议，通过打造开放型合作平台，维护和发展开放型世界经济，共同创造有利于开放发展的环境，推动构建公正、合理、透明的国际经贸投资规则体系。自 2013 年"一带一路"倡议提出之后，全球已有 100 多个国家和国际组织积极支持和参与"一带一路"，"一带一路"倡议开创了一种新型合作方式，强调经济领域合作的互利共赢，由于以项目合作制为主要内容，其他非"一带一路"沿线国家也可以参与进来，通过发挥比较优势，形成互补互利互惠。

包容开放的"一带一路"倡议得到众多国家的积极支持和参与，四年来取得了诸多成果，此次峰会又在 5 大类、共 76 大项收获 270 余项成果，形成《"一带一路"国际合作高峰论坛成果清单》。在政策沟通领域，中国政府与蒙古国、巴基斯坦等 11 个国家签署政府间"一带一路"合作谅解备忘录，与联合国开发计划署、联合国工业发展组织、联合国人类住区规划署、联合国儿童基金会等 9 个国际组织签署"一带一路"合作文件等；在设施联通领域，中国积极同"一带一路"沿线国深化项目合作，签署多项关于国际运输、基础设施建设、港口建设等领域的合作协定，继续推动包括雅万高铁、中欧班列等在内的多个基础设施建设项目；在贸易联通方面，中国政府与巴基斯坦、柬埔寨、乌兹别克斯坦、白俄罗斯、埃塞俄比亚等 30 个国家政府签署经贸合作协议，中国商务部与 60 多个国家相关部门及国际组织共同发布推进"一带一路"贸易畅通合作倡议等；在资金融通领域，丝路基金将新增资金 1000 亿元人民币，中国国家开发银行和中国进出口银行将分别设立 1000 亿元人民币"一带一路"基础设施专项贷款等；在民心相通领域，中国政府致力于增加民生投入，例如承诺加大对沿线发展中国家的援助力度，未来 3 年总体援助规模不少于 600 亿元人民币，向沿线发展中国家提供 20 亿元人民币紧急粮食援助，同沿线国家签署关于科技创新、旅游合作等政府间协定，共促民心相通。

此次论坛成果丰硕，习近平主席在闭幕辞中指出，与会各国达成五大共识：第一，致力于推动"一带一路"建设合作，携手应对世界经济面临的挑战；第二，支持加强经济政策协调和发展战略对接，努力实现协同联动发展；第三，希望将共识转化为行动，推动各领域务实合作不断取得新成果；第四，架设各国民间交往的桥梁，为人民创造更美好的生活；第五，坚信"一带一路"建设是开放包容的发展平台，各国都是平等的参与者、贡献者、受益者。习近平主席还宣布中国将在 2019 年举办第二届"一带一路"国际合作高峰论坛。

在逆全球化和贸易保护主义愈演愈烈的背景下，中国举办此次论坛对外发出了各方合力推动"一带一路"国际合作、携手构建人类命运共同体的积极信号，有利于凝心聚力、共促发展。"一带一路"倡议真正体现了中国对全球治理的思考，从解决全球问题出发，通过包容性的合作方式探寻双边、区域以及全球合作的领域和可能，给予沿线国家及域外国家参与国际合作新平台，在推动各个国家经济发展的同时，促进全球经济复苏和发展。

（三）亚洲开发银行理事会年会在横滨举行

亚洲开发银行（下称亚行）理事会第 50 届年会于 5 月 4—7 日在日本横滨举行。此次年会的主题是"共建亚洲繁荣"，来自各国政府、央行、私营部门、非政府组织和国际组织、学术界和媒体的共 6000 人参加了此次年会，中国财政部部长兼亚行理事肖捷出席会议并发言。会议认为，亚行成立 50 年来，为促进亚太地区减贫和经济社会发展以及亚洲区域合作作出了积极贡献。亚行应加强与中高收入国家的合作，提升本地区经济一体化水平，加大对基础设施、卫生、教育等领域的投入。会议肯定了亚行与亚洲基础设施投资银行（AIIB）开展联合融资对促进本地区经济社会发展的重要作用。

中国财政部部长肖捷在发言中指出，当前世界经济仍在深度调整，经济全球化遇到挑战，贫富差距、南北差距问题凸显。作为占全球一多半人口的家园，亚洲目前还有3亿多贫困人口，亚洲的发展任重道远。希望亚行发挥积极作用，促进亚洲地区不同经济体、不同阶层、不同人群共享经济全球化的成果；要用好内外资源，大力支持创新驱动发展，促进亚洲发展理念创新、机制创新、技术创新，不断总结、传播、分享亚洲发展经验，促进亚洲共创繁荣。中国国家主席习近平于2013年提出了共建"一带一路"的重要倡议，受到世界上大多数国家广泛欢迎和积极参与。亚行区域合作工作与"一带一路"倡议的内涵高度契合。希望亚行加强与"一带一路"相关方的战略对接，进一步促进亚洲互联互通，推动亚洲区域合作向纵深发展。中等收入国家是减贫发展的实践者，是全球经济增长的重要贡献者，也是减贫发展经验的重要来源地。希望亚行进一步明确自身宗旨和战略定位，在加强对低收入国家支持的同时，深化与中等收入国家的全面合作。

在亚洲开发银行理事年会召开间隙，中国和日本还举行了财长对话，日本副首相兼财务大臣麻生太郎和中国财政部部长肖捷共同主持对话。两国财长一致认为中日财长对话对于双方具有重要意义，有助于两国在宏观经济形势与政策方面的深入沟通，加强财金合作。双方一致认为，有必要通过相关的宏观经济政策交流互鉴，积极推进两国的结构性改革，承诺深化宏观经济政策沟通与协调，就重大国际经济与金融问题保持磋商，强调有必要进一步深化双边财金务实合作，提升财金合作水平，支持两国在经贸、投资领域的合作。两国财长同意明年在中国举行第七次中日财长对话，同意就共同关切的问题开展联合研究，并向财长对话报告研究成果。

此外，国务委员杨洁篪应邀于5月29日在东京附近同日本国家安全保障局长谷内正太郎共同主持中日第四次高级别政治对话。杨洁篪表示，中日双方要加快推动双边经贸合作转型升级，做实做大新领域合作。中方欢迎日方积极探讨同中方在"一带一路"框架下开展合作。谷内表示，日中双方要把"互为合作伙伴，互不构成威胁"的共识落到实处。这表明，中日关系正在不断回暖。

（四）东盟与中日韩财长和央行行长会议召开

第 20 届东盟与中日韩（10＋3）财长和央行行长会议于 5 月 5 日在日本横滨举行，史耀斌副部长率中国代表团出席了会议。会议主要讨论了全球和区域宏观经济形势、10＋3 区域财金合作等议题，并发表了联合声明。会议认为，全球经济有所向好，10＋3 地区继续保持较快经济增长，但依然面临下行风险，包括保护主义倾向、金融形势收紧等。

会议在财金政策合作方面取得新成果。第一，各方承诺单独或共同使用货币政策、财政政策和结构性改革等所有必要政策工具，促进可持续、平衡、包容性增长。10＋3 各方重申支持开放的、基于规则的多边贸易和投资体系。第二，各方将继续加强资本流动监测，密切关注并随时应对本地区可能出现的风险。第三，会议重申继续加强清迈倡议多边化协议（CMIM）作为区域金融安全网重要组成部分的作用，欢迎 CMIM 与国际货币基金组织首次联合救助演练取得的成果，期待 CMIM 协议定期评估取得积极进展。第四，会议审议了东盟与中日韩宏观经济研究办公室（AM-RO）在提高经济监测能力和加强机构能力建设方面的进展，并期待加强 AMRO 的作用，支持成员实施 CMIM，为维护区域经济和金融稳定发挥更大作用。第五，会议对亚洲债券市场倡议为区域本币债券市场发展所作出的贡献表示欢迎。

另外，中国财政部副部长史耀斌介绍了中国经济形势，并对东亚地区财金合作提出政策建议。关于中国经济形势，史耀斌副部长表示，今年一季度中国经济运行稳中向好，实现良好开局。GDP 同比增长 6.9%，城镇新增就业 334 万人，进出口总额同比增长 21.8%。中国经济结构调整出现积极变化，内需对经济增长贡献加大，一季度最终消费支出的经济增长贡献率达到 77.2%；供给侧结构性改革取得积极进展，一季度规模以上工业产能利用率为 75.8%；发展新动能不断增强，科技进步对中国经济的贡献率从 2012 年的 40% 提高到 2016 年的 56.2%。2017 年，中国将继续实施积极的财政政策，赤字率保持 3% 不变，赤字额比去年增加 2000亿元；进一步实施减税降费，预计全年再降低企业税费 5800 亿元左右；优化支出结构，优先用于推进供给侧结构性改革，并加大对基本民生的保障。同时，把防控地方政府债务风险放在更为重要的位置。关于东亚地区财金合作，史耀斌副部长指出，东亚地区继续保持较快增长态势，但也面临不少挑战，包括人口老龄化、产业结构转型压力加大、部分国家金融脆弱性有所上升等。各方应共同采取政策行动，一是要继续深化结构改革，提高潜在增长率；二是要加大区域基础设施投资和互联互通，坚定维护多边贸易体制；三是继续加强区域金融安全网建设，有效防范金融风险。

（五）中国格鲁吉亚签署双边 FTA

5 月，中国自贸区（FTA）外交有较大突破，最为突出的是中国同格鲁吉亚签署了双边自由贸易协定，中国双边 FTA 网络进一步扩大，区域贸易合作取得新进展。截至 2017 年 5 月，中国已签署 15 个自贸协定，涉及 23 个国家与地区；正在谈判的 FTA 达 11 个，其中包括 4 个原有 FTA 的升级谈判；正在开展可行性研究的 FTA 有 11 个。

双边 FTA 网络进一步扩大。一是中国与格鲁吉亚签署《中华人民共和国政府和格鲁吉亚政府自由贸易协定》。中格 FTA 谈判于 2015 年 12 月启动，2016 年 10 月实质性结束，是中国在欧亚地区完成的第一个 FTA 谈判。从协定文本上看，《协定》涵盖货物贸易、服务贸易、原产地规则、海关程序和贸易便利化、卫生与植物卫生措施、技术性贸易壁垒、贸易救济、知识产权和合作领域等共17个章节。在开放水平方面，格鲁吉亚对中国96.5%的产品立即实施零关税，覆盖格自中国进口总额的99.6%；中国对格鲁吉亚93.9%的产品实施零关税，覆盖中国自格进口总额的93.8%，其中90.9%的产品（42.7%的进口总额）立即实施零关税，其余3%的产品（51.1%的进口总额）降税过渡期为5年。在服务贸易领域，双方对诸多服务部门作出高质量的开放承诺，其中，格方在金融、运输、自然人移动、中医药服务等领域满足了中方重点关注，中方在旅游、海运、法律等领域满足了格方重点关注。此外，《协定》还进一步完善了贸易规则，规定双方在进行反倾销调查时不得使用第三方替代价格，同时明确了未来加强合作的重点领域。中格两国力争于2017年年底或2018年年初完成国内程序，使《协定》生效实施。

二是中国与多个国家开展的FTA可行性研究取得新突破。中国与蒙古国开启FTA联合可行性研究，正式启动双边自贸区建设进程；中国与瑞士进行FTA升级联合研究第一次会议暨产业研讨会，双方就可能升级的领域进行广泛交流，并通过了联合研究职责范围文件；中国还分别与摩尔多瓦、毛里求斯结束了FTA联合可行性研究，这意味着中国与摩尔多瓦、毛里求斯未来可适时启动自贸谈判进程。

区域贸易合作也有新成果。一是中国的APEC提议得到各方积极回应。该月，第二十三届亚太经合组织（APEC）贸易部长会议在越南河内举行，会议围绕促进可持续、包容和创新增长，提高中小微企业竞争力及创新能力，支持多边贸易体制和世贸组织，推进区域经济一体化，APEC"后2020"愿景等议题进行了广泛深入讨论。中国参加会议并提交《关于APEC"后2020"贸易投资合作愿景的非文件》，呼吁APEC经济体共同树立"共商、共建、共享"的区域合作新理念，推动实现全面、高质量的亚太自贸区，构建全方位贸易互联互通网络，打造更具包容性的亚太全球价值链，培育新的经济增长源泉，得到与会各方的积极响应。

二是区域全面经济伙伴关系（RCEP）谈判取得新进展。该月 RCEP第 18 轮谈判在菲律宾马尼拉举行。截至目前，经济技术合作和中小企业章节结束谈判，还有一些章节即将结束谈判，现代贸易便利化规则也将纳入谈判议程。此轮谈判各方继续深入推动货物、服务和投资市场准入谈判，并加速知识产权、电子商务、法律机制等各领域的规则案文磋商。此外，RCEP 成员国还举行了 RCEP 部长级会议并发布联合媒体声明，再次明确实质性结束 RCEP 谈判已被确定为东盟成立 50 周年的重要成果，因而谈判必须有重大进展。这体现出各方有意愿、有决心尽早结束 RCEP 谈判进程，以期最终实质性地实现亚太地区贸易自由化、便利化。

◇◇ 六　中欧经济合作再提速（六月报告）

首先，2017 年 6 月，国务院总理李克强出访欧洲是中国经济外交核心事件，李克强分别造访德国与比利时，与欧盟领导人举行会晤，助推中欧经济关系健康发展，有效带动了中欧经贸合作。其次，第二届亚投行理事年会在首尔召开，亚投行运营一年多来成员规模进一步扩大，在基础设施建设投资发挥了重要作用，在全球治理中的作用愈发显现。再次，中国在金砖国家机制下先后举办了能源、农业、外交、金融与财政、环境等领域的专题会议，为 9 月金砖国家领导人会议奠定基础。最后，美国退出气候变化《巴黎协定》，全球气候治理面临严峻挑战，中国气候外交也受到冲击。

（一）李克强总理访欧畅谈中欧合作

5月31日—6月2日，国务院总理李克强正式访问德国并举行中德总理年度会晤、赴布鲁塞尔举行第十九次中国—欧盟领导人会晤、对比利时进行正式访问。在反全球化浪潮日益高涨的今天，中欧强有力的合作将源源不断地释放出维护自由贸易、促进全球经济增长的信号。

在德国，李克强总理会见施泰因迈尔总统，同默克尔总理举行中德总理年度会晤。两国总理还共同出席"中德论坛——共塑创新"并发表演讲。中德总理年度会晤机制于2004年建立，为推动两国高层交往发挥了积极作用。此次会晤，中德双方就拓展和充实中德全方位战略伙伴关系合作内涵达成一系列新的合作倡议，并签署了多份政府间和商业合作协议。

此外，李克强总理还出席第十九次中国—欧盟领导人会晤，并对比利时进行正式访问。在当前国际形势不确定因素增多的背景下，第十九次中国—欧盟领导人会晤明确发出中欧关系保持稳定并且持续巩固的积极信号，中欧还签署了包括投资、知识产权、海关、科技合作等领域10余项合作文件。中国和比利时关系也日益强化，李克强访问期间见证了中比基础设施、工业、质检、电信、物流、港口等领域多份双边合作文件的签署。

总体来看，此次李克强总理访问欧洲有以下亮点。

一是中欧双方继续致力于维护自由、开放的世界经济体系。中欧双方支持贸易自由化和投资便利化，遵守世界贸易组织（WTO）规则，维护经济全球化和多边贸易体系。中欧双方认为正在进行的投资协定（BIT）谈判是首要任务，支持尽早缔结中欧BIT，为各自企业赴对方国家投资创造良好的营商环境。此外，中欧还在欧盟履行《中国加入世界贸易组织议定书》第15条义务问题上扩大了共识，欧方表示正在修订相关法律，将采取非歧视性的、符合世贸规则的做法，德国表示支持欧盟通过修法寻求解决办法，修订后的反倾销法规不歧视任何国家，且应符合 WTO 规则。

二是中德经贸合作致力于重塑创新发展。李克强总理在柏林出席"中德论坛—共塑创新"，并发表题为"做创新合作的'黄金搭档'"的演讲，强调中国创新驱动发展战略、"中国制造 2025"、"互联网＋"和德国"工业 4.0"、"高技术战略"等战略对接，通过创新合作，创造发展机遇，应对全球性挑战。中德双方以"共塑创新"为引领，将深化在智能制造、航空、新能源汽车、绿色发展、青年创新创业、未来交通等领域合作，通过深入推进"中国制造 2025"与德国"工业 4.0"对接，为两国合作打造新动能。

近些年来，中欧关系不断深化成熟，中欧全方位合作稳步推进，经贸合作尤其紧密。欧盟长期是中国第一大贸易伙伴、第一大技术来源地和重要外资来源地，中国是欧盟第二大贸易伙伴。未来，中欧经贸合作存在着广阔的发展前景，双方互补优势明显，双边投资潜力巨大。在层出不穷的全球性挑战面前，中欧更应该通力合作，应对挑战，为世界经济发展注入新动力。

（二）习近平主席中亚行倡议"一带一路"

6 月 7—10 日，国家主席习近平对哈萨克斯坦共和国进行国事访问并出席上海合作组织（以下简称"上合组织"）成员国元首理事会第十七次会议和阿斯塔纳专项世博会开幕式。

此次中亚之行，"一带一路"倡议贯穿始终，第一，中国同哈萨克斯坦进一步加强在"一带一路"框架下的双边合作。2017 年是中哈建交 25 周年，哈萨克斯坦是习近平主席在"一带一路"国际合作高峰论坛后首次出访的国家，同时也是 2013 年习近平主席提出"丝绸之路经济带"时访问的国家，此次出访意义更为突出。哈萨克斯坦是"一带一路"重要沿线国家，中哈在共建"一带一路"上已取得一定进展，两国在经贸、交通、能源等领域合作快速发展。

此次中哈元首会谈在"一带一路"合作上取得多项成果，战略对接方面，双方将加快推进"一带一路"建设同"光明之路"新经济政策对接，实现两国发展战略深度融合；贸易投资领域，双方同意加强产能与投资合作，改善两国贸易结构，支持共建工业园，加强互联互通，深化基础设施建设、交通物流、创新、制造业、农业、林业、金融、能源、科技、环保等领域合作；民心相通领域，双方同意加强人文交流，积极开展地方合作，促进两国青年交流，拓展在媒体、教育、卫生、体育、旅游等领域合作，中方支持哈方办好阿斯塔纳专项世博会；等等。

第二，上合组织阿斯塔纳峰会支持"一带一路"同区域和各国发展战略对接。本次峰会对上合组织发展意义重大，最主要的是给予印度、巴基斯坦上合组织成员国地位，上合组织实现首次扩员。此外，峰会还高度评价2017年5月在北京举行的"一带一路"国际合作高峰论坛，支持"一带一路"建设同区域合作倡议和各国发展战略开展对接合作。长期以来，上合组织成员国秉持互信、互利、平等、协商、尊重多样文明、谋求共同发展的"上海精神"，可以和以"共商、共建、共享"为原则的"一带一路"倡议实现良好互动，共同为促进区域经济合作和发展提供新机遇。

第三，中国同上合组织成员国再议"一带一路"。上合组织峰会举行期间，习近平主席先后同哈萨克斯坦总统纳扎尔巴耶夫、阿富汗总统加尼、俄罗斯总统普京、塔吉克斯坦总统拉赫蒙、印度总理莫迪、西班牙国王费利佩六世、土库曼斯坦总统别尔德穆哈梅多夫举行双边会晤，强调在"一带一路"框架下加强双边合作。包容开放的"一带一路"倡议以项目合作制为基础，各个国家可根据本国经济发展情况自愿参加，习近平主席在同各国领导人会谈时也欢迎各方积极参与"一带一路",为促进双边经济合作、区域经济发展乃至全球经济复苏和发展提供动力。

(三)亚投行在济州举行第二届年会

6月16—18日,为期三天的亚洲基础设施投资银行(亚投行)第二届理事会年会在韩国济州举行,中国财政部部长肖捷等77个成员国代表及国际机构代表出席会议。本届年会,亚投行重点关注"可持续基础设施"建设,进一步探讨亚投行运营及战略发展,以及未来对亚洲和世界的影响。

本届年会收获了多项成果。第一,成员国进一步明确亚投行发展前景及重要意义。与会各方普遍认为,亚投行的吸引力在于其良好的发展前景。韩国总统文在寅在年会开幕致辞中表示,今后20年间,亚洲地区发展中国家的基础设施投资需求年均将达1.7万亿美元。鉴于基础设施投资需求高及各国财政能力自2008年金融危机来持续下滑等情况,旨在为亚洲地区基础设施建设提供扶持的亚投行在其中所扮演的角色十分重要。亚投行将在帮助亚洲地区开展基础设施建设、实现互联互通、创造更美好未来等方面发挥重要作用。亚投行作为一个新型多边金融机构,在汲取其他多边发展银行经验和教训的同时,也正不断探寻自身的发展模式。不仅更加看重对基础设施的投资、加强互联互通,在设置"非常驻董事会"等内部机构建设方面也进行了创新。

第二,在能源领域,亚投行在年会期间公布了一份有关支持"亚洲可持续能源战略"的声明。该声明指出,能源战略为亚投行投资能源项目设立了明晰框架,将促进亚洲数以百万计民众获取清洁、安全、可靠的电力。为落实这一战略,亚投行支持成员履行《巴黎协定》相关承诺,包括支持成员基于《巴黎协定》的"自主贡献"等能源投资计划。亚投行行长金立群对此解释称，亚投行是《巴黎协定》的推动者和支持者，将努力帮助成员实现《巴黎协定》相关减排目标，向低碳社会转型。

第三，在项目方面，配合此次年会，亚投行批准了3个总额约3.24亿美元的新投融资项目。一是向印度基础设施基金提供1.5亿美元的股权投资，亚投行希望通过这笔投资来扩展项目来源，帮助印度吸引来自全球的长期投资者。另外两个是与世界银行等联合实施的融资项目，其中之一是向格鲁吉亚巴统市绕城公路项目提供贷款，这是亚投行对格鲁吉亚提供的首份贷款。截至2017年6月18日，亚投行开业以来实施的投融资项目共计16个，金额达24.9亿美元，分布于交通和能源两大领域。

第四，在成员扩容上，亚投行本届年会批准吸收汤加、阿根廷和马达加斯加作为亚投行第三批新成员，至此，亚投行成员总数扩至80个。此外，还选举印度理事为第三届理事会主席，哈萨克斯坦理事和挪威理事为副主席，决定2018年年会将于6月25—26日在印度孟买举行。

（四）金砖国家部长级会议陆续召开

2017年，中国担任金砖国家轮值主席国，于9月3—5日在厦门主办金砖国家领导人第九次会晤。6月，为配合第九次峰会，一系列金砖国家部长级会议陆续召开。

7日，第二届金砖国家能源部长会议在北京召开，来自金砖国家能源主管部门的政府官员和能源行业的智库专家等共50余人出席会议，国家发展和改革委员会副主任、国家能源局局长努尔·白克力主持会议并致辞。会议围绕能源安全、能源转型和金砖国家能源研究合作平台三个议题展开，发表了《第二届金砖国家能源部长会联合声明》，并将提交给第九次金砖国家领导人峰会。据统计，金砖国家人口占世界人口的40%，能源生产和消费均占全球的36%左右。金砖国家在能源领域的合作，将对发展中国家乃至世界的能源转型、应对气候变化和可持续发展产生积极影响。

6月16日，第七届金砖国家农业部长会议在南京召开。来自中国、巴西、俄罗斯、印度、南非等金砖国家农业部和联合国粮农组织、世界粮食计划署、国际农发基金和新开发银行等国际组织的9个代表团出席了此次会议，会议由中国农业部部长韩长赋主持。会议围绕"创新与共享，共同培育农业发展新动能"的主题进行深入交流，通过了《第七届金砖国家农业部长会议共同宣言》和《金砖国家农业合作行动计划（2017—2020)》等成果文件，就密切金砖国家农业合作、推动世界农业持续发展达成广泛共识。

6月19日，金砖国家外长会晤在北京举行。外交部长王毅主持会晤，南非国际关系与合作部长马沙巴内、巴西外交部长努内斯、俄罗斯外交部长拉夫罗夫、印度外交国务部长辛格出席。王毅表示，金砖合作机制成立十年来，各方秉持开放、包容、合作、共赢的金砖精神，推动金砖合作从无到有，由浅入深，取得长足发展。中方愿同其他四国一道，继续筑牢和充实政治安全、经济金融、人文交流三大合作支柱，积极拓展更多新兴领域合作，推动金砖合作取得更多成果，开启金砖国家第二个"金色十年"。五国应深化务实合作，促进共同发展；加强全球治理，共同应对挑战；开展人文交流，夯实民意基础；推进机制建设，构建更广泛伙伴关系。

6月19日，中国担任金砖国家主席国期间的第二次金砖国家财长和央行行长会议在上海举行，会议由财政部部长肖捷和中国人民银行副行长陈雨露共同主持，其他金砖国家财政和央行高级官员以及新开发银行行长出席会议。会议对全球和金砖各国宏观经济形势、G20财金议题协调以及务实财金合作等议题进行了讨论，并就财金合作成果文件达成共识，为金砖国家领导人厦门会晤做好了财金领域政策和成果准备。会上，各方强调应进一步加强宏观经济政策协调，促进金砖国家和世界经济增长，并承诺深化 G20 财金渠道下合作，力争形成共同声音。

6 月 23 日，第三次金砖国家环境部长会议在天津举办，环境保护部党组书记李干杰出席并主持会议，南非环境事务部部长艾德娜·莫莱瓦（女），印度环境、森林与气候变化部常务副部长阿杰·纳拉扬·贾，巴西环境部代表团团长费尔南多·科伊姆布拉，俄罗斯自然资源与生态部代表团团长努里丁·伊纳莫夫出席会议，联合国副秘书长、联合国环境署执行主任埃里克·索尔海姆应邀参加会议。会议代表就全球性环境问题、金砖国家环境合作方向等议题进行了深入讨论，会议发表了《第三次金砖国家环境部长会议天津声明》，通过了《金砖国家环境可持续城市伙伴关系倡议》。

（五）美国退出气候变化《巴黎协定》

在能源和气候变化治理领域，美国总统特朗普"频开历史的倒车"，在"美国优先"政策指导下采取多项举措，为全球气候变化治理增加不确定性。

第一，放松化石能源开采限制，重新审查或废除奥巴马时期颁布的具有严格排放限制或不利于传统能源和产业发展的法案、行政命令及行动方案，例如推翻奥巴马任内提出的《清洁电力计划》和《总统气候行动计划》。特朗普政府提出《美国优先能源计划》，解除了对于化石能源开采和使用的诸多限制，打破了美国在应对气候变化时的自我约束。此外，还解禁或批准曾被认为有碍美国降低碳排放的大型能源工程，例如批准拱心石和达科他石油管道项目。

第二，退出气候变化《巴黎协定》。6 月 1 日，特朗普总统宣布美国退出《巴黎协定》，美国不再履行先前承诺的减排目标，不再对其他国家和国际组织提供用于气候治理的资金。《巴黎协定》要求发达国家承诺的每年向发展中国家提供 1000 亿美元的资金中，美国约分担其中的 20.86%，今后美国将不再提供该笔经费并不再支持联合国绿色气候基金。

第三，削减应对气候变化的财政预算。白宫在 2018 财年预算中大幅削减负责应对气候变化的美国环保局的预算，例如削减环保署 2018 财年预算并停止对美国国家航空航天局、美国海洋与大气署、美国能源部项目的支持，停止资助《全球气候变化倡议》和联合国绿色气候基金等项目。

第四，全球气候变化治理体系受挫。迫于美国的压力，于 2017 年 3 月 18 日发表的二十国集团财政部长与央行行长会议声明删除了"为应对气候变化提供资金"等重要表述，在美国的影响下全球气候合作出现了倒退。

至此，在"特朗普旋风"的冲击下，以《巴黎协定》为核心的全球气候治理合作根基被严重动摇，中美合作领导全球气候治理的最重要成果面临严峻的挑战。

美国退出《巴黎协定》带来了诸多不利影响。

第一，为全球气候变化治理增加不确定性。一是美国在短期内明确放弃了对气候治理领导权的追求，将大幅削减国际气候援助，对《巴黎协定》的普遍性构成致命伤害，动摇以《巴黎协定》为核心的国际气候治理体制的根基。二是《巴黎协定》的权威性和有效性将大为受损，接下来各方都将不得不重新考虑自己对协定承诺的严肃性问题，美国无法完成其国家自定贡献（NDC）将增加全球温室气体的排放，压缩其他国家的排放空间，增加其他国家的碳减排负担，最终增加实现《巴黎协定》温控 2℃ 目标的难度和成本。

第二，削弱美国在全球气候变化治理中的领导地位。美国退出《巴黎协定》意味着美国明确宣示彻底放弃追求全球气候治理的领导权，这将使《巴黎协定》履约中的领导力赤字问题显著恶化。就中国而言，美国气候政策的回调不仅破坏了两国共同领导气候治理的合作根基，而且中国不得不应对愈发凸显的"金德尔伯格陷阱"，而且还需为此支付更高的成本。一方面，中国需要分担因美国退出《巴黎协定》而带来的额外减排压力和减排成本。另一方面，美国的"退出效应"和"负面示范效应"为气候治理带来了更高的合作成本、道德风险以及集体行动的困境，因而中国继续推进气候治理进程中需要支付额外的领导成本。"中美共治"的全球气候治理新结构尚未完全形成就受到了前所未有的挑战。

◇◇ 七　中美举行首轮全面经济对话（七月报告）

习近平主席出席二十国集团汉堡峰会和汪洋副总理主持中美首轮全面经济对话是本月中国经济外交的核心事件。国务院副总理汪洋与美国财政部长姆努钦、商务部长罗斯共同主持的这场对话，双方力求贸易投资、经济合作百日计划和一年计划、全球经济和治理、宏观经济政策和金融业、农业等议题方面达成谋求更多的合作，但是中美双方因存有明显分歧因而史无前例地没有共同发表联合声明，中美"贸易战"的论调也甚嚣尘上。此外，二十国集团汉堡峰会如期召开，习近平主席出席此次峰会并就世界经济形势、贸易、金融等多个议题阐释了中国理念、提出了中国方案，有效推动了国际合作和全球治理。

本月，中国在中泰铁路、与俄罗斯和加拿大的自由贸易协定可行性研究、与以色列的自由贸易区谈判等多个方面都取得了明显的进展。在国际层面，美国宣布了对俄罗斯、朝鲜和伊朗的经济制裁，加剧了地区的紧张局势。

（一）习近平主席参加 G20 汉堡峰会

7月9日，由全球最重要的20个发达国家和新兴市场国家首脑参加的G20峰会在汉堡拉下帷幕。在这次以"塑造联动世界"为主题的峰会上，与会各方领导人针对贸易、金融、数字经济、能源、气候变化、难民移民、反恐等重大全球性议题展开讨论。峰会通过了《二十国集团领导人汉堡峰会公报》，强调应对当今时代挑战、塑造联动世界是二十国集团作为国际经济合作主要论坛的共同目标。承诺在杭州峰会成果基础上携手合作，推动贸易投资，发挥数字化潜力，推动可持续发展，与非洲国家建立伙伴关系，实现强劲、可持续、平衡和包容增长，塑造全球化，造福全人类。

习近平主席出席了此次峰会并就世界经济形势、贸易、金融、数字经济、能源、气候变化、发展、非洲、卫生、难民移民、反恐等议题阐释中国理念，提出中国方案，大力推动国际合作。习近平主席在汉堡峰会上强调，"一带一路"倡导开放、合作、共赢以及共商、共建、共享等理念，同弘扬二十国集团伙伴精神、构建开放型世界经济方向一致，可以互为补充、相互促进，共同助力世界经济发展。他积极号召各国参与"一带一路"，实现合作共赢。

习近平主席在题为《坚持开放包容　推动联动增长》的发言中为推动世界经济增长和提升全球治理效度提出了四点重要建议：首先，坚持建设开放型世界经济大方向，坚持走开放发展、互利共赢之路，共同做大世界经济的蛋糕。其次，共同为世界经济增长发掘新动力，在数字经济和新工业革命领域加强合作，共同打造新技术、新产业、新模式、新产品。这个动力也来自更好解决发展问题，落实《2030年可持续发展议程》。再次，使世界经济增长更加包容，继续把经济政策和社会政策有机结合起来，解决产业升级、知识和技能错配带来的挑战，使收入分配更加公平合理。最后，继续完善全球经济治理，在上述领域继续努力，特别是要加强宏观政策沟通，防范金融市场风险，发展普惠金融、绿色金融，推动金融业更好服务实体经济发展。习近平主席的四点建议准确地指向了制约世界经济发展的病灶，为建设联动的世界提供了建设性的指导。

与会期间，习近平主席开展一系列峰会外交和双边外交。中国是今年金砖国家主席国，习近平主席主持召开金砖国家领导人非正式会晤。各方同意加强政策沟通协调，稳步推进各领域合作，共同推动厦门会晤取得成功。会晤成果文件体现金砖国家一致立场，表明各成员国团结协作、共谋发展的共同意愿。此外，习近平主席还分别会见了美国总统特朗普、韩国总统文在寅、法国总统马克龙、英国首相梅、新加坡总理李显龙等领导人，同各方就巩固政治互信、深化双多边合作达成新的重要共识。

（二）汪洋副总理赴美主持首轮全面经济对话

作为海湖庄园"习特会"重要成果之一的首轮全面经济对话于7月19日在华盛顿落下帷幕，国务院副总理汪洋与美国财政部长姆努钦、商务部长罗斯共同主持。中美建交以来，双边贸易、投资和金融关系快速发展，经贸摩擦和争端也随之增加。中美两国领导人先后创建了中美商贸联委会、战略经济对话、战略与经济对话以及全面经济对话等机制，努力通过不断创新沟通和磋商机制，从最初解决中美经贸具体争端逐步发展到协调宏观经济政策，有力地保障和促进了两国经贸关系的持续发展。

在首轮中美全面经济对话中，双方就中美贸易投资、经济合作百日计划和一年计划、全球经济和治理、宏观经济政策和金融业、农业等议题进行了深入讨论，达成广泛共识。首先，双方就开展经济合作一年计划进行了讨论，同意围绕宏观经济和金融、贸易合作、投资合作、全球经济治理等方面开展合作，努力争取实现早期收获。其次，中美双方同意为缩小贸易逆差进行建设性合作。最后，双方强调拓展服务业合作领域，共同做大服务贸易蛋糕；扩大双方相互投资，创造更加开放、公平、透明、便利的投资环境；在促进高技术产品贸易方面作出更大努力；提升产业合作水平，推动制造业互利合作；加强宏观经济政策沟通与协调，深化金融监管和金融市场发展领域的务实合作；加强在二十国集团等全球经济治理平台的合作，推动国际经济金融体系改革，促进世界经济强劲、可持续、平衡、包容发展。本轮对话最重要的成果在于确立了中美经济合作的正确方向，即坚持把合作共赢作为发展双边经贸关系的基本原则，把对话磋商作为解决分歧的基本方法，把保持重大经济政策沟通作为对话合作的基本方式，这为未来合作奠定了坚实的基础。

然而中美经贸问题仍旧复杂。中美双方对首轮对话都有很多诉求，美国希望减少中美贸易赤字、解决中国钢铁产能过剩问题、减少国家对经济的干预、进一步开放中国市场，中国则希望美放松对华出口高技术产品管制政策，等等。然而此次对话谈判并没有就具体问题达成共识，也为接下来的谈判蒙上阴影。例如，中美贸易不平衡问题不仅涉及贸易管制政策，还与双方在全球价值链中所处地位、双方产业结构的差异以及美元主导地位相关，若想取得立竿见影的效果还需美方进一步放松高技术产品管制，否则仅靠中国增加进口美国农牧产品，效果也是杯水车薪。"百日计划"涉及的是中美经贸关系中相对容易解决的问题，然而首轮全面经济对话才是两国的"真正较量"，双方诉求复杂敏感，涉及利益广泛，在短短几个月时间内未取得成果并不难理解，但这也预示着未来的谈判绝非坦途，中美仍有"硬仗"要打。

另外，特朗普总统执政以来，虽然面临诸多内政外交困境，但在对外经贸领域仍坚定履行竞选承诺。为奉行"美国优先"战略、促进经济增长、增加国内就业，特朗普实施保护主义的内向型外贸政策，上任伊始即退出 TPP，公布改革 NAFTA 的路线图，对进口钢铁、铝展开国家安全调查，甚至已经对从加拿大进口的软木材征收 30% 关税。唯有对中国，特朗普政府"违背"将中国列为汇率操纵国、增加关税等承诺，通过双边谈判解决中美经贸问题。然而，中美谈判若无法满足美国要求，特朗普将面对国内选民、金融业等行业利益集团的质疑，进而可能会重拾对华贸易制裁工具。再加上美国又将中美经贸问题与朝核问题相关联，进一步增加了中美爆发"贸易战"的可能性。

首轮全面经济对话并非中美谈判的终点。尽管存有严重的分歧，但中美双方仍同意将对话磋商和政策沟通作为解决分歧的基本方式。长远来看，中美仍有巨大的经贸合作空间可供挖掘，例如，中美可以在石油和天然气、农产品、基础设施建设、服务业、高科技产品等领域展开合作。对于中美经贸关系中的敏感问题，谈判之路漫漫，中方不仅要加强对美工作，通过对话和协商理性化解矛盾、管控分歧，同时也需做好充分准备应对可能来临的"贸易战"。

（三）外交部长王毅访泰推进中泰铁路开工

中国外交部长王毅于 7 月 24 日访问泰国，访问过程中他提到，中泰铁路的建设，不仅有利于带动泰国铁路沿线地区产业的繁荣发展，也将实现泛亚铁路网的突破，奠定泰国作为地区互联互通枢纽和东盟重要经济中心的地位。不论从国内还是地区层面看，这一项目都有利于泰国的长远发展，符合泰国人民的切身利益。中泰铁路项目在推进过程中难免遇到一些困难。不久前，在巴育总理亲自推动下，项目谈判突破技术瓶颈，取得重要进展。双方明确了合作路线图，包括开工时间，期待能如期实现。

泰国几届政府都试图与中国合作建设中泰铁路，但都因泰国国内政治不稳定和日本的介入而受到了影响，中泰铁路曾一度搁置。自 2006 年 4

月签署的《泛亚铁路政府间协定》在亚太经济社会委员会第62次会议上通过以来，多届泰国政府都试图与中国合作建设中泰铁路。2012年，泰国政府对外招标，寻求外来资本和技术改造泰国铁路，中国和日本对这一投资项目颇有兴趣。直到2013年10月李克强总理出访泰国，与时任泰国总理的英拉共同发表了《中泰关系发展远景规划》，并建设性地提出了"大米换高铁"的构想。然而英拉政府倒台之后，巴育政府推行"等距离外交"，先后试乘了中日两国的高铁，由于日本提供的方案在贷款利率上极具诱惑力，所以泰国最终宣布曼谷至清迈的高速铁路将采用日本新干线技术。

2013年中泰铁路项目推进过程中虽遭受挫折，但之后总体进展顺利。2014年10月，国务院总理李克强在米兰出席第十届亚欧首脑会议，期间会见泰国总理巴育，中泰双方同意继续推动基础设施包括高铁合作项目。12月4日，泰国议会就《中泰铁路项目备忘录》进行表决，最终以187票支持、7票弃权、0票反对的结果顺利通过。12月19日，李克强总理访问泰国，两国总理共同见证了《中泰铁路合作谅解备忘录》的签署，中泰铁路项目正式启动。2016年9月，泰国最终决定放弃向中国融资的方案，决定自己筹资建设高铁，而且先启动曼谷—呵叻段，全长250公里，设计最高时速为250公里。2017年7月，泰国政府批准曼谷—呵叻高铁项目，预计2017年9月开工，2021年通车。

中泰铁路的开工不仅意味着中国铁路外交取得了又一重要进展，而且带动了中国与东南亚国家的经济互联和民心互通，同时有效推动了中国—中南半岛经济走廊的建设。

（四）美国对俄伊朝施加新制裁

7月25日，美国国会通过了一项涉及俄罗斯、伊朗和朝鲜的制裁议案，对上述三国施加了新的制裁措施，并且以近乎全票通过。参议院以98 票支持、2 票反对通过了该制裁案，众议院则以 419 票支持、3 票反对通过了该制裁案。制裁原因如同约翰·麦凯恩所言："朝鲜、伊朗和俄罗斯以不同方式威胁它们的邻国，并积极寻求伤害美国的利益。"此外，该制裁案还旨在对俄罗斯据称"干预"美国 2016 年总统选举予以惩罚。

该法案对更多俄罗斯公司和个人进行经济制裁，目标包括俄罗斯能源行业、军工企业、几家银行以及被美指控"干预"去年美国总统大选的机构。虽然特朗普"不情愿地"签署了该法案，但是仍然引起了俄罗斯的强烈不满和抗议。同时，美国财政部于 7 月 28 日宣布对伊朗沙希德·哈马特工业集团下属的 6 个实体进行制裁。根据相关制裁措施，美国将冻结被制裁对象在美国司法管辖范围内的财产和权益，并禁止美国公民与之进行交易往来。朝鲜也因为试射导弹而受到了美国的进一步制裁。

然而，美国的单方面制裁行动并未得到盟友的支持与理解。欧盟对美国国会的制裁案发出警告，提醒美国在行动上与七国集团其他成员保持协调，避免伤及伙伴国家。欧盟委员会一名发言人说，"我们理解这项制裁法案主要出于对美国国内情况的考虑"，但其中的制裁措施可能产生"广泛的、无差别的、意料之外的"后果，影响到七国集团和欧盟的经济与能源安全利益，包括欧盟"寻求能源来源多样化的努力"。

总之，俄罗斯"干预"美国大选、朝鲜进行核试验、伊朗试射导弹都给美国提供了制裁上述国家的口实，由此美国再次挥起了"制裁大棒"，力图通过经济手段实现其政治目的。

（五）中加在北京举行自贸协定可行性研究

2017 年 7 月，中国自贸区战略的实施打开新格局，不仅与俄罗斯、加拿大启动或继续开展自由贸易协定可行性研究，还与以色列继续推进自贸区谈判，与新西兰、智利展开自贸区升级谈判。在区域 FTA 方面，中国参加的 RCEP 谈判也有所推进。

7 月 4 日，在双方国家领导人见证下，商务部部长钟山与俄罗斯经济发展部部长马克西姆·奥列什金在莫斯科签署了《中华人民共和国商务部与俄罗斯联邦经济发展部关于欧亚经济伙伴关系协定联合可行性研究的联合声明》（以下简称《声明》），决定开展欧亚经济伙伴关系协定的可行性研究工作。《声明》的签署是习近平主席此次访俄重要经贸成果，显示了中俄两国深化互利合作、推进贸易自由化和地区经济一体化的坚定决心，以及探讨全面、高水平、未来面向其他经济体开放的贸易投资自由化安排的共同意愿，将为两国全面战略协作伙伴关系注入新动力。早在 2015 年 5 月 8 日，中俄两国就在莫斯科发表了《关于丝绸之路经济带建设与欧亚经济联盟建设对接合作的联合声明》，达成了丝绸之路经济带建设与欧亚经济联盟建设对接合作的重要共识。2016 年 6 月 25 日，双方更进一步主张在开放、透明和考虑彼此利益的基础上建立欧亚全面伙伴关系。此次欧亚经济伙伴关系协定联合可研的开展就是落实两国领导人共识的重要而具体的一步。这不仅有利于探索进一步扩大双方贸易投资往来，还将致力于创造更加公平、透明、便利的贸易投资环境，共同促进区域经济发展。

7 月 31 日—8 月 4 日，中国—加拿大自贸协定联合可行性研究暨探索性讨论第三次会议在北京举行。此次密集磋商达成了广泛共识，为尽快完成联合可行性和探索性讨论奠定了良好基础。自 2016 年开始，中加自贸谈判应加快步伐的呼声渐高，两国领导人也在多个场合表达了推动中加自贸协定谈判的意愿。7 月上旬，习近平主席在会见加拿大总督约翰斯顿时就再次指出，中加应尽早启动自由贸易协定谈判，提升两国贸易水平，扎实推进能源资源、现代农业、清洁技术等领域务实合作。从谈判意愿上看，鉴于美国日趋严重的贸易保护主义倾向，中加双方深化彼此间合作、挖掘贸易潜力的需求性急剧上升，特别是中国庞大的市场将极大地扩大加拿大对华出口。目前加拿大对华出口只占中国进口总额的1.1%左右，即使加拿大对华出口额增加1个百分点，那也将给加拿大带来大额财富扩张。因此中加双方事实上都乐见自贸协议的进展加快。但是，由于加拿大对华贸易长期存在巨额逆差，且中国对加拿大的出口产品以低附加值的消费品为主，容易引起加方的反倾销、反补贴调查。这些问题的解决都需要双方加强沟通，合理调整预期，以智慧与诚意共同推动自贸协定进展。

此外，中国与以色列开展的自贸区第二轮谈判，与新西兰、智利分别开展的自贸协定第二轮升级谈判均在多项经贸合作议题上取得了积极进展；RCEP第19轮谈判也在货物、服务、投资和规则等领域进行了深入磋商。总体上看，中国自贸区战略实施在7月份进展显著。

（六）中国参与多个金砖部长级会议

7月以来，金砖机制各项准备会议密集召开，为9月即将举行的厦门峰会做好了全方位的准备。

7月7日，国家主席习近平在汉堡主持金砖国家领导人非正式会晤，发表引导性讲话和总结讲话。南非总统祖马、巴西总统特梅尔、俄罗斯总统普京、印度总理莫迪出席。5国领导人围绕世界政治经济形势和二十国集团重点议题深入交换意见，就金砖国家加强团结协作、合力构建开放型世界经济、完善全球经济治理、促进可持续发展达成重要共识。

7月18日，第五届金砖国家科技创新部长级会议在中国杭州成功举行。本次会议的主题是"创新引领，深化合作"，中国科技部部长万钢及副部长黄卫、南非科技部部长纳莱蒂·潘多尔、巴西科技创新与通信部副部长阿尔瓦罗·普拉塔、俄罗斯教科部副部长特鲁布尼科夫·格里戈里、印度代表团团长暨印度国家先进研究院院长拜德威·拉杰出席了本次会议。会后，金砖国家科技创新部长们共同召开了新闻发布会，并发表了

《杭州宣言》《金砖国家创新合作行动计划》和《金砖国家 2017—2018 年科技创新工作计划》。

7 月 27 日，第三届金砖国家通信部长会议在浙江杭州成功举行。中国工业和信息化部副部长刘利华，巴西科技、创新与通信部副部长宝格斯，俄罗斯通信与大众传媒部部长尼基福罗夫，印度通信部部长辛哈，南非通信与邮政服务部部长奎莱和国际电信联盟秘书长赵厚麟等出席会议。会议围绕"数字经济时代的信息通信技术创新与融合发展"这一主题，就金砖国家信息通信创新发展、信息基础设施建设与互联互通等各国共同关注的议题进行深入探讨，会议通过了《第三届金砖国家通信部长会议宣言》，形成广泛共识。

7 月 30 日，金砖国家经贸联络组中国年第三次会议（总第十六次会议）在上海召开。巴西、俄罗斯、印度、中国和南非五个金砖国家成员，以及联合国贸发会议、联合国工发组织、国际贸易中心等国际组织代表与会。2017 年金砖国家经贸联络组第一次和第二次会议已分别于当年 3 月和 5 月在北京举行。

此外，7 月 28 日，第七次金砖国家安全事务高级代表会议在北京钓鱼台国宾馆举行。各方围绕全球治理，反恐、网络安全和能源安全，国际和地区热点问题，国家安全和发展等议题深入交换意见，达成广泛共识。

"金砖峰会"召开前夕，科技、通信、经贸、安全等方面的部长级会议悉数召开，不仅为 9 月金砖领导人峰会奠定了坚实的合作基础，也预示着金砖国家合作进入全方位、多层次、宽领域的新阶段。

◇◇ 八　美启动对华"301 调查"（八月报告）

美国对华开启"301 调查"是该月中国经济外交的核心事件。在中美首轮全面经济对话在华盛顿结束尚且不足一个月的时间，特朗普便在白宫高调签署了授权贸易代表莱特希泽开展专门针对中国的"301调查"的行政备忘录，涉及技术转让、知识产权和创新领域的法律、政策和行为等方面的规定，旨在扭转美国的贸易劣势。为应对未来可能出现的不利于局面，中国应做到"未雨绸缪"，做好充分准备。

国际层面，针对朝鲜今年频繁进行的弹道导弹试射，国际社会一再加强对朝鲜的经济制裁力度，试图通过切断朝鲜核试验和导弹试验的资金、原料来源等对朝施加压力，力求推动朝鲜半岛无核化。

（一）美国对华开启"301调查"

美国贸易代表莱特希泽于8月18日正式宣布，根据《1974年贸易法》第301条款，将对"中国贸易行为"展开调查，涉及技术转让、知识产权和创新领域的法律、政策和行为，而四天之前，特朗普则在白宫高调签署了授权莱特希泽开展专门针对中国的"301调查"的行政备忘录。这一切距中美首轮全面经济对话在华盛顿结束尚且不足一个月。

历史上，美国曾多次使用"301调查"这一贸易工具。301条款要求，如果美国贸易代表认定其他国家的贸易行为或贸易政策与两国签订的贸易协定相抵触，或造成了不公平的贸易结果，那么可以依照总统指示采取单边报复措施，迫使对方遵守贸易协定或调整其贸易行为。此后，《1988年贸易法》进一步强化了美国单面贸易报复的手段，提出了"特别301条款"与"超级301条款"，前者要求美国贸易代表对没有充分保障知识产权的国家和地区发布评估报告并依据评估结果采取不同的报复措施；后者针对其他国家设置的针对美国的贸易障碍，查证此类国家的贸易政策并对其中的重点国家进行谈判。

美国曾多次对其贸易伙伴发起"301调查"，但大多数调查以双方谈判和解告终。美国曾先后 5 次开展针对中国的"301 调查"，5 次调查均以两国进行艰难谈判、签署贸易合作备忘录或协议而告终。在中国还不是世贸组织成员的 20 世纪 90 年代，美国贸易代表分别于 1991 年、1994 年和 1996 年，就知识产权保护先后对中国发起了 3 次"特别 301 调查"，并公布了价值数十亿美元的报复性关税征收清单。随后中国与美国分别开展了异常紧张的谈判，先后签订了 3 个知识产权协议。1991 年，美国还就市场准入的不公平壁垒向中国发起了"301 调查"，并且公布了总价值 39亿美元的报复性关税征收清单，中美历经 4 论谈判最终签署了关于市场准入的谅解备忘录，承诺在 5 年时间内取消许可证、配额、管制等进口壁垒。最近一次的"301 调查"是在 2010 年。美国贸易代表办公室根据美国钢铁工人联合会提交的指控材料，对中国清洁能源产业发起了"301 调查"，最终中美在世界贸易组织争端解决机制下达成谅解，中国承诺取消可能造成不公平贸易的补贴或项目。

针对中国开展的 5 次"301 调查"表明：首先，美国发起"301 调查"并非完全是要采取征收高额关税等惩罚性措施，而是希望以此提出要价，施压中国与之谈判，并在谈判中对美国作出大幅让步，"301 调查"并不必然导致两国最终发生真枪实战的贸易战。其次，美国对中国的"301 调查"多集中于 20 世纪 90 年代前半期，也是中国努力"复关"的关键时期。20 世纪 90 年代中期之后，美国的 IT 革命使得美国重新恢复信心，美国不再针对中国展开"301 调查"。另外一个原因就是，世界贸易组织于 1995 年正式建立后，美国对贸易伙伴开展"301 调查"的频度明显降低，美国希望支持世界贸易组织的争端解决机制发挥解决贸易争端的核心作用，从而约束了自身使用单边政策工具的冲动。而在中国入世之后，中美贸易摩擦主要从具体产业转向宏观汇率问题。再次，就中国而言，美国过去的"301 调查"在一定程度上起到了倒逼改革，规范市场的积极作用，中国从 20 世纪 90 年代开始致力于建立严格的知识产权保护体系，在很大程度上就得"归功于"美国 3 次调查所施加的巨大改革压力。最后，就美国而言，"301 调查"是一项非常行之有效的贸易施压工具，中国和美国的其他贸易伙伴都不得不就"301 调查"所涉及的领域进行改革和规范，以避免代价高昂的贸易报复。

面对美国对华发起"301 调查"和中美贸易战"山雨欲来"的不利局面，中国需要未雨绸缪，灵活应对：第一，做好长期与美国进行贸易战的思想准备。特朗普及其内阁多位高官信奉贸易保护政策，主张通过发起针对中国的贸易战来降低两国贸易逆差，对此中国在思想上需要做好充分的应对大规模贸易战的准备。第二，做好反制美国贸易战的策略准备。一方面相关部门需要制定具有针对性的反制预案，保证能够对美国的部分产业和部门进行贸易反制；另一方面，重视利用世界贸易组织争端解决机制应对美国的"301 调查"，尽可能充分且主动地与美国保持接触，力求避免"301 调查"快速滑向大规模贸易战。第三，通过加大从美国的进口来动员中国的支持力量。具体来说，从长远来看，中国需要适时、适度、适当扩大从美国进口的规模，力求在力所能及的范围内控制美国对华贸易逆差。

（二）国际社会加强对朝制裁力度

截至 2017 年 8 月底，朝鲜已进行了 13 次弹道导弹试射，严重扰乱了东北亚的安全局势，国际社会一再加强对朝鲜的经济制裁力度，试图通过切断朝鲜核试验和导弹试验的资金、原料来源等对朝施加压力。

今年联合国安理会先后通过两项决议制裁朝鲜。6 月 2 日，联合国安理会决议将朝鲜 14 人列入旅行禁令和资产冻结制裁名单，同时还将 4 家公司列入资产冻结制裁名单。上述个人和公司被认定直接或间接出售、供应、转让或购买输入或输出朝鲜的金属、石墨、煤炭或软件，直接或间接充当或宣称是原子能总局的代理或为其服务。8 月 5 日，联合国安理会针对平壤 7 月两次试射洲际弹道导弹实行进一步制裁，决议禁止朝鲜煤、铁、铁矿石等原材料以及海产食品的出口，并禁止各国开设与朝鲜实体或个人的新合资企业或合作实体或对朝进行投资。预计该决议将削减朝鲜每年 10 亿美元的收入，这约占朝鲜每年出口收入的 1/3。

自特朗普上台以来，美国不断加强对朝鲜的制裁力度。1 月，美国财政部将朝鲜领导人金正恩的妹妹金与正以及另外 6 名朝鲜官员加入制裁名单，还对朝鲜劳动部和国家计划委员会进一步制裁，以惩罚朝鲜侵犯人权的做法。美国禁止美国公民与财政部制裁名单上的个人和组织有商业往来。3 月，受到美国财政部制裁但仍能使用环球银行间金融通信系统（SWIFT）的四家朝鲜银行将无法使用该系统切断，此举将使朝鲜不再有任何银行可以进入 SWIFT 系统。同月，美国国务院发表声明，称已决定对违反禁令向伊朗、朝鲜和叙利亚出售大规模杀伤性武器相关设备与技术的 11 个单位和个人实施制裁，其中包括 6 家中国公司和 3 名中国公民。声明称，根据《伊朗、朝鲜和叙利亚防扩散法》，美国对 10 个国家的 30 个公司与个人进行制裁。6 月，美国宣布中国的丹东银行涉嫌为朝鲜洗钱，中断该银行在美国的业务，同时冻结两名中国公民跟另一家中国公司的资产。7 月，美国华盛顿特区一家联邦法院批准美国司法部全权调查一宗涉及中国煤炭交易网络的朝鲜洗钱案。8 月，美国财政部海外资产控制办公室（OFAC）宣布将 10 家实体和 6 名个人列入制裁名单，理由是这些企业与个人涉嫌支持朝鲜的核武器开发，制裁名单中涉及 6 家中国企业和一位中国公民。

欧盟也积极履行安理会决议，对朝鲜实施经济制裁。2 月，欧盟理事会宣布对朝鲜实施新制裁措施，欧盟将限制与朝鲜进行煤炭、铁和铁矿石交易，禁止进口朝鲜的铜、镍、银、锌等。新制裁措施还包括禁止向朝鲜出口新的直升机和船只。4 月，欧盟再次发布声明对朝鲜实施新制裁措施，决定将对朝鲜的投资禁令扩大到军火、冶金和金属加工、航空航天等行业。欧盟还将限制在化工、采矿、炼油、计算机等领域对朝鲜的个人或实体提供服务。此外，欧盟宣布将 4 名个人列入对朝鲜制裁"黑名单"，这使得受到旅行限制和资产冻结的人数达到 41 人。8 月，欧洲理事会宣布，作为联合国安理会 5 日通过的涉朝新决议的一部分，欧盟将 9 名个人和 4 个实体列入了对朝制裁名单，其中包括国有的朝鲜外贸银行。目前联合国对朝制裁名单上的个人增加到了 62 人，实体增加到了 50 个。

中国也发布了多项声明支持联合国决议并对朝鲜实施经济制裁。2 月，中国商务部和海关总署发布公告，为执行联合国安理会决议，将从当月 19 日起全面暂停进口朝鲜原产煤炭，临时禁令有效期至今年年底。8 月，中国商务部和海关总署再次发布公告，全面禁止自朝鲜进口煤、铁、铁矿石、铅、铅矿石、水海产品。同月，中国商务部发布声明，禁止朝鲜实体或个人来华新设中外合资经营企业、中外合作经营企业、外资企业，禁止已设立企业增资扩大规模。此举与联合国安理会的制裁决议一致。商务部补充说，对违反联合国决议的中国公司对朝鲜投资和现有投资的增资申请不予核准。

国际社会为推动朝鲜半岛无核化采取了多项措施，进行了多轮经济制裁。今年，国际社会对朝实施的经济制裁力度明显加强，力求最大限度遏制朝鲜核武器和导弹计划，然而为了从根本上解决朝鲜核问题，还需将朝鲜拉回谈判桌前，通过对话谈判等政治渠道和平解决问题。

◇◇ 九　中国主持厦门金砖峰会（九月报告）

习近平主席主持金砖国家领导人第九次会晤是该月中国经济外交的核心事件。本次会晤以"深化金砖伙伴关系，开辟更加光明未来"为主题，重点探讨了在"第二个金色十年",各方如何以金砖机制为平台继续完善全球治理,倡导共同、综合、合作、可持续的合作治理观念。在此次峰会上,中国提出了"金砖 +"合作理念,并邀请埃及、几内亚、墨西哥、塔吉克斯坦、泰国等国领导人,传递新生市场国家和发展中国家团结合作的积极信号。

该月中国也在国际舞台上向世界多次推销"一带一路"。在第二次"1 + 6"圆桌对话会、第 72 届联合国大会、中国—东盟博览会上,中国均大力推销"一带一路"倡议,力求在该框架下实现更多合作。此外,尼泊尔副总理、新加坡总理先后来华与中方会面中也提到将"一带一路"建设视为当前与中国合作的重点。

(一)中国引领金砖机制进入历史新阶段

金砖国家领导人峰会于 9 月 3—5 日在中国厦门举行。此次会晤主题是"深化金砖伙伴关系,开辟更加光明未来"。厦门峰会致力于进一步深化金砖合作与全球治理的联动关系,推动合作治理机制建设。与会各国倡导共同、综合、合作、可持续的合作治理观念,支持通过相互间对话、协商与和平的方式解决分歧;以宏观经济协调与结构性改革为基础,推进合作治理方式创新。中国作为金砖合作关键支持者与引领者,将金砖机制作为当代外交创新发展的重要路径,致力于协同改进全球治理态势,应对全球挑战、深化新兴国家合作、推进全球治理关系的机制化变革。

习近平主席在此次厦门峰会一系列活动中多次指出,要把打造第二个辉煌十年作为金砖合作的长期目标,"第二个金色十年"的概念则成为各方共同认可的积极愿景。他强调,金砖国家要加强经济务实合作、加强发展战略对接、共同推动国际秩序朝着合理方向发展、共同促进人文民间交流。习近平的主张得到了南非总统祖马、巴西总统特梅尔、俄罗斯总统普京和印度总理莫迪的高度评价和积极响应。

习近平还强调，对广大新兴市场国家和发展中国家来说，无论是从世界经济大局出发，还是从自身发展未来出发，我们都应该坚持开放，不搞保护主义；坚持多边贸易体制，不搞以邻为壑；坚持互利共赢，不搞零和博弈。国家安全和发展相互依存。我们要继续就政治安全问题协调立场，扩大共识，加强合作。金砖国家都是具有重要影响的国家，要在解决国际和地区热点问题上发挥建设性作用，一要遵守国际法和国际关系基本准则。二要坚定奉行多边主义，坚定维护联合国宪章宗旨和原则，发挥联合国在捍卫和平、建设和平、预防和制止冲突方面的主渠道作用。进入新的10年，我们要十分珍惜金砖合作取得的成绩，相互尊重，求同存异，努力建设更加紧密、更加全面、更加牢固的战略伙伴关系。

此次厦门会晤在推动金砖国家经济合作方面取得了较为丰富的成果，五国以落实《金砖国家经济伙伴战略》为契机，推动经济合作不断走深走实，达成30多项务实成果。《金砖国家领导人厦门宣言》回溯了金砖国家共谋发展的合作历程，重申了其推动金砖合作、完善金砖机制的合作决心，展望了金砖合作的发展方向。宣言强调金砖国家致力于在下述方面加强合作：首先，在经济领域进一步开展务实合作，落实《金砖国家经济伙伴战略》以及在贸易投资、制造业和矿业加工、基础设施互联互通等优先领域的倡议，加强金融合作、投资合作、可持续发展合作等。其次，构建高效的全球经济治理架构，并在二十国集团的框架下与其他多个进一步开展合作。最后，金砖国家还需要在安全和人文交流领域加强合作。宣言进一步明确了金砖机制的合作走向，为下一阶段金砖国家合作奠定了坚实的根基。

今年，中方开创性地提出了"金砖 +"的合作理念，举行了新兴市场国家与发展中国家对话会，邀请了埃及、几内亚、墨西哥、塔吉克斯坦、泰国等国的领导人，增加了对话会的全球代表性，目的是建设更广泛的发展伙伴关系。在对话会上，各方围绕"深化互利合作，促进共同发展"这个主题，深入沟通交流，向外界释放了走可持续发展之路、共同应对气候变化挑战、构建开放型世界经济、深化南南合作等积极信号。

（二）李克强总理主持第二次"1+6"圆桌对话

9月12日，国务院总理李克强在钓鱼台芳华苑同世界银行行长金墉、国际货币基金组织总裁拉加德、世界贸易组织总干事阿泽维多、国际劳工组织总干事赖德、经济合作与发展组织秘书长古里亚、金融稳定理事会主席卡尼举行第二次"1+6"圆桌对话会。会议第一阶段围绕"全球经济形势与经济全球化的未来"主题，主要就全球经济增长、可持续发展、维护多边贸易体制、经济全球化、劳动力市场政策、国际金融监管改革等问题深入交流。会议第二阶段围绕"推动中国经济转型升级"主题深入交流。

会上，李克强总理为全球经济提出五点建议：第一，各国应坚持和衷共济，顺应多边主义和全球化大趋势，遵守和协商完善国际规则，加强宏观经济政策沟通协调；第二，维护以自由贸易为基石的多边贸易体制；第三，增强世界经济增长的包容性，提升发展的公平性和普惠性；第四，更大力度推进结构性改革，加大制度创新，降低制度性交易成本，激发创业创新活力，发展新兴产业，提高劳动生产率，更好保护知识产权；第五，继续推进金融监管改革，着眼促进实体经济发展和防范金融风险，加强宏观审慎管理和系统性风险防范。

第一次"1+6"圆桌对话会于2016年7月22日召开，会议主要围绕"全球经济形势和挑战"与"中国经济转型中的增长新动能"深入讨论。会上，中国与与会各国际组织在宏观经济、结构性改革、创新、贸易投资、劳动就业、金融监管改革、可持续发展和国际经济治理等领域达成诸多共识，取得了富有建设性的成果，并决定推动圆桌对话会常态化、机制化。

相比较第一次圆桌对话会，2017 年举办的第二次会议将经济全球化议题置于重要位置，与会各组织肯定了中国"一带一路"倡议的重要意义，表示欢迎并支持"一带一路"倡议，愿与中国和沿线国家共同推进"一带一路"建设。

中国是世界贸易体系中的重要伙伴、全球化和多边主义的积极倡导者，作为二十国集团主席国发挥了重要领导力。"1 + 6"圆桌对话会正是中国主动同国际社会加强沟通、推动国际合作的具体表现，彰显出中国主动参与国际事务、承担国际责任的积极姿态。

（三）外交部长王毅联大推介"一带一路"

第 72 届联合国大会于 2017 年 9 月 12 日拉开了帷幕，中国外交部长王毅出席了第 72 届联合国大会，并在会议期间密集会见了俄罗斯、英国等二十多个国家和国际组织领导人；出席了联合国一般性辩论、《世界环境公约》主题峰会、气候变化问题高级别非正式对话会、参加了中非外长第四次联大政治磋商、上合组织成员国外长非例行会议和金砖国家外长会晤等会议等多场重要活动。

"一带一路"成为外交部长王毅此行的"关键词"之一。他利用参加联大和相关会议的契机，积极阐释中国的外交政策理念，推销"一带一路"倡议，推动"一带一路"在各地区落地实施。在中非外长第四次联大政治磋商中，王毅提出中非要加强发展战略对接，要全面落实好中非合作论坛约堡峰会成果，全面推进"十大合作计划"，推动"一带一路"建设在非洲落地；在上海合作组织成员国外长非例行会议上，王毅表示，上合组织各国要深化"一带一路"与欧亚经济联盟以及各国发展战略对接合作，构建区域融合发展新格局；在会见拉共体"四驾马车"外长时，王毅也指出，拉美和加勒比地区历史上是"海上丝绸之路"的自然延伸，现在是"一带一路"建设的重要参与方。中国欢迎更多拉美和加勒比国家参与共建"一带一路"，希望同拉美各国推动互联互通和发展战略对接；等等。

会谈过程中，多个国家先后表示支持中国提出的"一带一路"倡议，并希望将本国发展战略同"一带一路"对接，深化同中国经贸、投资、基础设施建设等多个领域的合作。例如，东亚地区，蒙古国对外关系部长蒙赫奥尔吉勒表示，蒙古支持中方提出的"一带一路"倡议，希望在此框架下与中方深化合作；中东地区，伊朗外交部长扎里夫提到，伊朗专门成立了对华"一带一路"合作部际协调机制，希望同中方进行对接；欧洲地区，英国和法国都表示支持"一带一路"倡议，推动双边关系进一步发展；非洲地区，索马里总理海尔表示，索马里支持"一带一路"倡议，希望发挥自身地理位置优势，在共建"一带一路"过程中发挥独特作用；拉美地区，王毅会见厄瓜多尔外交部长埃斯皮诺萨时表示，中方希望将"一带一路"倡议同厄瓜多尔国家发展规划对接，深化基础设施、能矿、产能、灾后重建等领域合作。

此外，中国外交部和联合国经济和社会事务部还签署了《关于"一带一路"倡议的谅解备忘录》。备忘录涵盖务实合作、能力建设、经验分享、政策分析等领域，旨在推动双方加强合作，帮助"一带一路"沿线发展中国家提高发展能力，推动"一带一路"建设和落实《2030年可持续发展议程》。

自2013年中国提出"一带一路"倡议以来，共有74个国家和国际组织与中国签署了"一带一路"合作文件，"一带一路"倡议在国际社会上得到了广泛的支持和响应。此次，外交部长王毅借第72届联合国大会之际，再次将"一带一路"倡议推向国际舞台，力求在"一带一路"框架之下，加强国际合作，推动世界各国实现繁荣和发展。

（四）中尼、中新共商"一带一路"合作

尼泊尔副总理兼外交部长克里希纳·巴哈杜尔·马哈拉于9月6—11日对中国进行正式访问，访问期间先后同国务院总理李克强、国务委员杨洁篪、外交部长王毅举行会谈。会谈过程中，中尼都希望以共建"一带一路"为契机，加强互联互通，扩大贸易投资，推进中尼自贸协定联合可行性研究和跨境经济合作区建设，开展能源、基础设施等领域产能合作，加强灾后重建、旅游等领域合作。两国期待以共建"一带一路"为契机，推进互联互通等各领域合作，推动中尼关系取得新进展。

同时，两国认识到双方应在"一带一路"框架下不断深化各领域合作，尤其要重点办好以下四件事：一是规划一条铁路；二是修复两条公路，即阿尼哥公路和沙拉公路；三是建设三个口岸，即樟木、吉隆、普兰口岸；四是深化贸易投资、灾后重建、能源和旅游四大重点领域合作。同意争取年内完成中尼自贸协定联合可行性研究，同意按期保质完成已启动的17个灾后重建项目，并帮助尼方加强防灾减灾能力建设。中方强调两国应尽早正式签署能源合作谅解备忘录，加强在油气、水电及清洁能源等方面合作，帮助尼方实现能源来源多元化。

新加坡总理李显龙于9月19—21日来华正式访问，访问期间同国家主席习近平、国务院总理李克强、全国人大常委会委员长张德江、中央纪委书记王岐山分别会谈，并于21日前往厦门参访多个新加坡与福建省、厦门市具有代表性的合作项目。

国家主席习近平在会见李显龙时强调，双方要加强发展战略对接，发挥好中新双边合作联合委员会等机制作用。"一带一路"建设是当前两国合作重点，希望双方建设好中新（重庆）战略性互联互通示范项目，并

在地区层面带动其他国家共同参与国际陆海贸易新通道建设。李显龙表示，新加坡希望更加密切地同中国在基础设施、互联互通、人力资源等各领域合作，加强发展战略对接。新方支持共建"一带一路"和成立亚洲基础设施投资银行。

国务院总理李克强在会见李显龙时指出，中国愿将"一带一路"倡议同新方发展战略更好对接，进一步提升中新贸易投资合作。共同推进区域全面经济伙伴关系商谈和中新自贸协定升级谈判。拓展金融、科技、创新等领域合作。中国高铁技术先进、安全可靠、性价比高，希望新方支持中国企业参与新马高铁项目。中方希望并支持新加坡作为中国—东盟关系协调国和明年东盟轮值主席国，继续为中国—东盟关系和东亚合作发展发挥积极建设性作用。李显龙表示愿同中方开展"南向通道"建设，促进地区互联互通；加快新中自贸协定升级谈判，推进区域全面经济伙伴关系商谈；加强金融、投资、航空、信息技术领域合作。欢迎中国企业参与新马铁路项目。

9月，中国以与尼泊尔和新加坡领导人的会晤为契机，大力推介"一带一路"战略和相关项目，以此推动与"一带一路"沿线国家实现更密切的经贸合作，取得了良好的成效。

（五）中国—东盟博览会大力推介"一带一路"

第十四届中国—东盟博览会和中国—东盟商务与投资峰会于9月中旬在广西南宁举行，此次博览会和商务投资峰会为中国与东盟开展多领域、多层次的交流与合作提供了重要平台。

中国—东盟博览会（以下简称"东博会"）是由中国和东盟10国经贸主管部门和东盟秘书处共同主办，广西壮族自治区人民政府承办的国家级、国际性经贸交流盛会。2003年，时任国务院总理温家宝在第七次中国与东盟（10＋1）领导人会议上提出联合举办东博会的倡议并得到东盟10国的支持。自2004年起，每年在中国南宁举办一次博览会，同期举办中国—东盟商务与投资峰会。东博会除了打造主题鲜明的展区之外，还建立了领导人会见、开幕大会演讲、部长级磋商、政商对话等一系列高层交流机制与平台。经过连续14年的实践，中国—东盟博览会、中国—东盟商务与投资峰会已经成为中国与东盟国家增进政治互信的重要桥梁、开展经贸合作的重要平台以及加强人文交流的重要纽带。此外，东博会的举办是以中国—东盟自贸区为依托的——自贸区建设的成果为博览会持续发展提供了内在的市场动力，博览会也为企业分享自贸区建设成果，进一步开拓市场提供了难得的平台。

第十四届东博会共签约国际、国内经济合作项目164个，成果丰硕。今年的东博会取得了新的突破：其一是首次设立"一带一路"展区。张高丽副总理在出席开幕式时也特别提出，中国愿继续秉持亲诚惠容理念，与东盟共建21世纪海上丝绸之路。此次博览会还特别邀请了哈萨克斯坦等"一带一路"沿线国家出任特邀合作伙伴，举办相关国家的推介会，增进了"一带一路"国家的交流互通，从实质上服务"一带一路"建设。其二是美国驻华南商会、欧美工商会、英国驻广州总领馆等首次组团参会，这表明展会的国际影响明显增大，也意味着中国通过东博会开展的对外经济交流合作正在逐渐扩大。其三为首次设立智能制造装备展区，使在"互联网＋"领域的中国与东盟企业发生更多的交互与合作。展会举办期间，中国还与相关国家签署了中泰跨境贸易投资促进平台项目、中国—东盟（南宁）跨境电子商务产业园项目合作框架协议等。

（六）　中国参加系列国际经贸部长级会议

9月，中国在经贸领域参加了一系列国际部长级会议，并与其他国家达成了多项具有实质性意义的协议成果，切实地推动了国际经贸在地区及区域的合作与发展。

在地区经贸合作与发展方面，中国商务部部长钟山率团出席了在菲律宾首都马尼拉举行的东亚合作经贸部长系列会议和《区域全面经济伙伴关系协定》（RCEP）第五次部长级会议。

中国继续表示出对东盟的重视。在首先召开的第 16 次中国—东盟（10＋1）经贸部长会议上，钟山部长就为进一步深化中国与东盟双边经贸合作提出了六点建议，包括共同推进"一带一路"建设合作；着力推动中国—东盟互联互通合作；继续深化产能投资合作；加快落实发展合作；邀请东盟方积极参与中国国际进口博览会；推动中国—东盟自贸区升级《议定书》全面生效等。其中，具体针对互联互通合作，双方还在会议上讨论通过了《关于进一步深化中国—东盟基础设施互联互通合作的联合声明》，并准备提交 11 月份中国—东盟领导人会议发表。

中国多次强调打造多边自由开放经济秩序的重要性。在第 5 次东亚峰会（EAS）国家经贸部长会议上，钟山部长强调了先前中国为构建开放型世界经济作出的努力，包括举办了"一带一路"国际合作高峰论坛以及金砖厦门峰会，力图与更多国家及国际组织一道，促进贸易和投资自由化便利化，实现经济全球化再平衡，使之惠及各国人民。中国将继续坚定坚持多边贸易体制，支持区域贸易安排，在东亚峰会框架下，坚持东盟主导、协调一致、照顾各方舒适度等原则，坚持经济发展和政治安全"双轮驱动"并使合作不断取得进展。

更为重要的是，中国也在力求推进地区贸易新规则、新秩序的实现。在 RCEP 第 5 次部长级会议上，与会部长重申要以合作精神加紧工作以迅速结束 RCEP 谈判，着力打造一个现代、全面、高质量和互惠的经济伙伴关系协定，以确保 RCEP 的包容性并将谈判成果惠及所有利益相关方。

此外，该月中国还参加了在韩国首尔举行的亚欧会议第七届经济部长会议。亚欧经贸合作是亚欧会议"三大支柱"之一，此前亚欧经济部长会议已举办了六届，自 2005 年起因故停办。2014 年，李克强总理在第十届亚欧首脑会议上提出重启亚欧经济部长会议的倡议。2016 年，第十一届亚欧首脑会议正式决定重启亚欧经济部长会议。本次会议是重启后举行的首次会议。在会议上，商务部副部长王受文就加强亚欧经济互联互通作重点发言，并进一步强调了维护多边贸易体制的重要性。会议最终发表了《主席声明》《支持多边贸易体制的部长声明》和《关于第四次工业革命的首尔倡议》等成果文件。

　　总之，中国在参与上述区域经贸部长级会议的过程中传递出了积极参与全球化进程、力求打造互惠互利合作共赢的双边或多边经贸关系、打造区域经贸合作新机制和新秩序等重要信号，在区域经贸合作中发挥了建设性的引领作用。

◇◇ 十　中俄举行总理定期会晤机制系列对话会（十月报告）

　　该月，中俄总理第二十二次定期会晤系列机制对话会在北京举行。梅德韦杰夫作为中国共产党第十九次全国代表大会闭幕后首位访华的外国领导人，与中国国务院总理李克强会晤之后，共同发布了有利于进一步深化和拓展中俄全面战略协作伙伴关系的会晤联合公报，并促成了中俄在多个领域的"合作"清单。

　　中国在本月的另外两大经济外交事件：一是中韩续签货币互换协议。这是中韩自 2009 年首次达成货币互换协议以来的第三次续签，其互换总金额几乎占韩国全部互换安排的一半。除了经济意义，本次货币互换协议续签是中韩在萨德事件之后政治关系回暖的重要信号。二是中国人民银行行长周小川代表中方出席在华盛顿举行的世界银行和国际货币基金组织秋季年会，并且在不同场合发表了一系列兼具战略性与方向性的演讲。

（一）周小川行长在华盛顿参加系列金融外交活动

国际货币基金组织（IMF）与世界银行秋季年会于 10 月 10—15 日在美国华盛顿举行，中国人民银行行长周小川出席了此次年会系列会议，开展了一系列金融外交活动。

国际货币基金组织和世界银行历来每年举行一次年会，致力于讨论各自机构的工作情况。这两大国际金融机构的年会一般选在 9—10 月召开，会议的召开地点按惯例连续两年选在美国华盛顿，然后第三年选在另一个成员国家召开。年会主要参与机构包括国际货币与金融委员会、发展委员会、24 个成员国和各种其他群体成员。在各个会议结束后，国际货币与金融委员会，发展委员会，以及其他组织成员均要发布公报。历次年会都将包括一天的全体会议，其间各参会组织的成员可与其他成员进行交流和协商。在年会上，理事会将针对当前国际货币问题予以审批和进行相应的决议。年会的主席是轮换制，产生于国际货币基金组织和世界银行的理事中。会议每两年会选举执行董事。每年都会有新成员都进入这两大金融机构。

2017 年年会期间，周小川行长先后会见了欧洲稳定机制主席雷格林、法国经济和财政部长勒梅尔、美国财长姆努钦、丹麦央行行长拉尔斯·罗德、欧洲复兴开发银行行长查克拉巴蒂、泛美开发银行行长莫雷诺，分别就欧洲稳定机制和区域金融安全网、双边经济金融合作、金融科技发展和金融稳定等议题交换意见。此外，周小川行长还出席了由保尔森基金会、联合国环境规划署、国际金融协会以及证券业和金融市场协会联合举办的"绿色金融体系：探索未来之路"圆桌会、《稳定资本流动和公平债务重组原则》托管委员会年会，以及 G30 国际银行业研讨会。

值得一提的是，在 G30 国际银行业研讨会上，周小川行长就中国经济前景发表演讲并答记者问，主要内容包括：第一，关于中国经济总体形势。2017 年以来，中国经济增长动能有所回升，就业整体保持稳定，整体杠杆率开始出现下降，进出口表现良好。第二，关于去杠杆。中国目前整体杠杆率较高，看待这一问题，不仅要看国有企业等企业部门债务和银行信贷问题，还应重视地方政府债务问题，而后者与推动城镇化进程有关，应认真研究政府间财政关系，推进财政改革。第三，关于产能过剩和城镇化。中国城市化进程仍处于高速发展阶段，对钢铁和水泥有高需求，中国政府希望推动结构改革和优化，自愿削减产能，目前去产能已取得积累效果。第四，劳动密集型产业转移推动服务业在中国经济中占比加大，但服务业竞争力不够，医疗教育等行业仍较为薄弱。第五，关于金融稳定，中国未来将重点关注影子银行、资产管理行业、互联网金融、金融控股公司四个方面的问题。第六，相较于参与国际经济治理，中国目前仍重点关注解决国内问题，以跟上全球步伐，中国参与国际经济治理还有很长的路要走，而货币互换机制是金融危机的意外产物，中国认为进一步发展全球安全网比双边安排更为有效。

10 月 12—13 日，周小川行长出席了在美国华盛顿举行的二十国集团（G20）财长和央行行长会议，并就中国经济形势、加强与非洲合作倡议等发表观点。关于当前中国经济形势，周小川行长表示，多项指标显示近期中国经济增长稳中向好。上半年 GDP 增速达 6.9%，下半年有望继续保持。进出口快速增长，经常账户盈余将继续收窄，财政收入稳步增长，物价水平保持稳定。此外，去杠杆取得初步效果，经济增长的结构和质量不断改善，中国经济转型取得积极进展。中国将继续实行积极的财政政策和稳健的货币政策，并不断综合施策，补短板、去杠杆、警惕并防控影子银行、房地产市场泡沫等风险。关于加强与非洲合作倡议，周小川行长表示，中方支持鼓励私人部门参与对非投资。近年来中资企业和金融机构赴非投资步伐加快。实践中发现，非洲急需大量跨国基础设施，尤其是能源电力领域。非洲开发银行、西非开发银行和东南非贸易与开发银行等非洲的区域和次区域多边开发机构在协调、推动非洲跨国项目方面独具优势，潜力巨大，可发挥更大作用。

10 月 13—14 日，周小川行长出席第 36 届国际货币与金融委员会（IMFC）会议并发言，指出今年以来中国经济增长动能明显增强，多项经济指标好于预期。物价水平基本保持稳定，外汇市场运行平稳，跨境资本流动趋于平衡。经济增长的结构和质量继续改善。中方将进一步扩大金融业对外开放；积极利用金融科技发展成果并关注其可能带来的挑战。中方支持基金组织在多边宏观政策协调上积极发挥作用，呼吁各方展现合作精神推进份额改革，确保在既定时间表内完成第 15 次份额总检查。中方愿继续与各方推动国际货币体系改革，共同为完善全球经济治理、维护全球稳定作出努力。

2002—2017 年，周小川在担任中国人民银行行长的 15 年期间成绩斐然，现临近退休，10 月的一系列外交活动可能成为周小川行长的告别演出。从这一系列外交活动的发言中不难看出，周小川行长对于今年以来中国的经济表现是持积极态度的，但他也指出了中国经济存在的一系列问题，诸如杠杆率高、产能过剩、服务业比较优势欠缺等。同时，周小川行长表达了中国参与全球经济合作与治理的意愿，道出了未来中国经济发展的方向。

（二）中韩最终续签货币互换协议

中国和韩国在 10 月 10 日协议到期前终于达成一致，续签既有的规模为 3600 亿元人民币/64 万亿韩元的双边货币互换协议。这标志着此前因韩国部署"萨德"系统而降温的中韩关系有所回暖。

货币互换协议是使用不同货币的两个经济体以一定的汇率互换一定数量的货币，增加彼此的外汇储备以应对不测之需。这对一国金融安全有着极为重要的意义。先前，中韩两国于 2009 年 4 月 20 日首次签署货币互换协议，并分别于 2011 年 10 月 26 日和 2014 年 10 月 11 日两度续签协议。与中国签订的货币互换协议占韩国全部互换安排的 45%，是韩国最大的货币互换协议，有效助力了韩国提升其外汇安全性。如若该协议无法顺利续签，韩国国家金融安全可能遭受负面影响。并且，在中国之前，美国、日本与韩国的货币互换协议都已中止，这无不使韩国金融市场的紧张情绪加剧。

中国与韩国货币互换协议的续签之所以难产，很大程度上是韩国部署"萨德"冲击中韩关系造成的。"萨德"入韩后，中国不论是官方还是民间都表示出极大的愤慨，外交部发言人多次强烈敦促美韩立即停止并取消部署"萨德"系统；中国民间自发抵制为美韩部署"萨德"提供用地的乐天集团；中国赴韩旅客大幅缩减，重创韩国旅游业。这些表现意味着中韩关系在"萨德"入韩后愈发降温。

然而，由于"萨德"入韩已成既定事实，且中韩两国从地区大局出发仍有合作的必要，因此尽管过程坎坷，中国最终同意延长中韩货币互换协议。这表明，中韩开始逐步恢复两国关系。此次的货币互换协议续签具有加强双边经济合作的象征性意义，正是两国经济回暖、关系转圜的先声。

（三）中俄总理在北京举行定期会晤

俄罗斯联邦政府总理梅德韦杰夫于 10 月 31 日—11 月 2 日对中华人民共和国进行正式访问。访问期间，中华人民共和国主席习近平会见了梅德韦杰夫总理，李克强总理同他举行了中俄总理第二十二次定期会晤，全国人大常委会委员长张德江会见了梅德韦杰夫总理。

中俄总理定期会晤机制自 1996 年建立以来，两国总理每年举行一次会晤，至今已举行二十二次。该机制是统筹规划和指导推动两国务实合作和人文交流的重要平台，在新形势下，两国总理举行定期会晤对继续保持中俄全面战略协作伙伴关系高水平发展、扩大双方务实合作和深化人文交流发挥着重要作用。梅德韦杰夫是中共十九大闭幕后首位访华的外国领导人，本次总理会晤双方回顾了双边合作的重要成果，明确了扩大和深化各领域合作的具体举措，强调要进一步深化和拓展中俄全面战略协作伙伴关系。

在此次中俄总理定期会晤前夕，10 月 30 日，中共中央政治局常委、国务院副总理、中俄总理定期会晤委员会中方主席汪洋在重庆与俄罗斯副总理、委员会俄方主席罗戈津共同主持中俄总理定期会晤委员会第二十一次会议，为即将举行的中俄总理第二十二次定期会晤做准备。会议期间，双方系统梳理了委员会过去一年来的工作进展，就下一步的各领域合作深入交换意见，签署了《中俄总理定期会晤委员会第二十一次会议纪要》。10 月 31 日，中俄投资合作委员会在京举行了中俄企业咨询委员会第三次全体会议。来自两国 90 家企业和金融机构共 200 名代表，着重围绕矿业、基础设施、农林牧渔业、互联网、制造业 5 大重点投资领域进行了深入研讨，共同挖掘投资潜力、对接合作项目。

11 月 1 日，国务院总理李克强与俄罗斯总理梅德韦杰夫在人民大会堂共同主持中俄总理第二十二次定期会晤。李克强和梅德韦杰夫听取了张高丽、汪洋和国务院副总理、中俄人文合作委员会中方主席刘延东，以及有关机制俄方主席暨俄第一副总理舒瓦洛夫，副总理戈洛杰茨、德沃尔科维奇、特鲁特涅夫等的工作汇报。

李克强表示，在国际政治、经济、金融环境复杂多变，大宗商品价格低迷，各主要经济体下行压力加大的背景下，中方愿同俄方共同努力，发挥相互投资的引擎作用，把产能和装备制造合作作为新的增长点，落实好重点合作项目，促进双向投资便利化，提高投资活力，深化能源资源、财政金融、航空航天、农业、军技等领域合作，为中俄务实合作提质增量。开展石油勘探、开发、炼化上中下游一体化合作。对接中方创新驱动发展，大众创业、万众创新，"中国制造2025"和俄方"创新2020战略"，大力发展高科技和创新合作，早日启动中俄创新对话，探索建立创新合作新模式。

梅德韦杰夫表示，俄中关系与合作在高水平上发展。两国高层往来密切，经济关系不断加强。今年正值两国总理定期会晤机制建立20年，实践表明，这一机制务实高效，合作目标远大。俄方愿同中方加强贸易投资、矿产资源、石油、天然气、核能、航空航天、农业、金融、军技等重点领域务实合作，进一步密切人文、科技交流，扩大地方合作，实现互利共赢。

会晤后，李克强与梅德韦杰夫签署了《中俄总理第二十二次定期会晤联合公报》，并共同见证投资、能源、地方合作、人文、农业、海关、质检、航天、金融等领域等30多项双边合作文件的签署。

晚近以来，中俄经贸关系保持了持续健康发展的积极态势，两国经贸和投资规模稳中有升，能源等重点合作领域进展明显，经贸合作机制愈发成熟。预计未来两国还将保持更为紧密的务实合作，取得更多积极的进展。

◈ 十一 中美签署历史性经贸大单
（十一月报告）

十一月，中国经济外交多路并举，亮点纷呈。国家主席习近平在北京会见到访的美国总统特朗普，签署了高达 2535 亿美元的"经贸大单"，这作为本次会晤中经贸领域最重要的成果释放了大量的积极信号，中美经贸合作将有望向更大规模、更高水平、更宽领域迈进。本月习近平主席和李克强总理出访频繁，参加了一系列重要国际会议。习近平在亚太经合组织（APEC）第二十五次领导人非正式会议中提出的四点承诺为区域经济一体化的"共享未来"提供重要保障。国务院总理李克强在第 20 次中国—东盟（10 + 1）领导人会议、第 20 次东盟与中日韩（10 + 3）领导人会议、第 12 届东亚峰会和 RCEP 领导人会议均表达了中国推动区域经济合作的热切愿望。11 月 27 日，李克强参加了第六次中国—中东欧国家领导人会晤，其与会发言为"16 + 1 合作"注入了新动力。同时，中国代表团参加了在德国波恩举办的气候变化大会，积极推动此次会议达成一系列重要成果。

（一）中美开展历史性经贸合作

美国总统特朗普对中国进行的为期三天的国事访问是党的十九大胜利闭幕之后中国面对的第一场重大外交活动，也是特朗普东亚五国之行的最重头戏。在特朗普上台之后，中美元首已经进行了包括海湖庄园会晤和汉堡会晤在内的两次正式会晤和 9 次通话。不仅如此，汪洋、杨洁篪和王毅等不同层级的官员也先后多次与美方同侪通电话，从而为这次举世瞩目的国事访问进行了充分准备。

此次特朗普访华中美双方在经贸问题上收获颇丰。由习近平主席和特朗普总统亲自出席的中美企业家对话会将本次访问推到了最高热度，也达成了中美在经贸领域前所未有的重要成果：高达 2535 亿美元的"经贸大单"涉及能源、高科技、农业、金融等领域，最受瞩目的就是能源领域的大突破。

第一，中美能源合作进入快车道。自 1993 年中国成为石油净进口国以来，中美在能源领域的竞争日益激烈。但最近几年随着页岩革命导致美国成为世界能源生产大国，中美能源关系开始悄然变化。特别是特朗普上台以来，将能源作为复兴美国经济的重要抓手，加大对外出口能源的力度，中美能源合作急剧升温。这次特朗普访华期间，中美在能源合作上实现了创历史的大突破。

首先是中国国家能源投资集团有限责任公司与美国西弗吉尼亚州签署了《页岩气产业链开发示范项目战略合作框架协议》，该协议主要涉及对西弗吉尼亚州的页岩气、电力和化工生产项目投资，总金额达 837 亿美元，是此次中美"经贸大单"中的最大额签约项目。之后，国家能源投资集团有限责任公司又与美国卡特彼勒公司签署了为期 5 年的战略合作框架协议；东华能源股份有限公司与霍尼韦尔 UOP 签署合作备忘录，东华能源计划采用霍尼韦尔 UOP 的工艺技术打造正在规划实施中的 5 个丙烷脱氢项目，总供货金额预计将达到 2.2 亿美元。新项目全部投产后合计新增丙烯产能达到每年 300 万吨；中国兖矿集团有限公司与美国空气产品公司签署了《关于陕西未来榆林煤间接液化一期后续项目投资合作协议》，项目总投资 117 亿美元，并计划在陕西省榆林市建设一座煤制合成气生产设施。这将是中美在能源技术方面上的一次重要合作；中国石油化工集团与美国切尔尼能源公司签署了《关于 LNG 长约购销的 LNG 进口谅解备忘录》，涉及金额高达 110 亿美元的合约成为本次中美 LNG 长约的序幕项目。在后续中，中国石油化工集团、中国银行、中国投资有限责任公司和美国阿拉斯加州政府、阿拉斯加天然气开发公司（AGDC）共同签署了《阿拉斯加液化天然气联合开发协议》，项目金额达 430 亿美元，仅这一项目将在美国创造至多 12000 个工作岗位。中国燃气控股有限公司也与美国德尔福龚爱公司就 300 万吨的液化天然气的销售采购事项签署了合作备忘录。

除了油气领域，中美在核能领域也有进一步合作进展。中国核工业集团公司与美国西屋电气公司就相关领域的合作事宜交换了意见，有利于在推动双方核能领域的合作；中国大唐集团公司与美国通用电气公司签署了"一揽子"项目合作协议，主要合作领域包括：基于工业互联网技术的数字化平台建设、节能改造以及煤电改气电项目，实现燃煤机组减排，建设区域智慧能源，实现用多能互补分布式能源解决燃煤散烧问题，推进清洁能源高效利用，深化燃机建设等内容。

此次"2535 亿美元"经贸大单集中在能源合作已经早有预兆，特朗普自 2017 年 6 月便提出了"能源优势"战略构想，"内向型"的投资扩大美国国内化石能源开采设施、运输管道及出口终端建设的能源产业政策，与鼓励能源出口的国际能源贸易政策相互配合。以上非常具体的合作项目表明，中美能源合作正在走上快车道，能源合作成为中美经贸关系的新的增长点。而此次能源大单自然也成为特朗普东亚之行逐步实现"能源优势"战略的重要一步。

第二，科技合作新动向。中美在高科技领域的合作一直步履蹒跚，这很大程度源于美国对中国的技术防范，美国国内复杂的技术管制体系对中美在高科技领域的合作构成了严重障碍，使得这一最有发展潜力的领域一直严重滞后于中美经贸关系的发展步伐。

而这次，中国与美国在高科技领域尤其是交通运输设备制造业的合作收获颇丰。中国航空器材集团公司与美国波音公司签署《飞机采购协议》，其中包括 260 架 B737 系列、40 架 B787 系列和 B777 系列飞机，总价值超过 370 亿美元；中国华彬航空集团与美国贝尔直升机签署了采购100 架直升机及 505 机型独家销售、组装、维修、交付中心等相关协议；中国上海均瑶集团、中国工商银行分别与美国通用电气公司签署价值 11亿美元、14 亿美元的《航空发动机采购框架协议》；中国通用汽车（中国）公司与通用汽车（美国）公司签署汽车零部件合同，金额 22 亿美元；福特汽车（中国）有限公司与福特汽车（美国）有限公司签署了《汽车进口采购合作备忘录》，金额达 95 亿美元；中国徐州海伦哲专用车辆股份有限公司与美国特雷克斯公共事业设备公司协议双方在 5 年内合作生产 5000 台高空作业车，销售额约 50 亿元人民币；中国摩拜科技有限公司与美国陶氏集团签署了谅解备忘录，双方将建立长期的战略合作伙伴关系，合力研发先进材料，打造更加轻便、环保的摩拜单车；中国北京小米科技有限公司、广东欧珀移动通信有限公司（OPPO）和维沃移动通信有限公司（VIVO）分别与美国高通公司签署了非约束性关于芯片采购的谅解备忘录，总价值不低于 120 亿美元。

第三，农业互惠新进展。农业是中美经济合作的传统领域。美国是世界上最重要的农业生产大国，而中国是世界上最重要的农产品消费大国，双方互补优势明显。这次中美在农业贸易领域有新的进展。在大豆行业，主要包括两大项目。一是中粮集团有限公司与美国 ADM 公司签署《大豆购销协议》，双方将在未来进一步加强大豆贸易合作；二是中国食品土畜进出口商会在协议中承诺采购 800 万吨美国大豆，金额为 34 亿美元。另外，北京京东世纪贸易有限公司与美国蒙大拿州家畜饲养者协会及克罗斯福尔牧场签订了 12 亿美元的牛肉采购协议，与美国史密斯菲尔德签署了 3 年 10 亿美元的猪肉采购协议。未来中美农业合作可望上一个新的台阶。

第四，金融投资新举动。美国在金融业具有优势地位，因此一直希望打开中国的金融市场。这次中美会晤之后，中国承诺将按照自己扩大开放的时间表和路线图，将大幅度放宽金融业，包括银行业、证券基金业和保险业的市场准入，从而向美国抛出了一颗定心丸。其中，双方金融合作的一个重要亮点，就是中国投资有限责任公司与美国高盛集团签署了谅解备忘录，成立中美制造业合作基金。合作基金目标承诺投资额 50 亿美元，将投资于美国制造业、工业、消费、医疗等行业企业，通过开拓中国市场，进一步深化中美经贸投资合作。

必须注意的是，中美之间 3000 多亿美元的贸易逆差很难在短期内彻底解决，中美之间结构性的贸易不平衡也会在未来长期存在。这次"习特会"对中美关系特别是中美经贸关系的健康发展提供了一个巨大动力，双方释放的大量积极信号、营造的良好氛围，将促使中美经贸合作向更大规模、更高水平、更宽领域迈进。

（二）习近平主席出席亚太经合组织领导人峰会

11 月 10—14 日，中共中央总书记、国家主席习近平应邀赴越南岘港出席亚太经合组织（APEC）第二十五次领导人非正式会议，习近平密集开展近数十场活动，广泛接触多国各界人士，为亚太区域合作描绘了更光明前景、为地区内各国关系的发展注入更强劲动力。

11 月 11 日，亚太经合组织（APEC）第二十五次领导人非正式会议在越南岘港举行，会议主题是"打造全新动力，开创共享未来"。自第二届领导人非正式会议上正式提出"茂物目标"之后，如何推动亚太地区贸易和投资的自由化成为每次会议的讨论重点和成员国的努力方向。2010年"横滨宣言"指出亚太自贸区将在 10＋3、10＋6、TPP 等现有区域贸易安排基础上发展建立。在夏威夷召开的第十九次领导人非正式会提出将亚太自由贸易协定规范化来加强经济一体化。

岘港亚太经合组织会议在世界和亚太格局发生深刻调整背景下举行，中国作用备受瞩目。习近平在会上高举开放包容、互利共赢的旗帜，力推亚太经济一体化进程，倡导亚太伙伴关系精神，发挥了稳航舵、引方向、定基调的"主心骨"作用。习近平强调：首先，各国应该坚持开放型经济的发展方向，坚持建设开放型经济，促进贸易和投资自由化便利化，努力打造平等协商、广泛参与、普遍受益的区域合作框架；其次，各国应要加强互联互通，形成协调联动发展新格局，要增强发展包容性，让民众共享发展成果；最后，各国应秉持和而不同理念，兼顾自身和他方利益，加强政策协调对接，实现互利共赢，共同构建命运共同体。

在本次会议上，国家主席习近平针对本次会议的主题发表了《携手谱写亚太合作共赢新篇章》，作出了四点承诺：第一，坚持不懈推动创新，打造强劲发展动力；第二，坚定不移扩大开放，创造广阔发展空间；第三，积极践行包容性发展，让民众有更多获得感；第四，不断丰富伙伴关系内涵，实现互利共赢。其中，习近平重点强调深入推进贸易和投资自由化和便利化，坚持推动亚太自由贸易区建设。在 APEC 合作框架下开展亚太自贸区建设，能推动亚太的新一轮大发展，为区域经济一体化的"共享未来"作出重要贡献。

习近平主席还在会议期间举行了一系列双边会晤，达到了增进互信、凝聚共识、拓展合作的积极效果。习近平同俄罗斯总统普京举行年内第5次会晤，还分别会见了韩国、日本、菲律宾等国领导人。与会期间，习近平主席出席 APEC 领导人与东盟领导人对话会。此外，习近平主席还同智利总统巴切莱特共同见证签署中智自由贸易协定升级议定书。

11 月 12—13 日，习近平对越南进行了国事访问，分别会见了越南共产党中央总书记阮富仲和越南国家主席陈大光。双方同意落实好共建"一带一路"和"两廊一圈"合作文件，促进地区经济联系和互联互通，推动经贸、产能、投资、基础设施建设、货币金融等领域合作不断取得务实进展，稳步推进跨境经济合作区建设，加强农业、环境、科技、交通运输等领域合作。

11 月 13—14 日，习近平对老挝进行了国事访问，同老挝人民革命党中央委员会总书记、国家主席本扬举行会谈。双方同意加快中国"一带一路"倡议同老挝"变陆锁国为陆联国"战略对接，共建中老经济走廊，推进中老铁路等标志性项目，提升经贸合作规模和水平，促进两国经济优势互补，深化产能、金融、农业、能源、资源、水利、通信、基础设施建设、医疗、卫生等领域合作，推动双方务实合作更多惠及两国基层民众。双方同意深化文化、教育、科技、旅游等领域合作，办好老挝中国文化中心，加强青少年友好交往，扩大地方间合作。密切在联合国、亚欧会议、东亚合作、澜沧江—湄公河合作等多边框架内协调和配合。会谈后，习近平和本扬共同见证了中老经济走廊建设、基础设施建设、数字丝绸之路、科技、农业、电力、人力资源、金融、水利等领域合作文件的签署。

（三）李克强总理参加东亚合作系列会议

11 月 12—16 日，国务院总理李克强在成功出席于菲律宾马尼拉举行的第 20 次中国—东盟（10 + 1）领导人会议、第 20 次东盟与中日韩（10 + 3）领导人会议和第 12 届东亚峰会，并在会后对菲律宾进行正式访问。期间，李克强总理还于 11 月 14 日出席了"区域全面经济伙伴关系"（RCEP）领导人会议。这是党的十九大胜利闭幕后，中国政府首脑首次出访，也是新时代中国特色周边外交开局阶段的一次重要行动。此次李克强总理在菲律宾的行程，对于巩固和深化中菲睦邻友好合作、促进中国—东盟关系发展、推进东亚区域合作进程、推动构建亚洲命运共同体具有重要意义。

首先，李克强总理参加东亚合作领导人系列峰会，表现出中国对于参与东亚合作进程的高度重视与大力支持。在第 20 次"10 + 1"领导人会议上，中方就面向未来推动中国—东盟关系更上层楼提出五点建议，包括制订"中国—东盟战略伙伴关系 2030 年愿景"，构建以政治安全、经贸、人文交流三大支柱为主线、多领域合作为支撑的合作新框架等。在第 20 次"10 + 3"领导人会议上，中国主张以促进地区经济一体化的"一个宗旨"推动东亚经济共同体建设，坚持东盟中心地位和东盟方式这"两个原则"，推进以"10 + 3"合作为主渠道，以东盟与中、日、韩三组

"10 + 1"合作为基础，以中日韩、澜沧江—湄公河、东盟东部增长区等次区域合作为有益补充的"三个层面合作"。李克强总理对此提出六点建议，包括大力推进贸易自由化便利化并逐步迈向单一市场；扩大产能和投资合作并打造互利共赢的产业链；加强基础设施合作并构建互联互通网络；深化金融合作以维护地区金融稳定；加强可持续发展合作等。在第12届东亚峰会上，李克强总理对坚持经济发展和政治安全合作"双轮驱动"的下一步发展提出了6点建议，包括加快区域一体化建设、推动可持续发展、促进社会发展、共同应对非传统安全威胁、创新安全理念、完善地区安全架构等。显然，东亚地区的和平、稳定和繁荣是各方的共同期望和共同利益所在，而合作才是实现这一目标和利益的主要渠道。中国在东亚系列会议中的建议或倡议颇具可操作性，可见中国在推进东亚地区深入合作方面是颇具诚意的。

其次，李克强总理参加了RCEP领导人会议，表现出积极中国推动区域经济合作的热切愿望。此次会议是自2012年RCEP谈判机制启动以来，有关各国就此项议题举行的首次领导人会议。参会各方再次肯定了RCEP的巨大经济潜力和制度定位，既需要重新整合现有的地区自贸协定网络，同时还要保持一定的灵活性和创造性。尽管RCEP的未来谈判进程仍然复杂而极具挑战，但似乎各国仍对此充满了创建自由开放市场的信心和决心。由于中国经济体量巨大，且对更高质量的贸易规则制定也有较为迫切的需求，可以预料，中国在RCEP谈判进程中还将发挥着重要的推动作用。

最后，李克强总理在成功出席东亚合作领导人系列会议后对菲律宾进行正式访问，表明中方高度重视发展中菲关系。此次出访菲律宾，是中国总理时隔十年再次访菲，也是近来中菲关系实现全面转圜的最佳体现。中菲关系的向好发展具有实质性基础，例如，在李克强总理访菲期间，中菲两国签署了三个经济和基础设施合作的贷款协议，贷款协议包括2.3492

亿美元的新世纪水源—卡利瓦水坝项目和 7249 万美元的奇科河灌溉项目；还共同确定和研究"第二批由中国援助的重大基础设施合作项目"；此外，在产能、经济技术、金融等领域，中菲双方也签订了十余项双边合作文件。基于这样的务实合作，中菲两国更能够在关系已改善的基础之上进一步升温；并且，正如李克强总理所述，要巩固这种良好势头，把失去的时间找回来。

（四）中国参加联合国气候变化大会

第二十三次联合国气候变化大会于 11 月 6—18 日在波恩举行。受到气候变化严重影响的太平洋岛国斐济作为大会的主席国，共有来自 195 个缔约方的超过 2.5 万名代表参加了此次会议。此次气候变化在美国宣布退出《巴黎协定》，全球气候治理蒙上阴影，以及《巴黎协定》急需进一步细化落实的大背景下召开，对于 2020 年之后全球气候治理的宏观走向与具体操作具有重要的意义。

由国家发展和改革委员会发布的《中国应对气候变化的政策与行动 2017 年度报告》详细地阐述了中国在此次波恩气候大会上的基本立场和主张。中方认为，此次气候变化大会应重点完成三方面工作：一是进一步推进关于落实《巴黎协定》相关模式、程序和规则的后续谈判，争取形成一份包含减缓、适应、资金、技术、能力建设等各要素、体现"公平但有区别的责任"、公平和各自能力原则，均衡反映各方关切地后续谈判案文草案。二是为 2018 年举行的促进性对话做好准备。三是继续加强 2020 年前承诺和行动的有效落实，特别是推动《京都议定书》多哈修正案尽早生效实施。

11 月 13 日，"基础四国"第二十五次气候变化部长级会议在德国波恩《联合国气候变化框架公约》（以下简称《公约》）秘书处总部举行，巴西环境部长何塞·萨尼·菲略，中国气候变化事务特别代表解振华，南非环境部副部长芭芭拉·汤姆森，印度环境、森林和气候变化部秘书长兼副部长 C. K. 米什拉出席本次会议。会议再次就《巴黎协定》后续谈判、强化 2020 年前行动、敦促发达国家兑现扩大气候资金规模等方面交换了意见，并发表了"基础四国"气候变化部长级会议联合声明。

11 月 15 日，由中国国家发展和改革委员会、联合国南南合作办公室共同举办的应对气候变化南南合作高级别论坛在波恩举行，中国气候变化事务特别代表、中国代表团团长解振华出席论坛开幕式并发表主旨演讲。本次大会主席、斐济总理弗兰克·姆拜尼马拉马出席并做特邀致词，来自孟加拉国、巴西等国的主管部长或高级官员，以及有关国际组织、民间团体、金融机构和企业的代表参加了论坛。开幕式后，解振华与联合国秘书长古特雷斯举行了会谈，就气候变化相关问题交换了意见。

11 月 16 日，中国气候变化事务特别代表、中国代表团团长解振华出席联合国气候变化波恩会议高级别会议，代表中国作国别发言。解振华表示，中方愿与各方携手确保波恩会议取得成功，加速推进相关工作。中国正在探索出一条应对气候变化、保护环境与实现经济增长多赢的发展路径。中国在实现国内经济转型升级的同时，一定百分之百兑现自己的承诺，充分展现对构建人类命运共同体的中国担当。中方愿始终做全球气候治理和可持续发展的参与者、贡献者，以及多边进程的维护者，为全球气候治理进程注入更多"中国智慧""中国方案"，也希望世界各国能够共同努力，为保护我们共同的地球家园发挥积极作用。

此外，从 11 月 7—16 日，由国家发展和改革委员会应对气候变化司牵头，先后在波恩举行了数十场"中国角"系列边会活动，邀请联合国环境规划署、开发计划署、能源署、世界自然基金会、欧盟气候行动总司、美国加利福尼亚州州长布朗、欧洲气候行动委员卡涅特、世界银行副行长塔克等机构和个人对提升能效、低碳技术、企业行动、气候传播、青年责任、碳市场、南南合作等多个议题进行了探讨与交流。

11 月 18 日清晨，经过为期两周的密集磋商，《联合国气候变化框架公约》第 23 次缔约方会议（COP23）、《京都议定书》第 13 次缔约方会议（CMP13）及《巴黎协定》第 1 次缔约方会议第二阶段会议（CMA1 - 2）在波恩闭幕。在中国和与会各国的一同推动下，此次气候变化大会取得了积极的成果。中国代表团团长解振华认为这次大会中发展中国家展现了空前团结，发达国家也表现出很大灵活性和建设性。虽有不尽如人意之处，但成果反映了各方关切，为《巴黎协定》实施细则谈判如期完成、持续加强应对气候变化的行动和支持力度奠定了良好基础。

（五）李克强总理访欧推动中国—中东欧经贸合作

11 月 27 日，国务院总理李克强参加了在匈牙利首都布达佩斯举行的第六次中国—中东欧国家领导人会晤。会晤以"深化经贸金融合作，促进合作互利共赢发展"为主题，发布了《中国—中东欧国家合作布达佩斯纲要》。2017 年作为"16 + 1"合作机制创立五周年，纲要中系统总结了"16 + 1 合作"框架过去五年所取得的成就，并规划未来一段时期的发展蓝图。

合作规划与协调方面，各方同意适时启动 2021—2025 年合作规划研究。肯定各国牵头在"16 + 1 合作"框架下建立中国—中东欧国家各领域合作联合会的努力。

贸易和投资方面，各方相信外国投资是国内外经济增长和创造就业的重要推动力，同意致力于进一步为利益攸关方推动投资自由化便利化。

互联互通方面，各方重申支持中欧互联互通平台，愿寻求对接"一带一路"倡议。各方愿探讨"一带一路"建设同泛欧交通网络、西巴尔干交通网络和相关周边合作倡议相对接。

产能、科技合作方面，为加强各国供应链发展，中国和中东欧国家愿基于各自比较优势探索在重要领域挖掘合作潜力，确定投资方向，共享有益做法，研究技术转移倡议，支持 G20 杭州峰会达成的共识。

金融合作方面，各方赞赏中国—中东欧国家投资合作基金（二期）正式成立，欢迎中东欧国家积极参与中国—中东欧国家金融控股公司，共同为中国—中东欧国家合作筹集资金。

地方合作方面，各方确定 2018 年为"地方合作年"。各方继续支持中国和中东欧国家首都和各地方间建立友城关系，支持中国和中东欧国家地方团组互访，促进地方间的直接交流与合作。

中东欧"16 + 1"合作机制使中国与中东欧国家的合作驶上"快车道"，在中东欧国家在基础设施、互联互通和产业升级等方面的巨大需求，同中国在全球相关领域的优势产能相契合，双方展现出广阔的合作空间。在"16 + 1"合作机制的护航和助推下，建设匈塞铁路、"中欧陆海快线"和"三海港区合作"等多个重大倡议先后提出。但是考虑到东欧16 国国情各不相同，因此需要在统筹规划的前提下，针对各国的禀赋和特殊环境进行有针对性的合作，实现真正的互利互助，共享共赢。

◇◇ 十二　中国参加 WTO 部长级会议（十二月报告）

12 月是 2017 年度中国经济外交的收官之月，该月中国经济外交仍频现亮点。国务院总理李克强出席上合组织首脑理事会与商务部部长钟山率团参加世界贸易组织部长级会议成为该月中国经济外交的核心事件。李克强在上合组织首脑理事会上发表讲话，力求推动上合组织下框架下的经济合作，并且为上合组织的发展和地区打造命运共同体提出了若干建设性意见。虽然此次世界贸易组织部长级会议进展乏力，但中国代表团团长钟山在大会上明确指出了中国支持多边贸易体制、建设开放型世界经济、构建人类命运共同体的坚定立场，在世界经济保护主义抬头的背景下发出了强有力的中国声音。

此外，该月中柬两国外长共同主持了澜沧江—湄公河合作第三次外长会，会议就成立澜湄合作协调机构、互联互通、产能合作、跨境经济、水资源、农业和减贫等领域进行了探讨，开展了一系列卓有成效的合作。再者，中国还分别与加拿大、马尔代夫和韩国开展了双边经济外交，取得了一系列成果，需要特别指出的是中加自由贸易协定的谈判并未启动，但中韩关系在此次会晤后则明显回暖。该月，第五次中法高级别经济财金对话和第九次中英经济财金对话先后召开，"一带一路"下的金融合作与"沪伦通"等亮点频现。最后，美国总统特朗普公布了任内首份美国国家安全战略报告，该报告明确地将中国视为其竞争对手，由此预计中美在经贸领域的摩擦和竞争也将由此进一步激化。

（一）李克强总理出席上合组织首脑理事会

12月1日，国务院总理李克强在俄罗斯索契出席上海合作组织成员国政府首脑（总理）理事会第十六次会议。李克强表示，上合组织成立16年来，成员国坚定遵循互信、互利、平等、协商、尊重多样文明、谋求共同发展的"上海精神"，全面推进安全、经济、人文等领域合作，树立了相互尊重、公平正义、合作共赢的新型国际关系典范。他强调，2017年6月阿斯塔纳峰会上，习近平主席同各方就巩固团结互信、加强安全合作、对接发展战略、深化人文交流等达成重要共识。峰会后，中方接任轮值主席国，在各方积极支持下，推动各领域合作稳步发展。

同时，李克强就各成员国一道努力，夯实团结互信，深化务实合作，同心协力打造地区国家命运共同体提出以下建议：第一，塑造安全稳定的地区环境。第二，加快发展战略对接合作。第三，提升贸易自由化便利化水平。第四，构建快捷便利的联通格局。第五，推进产能与创新合作深入发展。第六，系牢人文交流合作纽带。会后，与会各国首脑共同发表《联合公报》，指出上海组织合作各成员国应秉持"上海精神"，加强发展战略对接，推进互联互通和区域贸易一体化建设，深化能源、农业、金融、投资、科技创新、数字经济、地方等领域合作，支持各国企业参与区域经济合作。

2017 年以来，上海合作组织召开了一系列会议，开展了卓有成效的合作，中国也先后参加了上合组织框架下的涉及不同层级的多个合作机制，与各成员国开展了诸多合作。具体而言，中国先后参加了于 6 月 9 日在阿斯塔纳举行的成员国元首理事会；于 4 月 26 日至 27 日在阿拉木图、11 月 1 日至 2 日在莫斯科举行的成员国海关合作专门工作组第三十一次、第三十二次会议；于 10 月 31 日在索契举行的成员国卫生防疫部门领导人第五次会议；于 9 月 20 日在纽约举行的成员国外长理事会非例行会议；于 9 月 17 日在北京举行的地区反恐怖机构理事会第三十一次会议；于 10 月 11 日在莫斯科举行的"上合组织—阿富汗联络组"副外长级会议；于 8 月 24—25 日在乔蓬阿塔举行的成员国紧急救灾部门领导人第九次会议；于 10 月 20 日在塔什干举行的成员国司法部长会议；于 10 月 25—27 日在塔什干举行的成员国最高法院院长会议；于 11 月 28—30 日在圣彼得堡举行的成员国总检察长第十五次会议。

当前，在中国等国的推动下，上海合作组织框架下的合作已从安全领域外溢至能源、金融、援助、基础设施、卫生、科技等多个领域，形成了涉及不同层级的定期会晤平台，显然上海合作组织愈发成为地区和全球治理的重要合作机制，日益发挥重要的作用。

（二）中国参加 WTO 第十一届部长级会议

12 月 10—13 日，世界贸易组织（WTO）在布宜诺斯艾利斯举行了第十一届部长级会议，中国商务部部长钟山作为中国代表团团长率团参加，农业部副部长屈冬玉、商务部副部长王受文等随团参会。作为推动全球贸易自由化的主要多边机制平台，WTO 此次的部长级会议却并没有针对全球贸易形成实质性的共识，再次凸显出了 WTO 作为多边贸易体制的尴尬。不过，会议仍在渔业补贴、电子商务工作计划、小经济体工作计划等方面取得了一定的成果。值得注意的是，此次 WTO 部长会议上，中国的表现格外令人瞩目。中国代表团团长钟山在大会上明确指出了中国支持多边贸易体制、建设开放型世界经济、构建人类命运共同体的坚定立场，并表示世贸组织规则是经济全球化的重要制度保障，符合各国的共同利益，中国愿同世贸组织成员一道推动经济全球化向更加开放、包容、普惠、平衡、共赢的方向发展。这极大鼓舞了各方信心，为会议奠定了良好基调。

此次中国在农业议题、渔业补贴议题、服务贸易国内规制议题、电子商务议题以及投资便利化和中小微企业等新议题方面，都建设性地积极参与谈判磋商，为推动各成员增进共识、减少分歧作出了巨大努力。比如，在渔业补贴方面，中国积极研究提出提案，努力协调各方共同制订工作计划，达成了部长决定。在电子商务议题方面，中国参加了"电子商务发展之友"第二次部长级会议，强调要用好世贸组织现有技术援助和能力建设安排并加强与相关组织的合作；中国在谈判期间发挥的桥梁作用最终促成各方达成了多边关于电子商务工作计划的部长决定。在投资便利化议题方面，中国在会议期间成功主办了投资便利化部长早餐会，倡导加强"一带一路"国际合作，呼吁各国共同努力推动全球投资更加便利，最终达成了 70 个成员联署的《关于投资便利化的部长联合声明》，为推动这一新议题最终纳入世贸组织工作范围奠定了良好基础。在中小微企业议题方面，中国与80多个成员联署了《关于中小微企业的部长联合声明》，努力推动世贸组织全体成员就中小微企业议题在未来取得多边成果。在参与多个议题的讨论过程中，中国多次提及2018年11月将在上海举办的首届中国国际进口博览会并欢迎各方积极参加，通过多边贸易机制平台释放中国向世界开放市场的信号，这是中国推动经济全球化、贸易自由化的具体行动体现。

会前，中国还参加了第六届世贸组织"中国项目"最不发达国家加入圆桌会，商务部部长钟山还与世贸组织总干事阿泽维多共同签署了世贸组织第七期"中国项目"谅解备忘录和世贸组织贸易便利化协定基金合作捐款备忘录，这彰显出中国对最不发达国家的关注和为加强多边贸易体制作出的贡献。

此次会议最突出的亮点，在于12月14日WTO发布的《电子商务联合声明》。这份声明重申全球电子商务的重要性及其为包容性贸易和发展所创造的机会，支持和提升电子商务为全球企业和消费者带来益处，重视电子商务为发展中国家，尤其是那些最不发达国家以及中小微企业带来的机会。WTO各成员国部长罕见地就此达成一致，就连在此次会议其他议题上均持反对态度的美国，也签署支持了该声明。这表明，对于电子商务在全球化深入与普惠进程中的作用与重要性，各国已有基本的共识。从声明强调电子商务帮助全球小微企业发展的角度看，这也是eWTP（Electronic World Trade Platform，电子世界贸易平台）在全球加速落地的最新进展。eWTP这一概念最早是由马云在2016年3月召开的博鳌亚洲论坛上提出的。由此也可以看出，中国作为多边贸易体制的坚定维护者，不仅在经济体量上助力全球贸易治理，如今还在思想和智慧上为全球多边贸易体系贡献力量，并得到了国际社会的承认。中国在全球贸易治理中所发挥的作用和所处的地位还将进一步提升。

（三）美国发布国家安全战略报告

12 月 18 日，美国总统特朗普公布了任内首份美国国家安全战略报告，勾勒出美国在战略竞争的"新时代"，如何维护美国的安全和繁荣、恢复美国的世界优势的大致图景。

报告依然以"美国优先"为主基调，指出美国面临的政治、经济和军事挑战主要来自：一是中国和俄罗斯一类的"修正主义大国"，认为中俄试图塑造一个与美国利益和价值观相悖的世界；二是伊朗和朝鲜等"地区独裁者"，追求大规模杀伤性武器威胁美国及盟国利益；三是 ISIS 和"基地"组织等恐怖主义组织和跨国贩毒暴力犯罪集团，通过暴恐事件、毒品和暴力威胁平民及美国和盟国利益。

报告明确了美国的战略利益，将保护国土安全、促进美国繁荣、以实力维持和平和提升美国影响力列为美国"四大战略支柱"，并提出应对对策。

第一，保护国土安全。报告指出特朗普总统致力于保护美国人民、美国本土和美国人的生活方式，面对朝鲜核威胁、恐怖主义威胁、跨国犯罪集团威胁，美国需采取措施保护边境和领土安全，主要通过防范大规模杀伤性武器、防范流行性疾病、加强边境管理、改革移民政策等；需直接打击威胁的源头，对恐怖主义组织和跨国犯罪集团迎头痛击；需保护美国网络安全；等等。

第二，促进美国繁荣。有关经济领域的阐释是报告的亮点之一，报告将经济安全上升到国家安全的高度，充分体现出特朗普政府振兴美国经济、维护美国实力和地位的决心。"促进美国繁荣"作为美国战略利益第二大支柱，主要内容包括振兴美国国内经济，维护自由、公平和互惠的经贸关系，引领科技创新，保护美国国家安全创新基地、实现能源独立。

第三，以实力维持和平。美国要维持战略竞争优势，应对各种挑战和威胁。报告指出美国要重建强大的军事力量，将使用包括外交、信息、军事和经济在内的所有权力工具来维护美国利益；将提升美国包括太空和网络在内的其他领域的能力；期望盟友和伙伴国承担更多责任来应付共同的威胁；将确保印太、欧洲和中东地三大世界关键地区实力的平衡继续有利于美国。

第四，提升美国影响力。报告指出美国将提升美国在海外的影响力，寻求志同道合的伙伴国、继续在多边机制中发挥影响力、倡导美国的价值观，为世界各国的和平、繁荣和发展创造条件。报告反映出美国仍要在全球治理体系中占据领导地位，通过改革现有机制最大限度维护美国利益。

对于中美经贸关系来说，特朗普政府发布的首份国家安全战略报告并未传递出积极信号，一是美国将中国看作"修正主义大国"和战略竞争对手，未来可能在贸易、投资等经济领域继续加大对中国的"围堵"；二是美国将经济安全上升到国家安全高度，为维护美国国内经济繁荣，特朗普政府对外贸易政策仍将以减少贸易赤字、维护公平互惠的经贸关系为主要目的，中国作为美国最大的贸易逆差来源国，美国可能会向中国施加更多贸易救济措施，中美贸易摩擦增大的压力持续存在；三是美国并未放弃在全球经济治理体系中的领导地位，且试图通过改革现有的全球经济治理机制维护美国利益，美国曾多次挑战 WTO 等国际经济组织的权威，指责 WTO 成为"以诉讼为中心"的组织，这将有损第二次世界大战以来建立的以 WTO 为核心的多边贸易体系。

（四）中柬主持澜湄合作第三次外长会议

2017 年 12 月 15 日，澜沧江—湄公河合作第三次外长会在云南大理举行，共同主席国中国和柬埔寨两国外长共同主持会议，其他成员国外长与会。会议重点就澜湄合作首次领导人会议和第二次外长会成果落实进展、澜湄合作未来发展方向、第二次领导人会议筹备工作等进行磋商。中国外交部长王毅在会上强调，我们不做高大上的"清谈馆"，要做接地气的"推土机"；要通过澜湄合作平台，合力建设澜湄流域经济发展带，携手迈向澜湄合作国家命运共同体。在澜湄合作机制的框架下，45 个早期收获项目和第二次外长会上中方提出的 13 个倡议，全部按计划推进，其中多数已完成或取得实质进展；此后，又陆续形成和实施了百余个各领域新的合作项目。中方设立的澜湄合作专项基金经过主管部门和专家认真评审，已决定为 132 个合作项目提供支持。中方设立的人民币优惠贷款已落实近三分之二，产能合作专项贷款超额完成，优惠出口买方信贷也在有效实施。

在本次会议上，外长们祝贺六国均成立了澜湄合作国家秘书处/协调机构；互联互通、产能、跨境经济、水资源、农业和减贫六个优先领域联合工作组全部成立并投入运行，水资源合作中心、澜湄环境合作中心、全球湄公河研究中心成立；澜湄合作专项基金首批项目顺利完成申报和审批程序。外长们同意建立六国国家秘书处/协调机构间横向联系，加强六国国家秘书处/协调机构同各优先领域联合工作组间的合作，推动澜湄合作不断向前发展。此外，外长们就《澜湄合作五年行动计划（2018—2022）》原则达成一致，将提交第二次领导人会议审议通过；审议了"第二批合作项目清单"、六个优先领域联合工作组报告，宣布了"澜湄合作专项基金首批支持项目清单"，并建立了"澜湄合作热线信息平台"。外长们表示愿共同努力，确保 2018 年 1 月在柬埔寨举行的澜湄合作第二次领导人会议圆满成功并取得积极成果。

会议召开期间，王毅还分别与澜湄合作机制各成员国外长们举行双边会晤，传递中方积极参与区域治理，大力推介"一带一路"，以"一带一路"倡议与各方经济发展战略相对接的积极信号。在与柬埔寨、泰国、越南、老挝和缅甸领导人的会谈中，王毅特别多次强调了要加强"一带一路"倡议同上述国家的发展战略进行对接、落实一批基础设施建设项目、同时加强中老经济走廊的建设。"一带一路"正在为澜湄合作提供强有力的外在助力，为湄公河沿线国家提供新的合作和发展契机。

由中国首倡的澜湄合作机制作为东亚地区的一个新型次区域合作机制，目前在中南半岛发挥着重要作用。近一年来，澜湄合作机制建设不断完善，项目成果频繁落地，各方就澜湄流域经济合作与地区繁荣逐渐形成了互联互通的命运共同体。2017 年 3 月 10 日，澜湄合作中国秘书处在北京正式成立；6 月 13 日，澜沧江—湄公河国家互联互通联合工作组会议在云南昆明举行；7 月 26 日，澜湄合作跨境经济合作联合工作组首次会议在云南昆明举行。

（五）加马韩三国领导人来华进行国事访问

加拿大总理特鲁多、马尔代夫总统亚明、韩国总统文在寅在 12 月先后访华。在此轮双边经济外交中，虽然中国和加拿大在自贸区谈判上遭遇挫折，但两国在应对气候变化上仍保持了密切合作。相比之下，中马、中韩双边经济外交则取得了突破性进展：一方面，马尔代夫与中国完成了自由贸易区谈判，并且成为中国推动"一带一路"的坚定支持者；另一方面，"萨德入韩"为中韩经贸合作带来的阴霾得以扫除，两国经贸合作重新回到了正常的轨道并全面复苏。

12 月 3—7 日，特鲁多总理对中国进行正式访问，中加两国在应对气候变化与开启自由贸易区谈判等议题进行了深入探讨。两国在应对气候变化上取得了重要共识。4 日，国务院总理李克强在北京同特鲁多举行第二次中加总理年度对话，双方发表《中加气候变化和清洁增长联合声明》，建立了中加环境、清洁能源两个部长级对话新机制。此外，两国还就多个经贸问题进行了沟通。5 日，国家主席习近平在北京会见加拿大总理特鲁多。双方就能源资源、科技创新、航空交通、金融服务、现代农业、清洁技术等领域加强合作交换意见。然而，由于两国在自由贸易协定上存在明显的分歧，特别是中国与加拿大在后者所看重的性别平等、劳工权利和环保等体现"加拿大价值观"的议题上意见相左，所以两国仍未启动自由贸易协定谈判。虽然如此，但中加双方就双边自贸协定进行了友好和深入的磋商，均表现出商签自贸协定的意愿，中加自由贸易协定仍可进一步酝酿。

12 月 6—9 日，马尔代夫共和国总统阿卜杜拉·亚明·阿卜杜尔·加尧姆对中国进行国事访问，中马两国在自由贸易协定和"一带一路"合作上取得了重要成果。7 日，国家主席习近平在北京同亚明举行会谈。双方就两国共同建设"一带一路"、共同促进经贸往来、共同应对气候变化等事项进行探讨。会谈后，两国元首共同见证了《中华人民共和国政府和马尔代夫共和国政府关于共同推进"一带一路"建设的谅解备忘录》《中华人民共和国政府和马尔代夫共和国政府自由贸易协定》以及经济技术、金融等领域双边合作文件的签署。中马自贸协定是我国商签的第 16 个自贸协定，也是马尔代夫对外签署的首个双边自贸协定。《协定》涵盖货物贸易、服务贸易、投资、经济技术合作等内容，实现了全面、高水平和互利共赢的谈判目标。这一系列成果的达成表明马尔代夫现已成为了中国开展贸易外交、推行"一带一路"的重要合作伙伴与坚定的支持者。

12 月 13—16 日，韩国总统文在寅对中国进行了国事访问，此次访问有力推动两国经济合作全面转暖。13 日，国务院副总理张高丽在北京钓鱼台国宾馆同来华进行国事访问的韩国总统文在寅共同出席中韩商务论坛。14 日，国家主席习近平同文在寅举行会谈，共同探讨了"一带一路"建设同国家发展战略对接等事项，积极探讨互利共赢的合作模式。会谈后，两国签署了一系列涉及经贸、绿色生态产业、环境、卫生、农业、能源、冬奥会等领域双边合作文件。15 日，国务院总理李克强会见文在寅。双方就两国间贸易问题进行讨论，希望适时启动中韩自贸协定第二阶段谈判，扩大扩大创新产业、金融投资、农业、第三方市场、环保、旅游等领域的务实合作，拓展人工智能、5G、大数据等新兴领域合作，加强各自发展战略对接，抓住机遇，巩固两国关系转圜改善势头。在此次双边外交中，中韩一扫"萨德"问题为两国经贸合作带来的阴霾，两国经贸合作全面转暖，在诸多领域取得了重要的合作成果，未来中韩经济外交还可能进一步升温。

（六）马凯副总理主持中法、中英经济财金对话

本月，国务院副总理马凯在北京分别与法国经济和财政部长勒梅尔和英国财政大臣哈蒙德共同主持了第五次中法高级别经济财金对话和第九次中英经济财金对话。

12 月 1 日，马凯与勒梅尔在北京共同主持第五次中法高级别经济财金对话。本次中法高级别经济财金对话中，"一带一路"框架下的金融合作与战略对接成为重点。此次对话是在习近平主席和马克龙总统汉堡会晤和党的十九大后经济财金领域两国首次政府间高层对话。双方认为两国还需进一步加强宏观经济政策协调，规划好"一带一路"框架下对接和互利合作，共同反对贸易保护主义，推动完善全球经济治理。本次对话达成 71 项互利共赢成果。双方同意加快"中国制造 2025"与法国"未来工业"计划对接，重点加强投资、汽车、航空航天、核能、先进制造业、绿色金融、"一带一路"建设、第三方市场等领域务实合作。中法高级别经济财金对话机制是在 2013 年 4 月法国时任总统奥朗德访华时，两国元首宣布建立的副总理级对话机制。该机制旨在就中法两国在经济和财金领域的战略性、全局性和长期性重大问题进行对话，推动中法经济合作和中法

新型全面战略伙伴关系发展。对话原则上每年举行一次，在两国首都轮流举行。

12月15—16日，马凯与哈蒙德在北京共同主持第九次中英经济财金对话。本轮中英经济财金对话中，"沪伦通"和英国成立负责"一带一路"事务的专门机构成为亮点。在本次对话上，双方就宏观经济形势、贸易投资、产业战略、金融改革与发展、"一带一路"合作等进行了深入讨论，与此同时，双方就深化经济财金合作、为中英关系"黄金时代"注入新动力达成一系列新共识，共达成72项互利共赢成果，覆盖多个领域。其中最引人注目的两项成就是"沪伦通"工作的推进和英国将成立"一带一路"对接机构。"沪伦通"工作指伦敦证券交易所和上海证券交易所进行直接交易，"沪伦通"的实现有助于输出到伦敦离岸市场的人民币回流至上海。同时，哈蒙德还宣布，英国政府将在财政部内特别设立"一带一路"部门，以保证英国能够积极参与并利用"一带一路"投资机遇，为英国企业和经济发展助力。当前，中英进入了发展的"黄金时期"，而金融合作与"一带一路"框架下合作已成为推动两国经贸关系的"先行军"。中英经济财金对话是2008年由两国领导人宣布建立的高级别对话机制，旨在就中英两国在经济和财金领域的战略性、全局性和长期性重大问题进行对话，推动中英经济合作和两国面向21世纪全球全面战略伙伴关系不断迈上新台阶。

第三部分

中国经济外交重要事件

◇◇ 一　中国双边经济外交

（一）亚太

[1月4日　柬埔寨　贸易]　商务部副部长高燕在北京会见柬埔寨商业大臣潘索萨，双方就推动双边经贸合作及进一步加强双方在 WTO 框架下的合作等议题交换意见。

[1月12日　缅甸　贸易、科技]　商务部副部长高燕与缅甸计划财政部副部长吴貌貌温在北京共同主持召开中缅经济、贸易和技术联委会第四次会议，就落实两国领导人共识、加强在对接两国发展战略、边境贸易、基础设施建设、能源、跨境经济合作区、金融、农牧业、替代种植、对缅援助、区域经济一体化等各领域务实合作深入交换意见，达成广泛共识。高燕表示，中方愿与缅方一道加强两国经济社会发展战略对接，在平等互利基础上继续开展多种形式的经贸合作，使两国人民切实受益。吴貌貌温表示缅方愿积极研究与中方开展发展战略对接，共同维护两国边贸健康有序发展，推进落实中方对缅援助。

[1月13日　越南　科技]　全国政协副主席、科技部部长万钢日前率全国政协代表团访问越南，并与越南科技部部长朱玉英举行了工作会谈。双方就进一步推动双边科技合作、落实 2017 年联合研究项目、推动技术转让、在重点领域开展联合实验室合作等进行了深入讨论。

[1月17日　泰国　科技]　中泰科技部合作联委会第三次会议在中国青岛召开，中国科技部副部长阴和俊与泰国科技部常务秘书索莱尼特·斯尔萨姆分别率团与会。会上听取了中泰铁路系统联合研究中心、青年科学家交流、技术转移合作、空间技术应用合作及科技创新政策合作 5 个联

合工作组关于合作进展情况的汇报，并商讨确定了 2017 年度工作计划。

［1 月 19 日　日本　反倾销］　　商务部发布 2017 年第 3 号公告，初步裁定原产于日本的进口偏二氯乙烯—氯乙烯共聚树脂存在倾销，中国国内产业受到实质损害，且倾销与实质损害之间存在因果关系，并决定对原产于日本的进口偏二氯乙烯—氯乙烯共聚树脂实施保证金形式的临时反倾销措施。根据裁定，自 2017 年 1 月 20 日起，进口经营者在进口原产于日本的偏二氯乙烯—氯乙烯共聚树脂时，应依据裁定所确定的各公司倾销幅度（均为 47.1%）向中华人民共和国海关提供相应的保证金。

［1 月 23 日　菲律宾　自贸区、投资］　　国务院副总理汪洋在北京会见菲律宾财政部长多明格斯率领的菲政府代表团一行。汪洋表示，中菲双方经贸合作空间广阔，潜力巨大。双方应发挥两国政府经贸联委会作用，抓紧制订双边经贸合作规划，扎实推进双方优先合作项目，稳步推动中菲友好合作关系持续健康发展。

同日，商务部部长高虎城率中方代表团与菲律宾政府代表团在北京举行会谈，重点就落实中菲两国领导人在经贸合作领域达成的重要共识，推动双方在改善民生、基础设施建设、优先合作项目和投融资等领域合作深入交换意见。双方一致同意，尽快重启中菲经贸联委会，商签《中菲经济合作发展规划》（2017—2022），确定双方优先合作项目、启动早期收获项目建设。高虎城指出，菲律宾已接任 2017 年东盟轮值主席国，中方愿与菲方密切配合，深化中国—东盟自贸区建设，共同为推动 RCEP 谈判尽快结束发挥建设性作用。多明格斯表示，菲律宾积极支持"一带一路"建设倡议，对接两国经济发展战略，希望中方进一步扩大对菲基础设施建设领域投资并开展融资合作，愿与中方加强协调，推进落实双方领导人经贸领域合作共识，推动有关项目合作尽快取得务实成果。

［1 月 24 日　菲律宾　能源］　　国家发展和改革委员会副主任、国家能源局局长努尔·白克力在北京会见菲律宾能源部长阿方索·库西，双方

就两国在电力、液化天然气、可再生能源、核电等领域合作深入交换了意见，并就建立双边能源合作机制达成共识。

[1月24日　日本　通信]　工业和信息化部副部长刘利华在北京会见来访的软银集团总裁孙正义以及ARM公司首席执行官希格。双方就信息技术特别是集成电路产业发展、物联网应用等内容交换意见，并就进一步深化ARM与中国公司合作，积极推动集成电路产业创新发展等进行了交流。刘利华表示，希望ARM公司进一步扩大在华投资，在集成电路等领域取得更好地发展，在合作中实现互利双赢。

[2月7日　澳大利亚　贸易、一带一路]　外交部长王毅在堪培拉与澳大利亚外长毕晓普举行第四轮中澳外交与战略对话。王毅表示，中澳双边自贸协定实施效果良好，中澳双方应推进发展战略对接，加强第三方合作和国际产能合作，通过创新提升合作水平。澳方希望同中国不断拓展和深化经贸、创新、产能、能源、人文等领域合作，加快对接澳"北部大开发"计划与"一带一路"建设，将澳中全面战略伙伴关系提升至新的水平。会后两国外长共同会见记者。

同日，澳大利亚总理特恩布尔在堪培拉会见王毅。中国和澳大利亚达成重要共识，作为两个重要和负责任的国家，中澳应共同对外发出致力于构建开放型世界经济、维护国际贸易体制、反对贸易保护主义的明确信息。中方愿同澳方共同努力，将两国领导人关于中澳全面战略伙伴关系的共识落到实处，推动两国经贸合作从"矿业繁荣"迈向"自贸繁荣"，加快各自发展战略对接，加强人文交流，将中澳关系提升至新的水平。

[2月9—10日　新西兰　自贸区]　外交部长王毅在奥克兰会见新西兰总理英格利希。双方表示应共同维护国际贸易体制，构建开放型经济，并为此采取实际行动，启动双边自贸协定升级谈判。中方还希望与新方做好"一带一路"倡议同新西兰基础设施建设计划的对接。

10日，王毅在奥克兰与新西兰外长麦卡利举行会谈。王毅表示，新在对华合作方面敢为人先，在承认中国完全市场经济地位、商签和实施双边自贸协定以及参加亚洲基础设施投资银行方面创造了诸多"第一"。中方欢迎新方积极参与共建"一带一路"，愿加强双边科技和创新领域合作，扩大农业、畜牧业、生物医药等领域互利合作。

[2月10日　印度尼西亚　财政]　财政部副部长史耀斌在北京会见来华访问的印尼经济与发展计划部部长班邦，双方就中印尼财政合作、国际农发基金发展等议题交换了意见。

[2月10日　菲律宾　援助]　菲律宾南部城市苏里高发生6.7级强震，为表达中国人民帮助菲律宾人民抗震救灾的友好情谊，中国政府启动紧急人道主义救援机制，将积极考虑向菲方提供力所能及的援助，以帮助菲律宾政府应对此次地震灾害。

[2月16日　新西兰　自贸区]　商务部国际贸易谈判副代表张向晨与新西兰外交贸易部副秘书长范吉利斯·维塔利斯在奥克兰共同主持召开第28届中国—新西兰经贸联委会。会议内容包括中新自贸协定升级，双方就两国经贸领域的广泛议题展开了讨论。

[2月17日　澳大利亚　能源]　国家发展和改革委员会副主任、国家能源局局长努尔·白克力在北京会见澳大利亚驻华大使安思捷，双方就两国能源合作以及建立部长级能源对话机制等深入交换了意见。

[2月17日　印度尼西亚　一带一路]　正在德国波恩出席二十国集团外长会的外交部长王毅会见印尼外交部长蕾特诺。王毅表示，印尼是"21世纪海上丝绸之路"沿线重要国家，两国应进一步对接发展战略，实现共同发展。希望双方共同推进雅万高铁这一互利合作的标志性工程。蕾特诺表示，愿与中方深化现有对话机制，更好对接印尼"全球海洋支点"战略和中方"海上丝绸之路"倡议，进一步提升两国在投资、农业、海洋的领域合作的质量和水平。

[2月17日　澳大利亚　财政]　财政部副部长朱光耀在北京会见澳

大利亚国库部副部长尼格尔·雷，就 G20 框架下中澳财金合作交换意见。

[2 月 18 日　**朝鲜　制裁**]　商务部、海关总署两部委发布公告表示，为执行联合国安理会第 2321 号决议，根据《中华人民共和国对外贸易法》和商务部、海关总署 2016 年第 81 号公告，本年度暂停进口朝鲜原产煤炭（包括海关已接受申报但尚未办理放行手续的煤炭）。自 2017 年 2 月 19 日起执行，有效期至 2017 年 12 月 31 日。

[2 月 21 日　**澳大利亚　自贸区**]　中国—澳大利亚自由贸易协定联合委员会第一次会议在北京举行。会议由商务部副部长王受文与澳大利亚外交贸易部副秘书长贾斯汀·布朗共同主持。双方就中澳自贸协定实施情况充分交换了意见，并确定了下一步工作安排。双方重申将根据习近平主席在世界经济论坛关于坚定不移发展开放型世界经济的论述，继续坚定支持经济全球化和贸易自由化，并高度评价了自 2015 年 12 月 20 日生效以来中澳自贸协定所取得的显著成效，充分肯定协定对加深两国经贸关系的积极作用。

[2 月 23—24 日　**老挝　澜湄合作**]　外交部副部长刘振民在万象分别同老挝外交部副部长坎葆和副部长兼东盟事务高官通潘举行外交磋商。双方重点就中老关系和区域合作交换了意见。双方积极评价去年以来中国—东盟关系的发展。中方重申高度重视同东盟关系，坚定支持东盟共同体建设，支持东盟在区域合作中的中心地位。双方同意继续推动澜湄合作框架下的务实合作。

[2 月 23 日　**缅甸　投资**]　中国驻缅甸大使馆在使馆网站发布公告说，使馆已就一家中资服装企业遭冲击事件向缅方提出严正交涉，要求缅方立即采取有效措施，确保中国公民人身安全和中资企业财产安全，并依法惩处肇事者。缅方承诺，缅政府会依法保护中国企业和人员的安全和权益，将尽快妥善处理有关问题。

[2 月 24 日　**菲律宾　投资、自贸区**]　中国商务部和菲律宾贸易与

工业部联合主办的"中菲经贸投资论坛"在马尼拉举行，来自两国政府、金融机构和企业的近300名代表就如何推动双边合作展开探讨。菲律宾贸易与工业部部长拉蒙·洛佩兹在致辞中表示，菲律宾是通向东南亚市场的门户之一，近年来又发展成东南亚国家联盟（东盟）最有价值的投资地之一。作为今年东盟轮值主席国，菲律宾将努力推动区域全面经济伙伴关系（RCEP）谈判进程。

[2月27日　新加坡　投资]　　国务院副总理张高丽在北京会见新加坡副总理张志贤，并共同主持中新双边合作联委会第十三次会议、苏州工业园区联合协调理事会第十八次会议、天津生态城联合协调理事会第九次会议和中新（重庆）战略性互联互通示范项目联合协调理事会第一次会议。双方一致认为，要加大政策支持，推动苏州工业园区转型升级和创新发展；扎实推进天津生态城国家绿色发展示范区建设，共同筹划好明年生态城开工建设十周年纪念活动；积极推动中新互联互通项目实施，着力打造高起点、高水平、创新型合作平台。

[2月27日　新加坡　一带一路]　　外交部长王毅在北京会见新加坡外交部长维文。王毅说，双方应为共建"一带一路"加强合作。双方应共同推进区域一体化进程，尽快完成RCEP谈判。双方应加强中国—东盟更加紧密的命运共同体建设。新方支持"一带一路"建设，欢迎中方企业参与新马高铁项目招标。在当前国际形势面临诸多不确定性背景下，新方赞赏习近平主席在达沃斯论坛上发表的重要演讲，愿同中方一道，推动包括RCEP在内的亚太自贸区建设，维持全球自由贸易体制。

[2月28日　韩国　投资]　　韩国乐天集团为美韩部署"萨德"系统供地，引发中国民间抵制行动。为此，外交部新闻发言人表示，中方欢迎外国企业来华投资兴业，并始终依法保护外国企业在华的合法权益，同时也强调，有关企业在华经营必须依法合规。外国企业在华经营成功与否，要由中国市场和中国消费者决定。

[3月1日　缅甸　援助]　中国赠送缅甸应对气候变化物资交接仪式在缅甸首都内比都举行，国家发展和改革委员会向缅甸自然资源和环境保护部赠送的10000台清洁炉灶和5000套太阳能光伏发电系统顺利交接。中国气候变化事务特别代表解振华、缅甸自然资源与环境保护部部长吴翁温、全球清洁炉灶联盟首席执行官罗达·穆斯哈等出席交接仪式，并见证签署物资交接证书。

[3月6日　泰国　贸易]　商务部发布2017年第13号公告，决定即日起对原产于泰国的进口双酚A发起反倾销立案调查。

[3月6日　柬埔寨　综合]　国家主席习近平在北京会见柬埔寨国王西哈莫尼和太后莫尼列。习近平强调，双方要深化互利务实合作，加强发展战略对接，大力推进重点项目合作。双方还要加强多边事务协调，继续为维护地区稳定和中国—东盟合作大局作出贡献。

[3月6—7日　越南　贸易、投资]　外交部副部长刘振民赴越南同越南外交部副部长黎怀忠举行外交磋商。双方商定加快发展战略对接，扩大经贸投资和人文交流，促进海上合作、维护南海稳定。双方同意加强在中国—东盟框架下的协调配合，共同为推动中国—东盟战略伙伴关系全面深入发展作出积极努力。

[3月7日　菲律宾　贸易]　中国菲律宾两国政府经贸联委会第28次会议在菲律宾首都马尼拉举行。商务部部长钟山率中国政府经贸代表团出席，与菲律宾贸易与工业部部长洛佩兹共同主持会议。钟山指出，双方成功召开中菲经贸联委会第28次会议，重启了这一中断六年之久的重要经贸磋商机制，取得丰硕成果。当日，钟山部长在马尼拉拜会菲律宾总统杜特尔特。钟山对杜特尔特总统接受习近平主席邀请，将于5月赴北京出席"一带一路"国际合作高峰论坛表示感谢。此外，钟山部长还会见了菲律宾总统经济团队主要成员。

[3月16—19日　老挝　能源]　国家能源局副局长李凡荣率团访问

老挝，并于 17 日会见了老挝能源矿产部副部长西纳万·苏发努冯，双方就建立中老部门间能源合作机制、加强两国电力联网并同第三国开展电力贸易等进行了深入交流并达成共识。会见后，李凡荣还与西纳万·苏发努冯共同签署了《中国国家能源局与老挝能矿部会谈纪要》。下一步，双方将启动磋商部门间能源合作谅解备忘录。

[3 月 17 日　新西兰　气候]　　首次中新气候变化部长级对话在新西兰首都惠灵顿召开，国家发展和改革委员会副主任张勇与新西兰副总理兼气候变化事务部长班奈特共同主持会议，双方重点就各自国内应对气候变化国际谈判等开展对话。双方共约 20 多人参加会议，新方代表来自外交和贸易部、环境部、初级产业部等，中方代表来自发改委气候司和国际司、中国驻新西兰大使馆等。

[3 月 17 日　越南　农业]　　农业部副部长屈冬玉在北京会见了越南农业与农村发展部副部长陈清南一行。屈冬玉表示，中国农业部高度重视对越农业合作，全面落实习近平总书记 2017 年 1 月与越共中央总书记阮富仲达成的有关农业合作共识，积极推进北部湾增殖放流工作。

[3 月 17 日　菲律宾　自贸区、一带一路]　　菲律宾总统杜特尔特在达沃市会见了在菲律宾进行正式访问的国务院副总理汪洋。双方表示愿进一步聚焦合作内容，筹划好两国高层交往。访问期间，汪洋与菲律宾内阁经济管理团队举行会谈，汪洋表示，中方愿同菲方一道，推动贸易自由化、便利化，扩大双边贸易规模，优化贸易结构，加大对菲投资力度，加强双方在经贸、投资、基础设施建设、农渔业、旅游等领域的合作。中方欢迎菲方参加"一带一路"建设。中方愿全力支持菲律宾担任今年东盟轮值主席国工作，落实中国—东盟"2 + 7 合作框架"，深化双方战略对接。中方愿同菲方推动中国—东盟自贸区升级议定书全面有效实施，早日结束"区域全面经济伙伴关系"（RCEP）谈判，推进亚太自贸区建设。菲方表示，菲方重视中方在区域合作中的重要作用。今年菲方担任东盟轮

值主席国，期待进一步加强东盟与中国伙伴关系建设，推动 RCEP 谈判取得积极进展。菲方愿积极支持并参与中国"一带一路"合作倡议。双方签署《中菲经贸合作六年发展规划》等合作文件。访问期间，汪洋还出席了"中国—东盟旅游合作年"及中菲经贸合作论坛暨中小企业投资与贸易洽谈会并发表主旨演讲。

[**3 月 23—25 日　澳大利亚　贸易、能源、基础设施**]　国务院总理李克强在堪培拉同澳大利亚总理特恩布尔举行会谈。李克强指出，中国将继续扩大对外开放，以实际行动发出促进贸易投资自由化便利化、维护现行全球贸易体系的积极信号。同日，李克强还会见了澳大利亚总督科斯格罗夫、澳大利亚工党领袖肖滕。

24 日，李克强在堪培拉议会大厦同特恩布尔举行第五轮中澳总理年度会晤。李克强表示，未来双方应以建立创新、能源、高级别安全三大对话机制为契机，以建设双边自贸协定、发展战略对接、科技创新、区域经济合作四大合作平台为重点，做好中澳自贸协定审议工作，共同推进经济全球化和贸易投资自由化便利化，推动构建开放型世界经济。

在两国总理见证下，商务部部长钟山与澳大利亚贸易、旅游和投资部长史蒂文·乔博代表两国政府签署了《中华人民共和国政府与澳大利亚政府关于审议中国—澳大利亚自由贸易协定有关内容的意向声明》（以下简称《声明》），正式宣布两国将于 2017 年启动中澳自贸协定服务章节、投资章节以及《关于投资便利化安排的谅解备忘录》的审议。

24 日，国家发展和改革委员会主任何立峰与澳大利亚维多利亚州州长丹尼尔·安德鲁斯共同签署了《中华人民共和国国家发展和改革委员会与澳大利亚维多利亚州政府关于开展基础设施领域政府和社会资本合作制度建设和实践合作的谅解备忘录》。同日，李克强在悉尼与特恩布尔共同出席第二届中澳省州负责人论坛、中澳工商界首席执行官圆桌会、中澳经贸合作论坛。25 日，李克强在悉尼会见澳大利亚新南威尔士州州长贝雷吉克利安。

[3月26—27日　新西兰　自贸区、一带一路]　　国务院总理李克强对新西兰进行正式访问。27日，李克强同新西兰总理英格利希举行会谈。李克强指出，中方愿同新方深挖合作潜力，构建"1+3"升级版合作新格局：打造一个"升级版"自贸区，以发展战略对接、创新驱动、农牧业合作为三大增长动能。双方应加强"一带一路"合作，加强联合研究和信息共享，在应对气候变化领域加强合作，扩大高技术、高附加值的农牧业全产业链合作，加强在亚洲基础设施投资银行框架下合作，加快推进区域全面经济伙伴关系（RCEP）谈判。英格利希表示，新方支持"一带一路"合作，欢迎中方扩大对新投资，致力于进一步推动经贸、科技、司法执法等多领域合作，加强在气候变化、南太合作、亚太自贸安排等全球和地区问题上的协调合作。此外，李克强还会见了新西兰总督雷迪、新西兰工党领袖利特尔，与英格利希共同参观海尔—斐雪派克公司奥克兰研发中心。

当日，商务部部长钟山与新西兰外交部长麦卡利在两国领导人见证下签署《中华人民共和国商务部和新西兰外交贸易部关于加强国际发展合作交流的安排》，与新西兰贸易部长托德·麦克莱签署《中华人民共和国商务部和新西兰外交贸易部关于电子商务合作的安排》。国家发展和改革委员会主任何立峰与新西兰副总理兼气候变化事务部长班奈特签署了《中华人民共和国国家发展和改革委员会和新西兰外交贸易部关于加强气候变化合作的实施安排》，与新西兰经济发展部长布里奇斯签署了《中华人民共和国政府和新西兰政府关于加强"一带一路"倡议合作的安排备忘录》。

[3月27日　密克罗尼西亚　一带一路]　　国家主席习近平在北京同密克罗尼西亚联邦总统克里斯琴举行会谈。习近平指出，双方要深挖潜力，扎实推进旅游、农业、渔业、基础设施等领域合作。克里斯琴表示，密克罗尼西亚联邦政府高度赞赏中方"一带一路"倡议，愿积极参与这

一框架下的务实合作。

[3月27日　韩国、日本、南非　贸易]　商务部发布2017年第16号公告，决定即日起对原产于韩国、日本和南非的进口甲基异丁基（甲）酮发起反倾销调查。

[3月28日　斐济　农业]　农业部副部长张桃林在北京礼节性会见了斐济驻华大使奈瓦卢拉。张桃林表示，2016年与斐方共同举行中斐农业联委会第三次会议，就双边农业合作进行了深入讨论，取得了许多共识。奈瓦卢拉表示，斐济高度重视习主席提出的"一带一路"倡议，斐济总理将应邀参加2017年5月在北京举办的"一带一路"国际合作高峰论坛。斐方期待获得中方在农业领域的更多帮助，提升斐济粮食安全水平。双方就菌草合作项目二期、水稻合作项目二期、渔业合作等交换了意见。

[3月28—29日　柬埔寨　区域合作]　外交部副部长刘振民赴柬埔寨，同柬埔寨财经部国务秘书翁赛维索举行中柬政府间协调委员会第四次会议秘书长会晤。双方将加快发展战略对接，推动中柬全面战略合作不断向广度和深度发展。双方还就推动区域合作交换了意见，同意加强在中国—东盟、澜沧江—湄公河合作等机制框架下的协调与配合，中方表示将全力支持柬方担任澜湄合作主席国，共同为推动中国—东盟战略伙伴关系全面深入发展作出积极努力。

[3月30日　泰国　一带一路]　外交部副部长刘振民与泰国外交部次长布萨雅在泰国共同主持中泰第三轮战略对话。会议讨论了两国最新发展政策，特别是中方的"一带一路"和"中国制造2025"以及泰方的"泰国4.0"和"东部经济走廊"等政策。会议详细讨论了中泰双边各领域合作，双方就如何进一步促进贸易投资、基础设施互联互通、科技与创新、能源以及地方间合作等交换意见。会议充分讨论了双方共同关心的地区和国际问题，如中国—东盟战略伙伴关系、区域全面经济伙伴关系

（RCEP）、中国—东盟自贸区、地区互联互通、海洋合作、地区形势以及大国在本地区的作用等。会议认为，中国的"一带一路"倡议和《东盟互联互通总体规划 2025》具有互补性。双方充分肯定澜沧江—湄公河合作发挥的建设性作用。

[3月31日　柬埔寨　一带一路]　正在柬埔寨访问的全国人大常委会副委员长陈昌智同柬埔寨国会主席韩桑林举行会谈，分别会见柬埔寨首相洪森和参议院代主席奈本纳。陈昌智表示，中国全国人大愿同柬议会加强交流合作，为中柬传统友谊注入新内涵。柬埔寨领导人强调柬方坚定奉行一个中国政策，积极评价中国经济发展成就，认为中方提出"一带一路"倡议为地区国家带来重要发展机遇，愿同中方加强发展战略对接，实现共同发展。

[4月7日　泰国　科技、教育、农业]　国务院副总理张高丽在北京会见泰国公主诗琳通。张高丽表示，中泰双方关系始终走在中国同东盟国家前列。中方愿同泰方加强发展战略对接。诗琳通表示，希望双方在科技、教育、农业等领域进一步加强合作。

[4月10日　日本　贸易]　国务院总理李克强在北京会见日本前众议长、国际贸易促进协会会长河野洋平和他率领的日本经济界大型代表团。

[4月10日　缅甸　一带一路]　国家主席习近平在北京同缅甸总统廷觉举行会谈。习近平强调，中方赞赏缅方积极支持和参与"一带一路"倡议，愿同缅方加强发展战略对接，统筹推进贸易、投资、基础设施建设、能源、农业、水利、电力、金融、边境经济合作区等领域合作，推动皎漂经济特区等双方重点合作及有关互联互通项目早日实施。廷觉表示，缅甸支持并愿积极参与"一带一路"建设，加强双方在基础设施建设、边境经济合作区等领域的重点项目合作。双方发表了《中华人民共和国和缅甸联邦共和国联合新闻公报》。

［4月12日 日本 贸易］ 国家发展和改革委员会副主任宁吉喆与日本经济产业省菅原郁郎次官在北京共同主持召开中日第31次次官级会晤。双方分别介绍了本国的宏观经济情况、政策取向及对世界经济走势的看法，并围绕反对贸易保护主义、节能环保、化解过剩产能、服务业发展、应对老龄化、智慧城市建设等议题深入交换了意见。

［4月17—18日 越南 一带一路］ 中国—越南双边合作指导委员会第十次会议在北京举行。中国国务委员杨洁篪和越南副总理兼外交部长范平明共同主持。双方同意着力推进共建"一带一路"和"两廊一圈"、投资、产能、基础设施、跨境经济合作区等领域合作。同日，全国政协主席俞正声会见范平明。俞正声说，中越应密切配合，把中越全面战略合作伙伴关系推向新的更高水平。范平明说，对华关系是越南外交优先方向。越方愿加强越中两国经贸、投资、人文领域交流合作，推动两国友好合作伙伴关系不断向前发展。18日，外交部长王毅会见范平明。王毅表示，双方要妥善管控分歧，推进海上合作，推动各领域互利合作取得更多成果。

［4月18—22日 斐济 气候］ 中国气候变化事务特别代表解振华率团访问斐济，就《联合国气候变化框架公约》第23次缔约方会议和气候变化南南合作等相关问题与斐方深入交换意见，并对斐济受气候变化不利影响村庄和南南合作需求进行实地调研。

［4月19日 缅甸 经济特区］ 外交部长王毅在北京会见来华访问的缅甸国家安全顾问当吞。王毅说，廷觉总统刚刚成功访华，昂山素季国务资政即将来华出席"一带一路"国际合作高峰论坛。双方要密切配合，落实好两国元首会谈成果，筹备好拟议中的高层会晤，推进好皎漂经济特区等合作项目，丰富中缅关系内涵，助力缅发展经济、改善民生。

［4月19日 日本 反倾销］ 商务部发布终裁公告，最终裁定原产于日本的进口偏二氯乙烯—氯乙烯共聚树脂存在倾销，决定自2017年4

月 20 日起，对原产于日本的进口偏二氯乙烯—氯乙烯共聚树脂征收反倾销税，税率为 47.1%，实施期限为 5 年。

[4 月 20 日　马来西亚　一带一路]　国务委员杨洁篪在北京会见马来西亚国防部长兼总理府特别事务部长希沙姆丁。杨洁篪表示，中方愿在"一带一路"合作倡议框架下加强双方发展战略对接。相信在双方共同努力下，中马全面战略伙伴关系将取得更大进展。希沙姆丁表示，马方高度重视对华关系，积极支持"一带一路"倡议，愿同中方密切合作，不断深化两国友好关系。

[4 月 23—26 日　菲律宾　农业]　农业部副部长屈冬玉率中国农业代表团访问菲律宾，与菲律宾农业部部长皮诺举行了建设性会谈，并与菲律宾农业部副部长卡亚南共同主持召开了中菲农业合作联委会第五次会议，并在菲律宾马尼拉召开了第二次中菲渔业联委会。会后，双方签署了第二次中菲渔业联委会纪要。中方代表团见证了有关中菲渔业企业间合作项目协议的签署。

[4 月 24 日　澳大利亚　自贸区]　澳大利亚贸易、旅游和投资部长乔博发表声明称，澳大利亚开始启动与中国香港的自由贸易谈判。乔博宣布，作为启动程序的第一步，澳大利亚政府开始向民众征求与中国香港签订自贸协定的意见。与中国香港达成自贸协定将成为 2015 年签署并生效的澳中自贸协定的有益补充，增强澳大利亚与主要贸易伙伴的关系，使澳大利亚经济与亚洲经济更紧密融合。澳大利亚中国工商业委员会对澳政府的这一行动表示欢迎。

[4 月 25—27 日　新西兰　自贸区]　中国—新西兰自由贸易协定第一轮升级谈判在北京举行。本轮谈判，双方围绕技术性贸易壁垒、海关程序与贸易便利化、原产地规则、服务贸易、竞争政策、电子商务、农业合作、环境、政府采购等议题展开富有成效的磋商。中新自贸协定是中国同发达国家达成的第一个自由贸易协定，此次升级谈判的启动，必将为中新

两国经贸合作注入新的强劲动力，更好造福两国人民和企业，进一步巩固中新全面战略伙伴关系。

[4月27日　柬埔寨　综合]　　中柬政府间协调委员会第四次会议在金边举行。国务委员杨洁篪与柬埔寨副首相贺南洪共同主持。中方欢迎洪森首相5月访华并出席"一带一路"国际合作高峰论坛，双方将积极配合做好准备工作。双方一致同意，加快对接发展战略，加强在产能、交通、通信、农业、水利等领域合作；扩大双边贸易，争取如期实现2017年双边贸易额50亿美元的目标；加强防务、执法安全合作；深化教育、文化和旅游等领域合作；加强在联合国、中国—东盟合作等多边框架下的协调配合。28日，柬埔寨国王西哈莫尼、首相洪森在金边分别会见杨洁篪。杨洁篪表示，中方支持中国企业继续做好西哈努克经济特区的建设运营，参与高速公路、机场、港口等互联互通项目建设，打造互利合作新亮点。中方愿继续帮助柬方加快实施水利、医疗等惠民工程，切实造福柬民众。

[4月27日　澳大利亚　货币]　　中国人民银行副行长范一飞出席在澳大利亚悉尼举行的"人民币全球城市对话"，并就中国经济形势、人民币国际化、数字货币发表了主题演讲。范一飞强调，人民币国际化是市场驱动的过程，更是中国金融市场改革开放和对外金融合作的成果。中国有信心实现经济稳定增长，同时保持金融稳定，为人民币跨境使用打下良好基础。中国人民银行一直与澳方保持着良好的金融合作，悉尼在开展人民币业务中具有得天独厚的优势。

[4月28日　日本　综合]　　外交部长王毅在纽约出席联合国安理会朝鲜半岛核问题部长级公开会期间会见了日本外务大臣岸田文雄。王毅说，日方应从长远角度看待两国关系，同中方相向而行，推进经济、民间、青年、文化交流，多做一些有利于恢复信任的实实在在事情。中方欢迎日本自民党二阶俊博干事长等来华出席"一带一路"国际合作高峰论

坛。岸田文雄表示，日方愿同中方加强高层交往，推进经济领域合作。

[5月2—6日　斯里兰卡　农业]　农业部副部长陈晓华率团访问斯里兰卡，先后与斯里兰卡种植业部、农业部、渔业与水产资源开发部举行会谈，就加强农渔业合作交换意见，达成广泛共识。

[5月3日　菲律宾　一带一路]　国家主席习近平同菲律宾总统杜特尔特通电话。习近平强调，中方赞赏菲方作为东盟轮值主席国为推动东亚合作沿着正确方向发展所发挥的重要作用。作为东盟轮值主席国，菲方愿意推动东盟—中国关系更好发展，密切双方在国际和地区事务中的沟通合作。杜特尔特本人也表示期待着赴华出席"一带一路"国际合作高峰论坛。

[5月5日　日本　环保]　环境保护部副部长赵英民在北京会见了日本众议员近藤昭一。双方就共同关心的环境问题及中日在环境保护领域的合作等交换了意见。

[5月6日　日本　金融]　中日财长对话在日本举行。日本副首相兼财务大臣麻生太郎和中国财政部部长肖捷共同主持对话，两国财政部和央行高级官员出席。

[5月8日　新西兰　自贸区]　外交部长王毅同新西兰外交部长布朗利通电话。王毅赞赏新西兰在发达国家中率先同中方签署共建"一带一路"合作协议，欢迎新方高级别官员来华出席"一带一路"国际合作高峰论坛；中方愿与新方推动双边自贸协定升级版谈判，共同维护国际自由贸易体系。布朗利表示，新方高度重视发展对华关系，期待两国自贸协定升级版谈判早日取得成果。

[5月11日　韩国　一带一路]　国家主席习近平同韩国总统文在寅通电话。韩方赞赏中方"一带一路"倡议，期待着"一带一路"建设为包括中国和韩国在内的沿线国家和地区带来发展繁荣。两国元首同意保持联系并期待着早日会面。

[5月11—12日　**文莱　一带一路**]　　国务委员杨洁篪在北京会见了出席"一带一路"国际合作高峰论坛高级别会议的文莱首相府部长兼外交与贸易部第二部长林玉成。杨洁篪说，中方愿在"一带一路"倡议下，加强发展战略对接，拓展各领域合作。12日，外交部长王毅和副部长刘振民也分别会见林玉成。

[5月11—12日　**越南　一带一路**]　　国家主席习近平在北京同越南国家主席陈大光举行会谈。习近平指出，越南是"一带一路"沿线重要国家，希望中越双方加强发展战略对接，推进各领域务实合作。陈大光表示，双方要拓展经贸、农业、环境、基础设施、旅游、人文、安全等领域和"一带一路"建设中务实合作。

12日，国务院总理李克强在北京会见陈大光，李克强表示，中方愿同越方加快对接"一带一路"和"两廊一圈"，按照海上、陆上、金融合作三线并举的思路，推进各领域互利合作。同日，国务院副总理汪洋与陈大光在北京共同出席2017中越经贸合作论坛并发表主旨演讲。汪洋表示，中方愿与越方加强发展战略对接，提升贸易层次，扩大产能与投资合作，深化教育、卫生、文化、农业、旅游合作。陈大光表示，越南重视发展越中全面战略合作伙伴关系，将积极改善投资环境，为中资企业扩大在越投资合作提供便利。

此前的5月11日，商务部部长钟山与越南工贸部长陈俊英在北京签署了《中华人民共和国商务部和越南社会主义共和国工业贸易部关于电子商务合作的谅解备忘录》。根据该备忘录，双方将在企业交流、特色产品贸易、促进公私对话、经验分享和政策沟通等方面开展合作，通过电子商务提升两国贸易便利化程度和水平，进一步推动双边贸易持续稳定发展。同日下午，钟山会见越南工贸部长陈俊英，就中越经贸合作相关议题交换意见。习近平与陈大光见证了这一文件的签署。

[5月13日　**马来西亚　一带一路**]　　国家主席习近平在北京会见来

华出席"一带一路"国际合作高峰论坛的马来西亚总理纳吉布。习近平强调，两国积极对接"21世纪海上丝绸之路"和马来西亚经济转型计划。双方要继续加强"两国双园"同步建设和互动发展，稳步推进有关工业园、铁路等大项目合作。纳吉布表示，马方愿积极参与"一带一路"相关合作。同日，国务院总理李克强在北京会见马来西亚总理纳吉布。

同日，商务部国际贸易谈判代表兼副部长傅自应与马来西亚交通部长廖中莱于北京签署了《中华人民共和国商务部与马来西亚交通部关于交通基础设施合作的谅解备忘录》。该备忘录明确双方将在各自国家法律、法规、政策及本备忘录框架下，基于平等互利原则，致力于加强、推动和发展两国全面的交通基础设施合作。合作领域包括铁路、港口、机场以及其他双方同意的基础设施项目。双方共同成立交通基础设施合作工作组，通过交流信息和经验、分享良好实践和做法、加强互惠互利的倡议和项目的合作、举办座谈会、研讨会、培训活动及会议、加强政府联系等方式为交通基础设施合作提供便利。李克强和纳吉布见证了这一文件的签署。

[5月13日　东帝汶　一带一路]　外交部副部长刘振民会见来华出席"一带一路"国际合作高峰论坛的东帝汶规划与战略投资部长夏纳纳。刘振民表示，中方愿同东方加强发展战略对接，围绕共建"一带一路"，深化各领域合作。夏纳纳表示，东方相信参与"一带一路"合作将使东帝汶国家和人民受益，愿同中方继续深化合作。

[5月13日　瓦努阿图、萨摩亚、汤加　一带一路]　外交部副部长郑泽光在北京集体会见来华出席"一带一路"国际合作高峰论坛的瓦努阿图财政部长皮基乌恩，萨摩亚工程、交通与基础设施部长李航以及汤加财政和国家计划大臣拉维马奥。郑泽光与贵宾们就中国与岛国在"一带一路"框架下的合作交换了意见。

[5月13日　泰国　科技]　科技部副部长王志刚在北京会见了应邀来华出席"一带一路"国际合作高峰论坛的泰国科技部部长阿茶卡·诗

本琅一行，双方就推进中泰科技合作深入坦诚交换意见并达成多项共识。

[5月13日　老挝　一带一路]　国务院总理李克强在北京会见老挝国家主席本扬。李克强表示，中方愿将"一带一路"倡议同老方"变陆锁国为陆联国"战略相衔接，充分发挥中老关系的政治优势和地缘优势，深化重点领域合作，确保中老铁路项目、边境经济合作区等顺利实施。继续加强基础设施建设、资源勘探开发、农业、电力等领域合作。本扬表示，愿同中方深化经贸、投资、基础设施建设等领域合作，加快老中铁路等重大项目建设。5月16日，国家主席习近平在北京会见老挝国家主席本扬。

[5月14日　泰国　一带一路]　外交部长王毅在北京会见来华出席"一带一路"国际合作高峰论坛的泰国外交部长敦。王毅说，泰国是"一带一路"沿线重要国家，中方愿通过中泰铁路、澜湄合作等项目与泰国和东盟加强发展战略对接，深化互联互通。敦表示，"一带一路"倡议有助于推动全球化进程和区域互联互通，与泰国和东盟的发展战略也高度契合。泰国愿继续积极参与"一带一路"建设。

[5月14日　印度尼西亚　高铁]　在中国国家主席习近平和印尼总统佐科的见证下，国家开发银行在北京与印尼中国高铁有限公司就印尼雅加达至万隆高速铁路项目正式签署贷款协议，贷款额度45亿美元。

[5月14日　新西兰　一带一路]　在"一带一路"国际合作高峰论坛举行期间，国家发展和改革委员会副主任王晓涛在北京会见了新西兰高等教育、技能与就业部，科技与创新部兼监管改革部部长保罗·高德史密斯。双方就加强中新在"一带一路"倡议下的交流与合作交换了意见。

[5月14日　澳大利亚　一带一路]　在"一带一路"国际合作高峰论坛举行期间，国家发展和改革委员会副主任王晓涛在北京会见了澳大利亚贸易旅游及投资部长乔博。双方就探讨"一带一路"倡议下中澳务实合作的潜力、召开第三次中澳战略与经济对话等交换了意见。

[5月14日　印度尼西亚　一带一路]　国家主席习近平在北京会见来华出席"一带一路"国际合作高峰论坛的印度尼西亚总统佐科。习近平指出，中方愿推动两国在"一带一路"建设框架内全方位合作。要做深做实务实合作，推进基础设施建设项目，推动两国贸易平衡增长。要推进投资、金融、矿业、农业、核能等领域合作，中方愿支持东盟共同体建设。佐科表示，印尼愿深化同中方"一带一路"建设框架下合作，提高经贸投资水平，探讨有关经济互联互通走廊的建设，特别是工业、农业、电力、港口、旅游等领域重大项目合作，深化人文交流。此前，国务委员杨洁篪在北京会见印尼海洋统筹部长卢胡特、外交部长王毅在北京会见印尼外长蕾特诺。

[5月15日　澳大利亚　基础设施]　国家发展和改革委员会副主任林念修于北京会见了来访的澳大利亚维多利亚州州长丹尼尔·安德鲁斯，双方就基础设施领域PPP制度交流、投资合作等议题交换了意见。

[5月15日　菲律宾　能源]　国家发展和改革委员会副主任、国家能源局局长努尔·白克力在北京会见菲律宾能源部长库西，双方就两国在商用电厂、核电评估、新能源和油气领域合作等深入交换了意见。

[5月15日　菲律宾　农业]　农业部副部长余欣荣和副部长屈冬玉在北京共同会见菲律宾农业部部长皮诺，就在"一带一路"倡议下加强中菲农业合作充分交换意见。余欣荣指出，中菲全面落实《中菲农业合作行动计划（2017—2019）》。

[5月15日　韩国　一带一路]　国务委员杨洁篪在北京会见来华出席"一带一路"国际合作高峰论坛的韩国政府代表团团长、前国会副议长朴炳锡。杨洁篪说，中方重视中韩关系，希望中韩关系在新的起点上得到改善和发展。中方愿同韩方在"一带一路"框架下加强互利合作。朴炳锡祝贺中方成功举办"一带一路"国际合作高峰论坛，表示韩国新政府重视韩中关系，愿同中方加强沟通，为两国关系的改善和发展作出

努力。

[5月15—16日　日本　一带一路]　国家主席习近平在北京会见代表日本政府来华出席"一带一路"国际合作高峰论坛的日本自民党干事长二阶俊博。习近平指出，"一带一路"倡议可以成为中日两国实现互利合作、共同发展的新平台和"试验田"。日方明确表示肯定"一带一路"倡议。我们欢迎日方同中方探讨在"一带一路"建设框架内开展合作。

此前，5月15日，商务部部长钟山在北京会见二阶俊博一行，双方就"一带一路"国际合作高峰论坛、中日经贸合作等交换了意见。

[5月16日　缅甸　贸易]　商务部部长钟山与缅甸授权代表缅甸交通和通信部部长吴丹辛貌在北京正式签署《中国商务部与缅甸商务部关于建设中缅边境经济合作区的谅解备忘录》。

[5月16日　新加坡　一带一路]　新加坡总理李显龙在新加坡会见中共中央政治局委员、中央书记处书记、中央组织部部长赵乐际。新方高度赞赏习近平主席提出的"一带一路"倡议，希望进一步参与"一带一路"建设。作为东盟—中国关系协调国，新加坡将积极推动东盟与中国关系不断向前发展。

[5月16日　斐济　一带一路]　国家主席习近平在北京会见来华出席"一带一路"国际合作高峰论坛的斐济总理姆拜尼马拉马。习近平指出，中方愿加强同斐济在贸易、投资、农业技术、绿色发展等领域合作，鼓励更多中国企业赴斐济投资兴业、更多中国游客赴斐济旅游。中方愿同斐方加强在联合国框架内协调合作，就气候变化等重大问题保持密切沟通和协调。姆拜尼马拉马表示，斐方希望同中方深化贸易、农业、基础设施、人文领域交流合作，密切在气候变化、可持续发展等全球性问题上协调配合。同日，国务院总理李克强会见姆拜尼马拉马。

[5月16—17日　柬埔寨　一带一路]　国家主席习近平在北京会见柬埔寨首相洪森。习近平强调，要深化务实合作，落实好推进"一带一

路"建设合作规划纲要，抓好产能和投资合作重点项目。要提升经贸合作规模和水平，实施好有关合作项目建设。洪森表示，双方要拓展经贸、发展、减贫等领域务实合作，密切在国际和地区事务中沟通协调。

此前的 5 月 16 日，国务院总理李克强和全国政协主席俞正声分别会见洪森。同日，商务部国际贸易谈判代表兼副部长傅自应与柬埔寨国务兼公共工程与运输部大臣孙占托在北京签署了《中华人民共和国商务部与柬埔寨王国公共工程与运输部关于加强基础设施领域合作的谅解备忘录》。李克强和洪森见证了这一文件的签署。

[5 月 17—19 日　瓦努阿图　一带一路、气候]　外交部副部长郑泽光对瓦努阿图进行工作访问。期间，郑泽光分别会见了瓦努阿图总统朗斯代尔、代总理利尼，并同瓦努阿图外交部长兰肯举行工作磋商。瓦方表示，瓦方热烈祝贺中方成功主办"一带一路"国际合作高峰论坛，期待参与"一带一路"建设，与中方进一步扩大在基础设施建设、旅游、人文等领域的合作。双方还就应对气候变化等共同关心的国际与地区问题交换了意见。

[5 月 19 日　韩国　一带一路]　国家主席习近平在北京会见韩国总统特使李海瓒，强调推动中韩关系早日回到正常轨道。此前的 5 月 18 日，外交部长王毅在北京会见韩国总统特使李海瓒。王毅表示，文在寅总统上任之初即派政府代表出席"一带一路"国际合作高峰论坛，支持习近平主席提出的"一带一路"倡议。今天又派特使访华，体现了韩国新政府对中韩关系的高度重视和尽快改善双边关系的迫切愿望，希望韩国新政府正视并搬开前进道路上的障碍，推动中韩关系早日重回健康发展轨道，双方开展正常的交流与合作。

[5 月 19 日　菲律宾　贸易]　国务院总理李克强在北京会见菲律宾众议长阿尔瓦雷兹。李克强表示，中方支持菲律宾作为东盟轮值主席国的各项工作，愿同各方一道，推动新时期中国—东盟关系和东亚区域合作取

得更大发展。阿尔瓦雷兹表示，菲律宾国会两院支持杜特尔特总统改善和发展对华关系的努力。菲中务实合作不断取得新的成果，有利于亚洲国家凝聚共识、开展合作。

[5 月 19 日　新西兰　货币]　中国人民银行与新西兰储备银行续签了中新双边本币互换协议，规模保持 250 亿元人民币/50 亿新西兰元，旨在便利双边贸易和投资，促进两国经济发展。互换协议有效期三年，经双方同意可以展期。

[5 月 20 日　越南　一带一路]　在第 23 届亚太经合组织贸易部长会议期间，商务部部长钟山在越南河内拜会越南国家主席陈大光。钟山表示，中方高度赞赏越方积极支持并参与《推进"一带一路"贸易畅通合作倡议》。中方将与越方落实双方领导人在经贸领域达成的共识，推进"一带一路"与"两廊一圈"对接和跨境经济合作区建设，支持越南当好 2017 年 APEC 东道主。陈大光表示，越方愿同中方进一步深化中越全面战略合作伙伴关系。越南共产党和政府十分重视发展对华务实合作，希望双方加强"两廊一圈"与"一带一路"对接和跨境经济合作区建设合作。越方愿与中方加强协调，办好 2017 年 APEC 系列会议。

[5 月 21—23 日　萨摩亚　一带一路]　外交部副部长郑泽光对萨摩亚进行工作访问，期间分别会见了萨摩亚国家元首图伊阿图阿·埃菲、总理兼外长图伊拉埃帕·马利埃莱额奥伊，并同萨外交部首席执行官帕塞塔·斯密举行工作磋商。郑泽光表示，中方愿同萨方一道，深化各领域包括"一带一路"框架下的友好交流与务实合作，推动中萨关系进一步向前发展，更好造福两国人民。萨方表示，期待参与"一带一路"建设，愿与中方拓展经贸、旅游、基础设施建设等领域务实合作。

[5 月 29 日　日本　一带一路]　国务委员杨洁篪应邀在东京同日本国家安全保障局长谷内正太郎共同主持中日第四次高级别政治对话。杨洁篪表示，中日双方要加快推动双边经贸合作转型升级，做实做大新领域合

作。我们欢迎日方积极探讨同中方在"一带一路"框架下开展合作。30日，杨洁篪在东京会见日本外务大臣岸田文雄。31日，日本首相安倍晋三在东京会见杨洁篪。

［6月7日 泰国 一带一路］ 外交部长王毅在北京会见泰国新任驻华大使毕力亚。王毅赞赏泰国对"一带一路"建设的大力支持，强调中方高度重视对泰关系，愿同泰方保持高层交往，希望铁路合作项目尽早全面开工，把好事办好。毕力亚表示，泰国政府高度重视对华关系，将继续支持和参与"一带一路"建设，持续推进铁路、经贸等领域的务实合作，推动双边关系和多边合作不断取得新成果。

［6月7日 菲律宾 贸易］ 外交部长王毅在外交部会见菲律宾新任驻华大使罗马纳。王毅欢迎罗马纳大使来华履新并表示，中菲关系实现改善以来，两国互信不断加深，积极开展海上对话合作，务实合作早期收获硕果。

［6月12日 日本 贸易］ 国务院副总理汪洋在北京会见了日本经济团体联合会会长榊原定征率领的日本经济界访华团一行。双方就推进中日经贸、环保、医疗等领域合作深入交换了意见。

［6月12日 新加坡 贸易］ 国务委员杨洁篪在北京会见新加坡外长维文。杨洁篪表示，中方重视中新关系，双方应保持密切沟通，加强政治互信，发挥各自优势，深化和拓展两国经贸合作，办好重点合作项目，共同推进"一带一路"建设，推动中新关系与时俱进向前发展。

［6月12日 柬埔寨 一带一路］ 外交部部长助理孔铉佑于北京会见柬埔寨外交国际合作部湄公合作司司长乔索法娜一行。孔铉佑表示，澜沧江—湄公河合作自2016年3月启动以来，取得显著进展，充分体现了六国的高度重视和积极合作意愿。澜湄合作秉持"一带一路"倡议的"共商、共建、共享"理念，将积极对接六国发展规划。乔索法娜高度评价澜湄合作短时间内取得的丰硕成果，赞赏中方所做重要贡献，表示柬方

作为澜湄合作现任共同主席，愿与中方加强沟通协调，推动澜湄合作不断取得新的发展。

[6月14日　日本　环保]　环境保护部副部长赵英民在北京会见了日本自民党干事长代理望月义夫。双方就共同关心的环境问题及中日在环境保护领域的合作等交换了意见。赵英民指出，当前中国环境污染形势依然严峻，尤其是大气污染治理任务依然艰巨。日本曾在工业化进程中遇到过同样的问题，很多经验和做法值得中方借鉴，希望双方继续深化合作，为改善中国大气环境质量提供帮助和支持，共同推动区域环境质量改善。

[6月16日　印度尼西亚　一带一路]　国务院副总理张高丽在北京会见印尼总统特使、海洋统筹部长卢胡特。张高丽表示，双方要以"一带一路"建设为主线，持续深化发展战略对接和各领域务实合作，实施好雅万高铁等重点项目，探讨开展更多基础设施和产能合作项目，提升两国合作水平。卢胡特表示，印尼愿积极参与"一带一路"建设，同中方深化战略对接，扩大贸易、投资、基础设施等领域合作。

[6月26日　韩国、泰国和马来西亚　反倾销]　商务部发布2017年第32号公告，公布对原产于韩国、泰国和马来西亚的进口共聚聚甲醛反倾销调查的初步裁定，初裁其存在倾销，并决定对原产于韩国、泰国和马来西亚的进口共聚聚甲醛实施保证金形式的临时反倾销措施。根据裁定，自2017年6月30日起，进口经营者在进口原产于韩国、泰国和马来西亚的进口共聚聚甲醛时，应依据裁定所确定的各公司倾销幅度（为6.1%—34.9%）向中华人民共和国海关提供相应的保证金。

[6月27日　日本　贸易]　第18次中国商务部—日本经济产业省副部级定期磋商在日本东京举行，商务部副部长高燕与日本经济产业审议官片濑裕文共同主持会议。中方介绍了"一带一路"倡议，日方介绍了"高质量基础设施伙伴关系"，双方就亚洲基础设施建设互联互通进行了建设性探讨。中方要求日方对自中国进口的碳钢对焊件进行反倾销调查时

切实遵守国际义务，全面彻底弃用"替代国"做法。双方还就两国加强节能环保合作、现代服务业、知识产权、汽车流通等重点领域合作及中日韩自贸区、区域全面经济伙伴关系（RCEP）、世贸组织等区域和多边议题交换了意见。

[6月27日　俄罗斯、韩国、日本和美国　反倾销]　商务部发布2017年第30号公告，因在规定的时限内，国内环氧氯丙烷产业或其代表未提出期终复审申请，商务部亦决定不主动发起期终复审调查。鉴此，自2017年6月28日起，终止实施对原产于俄罗斯、韩国、日本和美国的进口环氧氯丙烷所适用的反倾销措施。

[6月27日　新加坡　自贸区]　国务院总理李克强在大连会见来华出席2017年夏季达沃斯论坛的新加坡副总理尚达曼。李克强表示，中新合作开展重庆物流中心建设，有利于加强地区互联互通。我们愿同新方积极推进两国自贸区升级谈判和区域全面经济伙伴关系谈判，向世界发出维护自由贸易、推动地区发展的有力信号。

[6月28—30日　菲律宾　一带一路]　国务院总理李克强在北京会见来华进行正式访问的菲律宾外交部长卡亚塔诺。李克强表示，要深化基础设施建设等重点领域合作，密切人文交流，使中菲关系发展更好造福两国人民。

此前的6月28日，国务委员杨洁篪在北京会见卡亚塔诺。杨洁篪表示，中方将支持菲方当好今年东盟轮值主席国。卡亚塔诺表示，菲律宾赞赏中国为维护地区和平稳定发展发挥的积极作用，愿以"一带一路"建设为契机与中方一道推动两国关系和区域合作取得更大发展。29日，外交部长王毅在北京同卡亚塔诺举行会谈。王毅表示，中方愿与菲方深化禁毒执法、基础设施、经贸投资、农渔业和扶贫等领域务实合作。

[6月28日　澳大利亚　金融]　国家发展和改革委员会副主任连维良在北京会见了澳大利亚国库部常务副部长弗雷泽，就中澳宏观经济形

势、世界经济形势展望及国家发展和改革委员会与澳大利亚国库部研讨会项目等议题进行了交流。政治研究室、综合司、财金司、国际司有关负责同志陪同会见。

[6月29日 **新加坡 一带一路、贸易**] 国务院副总理张高丽在北京会见来华出席夏季达沃斯论坛的新加坡副总理尚达曼。张高丽表示，中方愿同新方一道，加强政治互信，共建"一带一路"，提升务实合作，深化金融合作，加强多边配合，进一步发展两国友好合作关系。当前世界经济不稳定不确定因素增多，面临风险和挑战，中新双方应加强合作，共同为贸易自由化和经济全球化作出贡献。尚达曼说，新方愿在"一带一路"框架下与中方推动互联互通、金融支撑、三方合作三个平台建设。

[7月3日 **日本 科技**] 科技部部长万钢在日本东京分别会见了日本科技政策担当大臣鹤保庸介和文部科学大臣松野博一，并出席了日本科学技术振兴机构主办的中日科技交流研讨会。双方就进一步推进中日科技创新合作达成了共识。6日，万钢在日本东京出席"新能源汽车技术——挑战与发展前景"中日研讨会并讲话。

[7月4日 **菲律宾 农业**] 农业部副部长陈晓华在北京会见菲律宾巴坦省省长玛莉露·凯科一行。陈晓华建议巴坦省和山东省在水产品加工、蔬菜和瓜果种植等方面开展合作。凯科完全赞同中方提出的合作建议，衷心希望菲中农业合作取得更大进展。

[7月4—6日 **新西兰自贸区**] 中国—新西兰自由贸易协定第二轮升级谈判在北京举行。双方围绕技术性贸易壁垒、海关程序与贸易便利化、原产地规则、服务贸易、投资、竞争政策、电子商务、农业合作、环境、政府采购等议题展开磋商。

[7月5日 **泰国 能源**] 国家发展和改革委员会副主任、国家能源局局长努尔·白克力在泰国会见泰国能源部部长阿兰他蓬·甘乍纳拉，双方就建立政府间核电合作机制，进一步推动电力互联互通，加强洁净煤

发电、电动汽车、油气、太阳能发电、可燃冰等领域合作深入交换了意见并达成重要共识。同日，白克力会见泰国国家电力公司总裁康瓦斯特·帕克坦努，双方就两国电力结构、洁净煤发电、核电、电力互联互通等领域合作深入交换了意见。他还于同日会见了泰国国家石油公司总裁迪文·瓦万尼驰，双方就国际油价、油气勘探开发、在第三国开展合作、可燃冰等领域合作深入交换了意见。白克力还调研了泰国 AY4 变电站项目。

[7 月 6 日　**新加坡　一带一路、自贸区**]　　国家主席习近平在汉堡会见新加坡总理李显龙。习近平强调，中新双方要落实好共同推进"一带一路"建设谅解备忘录，深化基础设施互联互通、经贸投资、金融合作。要建设好政府间重大合作项目，拓展互联网、信息通信技术等新兴领域合作。中方相信新方将引领东盟同中方一道，共同引领区域一体化进程，建设更为紧密的中国—东盟命运共同体。李显龙表示，新加坡将继续支持并积极参与"一带一路"建设，落实好政府间大项目，拓展同中国在金融、高铁、自贸区建设等领域合作。新加坡愿积极促进中国—东盟合作关系。

[7 月 8 日　**日本　贸易**]　　国家主席习近平在汉堡会见日本首相安倍晋三。习近平指出，经贸合作是中日关系的助推器。双方应该推进务实合作。我们欢迎日方同中方在"一带一路"框架内开展合作。双方可以在文化、教育、媒体、地方、青少年等领域开展广泛交流，夯实两国关系社会和民意基础。安倍晋三表示，日方愿同中方深化经贸、金融、旅游等合作并探讨"一带一路"框架下合作，通过扩大青年交流等增进国民友好感情。日本在 1972 年日中《联合声明》中阐明的在台湾问题上的立场没有变化。

[7 月 20 日　**澳大利亚　金融**]　　国务院副总理马凯在北京会见以澳大利亚前总理基廷为主席的国家开发银行国际顾问委员会成员。双方就世界和中国经济形势、中国金融改革发展等交换了意见。

[7 月 21 日　**日本　农业**]　　农业部副部长余欣荣会见来访的日本农

林水产省大臣山本有二。余欣荣表示，中方重视双方农业合作，愿与日方一道，加强在农产品贸易、渔业、动植物检疫及植物新品种保护等各领域的全方位务实合作，为两国农业共同发展作出新贡献，更好造福两国人民。山本有二表示，日方愿与中方共同努力，推动两国农业合作深入发展。

[7月24日　泰国　投资]　泰国总理巴育在曼谷会见外交部长王毅。巴育表示，希望将泰国4.0发展战略与"中国制造2025"深度对接，在"一带一路"框架下，深化两国务实合作。泰方支持中泰铁路项目，欢迎中国企业参与泰国东部经济走廊建设，希望中泰两国合作能带动整个次区域发展。泰方愿继续在东盟—中国、澜湄合作、亚太经合组织等框架下加强与中方的协调合作。王毅表示，中方赞赏泰方支持"一带一路"倡议，愿在此框架下对接双方发展战略，拓展合作领域，推进中泰铁路项目，参与泰国东部经济走廊建设。中方愿继续在中国—东盟合作等地区和国际事务中加强与泰方的沟通与协调。

同日，王毅与泰国外交部长敦·帕马威奈举行会谈。王毅表示，加强双方数字经济和创新合作，拓展电子商务、航空航天等合作新领域。希望双方加强"一带一路"倡议与东盟发展战略对接，尽早完成"区域全面经济伙伴关系"谈判。敦表示，泰方支持制订两国战略性合作共同行动计划（2017—2022年）。

会后，双方外长共同会见记者，王毅表示，澜湄合作是澜沧江—湄公河沿岸六国共同创建的新型次区域合作机制，下阶段，澜湄合作各方要做好以下几项工作：一是年内筹办第三次外长会议，为第二次领导人会议预做准备。二是在六国均成立国家秘书处和协调机制的基础上，确保六个联合工作组今年内全部成立。三是争取所有早期收获项目年内都完成实施或取得实质性进展。四是做好五年行动计划，提交第二次领导人会议审议通过。

[7月25—26日　韩国　气候]　　第二次中韩气候变化联合委员会会议在北京举行。当晚，中国气候变化事务特别代表解振华与金溙又大使举行双边会谈并宴请韩方代表团一行。26日，中韩双方代表共同赴中国低碳技术企业北京神雾环境能源科技集团股份有限公司参观调研。

[7月25日　菲律宾　投资]　　菲律宾总统杜特尔特在马尼拉会见外交部长王毅。杜特尔特表示，菲方高度赞赏中方对菲国家发展建设提供的各项援助和发挥的积极作用，尤其感谢中方对菲律宾反恐斗争提供的大力支持与帮助。菲方愿同中方一道深化各领域合作，并共同推动东亚合作进程。王毅表示，中菲关系已实现全面转圜，各领域交流全面恢复，务实合作蓬勃展开。

同日，王毅在马尼拉与菲律宾外交部长卡亚塔诺举行会谈。王毅表示，中方愿与菲方从安全和发展两大方向，围绕反恐、禁毒、基础设施、经贸、民生、防务、社会人文七大重点领域深化合作。中方愿同菲方推动加强"一带一路"倡议和东盟发展规划对接，深化双方互联互通和产能合作，推动区域一体化进程。卡亚塔诺表示，菲方支持中方提出的"一带一路"倡议和互联互通设想，愿以担任东盟轮值主席国为契机，推动东盟发展规划与"一带一路"倡议进行深度对接，促进东盟—中国关系深入发展。会议后，王毅和卡亚塔诺共同签署了《中国和菲律宾外交部合作谅解备忘录》。

[7月26日　印度尼西亚　一带一路]　　外交部长王毅同印度尼西亚外交部长蕾特诺通电话，王毅表示，两国元首已就对接发展战略、深化"一带一路"合作达成重要共识，中印尼关系有望开拓新的发展前景。蕾特诺对此表示赞同，表示印尼希与中方深化互利合作，携手维护地区和平与稳定。

[8月9日　澳大利亚　贸易]　　国家发展和改革委员会副主任宁吉喆在北京会见了澳大利亚驻华大使安思捷一行。宁吉喆副主任详细回答了

澳方关心的中国外资政策、外商投资准入、知识产权保护、政府采购和公平竞争等相关问题，双方就如何促进中澳双向投资经贸合作发展深入交换了意见。

[8月9日　马来西亚　交通]　中国和马来西亚两国合作建设的马来西亚东海岸铁路项目在关丹正式开工。国务委员王勇和马来西亚总理纳吉布当天共同出席开工仪式。

[8月10日　老挝　贸易]　商务部部长钟山在北京礼节性会见来访的老挝工贸部部长、老中合作委员会主席开玛妮，双方就中老经贸合作有关事项交换意见。

[8月14日　朝鲜　贸易]　商务部联合海关总署发布《关于执行联合国安理会第2371号决议的公告》，15日起，中国全面禁止自朝鲜进口煤、铁、铁矿石、铅、铅矿石、水海产品。

[8月21—22日　印度尼西亚　一带一路]　中国和印尼副总理级对话机制第六次会议在北京举行，国务委员杨洁篪和印尼政治法律安全统筹部长维兰托共同主持。杨洁篪表示，两国积极对接"21世纪海上丝绸之路"倡议和"全球海洋支点"构想，各领域合作成果丰硕。维兰托表示，双方同意加强发展战略对接和"一带一路"合作，深化防务、执法、反恐、禁毒、网络、海上、航天等领域合作。

22日，中国—印尼高层经济对话第三次会议在北京举行。杨洁篪与印度尼西亚经济统筹部长（副总理级）达尔敏·纳苏迪安共同主持会议。会议旨在落实两国元首达成的重要共识，深化两国全面战略伙伴关系，深入推进"一带一路"建设，推动各领域务实经济合作向前发展。双方一致认为，要继续深入对接中方"21世纪海上丝绸之路"倡议和印尼"全球海洋支点"构想，共同推动中印尼经贸合作不断深入发展。杨洁篪表示，双方应密切合作，促进双边贸易持续稳定发展，进一步扩大双向投资规模，拓展双方在基础设施、农业、金融和能源等领域的全方位合作，支持印尼"三北经济走廊"建设，探讨在电子商务等新兴行业的合作机遇，推动双方务实经贸合作再上新台阶。达尔敏表示，印尼方愿与中方一道，深入挖掘在互联互通、贸易投资、金融、能源、电子商务等领域的合作潜力，包括建立贸易工作小组、在京建立印尼投资促进中心等，推动双边经贸关系向更高层次和更宽领域发展。会后，杨洁篪和达尔敏共同见证了会议纪要和双方关于基础设施融资合作谅解备忘录的签署。22 日下午，商务部部长钟山与达尔敏会见，双方就共建"一带一路"、贸易投资和产能合作、基础设施合作及电子商务合作等议题交换了意见。

[8 月 24 日　缅甸　援助]　中国为帮助缅甸政府应对甲型 H1N1 流感疫情而提供的一批医疗物资运抵仰光，主要包括 H1N1 疫苗、消炎药品、呼吸机等。中缅双方举行隆重的交接仪式。缅甸卫生和体育部负责人表示有关物资将尽快用于流感救助和防控，保证中方援助落实到位。

[8 月 25 日　朝鲜　制裁]　商务部发布声明，禁止朝鲜实体或个人来华新设中外合资经营企业、中外合作经营企业、外资企业，禁止已设立企业增资扩大规模。此举与联合国安理会的制裁决议一致。商务部补充说，对违反联合国决议的中国公司对朝鲜投资和现有投资的增资申请不予核准。商务部表示，该禁令自公布之日起执行。

[8 月 28 日　澳大利亚　贸易]　中共中央对外联络部部长宋涛在北京会见了澳大利亚贸易、旅游和投资部长乔博。

[8 月 28 日　印度尼西亚　科技]　科技部副部长黄卫在北京会见了应邀来华出席中印尼政府间科技合作联委会第 5 次会议的印尼研究技术与高教部代表团。黄卫表示希望双方在即将召开的科技合作联委会第 5 次会议上共同规划未来一个时期两国科技创新合作，继续深化科技人文交流、共建联合实验室、共建技术转移中心等合作，并积极探讨开展科技园区合作。

[9 月 1 日　新西兰　科技]　科技部副部长徐南平在奥克兰会见了新西兰科学与创新部长保罗·戈德史密斯，双方就加强中新科技交流与产

学研合作交换了意见。徐南平向新方介绍了中国科技创新发展的重点领域及方向，指出中国坚持可持续发展理念，为中新科技创新合作提供了广阔的空间。

[9月4日　汤加　农业]　农业部副部长于康震在北京会见了汤加驻华大使乌塔阿图。于康震表示，中方建议尽早与汤加共同商签政府间渔业合作协议，鼓励有实力的中国企业到汤加开展渔业合作，包括基础设施建设、水产养殖、加工等合作。

[9月4日　泰国　一带一路]　国家主席习近平在厦门会见来华出席新兴市场国家与发展中国家对话会的泰国总理巴育。习近平强调，中方愿同泰方落实好《共同推进"一带一路"建设谅解备忘录》和未来5年《战略性合作共同行动计划》，加强投资、铁路和互联网金融、数字经济、电子商务等领域合作，扩大人员往来，密切旅游和地方交流。中方期待泰国推动澜湄合作和中国—东盟关系再上新台阶。此外，在习近平和巴育见证下，国家发展和改革委员会与泰国交通部签署了中泰铁路合作项目（曼谷至呵叻段）详细设计合同和施工监理咨询合同。

[9月7日　澳大利亚　气候]　中国气候变化事务特别代表解振华在北京会见了澳大利亚全球碳捕集与封存研究院首席执行官佩吉，双方就全球碳捕集、利用与封存技术的发展现状及趋势、深化相关领域合作等议题进行了交流。

[9月8日　斐济　农业]　农业部副部长于康震在斐济苏瓦会见斐济渔业部部长塞米·科罗拉维萨乌，双方就加强渔业合作交换意见。于康震表示，中斐渔业合作潜力巨大、前景广阔，深化双方渔业合作，有利于渔业可持续发展，可以创造更多的就业机会，实现互惠互利，造福两国人民。

[9月12日　澳大利亚　农业]　农业部副部长于康震在澳大利亚堪培拉会见澳大利亚副总理、农业与水利部部长巴纳比·乔伊斯，并与澳大

利亚副总理助理部长卢克·哈苏伊克共同主持召开中澳农业联合委员会第十三次会议。

[9月13日　文莱　一带一路]　国家主席习近平在北京同文莱苏丹哈桑纳尔举行会谈。习近平指出，中方愿同文方以共建"一带一路"为契机，加强基础设施建设、能源、清真食品、农渔业、数字经济等领域合作。中方愿加强"一带一路"倡议同东盟发展规划对接。哈桑纳尔表示，文莱支持"一带一路"倡议，文方正在推进"2035宏愿"，欢迎中方企业参与，积极赴文投资兴业。同日，国务院总理李克强在北京会见来华进行国事访问的文莱苏丹哈桑纳尔。

[9月14日　柬埔寨　投资]　中国—柬埔寨产能与投资合作论坛在广西南宁举办。国家发展和改革委员会副主任宁吉喆、广西壮族自治区人民政府主席陈武、柬埔寨发展理事会秘书长宋金达出席论坛。宁吉喆发表主旨演讲，介绍了中国开展国际产能与投资合作的成果和中柬产能与投资合作取得的积极进展，阐释了推动合作的理念，并对下一步合作提出了建议。

[9月16日　澳大利亚　战略经济对话]　国家发展和改革委员会主任何立峰在北京与澳大利亚国库部长莫里森，澳大利亚贸易、旅游与投资部长乔博主持召开第三次中澳战略经济对话，就全球及两国宏观经济形势、经济改革、中澳双向投资的机遇与挑战等进行了深入交流。何立峰与莫里森共同签署《中华人民共和国国家发展和改革委员会和澳大利亚国库部关于开展收入政策制定合作的谅解备忘录》、与乔博共同签署《中华人民共和国国家发展和改革委员会与澳大利亚外交贸易部关于开展第三方市场合作的谅解备忘录》。

[9月19—20日　新加坡　一带一路、自贸区]　国务院总理李克强在北京同来华进行正式访问的新加坡总理李显龙举行会谈。李克强指出，中国愿将"一带一路"倡议同新方发展战略对接，共同推进区域全面经

济伙伴关系商谈和中新自贸协定升级谈判。20 日，国家主席习近平在北京会见新加坡总理李显龙。习近平强调，双方要发挥好中新双边合作联合委员会等机制作用。"一带一路"建设是当前两国合作重点，希望双方建设好中新（重庆）战略性互联互通示范项目，并在地区层面带动其他国家共同参与国际陆海贸易新通道建设。

[9 月 20 日　**菲律宾　海上开发**]　外交部长王毅在纽约出席联合国大会期间会见菲律宾外长卡亚塔诺。王毅表示，中方愿与菲方继续积极探讨海上共同开发的有效方式。中方将全力支持菲方担任好东盟轮值主席国。

[9 月 22 日　**柬埔寨　一带一路**]　国务委员王勇在北京会见柬埔寨王国国务大臣兼工业及手工业部部长占蒲拉西一行。王勇对近年来中柬知识产权交流合作取得的新成果表示高度赞赏，希望双方进一步深化知识产权领域合作，结出更多务实成果，共同推进"一带一路"建设。占蒲拉西表示，柬方愿与中方一道提升在知识产权等领域合作水平，推动"一带一路"建设取得新进展。

[10 月 11 日　**新加坡　自贸区**]　中国—新加坡自由贸易协定升级第四轮谈判在新加坡举行。双方就服务贸易、投资、原产地规则、海关程序与贸易便利化、贸易救济、其他规则议题等展开磋商。

[10 月 13 日　**韩国　货币**]　韩国银行宣布和中国人民银行续签货币互换协议。协议延长 3 年，规模为 3600 亿元人民币，与之前协议相同。

[10 月 23 日　**韩国、泰国和马来西亚　反倾销**]　商务部发布 2017 年第 61 号公告，公布对原产于韩国、泰国和马来西亚的进口共聚聚甲醛反倾销调查的最终裁定。根据裁定，自 2017 年 10 月 24 日起，进口经营者在进口原产于韩国、泰国和马来西亚的进口共聚聚甲醛时，应依据裁定所确定的各公司倾销幅度（6.2%—34.9%）向中华人民共和国海关缴纳反倾销税。

[10月25—27日 **澳大利亚 自贸区**] 中国与澳大利亚在堪培拉就《中国—澳大利亚自由贸易协定》服务贸易章节、投资章节以及《关于投资便利化安排的谅解备忘录》进行了第一次审议，并举行了服务、金融服务、投资和自然人移动委员会会议，商务部世贸司李毅红副司长率团出席。双方就服务、金融服务、投资、自然人移动和投资便利化自协定生效以来的实施情况进行了讨论，就相关领域政策交换了意见，并就下一步工作安排达成共识。

[10月27日 **老挝 能源**] 国家能源局副局长李凡荣与老挝能源和矿产部副部长通帕在广州共同主持召开中国—老挝能源合作工作组第一次会议。会议期间，中老双方对两国能源领域合作进行了回顾和总结，并就中方协助老方编制电力规划、加强中老联网并向第三国送电、两国企业合作开展老挝输电网投资、建设和运营以及两国电力互送等事宜进行了深入交流，并达成了广泛共识。会后，双方签署了会议纪要等成果文件。

[11月2—3日 **越南 贸易、一带一路**] 外交部长王毅在河内与越南副总理兼外交部长范平明举行会谈，并会见了越南共产党中央总书记阮富仲和越南政府总理阮春福。王毅表示，国家主席习近平即将赴越南出席亚太经合组织（APEC）领导人非正式会议并应邀对越南进行国事访问。相信此访将巩固双方政治和战略互信，对接两国发展战略，共同推进"一带一路"建设。中方积极支持越方办好今年的APEC领导人非正式会议，希望会议延续北京会议的重要成果，在以往共识基础上取得新的进展。越方表示，越方感谢中国支持越南担任今年的APEC东道主，相信在中方支持配合下，会议一定能够为推动区域经济一体化进程作出新的贡献。

[11月2日 **菲律宾 综合**] 外交部部长助理孔铉佑在马尼拉会见了菲律宾外长卡亚塔诺。孔铉佑表示，过去一年来，中菲关系实现了从全面转圜到巩固深化的重大转变。中方将继续坚持亲诚惠容理念和与邻为善、以邻为伴的周边外交方针。东亚合作领导人系列会议不久将在马尼拉

举行，中菲之间还将有重要的高层访问。中方愿以此为契机，同菲方巩固睦邻友好，全面深化合作，推动中菲关系、中国—东盟关系持续深入发展。卡亚塔诺表示，菲方愿同中方推动这次东亚合作领导人系列会议取得积极成果，并确保两国间重要高层访问顺利成功。

[11 月 9 日　柬埔寨　援助]　商务部副部长王炳南与柬埔寨国务秘书翁塞维索在柬埔寨共同签署关于援助建设流动医疗诊所和沼气设施的项目换文。柬埔寨国务兼财经大臣安蓬主持换文签署仪式并与王炳南进行了简短会见。

[11 月 9 日　韩国、日本　反倾销]　商务部发布 2017 年第 74 号公告，决定即日起对原产于韩国和日本的进口丁腈橡胶进行反倾销立案调查。

[11 月 9 日　泰国　反倾销]　商务部发布 2017 年第 72 号公告，公布对原产于泰国的进口双酚 A 反倾销调查的初步裁定。商务部初步裁定原产于泰国的进口双酚 A 存在倾销，国内双酚 A 产业受到实质损害，而且倾销与实质损害之间存在因果关系，并决定对原产于泰国的进口双酚 A 实施保证金形式的临时反倾销措施。

[11 月 10 日　柬埔寨　一带一路]　商务部副部长王炳南与柬埔寨商业部国务秘书金西谭在金边共同签署《中国商务部和柬埔寨商业部关于电子商务合作的谅解备忘录》。根据该备忘录，中柬双方将在业已建立的全面战略合作伙伴关系，特别是在"一带一路"倡议和柬埔寨"四角战略"框架下，加强政策沟通、企业合作、能力建设、人员培训和联合研究等电子商务领域的交流合作。

[11 月 11 日　越南　一带一路]　国家主席习近平在岘港会见越南总理阮春福。习近平强调，中越要加快"一带一路"和"两廊一圈"建设对接，深化经贸、金融、产能、基础设施建设等领域务实合作，推进重点项目建设。阮春福表示，越方希望加强同中方在投资、贸易、产能、科

技、农业、电力、基础设施建设、跨境经济合作区建设等领域合作，落实好"两廊一圈"和"一带一路"建设对接。

[11月11日　**韩国　一带一路**]　国家主席习近平在越南岘港会见韩国总统文在寅。习近平指出，保持和加强中韩高层互动对双边关系具有重要引领作用。双方要继续加强对下一阶段两国关系发展作出总体规划，就扩大双方在国际和地区事务中的合作进行探讨。要深化两国各领域务实交流合作，更好造福两国人民。文在寅表示，希望韩中双方尽早恢复两国高层交往和各领域交流合作。韩方支持并愿积极参与"一带一路"建设。

[11月11日　**日本　一带一路**]　国家主席习近平在越南岘港会见日本首相安倍晋三。习近平强调，新形势下，双方应该提升双边务实合作水平，积极推进区域经济一体化，推动"一带一路"框架内合作尽早落地。安倍晋三表示，日方愿同中方以明年日中和平友好条约缔结40周年为契机，推动两国战略互惠关系继续向前发展，希望同中方开展互惠共赢的经贸合作，积极探讨在互联互通和"一带一路"框架内合作。

[11月11日　**菲律宾　一带一路**]　国家主席习近平在越南岘港会见菲律宾总统杜特尔特。习近平强调，中菲双方要围绕"一带一路"倡议和菲方发展战略对接，深化和拓展基础设施建设、农业、投资等领域务实合作。中方愿帮助菲律宾做好扶贫工作。杜特尔特表示，菲方致力于推进两国各领域合作向前发展。

[11月11日　**巴布亚新几内亚　一带一路**]　外交部长王毅在越南岘港会见巴布亚新几内亚外长帕托。王毅说，中方全力支持巴新办好2018年APEC领导人非正式会议，欢迎巴新参与"一带一路"建设和2018年中国国际进口博览会。帕托表示，巴方希望在所有领域同中国开展合作，有信心在中国和国际社会支持下，办好明年的APEC会议，推进区域一体化进程。

[11月11日　**新西兰　自贸区**]　外交部长王毅在越南岘港会见新

西兰副总理兼外长彼得斯。王毅说，中方愿同新西兰新政府一道，共同打造升级版"中新自贸区"。彼得斯说，发展对华合作是新西兰各界共识，新政府愿深化两国在各领域合作。

[11 月 12 日　**越南　一带一路**]　国家主席习近平在河内越共中央驻地同越共中央总书记阮富仲举行会谈。双方同意落实好共建"一带一路"和"两廊一圈"合作文件，促进地区经济联系和互联互通，推动经贸、产能、投资、基础设施建设、货币金融等领域合作不断取得务实进展，稳步推进跨境经济合作区建设，加强农业、环境、科技、交通运输等领域合作。

同日，商务部部长钟山与越南工贸部部长陈俊英在越南签署《中华人民共和国商务部和越南社会主义共和国工贸部关于成立电子商务合作工作组的谅解备忘录》与《中国商务部与越南工贸部关于加快推进中越跨境经济合作区建设框架协议谈判进程的谅解备忘录》，国家主席习近平和阮富仲共同见证。关于电子商务合作的备忘录确定了在中越经济贸易合作委员会框架下，双方成立电子商务工作组，并明确了工作组的目标、任务、成员和工作机制等具体内容；双方将通过开展企业交流、特色产品贸易、组织公私对话、开展经验分享和政策沟通以进一步推动两国电子商务合作与发展。关于中越跨境经济合作区的备忘录的签署是开展中越跨境经济合作区建设的重要步骤；双方将按照《备忘录》安排，加快磋商进程，争取尽快就双边政府间协议达成一致，推动相关跨境经贸合作早日取得实质性进展。

同日，习近平在河内出席越中友谊宫落成移交仪式暨河内中国文化中心揭牌仪式。商务部部长钟山在仪式上致辞时表示，中国援建的越中友谊宫规模大、标准高，融合两国文化艺术，体现两国人民世代友好，是中越友谊的标志性建筑，将为中越友谊续写新的篇章。中越双方将在两国领导人的正确指引下，加强"一带一路"与"两廊一圈"的战略对接，夯实经贸合作基础，推动中越全面战略合作伙伴关系迈上新台阶。

[11 月 13 日　印度尼西亚　能源]　　中国和印度尼西亚第五届能源论坛在印尼首都雅加达举行，论坛由中国国家发展和改革委员会副主任、国家能源局局长努尔·白克力与印尼能源和矿产资源部长佐南共同主持。双方签署关于能源合作的谅解备忘录。佐南表示，印尼愿在"一带一路"框架下全面加强与中国的能源合作。印尼支持中国电力企业参与印尼电力建设，愿意为可再生能源的广泛使用创造良好的政策环境；印尼对双方的煤炭和油气贸易合作表示满意，期待中国油气企业更好地参与印尼上游油气勘探开发和下游产品加工。

[11 月 13 日　新西兰　自贸区]　　国务院总理李克强在马尼拉会见新西兰总理阿德恩。李克强表示，中方愿同新方稳步推进双边自贸协定升级谈判，实现更高层次的互利共赢。阿德恩表示，新方坚持一个中国政策，愿进一步密切对华合作，积极推进双边自贸协定升级谈判。

[11 月 13 日　越南　一带一路]　　国务院总理李克强在马尼拉会见越南总理阮春福。李克强表示，中越要加快发展战略对接，按照海上、陆上、金融合作"三线并举"原则，推进"一带一路"和"两廊一圈"加快对接，促进双边贸易在做大贸易总量和包容、多元化发展中实现平衡。中方始终视东盟为周边外交优先方向，愿进一步深化同东盟国家关系，打造更高水平的中国—东盟战略伙伴关系。阮春福表示，越方深化两国全面战略合作伙伴关系，推进发展战略对接，加强产能、交通设施、跨境经济合作区、农业、金融、环保等领域合作，推动双边经贸关系达到新水平。

[11 月 13 日　柬埔寨　澜湄合作]　　国务院总理李克强在马尼拉会见柬埔寨首相洪森。李克强表示，中方愿同柬方保持高层接触，加强各领域务实合作，促进人文交流，共同办好明年两国建交 60 周年庆祝活动，协助办好明年在柬埔寨举行的第二次澜湄合作领导人会议。洪森表示，柬中关系友好深厚。明年是柬中建交 60 周年，柬将举办第二次领导人会议，

双边关系将迎来新纪元。柬方愿加强两国在治国理政、基础设施建设等领域交流合作。

[11 月 13 日　**日本　自贸区**]　国务院总理李克强在马尼拉会见日本首相安倍晋三。李克强指出，中日双方发挥互补优势，加强经济合作对东亚地区经济发展乃至世界经济复苏具有积极意义。两国应加强经贸投资等互利合作，探讨第三方市场合作。共同推动区域全面经济伙伴关系（RCEP）和中日韩自贸区谈判。安倍晋三表示，当前日中关系出现改善迹象，明年又逢日中和平友好条约缔结 40 周年。日方愿基于构建日中战略互惠关系的思路，坚持双方互为合作伙伴，互不构成威胁，加强高层交往，巩固双边关系改善势头。日中经济发展对双方互为机遇，两国经济互补性强，希望双方加强经济对话，探索在"一带一路"框架下的互联互通建设，拓展金融、环保节能等领域合作，开展第三方市场合作，推进高质量的日中韩合作和 RCEP 谈判进程。

[11 月 13 日　**韩国　综合**]　国务院总理李克强在马尼拉会见韩国总统文在寅。李克强指出，希望双方对接发展战略，发挥互补优势，推进经贸、金融、制造业、环保等领域互利合作。加强人员往来和人文交流，夯实两国关系的民意基础。希望双方共同努力，在中韩关系转圜改善基础上开辟两国合作新篇章。文在寅表示，韩中关系站在了新的起点上。韩方愿同中方积极努力，重塑政治互信，恢复经贸、人文等交流合作，推动两国关系早日回到正常发展轨道。

[11 月 13 日　**菲律宾　产能、基础设施**]　国务院总理李克强在马尼拉会见菲律宾众议长阿尔瓦雷斯。李克强指出，中菲经济互补性强，菲方正着眼民生改善大力开展基础设施建设，中方愿发挥产能和装备制造等优势，同菲方加强产能合作，并探讨开展金融合作支撑。阿尔瓦雷斯表示，李克强总理是 10 年来首位来菲正式访问的中国总理，对菲中关系发展意义重大。菲方愿加强两国在互联互通、金融、创新等领域合作，乐见

中国—东盟合作不断得到加强并愿为此发挥积极作用。

[11月14日　澳大利亚　自贸区]　国务院总理李克强在马尼拉会见澳大利亚总理特恩布尔。李克强指出，维护自由贸易才会有公平贸易。中方愿同澳方一道在坚持自由贸易的基础上，进一步释放自贸协定红利，扩大贸易和投资领域开放，共同推动贸易更加公平健康，促进经济全球化持续发展。特恩布尔表示，澳中两国都支持自由贸易，应进一步加强自贸合作，共促全球贸易发展。澳方愿同中方加强经贸、电子商务、执法安全等领域合作。

[11月13—14日　老挝　一带一路]　国家主席习近平在万象同老挝人民革命党中央委员会总书记、国家主席本扬举行会谈。双方同意加快中国"一带一路"倡议同老挝"变陆锁国为陆联国"战略对接，共建中老经济走廊，推进中老铁路等标志性项目，提升经贸合作规模和水平，促进两国经济优势互补，深化产能、金融、农业、能源、资源、水利、通信、基础设施建设、医疗、卫生等领域合作。密切在联合国、亚欧会议、东亚合作、澜沧江—湄公河合作等多边框架内协调和配合。会谈后，习近平和本扬共同见证了中老经济走廊建设等领域合作文件的签署。此外，习近平还会见了老挝总理通伦。

14日，习近平同本扬在万象一道出席玛霍索综合医院奠基仪式。商务部部长钟山在仪式上致辞时表示，玛霍索综合医院建成后，将是老挝规模最大、设施最好、标准最高的医院。中老双方加强合作，一定能把这个中老友谊项目建设好。双方将认真落实两国元首达成的重要共识，推进"一带一路"建设和老挝"八五"发展规划对接，共同打造具有战略意义的命运共同体。

[11月15日　菲律宾　一带一路]　国务院总理李克强在出席东亚合作领导人系列会议后对菲律宾进行正式访问。当日下午，李克强在马尼拉同菲律宾总统杜特尔特举行会谈。李克强指出，中方愿将"一带一路"

倡议同菲方发展战略对接，契合菲方大规模建设基础设施的需求，发挥中国装备制造和基础设施建设经验优势，开展基础设施建设产能合作并制订中长期规划；促进贸易投资、信息技术、农渔业、减贫、棚户区改造等合作。杜特尔特表示，李克强总理此访是中国政府首脑时隔10年首次访菲，意义重要。欢迎中国企业来菲投资兴业，加强两国交通设施、电信、农业等各领域合作。菲方愿发挥好中国—东盟关系协调国作用，促进东盟—中国关系进一步发展。

同日，李克强与杜特尔特共同出席中国援建菲律宾马尼拉桥梁和戒毒中心项目启动仪式。商务部国际贸易谈判代表兼副部长傅自应在仪式上致辞时表示，中国援建的马尼拉桥梁和棉兰老岛戒毒中心项目致力于改善当地民生，体现了中方支持杜特尔特总统执政的积极态度。相信两国有关部门和工程技术人员能加强协作、高质高效将项目建设成为中菲友好的标志性工程。中方将同菲方一道，按照两国领导人达成的重要共识，加强战略对接，深化务实合作，推动中菲战略性合作关系迈上新台阶。

同日，中国进出口银行行长刘连舸和菲律宾财政部长卡洛斯·多明戈斯三世在马尼拉签署了三个经济和基础设施合作的贷款协议，李克强和杜特尔特共同见证。贷款协议包括2.3492亿美元的新世纪水源—卡利瓦水坝项目和7249万美元的奇科河灌溉项目。多明戈斯还与商务部副部长兼国际贸易代表傅自应签署了"谅解备忘录"，共同确定和研究"第二批由中国援助的重大基础设施合作项目"。第二批的建议项目包括苏比克—克拉克铁路（576亿比索），达沃市高速公路（256.3亿比索）和帕奈—吉马拉斯—内格罗斯岛间的跨海大桥（271.6亿比索），目前全部由菲律宾国家经济和发展署投资协调委员会审查。

[11月19日　缅甸　一带一路]　缅甸总统廷觉在内比都会见中国外交部长王毅。廷觉表示，缅方愿与中方一道，加快共建"一带一路"进程。缅方赞赏建设中缅经济走廊的提议，愿就此与中方积极进行对接。

王毅表示，中方视缅为共建"一带一路"的重要合作伙伴，愿根据缅国家发展规划和实际需要，同缅方探讨建设中缅经济走廊。

同日，王毅在内比都与缅甸国务资政兼外交部长昂山素季举行会谈。王毅表示，中方愿根据缅国家发展规划和实际需要，探讨建设中缅"人字形"经济走廊。昂山素季表示，缅方赞赏中方提出的建立中缅经济走廊的倡议，这一倡议与缅甸国家发展规划有很多契合之处。缅甸目前亟须解决交通、电力落后问题，希通过中缅经济走廊建设，优先在上述领域与中方开展合作。会谈后，王毅和昂山素季共同会见记者时表示，中方提议建设"人字形"中缅经济走廊，与缅方共同探讨建设北起中国云南，经中缅边境南下至曼德勒，然后再分别向东西延伸到仰光新城和皎漂经济特区的"人字形"中缅经济走廊，形成三端支撑、三足鼎立的大合作格局。这将有助于沿线重大项目相互连接，相互促进，形成集成效应，也有助于推进缅甸各地实现更加均衡的发展。

[11 月 20 日　柬埔寨　澜湄合作]　外交部长王毅在缅甸内比都出席亚欧外长会议期间会见柬埔寨国务兼外交大臣布拉索昆。王毅表示，中方愿进一步深化与柬方战略合作，推动两国关系迈上新的台阶。是次区域合作重要平台，希望柬方与中方共同推动这一机制快速发展。布拉索昆表示，柬方正在精心设计柬中建交 60 周年庆祝活动，愿以此为契机进一步深化两国之间的友谊与合作。柬方诚挚邀请中国领导人出席将于 2018 年初在柬举办的澜湄合作第二次领导人会议。

[11 月 20 日　澳大利亚　投资]　第二届澳大利亚北部地区投资论坛在澳北城市凯恩斯开幕，国家发展和改革委员会副主任宁吉喆出席论坛，并在开幕式上作主旨演讲。他指出，中澳投资合作领域不断拓宽，合作水平不断提高。澳大利亚北部开发计划与中国提出"一带一路"倡议、推进国际产能合作具有很强的共通性和对接性，为中澳投资合作提供了良机，建议下一阶段双方从三方面推动中澳投资合作迈上新台阶：一是面向

中国和亚太市场需求，协力推动澳大利亚北部投资开发；二是结合两国经济结构调整，促进双向投资提质升级；三是适应全球经济复苏和转型升级，鼓励企业开展第三方市场合作。

[11月20日　**新加坡　一带一路、自贸区**]　外交部长王毅在缅甸内比都出席亚欧外长会议期间会见新加坡外长维文。王毅表示，中方愿同新方加快推进"一带一路"建设，共建互联互通、金融支撑、三方合作三个平台。新方作为中国—东盟关系协调国，为深化中国东盟合作、妥善处理南海问题、推动东亚合作领导人系列会议取得成功发挥了重要作用。新加坡明年将出任东盟轮值主席国，中方支持新方履行好职责。赞赏东盟对中方提出制定"中国—东盟战略伙伴关系2030年愿景"作出积极回应。维文表示，新方愿与中方共建互联互通、金融支撑、三方合作三个平台，加快双边自贸协定升级谈判进程。新加坡愿积极发挥明年东盟轮值主席国作用，推动各项合作的落实，促进中国东盟关系的发展。

[11月21日　**日本　贸易**]　国务院总理李克强在北京会见日本经济团体联合会会长榊原定征、日中经济协会会长宗冈正二、日本商工会议所会长三村明夫率领的日本经济界代表访华团并同他们座谈。按计划，该团11月20—23日访问北京，与中国政要会谈，并与商务部、国家发展和改革委员会、工信部的官员交换意见，随后前往广东考察当地企业。

同日，商务部部长钟山在京会见日本经济界代表团一行。钟山表示，中日经贸合作具有良好基础，潜力巨大，经贸关系是中日关系的"压舱石"。我们应共同落实好两国领导人的共识，提升双边务实合作水平，推动两国"一带一路"框架内合作尽早落地，积极推进区域经济一体化。欢迎日本经济界积极参加2018年11月将在上海举办的首届中国国际进口博览会。宗冈正二积极评价中国商务环境持续改善，知识产权保护执法力度不断增强。日本经济界愿以日中邦交正常化45周年和日中和平友好条约缔结40周年为契机，与中国开展"一带一路"框架下基础设施建设及制造业领域的第三方合作，积极发展两国互利共赢的合作关系，共同努力促进亚太地区经济增长。

[11月22日　韩国　一带一路]　外交部长王毅在北京同韩国外交部长官康京和举行会谈。王毅表示，前不久，双方就阶段性处理萨德问题达成一些共识，国家主席习近平和国务院总理李克强分别同韩国总统文在寅会晤，就推动两国关系改善和发展明确了方向；希望双方加强"一带一路"框架下的战略对接与务实合作，加强在促进区域经济一体化方面的协调配合。康京和表示，双方于10月31日就克服当前影响韩中关系发展的困难问题发表了共同新闻稿，对此韩方非常珍惜。韩方愿按照共同新闻稿和两国领导人不久前会晤时达成的共识，进一步加强双方高层往来，密切人文交流，推动韩中关系尽快全面正常化并在各领域取得更加丰硕的合作成果。

[11月24日　新加坡　财政]　中国财政部部长肖捷在北京会见新加坡财政部长王瑞杰一行，财政部副部长史耀斌陪同会见。

[11月27—30日　新西兰　自贸区]　中国—新西兰自由贸易协定第三轮升级谈判在新西兰举行。双方围绕技术性贸易壁垒、海关程序与贸易便利化、原产地规则、服务贸易、投资、自然人移动、竞争政策、电子商务、农业合作、环境、政府采购等议题展开磋商，谈判取得积极进展。

[11月27—29日　澳大利亚　经贸]　中国海关总署署长于广洲和澳大利亚移民与边境保卫部部长彼得·达顿在澳大利亚首都堪培拉签署了《中华人民共和国海关总署和澳大利亚移民与边境保卫署及边境执法署关于中国海关企业信用管理制度与澳大利亚诚信贸易商计划互认的安排》。此举将进一步提升中澳贸易的安全与便利化水平，惠及两国经贸发展。11月29日澳大利亚移民与边境保护部长皮特·达顿和中国海关总署署长于广洲在堪培拉签署了旨在促进两国间的贸易往来《双边互认协议》（Mutual Recognition Arrangement，简称MRA）。

[11月28日 **印度尼西亚 科技**] 中印尼副总理级人文交流机制第三次会议在印尼梭罗举行，会议由国务院副总理刘延东和印尼人类发展与文化统筹部部长布安共同主持。科技部副部长王志刚和印尼研究技术与高等教育部部长穆罕默德·纳西尔共同签署了《中国科技部与印尼研究技术与高等教育部科技创新合作三年行动计划（2018—2020）》《关于科技园合作的实施协议》和《关于共建中国—印尼港口建设与灾害防治联合研究中心的实施协议》三项合作协议。

[11月29日 **印度尼西亚 一带一路**] 国务院副总理刘延东在雅加达拜会印尼总统佐科。刘延东表示，此次来访同普安统筹部长共同主持中印尼人文交流机制第三次会议，取得许多新的成果。中方愿同印尼方落实好两国元首重要共识，不断扩大和深化两国人文领域的交流与合作，增进两国民心相通。佐科表示，印尼积极支持习近平主席提出的"一带一路"倡议，愿在"一带一路"框架下继续推进两国在贸易、投资、人文等领域互利合作，实现共同发展。

[12月5日 **新加坡 投资**] 中新投资促进委员会第5次联席会议在北京召开。联席会议中方主席、商务部部长钟山和新方主席、新加坡贸工部部长林勋强共同主持会议。商务部副部长王受文出席。双方就中新双向投资、政府间合作项目、新时代投资合作新机遇等议题进行深入交流，达成广泛共识。

[12月5—6日 **日本 海洋**] 第八轮中日海洋事务高级别磋商在上海市举行。双方举行了磋商机制全体会议和机制下设的政治与法律、海上防务、海上执法与安全、海洋经济四个工作组会议，就东海相关问题交换意见，并探讨了开展海上合作的方式。中国外交部、中央外办、国防部、公安部、交通运输部、环保部、国家海洋局、国家能源局、中国海警局、中国地质调查局等部门及日本外务省、内阁府、水产厅、资源能源厅、国土交通省、海上保安厅、环境省、文部科学省和防卫省分别派人

参加。

[12月11日　**澳大利亚　能源**]　国家能源局副局长李凡荣在北京会见澳大利亚环境和能源部常务副部长费恩·普拉特一行，双方就中澳能源领域合作交换了意见。

[12月13日　**韩国　贸易**]　国务院副总理张高丽在北京同来华进行国事访问的韩国总统文在寅共同出席中韩商务论坛。张高丽强调，双方要加强经贸合作，提升务实合作质量和水平。

[12月13日　**韩国　环境**]　环境保护部部长李干杰在北京会见了韩国环境部部长金恩京，双方就深化中韩环境合作等共同关心的议题交换了意见。李干杰表示，双方已就《中韩环境合作规划（2018—2022）》达成一致，并将共同建设中韩环境合作中心。双方还就2018年在华举办的第二十次中日韩环境部长会议筹备事宜交换了意见，愿共同推动该机制发挥更大作用。

[12月14日　**韩国　一带一路**]　国家主席习近平在北京同来华进行国事访问的韩国总统文在寅举行会谈。习近平强调，中方欢迎韩方参与"一带一路"建设，愿推动"一带一路"同韩国发展战略对接，积极探讨互利共赢的合作模式。习近平重申中方在"萨德"问题上的立场，希望韩方继续妥善处理这一问题。文在寅表示，韩方愿积极参与共建"一带一路"合作。会谈后，两国元首共同见证了经贸、绿色生态产业、环境、卫生、农业、能源、冬奥会等领域双边合作文件的签署。

[12月14日　**韩国　农业**]　农业部部长韩长赋在北京会见来访的韩国农林畜产食品部部长金瑛録，就加强中韩农业合作交换意见。韩长赋建议中韩双方进一步完善两国农业合作机制，加强乡村振兴、动物疫病防控、兽用药品、农村第一、二、三产业融合发展及多边事务方面的合作，尽早签署两国政府间动物卫生及动物检疫合作协定。

[12月14日　**韩国　能源**]　国家发展和改革委员会副主任、国家

能源局局长努尔·白克力在北京会见韩国产业通商资源部部长白云揆。双方就加强中韩两国在可再生能源、石油及液化天然气、电力互联互通、智能电网及核电安全运行等领域的合作交换了意见。双方同意成立司局级对话机制，进一步深化上述合作内容。

[12月14日　韩国　科技]　工业和信息化部部长苗圩在北京会见了随韩国总统来访的韩国产业资源通商部部长白云揆，双方就加强中韩产业合作交换意见。苗圩与白云揆在两国元首见证下签署了《中华人民共和国工业和信息化部与大韩民国产业通商资源部绿色—生态产业开发领域战略合作的谅解备忘录》。

[12月15日　韩国　自贸区、投资]　国务院总理李克强在北京会见来华进行国事访问的韩国总统文在寅。李克强指出，双方应抓住机遇，巩固两国关系转圜改善势头。要加强各自发展战略对接，适时启动中韩自贸协定第二阶段谈判，继续办好"中韩创新创业园"，扩大金融合作，拓展人工智能、5G、大数据等新兴领域合作，为彼此企业赴对方国家投资兴业营造良好的营商环境。文在寅表示，韩方愿同中方加快改善和发展两国关系，扩大创新产业、金融投资、农业、第三方市场、环保、旅游等领域的务实合作，早日启动韩中自贸协定第二阶段谈判。

[12月15日　韩国　金融、财政]　中国人民银行行长周小川会见了来访的韩国副总理兼企划财政部部长金东兖，双方就深化中韩金融合作交换了意见。

同日，财政部部长肖捷在北京会见了金东兖一行。双方就中韩双边财经合作、中韩在亚洲基础设施投资银行框架下的合作、东盟与中日韩（10＋3）财金合作，以及两国财政部联合研究等议题交换了意见。财政部副部长史耀斌参加会见。

[12月19日　日本　一带一路]　日本首相安倍晋三在东京发表演讲时表示，将以2018年日中《和平友好条约》缔结40周年为契机，推动

日中高层加深交流，将日中关系提升至一个新高度。安倍近期在不同场合表达了推动日中关系发展的意愿。此前在 11 月 11 日，国家主席习近平在越南岘港会见日本首相安倍晋三。安倍晋三表示，日方愿同中方一道努力，以明年日中《和平友好条约》缔结 40 周年为契机，推动两国战略互惠关系继续向前发展。日方希望同中方加强高层交往，开展互惠共赢的经贸合作，积极探讨在互联互通和"一带一路"框架内合作。11 月 14 日，安倍也在菲律宾首都马尼拉的记者会上再次提及"一带一路"倡议，他指出，期待"一带一路"能为世界和平与繁荣作出贡献，日本希望从这一观点出发同中方合作。

[12 月 21 日　泰国　基础设施]　国务院总理李克强致信祝贺中泰铁路合作项目一期工程开工。泰国总理巴育出席开工仪式并致辞。李克强在贺信中表示，中泰铁路合作项目是双方共建"一带一路"、开展产能合作的旗舰项目，希望双方继续保持密切合作，高质量地完成中泰铁路合作项目一期工程建设，扎实推进项目二期相关工作，争取早日实现中泰铁路和中老铁路的互联互通。李克强指出，中泰一家亲。中方愿同泰方以中泰铁路合作项目为新平台，持续推进两国互利共赢的务实合作。

[12 月 22 日　韩国　财政]　中日审计监管合作换函签字仪式在北京举行，财政部副部长史耀斌和日本内阁府副大臣越智隆雄出席并代表双方在换函上签字。

[12 月 21 日　柬埔寨　农业]　农业部部长韩长赋在北京会见了来访的柬埔寨副首相兼农业与农村发展委员会主席尹财利、农林渔业部大臣翁萨坤，就深化中柬农业合作交换意见。韩长赋建议，中柬农业部门全面落实两国领导人共识，切实加强在水稻育种、规划编制、农产品深加工、水产养殖、动物疫病防控等领域的务实合作，促进柬现代农业发展。

[12 月 24 日　日本　环保]　由中国国家发展和改革委员会、商务部、驻日本使馆与日本经济产业省、日中经济协会共同举办的第十一届中

日节能环保综合论坛在日本东京举行。国家发展和改革委员会副主任张勇、商务部副部长高燕、驻日本大使馆代办刘少宾、日本经济产业大臣世耕弘成、环境大臣中川雅治、经济产业大臣政务官平木大作、日中经济协会会长宗冈正二等出席论坛并分别发表演讲。

（二）北美

[1月9日　美国　科技]　由中国科技部和美国国务院共同主办的第11届"中美青年科技论坛"在美国华盛顿举行，双方分享并探讨了公众可以通过数据采集与分析、环境健康风险沟通、环境政策制定等方式深度参与环境健康问题的研究，推动大气、水及土壤污染的认知和环境治理。

[1月11日　美国　反倾销]　商务部发布2016年第79号、80号公告，公布对原产于美国的进口干玉米酒糟反倾销及反补贴调查的最终裁定，裁定原产于美国的进口干玉米酒糟存在倾销及补贴，决定自2017年1月12日起，对上述产品征收反倾销税及反补贴税，税率分别为42.2%—53.7%及11.2%—12.0%不等，征收期限为5年。

[1月17日　美国　综合]　国家主席习近平在达沃斯会见美国副总统拜登。习近平指出，中美建交38年来，两国关系历经风雨，但总体不断向前发展。在双方共同努力下，中美关系沿着正确方向发展，并取得重要积极成果。两国双边贸易、双向投资存量、人员往来均创下历史新高。拜登表示，美中关系是极为重要的双边关系。在21世纪，美中两国的增长和繁荣对世界都至关重要。美方希望美中两国能够继续加深互信、扩大合作。

[1月18日　美国　财政]　国务院副总理汪洋与美国财政部长雅各布·卢通话，就中美经济关系有关问题交换了意见。

[2月8日　美国　通信]　工业和信息化部副部长刘利华在北京会见格罗方德半导体公司首席执行官桑杰·贾，就集成电路产业发展及合作相关议题交换意见。刘利华表示，我们鼓励并推动中美集成电路产业界开展全方位合作，实现互利共赢。希望格罗方德公司与中国业界加强集成电路制造工艺、设计研发、产品应用、人才培养等多方面合作，推动产业链上下游协同发展，建设良性产业生态体系。桑杰·贾表示愿与中国业界加强集成电路先进制造工艺领域合作，共同培育相关产业链。

[2月10日　美国　综合]　国家主席习近平同美国总统特朗普通电话。习近平指出，我们愿意加强同美方在经贸、投资、科技、能源、人文、基础设施等领域互利合作，加强在国际和地区事务中沟通协调，共同维护世界和平稳定。特朗普表示，美方致力于加强两国在经贸、投资等领域和国际事务中的互利合作。

[2月17日　美国　综合]　外交部长王毅在德国波恩出席二十国集团外长会期间会见美国国务卿蒂勒森。美方期待与中方开展高层交往，增进相互理解，维持、完善和加强各领域对话合作机制，在经济、金融、安全等领域加强合作，推动两国关系实现更大发展。

[2月17日　美国　财政]　国务院副总理汪洋与美国财政部长姆努钦通话，双方就中美经济合作等问题交换了意见。此外，财政部长姆努钦还与中国人民银行行长周小川、中央财经领导小组办公室主任刘鹤及财政部部长肖捷等人分别通了电话。姆努钦在电话中强调，他期待着在自己任内发展强劲的美中关系，其并强调了未来实现更均衡双边经贸关系的重要性。

[2月18日　加拿大　自贸区]　外交部长王毅出席慕尼黑安全会议期间会见加拿大外交部长弗里兰。王毅表示，中加可以共同促进贸易自由化进程，推动全球化向更加包容、普惠方向发展。弗里兰表示，加方愿与中方继续深化经贸合作，加紧加中自贸协定可行性研究，向国际社会发出

共同维护全球贸易自由化的积极信号。

[2 月 20 日　**美国　能源**]　　国家能源局副局长李凡荣在北京会见埃克森美孚（中国）公司现任董事长苏励文和候任董事长万立帆，双方就进一步加强中方与埃克森美孚的合作等交换了意见。

[2 月 20—24 日　**加拿大　自贸区**]　　中国—加拿大自贸区联合可行性研究暨探索性讨论第一次会议在北京举行。加拿大是世界第十大经济体，也是中国重要经贸伙伴。双方将在联合可行性研究中深入分析两国经贸合作潜力，并通过探索性讨论就各自关注问题及对未来自贸协定的预期广泛交换意见，为两国政府未来是否启动自贸区谈判提供参考依据。

[2 月 23 日　**美国　金融**]　　中国人民银行副行长潘功胜在北京会见了来访的彭博公司全球执行副总裁 Jean-Paul Zammitt 一行，双方就中国债券市场对外开放有关问题交换了意见。近年来，中国人民银行积极推动中国债券市场对外开放，积极支持境外机构在境内发行债券，同时积极引进境外投资者投资中国债券市场。彭博公司将于 3 月 1 日推出两项包含中国债券市场的彭博巴克莱固定收益指数，并继续向境外投资者宣介中国债券市场。

[3 月 1 日　**美国　综合**]　　国务委员杨洁篪在美国国务院会见了美国国务卿蒂勒森。杨洁篪表示，中方愿同美方一道，按照两国元首达成的共识，秉持不冲突不对抗、相互尊重、合作共赢原则，加强高层及各级别交往，深化双边各领域交流合作，拓展国际地区和全球问题上的沟通协调，尊重彼此的核心利益和重大关切，推动中美关系持续健康稳定发展，惠及两国和世界各国人民。蒂勒森表示，特朗普总统和习近平主席为美中关系发展确定了积极的基调。美方愿同中方共同努力，从更广阔的角度看待两国关系，加强高层对话与交往，不断拓展经贸等各领域合作，通过协商妥善处理敏感问题，使美中关系取得更好发展，为促进国际和地区和平繁荣多作贡献。双方还就共同关心的国际地区问题交换了意见。

[3月13日　**美国　科技**]　国家发展和改革委员会副主任林念修在北京会见了美国格罗方德半导体公司首席执行官桑杰·贾，双方就格罗方德公司在华投资合作情况及全球半导体产业发展和国内集成电路产业发展情况进行了交流。

[3月15日　**美国　财政**]　财政部部长肖捷在北京会见了美国前财长、保尔森基金会主席保尔森，双方就中美两国经济形势等议题交换了意见。

[3月18日　**美国　金融**]　中国人民银行行长周小川在德国巴登巴登出席G20财长和央行行长会议期间会见了美国财长史蒂文·姆努钦，双方就中美金融合作等问题交换了意见。

[3月19日　**美国　综合**]　国家主席习近平在北京会见美国国务卿蒂勒森。习近平指出，当前，中美关系发展面临重要机遇。希望双方按照我同特朗普总统达成的共识和精神，加强高层及各级别交往，拓展双边、地区、全球层面各领域合作，妥善处理和管控敏感问题，推动中美关系在新起点上健康稳定向前发展。蒂勒森转达了特朗普总统对习近平主席的问候，表示特朗普总统高度重视同习主席的通话联系，期待着尽早举行两国元首会晤，并有机会对中国进行访问，为美中关系未来50年的发展确定方向。美方愿本着不冲突不对抗、相互尊重、合作共赢的精神发展对华关系，不断增进美中相互了解，加强美中协调合作，共同应对国际社会面临的挑战。此外，外交部长王毅和国务委员杨洁篪也分别与蒂勒森举行会谈。

[3月20日　**美国　科技**]　科技部副部长王志刚在北京会见了美国兰德公司总裁迈克尔·里奇一行。王志刚表示科技部愿意继续加强并扩展与兰德公司的合作，共同为科技进步、推动经济社会发展、应对全球挑战作出更多贡献。里奇介绍了兰德公司对华合作的进展，愿与中国在创新时代进一步加强交流与合作。

[3月21日　美国　农业]　农业部副部长屈冬玉在北京会见了美国玛氏公司董事会主席贝思文。屈冬玉表示，作为全球最大的跨国食品企业之一，近年来玛氏公司不断扩大对华投资，为中国农业发展作出了积极贡献，当然也实现了企业自身快速发展。我们希望包括玛氏公司在内的美国农业产业界为进一步推动中美农业合作、促进中美关系发挥积极作用。

[3月24日　美国　农业]　农业部副部长屈冬玉在北京会见了来华访问的比尔及梅琳达·盖茨基金会联席主席兼理事比尔·盖茨一行，双方就加强农业领域务实合作尤其是共同推动非洲农业发展进行了坦诚交流。会后，双方签署了《中华人民共和国农业部与比尔及梅琳达·盖茨基金会农业合作谅解备忘录》。

[4月6—7日　美国　综合]　国家主席习近平赴美国佛罗里达州海湖庄园，同特朗普总统举行中美元首会晤。习近平指出，合作是中美两国唯一正确的选择，要充分用好新建立的外交安全对话、全面经济对话、执法及网络安全对话、社会和人文对话4个高级别对话合作机制。推进双边投资协定谈判，推动双向贸易和投资健康发展，探讨开展基础设施建设、能源等领域务实合作。加强在联合国、二十国集团、亚太经合组织等多边机制内的沟通和协调，共同维护世界和平、稳定、繁荣。特朗普表示，双方团队已经通过启动外交安全对话、全面经济对话进行了直接沟通交流，并取得实质性进展。美方愿同中方继续加强经贸、两军、人文等各领域合作。7日，习近平在美国阿拉斯加州安克雷奇会见阿拉斯加州州长沃克。习近平强调，地方合作是中美关系中最具活力的组成部分之一。中国同阿拉斯加州产业互补性强，双方要拓宽合作领域，深化能矿、油气资源、渔业等合作，加强旅游合作。沃克表示，阿拉斯加资源丰富，愿密切同中国在农业、渔业、油气、矿产、旅游等领域合作。

[4月10日　美国　财政]　财政部副部长朱光耀在京会见了美亚学会美国国会助手团，双方就共同关心的议题交换了意见。

[4月10日　**美国　投资、贸易**]　　国务院总理李克强在北京会见美国新一届国会成立后首个访华的联邦参、众议员代表团。李克强表示，愿同美方加强各领域、各层级交往和对话，在相互尊重、互利互惠基础上推动中美关系取得更大发展。中美互为第一大贸易伙伴，经济利益高度融合，完全可以通过深化合作实现互利双赢。中方愿同美方扎实推进双边投资协定谈判取得务实进展，扩大贸易往来、双向投资和地方等领域合作，通过对话协商处理分歧和摩擦，实现两国经贸关系更加平衡发展。

[4月12日　**美国　通信**]　　工业和信息化部副部长刘利华在北京会见美国英特尔公司执行副总裁斯泰西·史密斯，双方就集成电路产业发展、英特尔公司在华合作等议题交换了意见。

[4月12日　**美国　综合**]　　国家主席习近平同美国总统特朗普通电话。习近平强调，下一步，双方要通过外交安全对话、全面经济对话、执法及网络安全对话、社会和人文对话4个高级别对话机制，推进经济合作"百日计划"实施，拓展两军、执法、网络、人文等方面交流合作，加强在重大国际和地区问题上的沟通协调，争取尽可能多的早期收获。特朗普表示，赞同美中双方应该共同努力，拓展广泛领域务实合作。

[4月18日　**加拿大　自贸区**]　　国务院总理李克强同加拿大总理特鲁多通电话。李克强表示，中加经济财金战略对话即将启动，中加自贸区探索性讨论第二次会议也将举行。中方愿与加方共同努力，扩大贸易往来和相互投资。加强在应对气候变化领域的合作，开展清洁能源等新兴领域合作，打造新的合作增长点。希望加方放宽对华高技术产品出口限制，相信这将有利于双边贸易平衡增长、务实合作提质升级。特鲁多表示，加方愿同中方拓展双边贸易投资往来与各领域务实合作，并为国际社会应对全球性挑战、增进和平与发展作出贡献。

[4月20日　**美国　农业**]　　农业部副部长屈冬玉在北京会见了美国农业部代理副部长帮办哈夫迈斯特。双方就美国牛肉输华、中国自产熟制

禽肉输美等问题交换了意见。哈夫迈斯特表示美方期待与中国农业部加强合作，推动农业领域有关共识早日取得成果。

[4月24日 美国 贸易] 国家发展和改革委员会副主任胡祖才在北京会见了美国联邦贸易委员会代理主席奥豪森，双方就当前各自的反垄断执法重点、反垄断立法、公平竞争审查制度等深入交换了意见，双方同意进一步加强中美反垄断领域合作。

[4月24日 美国 金融] 中国人民银行副行长易纲在纽约参加了中国人民银行与纽约联邦储备银行高级别研讨会，与纽约联邦储备银行行长达德利就中美两国经济金融形势、货币政策、金融监管等议题交换了意见。

[4月24—28日 加拿大 自贸区] 中国—加拿大自贸区联合可行性研究暨探索性讨论第二次会议在渥太华举行。双方将在联合可行性研究中深入分析两国经贸合作潜力，并通过探索性讨论就各自关注问题及对未来自贸协定的预期广泛交换意见，为两国政府未来是否启动自贸区谈判提供依据。

[4月24日 美国 金融、基础设施] 由彭博有限合伙企业和美国中国总商会共同主办，美国全国州长协会协办的"2017国际金融与基础设施合作论坛"4月24日在纽约彭博总部举行。中国驻美国大使崔天凯、前纽约市市长、彭博有限合伙企业创始人迈克尔·布隆伯格、中国人民银行副行长易纲、肯塔基州长马特·贝文、特朗普政府基础设施计划联席主席史蒂文·罗斯、理查德·勒弗莱克以及中国驻美国使馆、驻纽约总领馆、中美工商、智库、媒体各界人士200余人参加了论坛，共同就金融行业和美国基础设施等方面的国际合作，以及相应的机遇与挑战等话题进行了探讨。

[4月25日 加拿大 自贸区] 商务部部长钟山在北京与来华访问的加拿大国际贸易部长尚帕涅举行工作会谈。双方就双边经贸关系，自贸

协定可行性研究暨探索性讨论，中加在 G20、APEC、WTO 等多边机制框架下合作等议题深入交换意见。

[4月25日　**加拿大　财政**]　国务院副总理汪洋在北京与来访的加拿大财政部长莫诺、国际贸易部长尚帕涅举行会谈，共同启动中加经济财金战略对话。汪洋表示，中方愿与加方一道，认真落实两国领导人的共识，发挥好经济财金战略对话的作用，增进双方在事关两国和全球的战略性、长期性、全局性经济议题上的协调，扩大两国贸易、投资、金融、科技、清洁能源、基础设施、旅游等领域的合作，为中加战略伙伴关系发展注入新的动力。财政部副部长史耀斌参加对话。

[4月27日　**美国　财政**]　国务院副总理汪洋在北京会见美国保尔森基金会主席、前财政部长亨利·保尔森。双方就中美经济关系等共同关心的问题深入交换了意见。

[4月28日　**美国　综合**]　国务院副总理汪洋在北京会见美国保尔森基金会主席、前财政部长亨利·保尔森。双方就中美经济关系等共同关心的问题深入交换了意见。

[4月28日　**美国　科技**]　科技部副部长王志刚在北京会见了来访的美国思科公司首席执行官罗卓克一行。王志刚积极评价了思科公司在网络安全和智慧城市等方面与国内有关单位开展的合作，并介绍了中国高新技术产业发展情况。他建议思科公司利用自身技术和服务优势参与中国信息化建设，加强在物联网、人工智能、大数据等领域的合作。

[5月3日　**美国　贸易**]　第二十三届亚太经合组织（APEC）贸易部长会议在越南河内举行期间，商务部部长钟山与美国贸易代表莱特希泽举行工作会谈。钟山表示，习近平主席与特朗普总统在海湖庄园举行了历史性会晤，为中美关系发展指明了方向。中美互为重要的贸易投资合作伙伴，经贸关系是双边关系的"压舱石"和"推进器"。作为两国负责贸易的部长，在经贸领域加强合作、管控分歧，推动双边经贸关系有新发展、

新提高、新突破，是双方共同的任务。双方就中美经贸关系、中美经济合作"百日计划"、中美贸易逆差等问题进行了交流。

[5月8日　美国　金融]　国家发展和改革委员会副主任宁吉喆在北京会见了来访的美国彼得森国际经济研究所所长埃德蒙·博森一行。双方就中国和世界的经济形势，中国的结构性改革以及新经济统计等议题进行了深入交流。

[5月9日　美国　能源]　国家能源局副局长李凡荣在北京会见雪佛龙公司上游业务执行副总裁翟昌盛，双方就国际油气行业发展前景及进一步加强合作广泛交换了意见。

[5月9日　美国　金融]　国家发展和改革委员会副主任宁吉喆在北京会见了美国纽约联邦储备银行行长杜德利，就中美宏观经济形势、中美经济再平衡等议题进行了交流。

[5月9日　美国　投资]　国家发展和改革委员会副主任宁吉喆在北京会见了美国高盛集团总裁兼联席首席运营官石赫伟，就中美宏观经济形势、资本市场发展等议题进行了交流。

[5月11日　美国　金融]　中国人民银行副行长殷勇在北京会见了彼得森国际经济研究所所长波森一行，就经济金融形势和中美经济金融合作等问题交换了意见。

[5月11日　美国　科技]　科技部副部长黄卫在北京会见了美国IBM公司大中华区董事长陈黎明一行。双方就IBM公司进一步开展对华合作及信息技术发展趋势等共同感兴趣的话题进行了深入交流。

[5月12日　美国　贸易]　美国商务部当天发表了与中国政府达成的十大贸易问题的初步协议。协议内容包括在农产品贸易方面，双方将允许美国产牛肉和中国产家禽类加工产品出口到对方国家；在能源出口方面，美国将扩大对华天然气出口；在金融领域，美国金融公司被允许在中国发行债券等双方政府谋求开展金融监管方面的合作等。美国政府认为初

步协议的达成很大程度上降低了中美两国的贸易壁垒。

[5月14日　美国　一带一路]　中国人民银行行长周小川在出席"一带一路"国际合作高峰论坛期间，于北京会见了黑石集团主席兼首席执行官苏世民，主要就中美经济金融合作交换了意见。

[5月19日　美国　能源]　国家能源局副局长李凡荣在北京会见美国切尼尔公司LNG战略副总裁安德鲁·沃克，双方就美国LNG出口现状和中美两国下一步LNG合作等交换了意见。

[5月20日　美国　贸易]　国务委员杨洁篪同美国国务卿蒂勒森通电话。杨洁篪表示，习近平主席同特朗普总统海湖庄园会晤以来，在两国元首共识引领下，中美关系取得新的重要积极进展。下一阶段，双方要继续落实两国元首共识，保持高层及各级别交往势头，推进实施经济合作百日计划，拓展各领域务实合作，在重大国际地区问题上加强沟通协调。

[5月21日　美国　贸易]　第二十三届亚太经合组织（APEC）贸易部长会议在越南河内举行期间，商务部部长钟山与美国贸易代表莱特希泽举行工作会谈。双方就中美经贸关系有关议题坦诚深入交换意见。

[6月5日　美国　能源]　科技部部长万钢在北京会见了美国能源部长里克·佩里一行。双方就中美清洁能源联合研究中心、清洁能源·创新使命峰会、电动汽车倡议等议题进行了深入交流。

[6月6日　美国　科技]　科技部部长万钢在北京会见了来访的美国加利福尼亚州州长杰里·布朗一行，双方就清洁能源合作等共同关注的话题交换了意见，并正式签署《中华人民共和国科学技术部与美利坚合众国加利福尼亚州政府关于推动低碳发展与清洁能源合作的研究、创新和投资谅解备忘录》，建立中国—加利福尼亚州清洁技术伙伴关系。

[6月6日　美国　一带一路]　国家主席习近平在北京会见美国加利福尼亚州州长埃德蒙·布朗。习近平强调，地方交流合作是中美关系的重要支柱，对推动中美关系发展具有重要作用。近年来，两国地方交流合

作蓬勃发展，成果丰硕。中美两国省州要加强发展战略对接，创造更多合作亮点，把地方交流和合作打造成中美关系发展新的增长点。加利福尼亚州在美国具有重要经济社会影响，希望加利福尼亚州能为推动中美地方交流，促进两国在科技、创新、绿色发展等领域合作作出更多贡献。我们欢迎加利福尼亚州积极参加"一带一路"建设。布朗表示，加利福尼亚州高度赞赏并愿积极参加共建"一带一路"，期待加强同中国地方在经贸投资、清洁技术、低碳环保等领域合作。

[6月7日　加拿大　环保]　科技部副部长王志刚在北京会见了加拿大自然资源部部长詹姆斯·卡尔一行。王志刚书记指出，清洁技术是中加双方共同确认的重点合作领域，希望双方继续在双边和多边机制下大力推动清洁技术创新合作，共同应对包括气候变化在内的全球性挑战。

[6月8日　美国　气候]　中国气候变化事务特别代表解振华与美国加利福尼亚州埃德蒙·布朗州长共同出席清华大学举办的题为"清洁能源与低碳发展"的中国—加州高级别对话会。解振华特别代表和布朗州长共同为由清华大学和加州共同组建的"中美气候变化研究院"揭幕。

[6月8日　美国　农业]　农业部副部长屈冬玉在北京会见了美国农业部代理副部长帮办哈夫迈斯特。屈冬玉表示，中方正在积极推动于今年7月16日前实现美国牛肉输华实质性贸易，希望美方尽快解决中国自产熟制禽肉输美程序。哈夫迈斯特表示，美方正在加快进程，争取尽早完成中国自产熟制禽肉输美法律程序。

[6月8日　美国　能源]　国务院副总理张高丽在北京会见美国能源部长里克·佩里。张高丽表示，希望双方加强在化石能源、可再生能源等领域的务实合作，共同推进能源的清洁转型，为全球能源可持续发展作出贡献。佩里表示美方愿与中方深化能源科技合作，携手应对共同的挑战，推动两国关系发展。科技部部长万钢参加会见。

[6月14日　美国　金融]　财政部部长肖捷在北京会见了哈佛大学

经济学教授马丁·费尔德斯坦一行，双方就共同关心的议题交换了意见。

[6月14日 **加拿大 贸易**] 外交部长王毅在北京会见加拿大新任驻华大使麦家廉。王毅表示，中加两国都致力于推进多边主义，维护世界和平与稳定，促进全球自由贸易。中方愿同加方一道，保持高层交往，深化经贸、执法等领域务实合作，妥善处理分歧和敏感问题，推动两国战略伙伴关系持续稳定发展。麦家廉表示，加中两国在促进贸易自由化、应对气候变化、保护环境等方面拥有重要共同利益，合作空间广阔。

[6月19日 **加拿大 自贸区、财政**] 国务院总理李克强同加拿大总理特鲁多通电话，就双边关系和共同关心的国际地区问题交换意见。李克强表示，中加关系与各领域交流合作不断取得新进展。两国经济财金战略对话已于2017年4月启动，第三轮自贸区可行性研究即将举行。我们愿同加方深入推进贸易投资、清洁能源、环保、农业等领域合作，积极开展第三方市场合作，共同推动贸易投资自由化便利化。

[6月20日 **美国 贸易**] 国家发展和改革委员会副主任宁吉喆在北京会见了中国美国商会会长毕艾伦及会员单位代表，听取了商会就《美国企业在中国》白皮书的介绍，并就有关外资政策及美方关切问题进行了沟通。

[6月21日 **美国 贸易**] 商务部国际贸易谈判代表兼副部长傅自应会见美国高通公司全球总裁德里克·阿博利一行，听取其关于经营者集中反垄断审查情况的汇报，并与其就中美经贸关系进行交流。

[6月22日 **美国 一带一路**] 美国总统特朗普在华盛顿会见正在出席首轮中美外交安全对话的国务委员杨洁篪。杨洁篪表示，中美双方就经济合作百日计划"早期收获"事项达成一致，并就重大国际和地区问题保持沟通与协调。中方愿在共建"一带一路"方面与美方开展合作。特朗普表示，美方愿同中方在"一带一路"有关项目上进行合作。同日，杨洁篪还会见了美国总统国家安全事务助理麦克马斯特和总统高级顾问库

什纳。

[6月22日　**美国　贸易**]　商务部新闻发言人孙继文表示，中美经济合作"百日计划"已达成10项早期收获成果，目前正在进行后续成果磋商，有望取得更多务实成果。"百日计划"早期收获成果包括农产品贸易、投资、能源、金融服务等多个领域，目前各项成果落实工作进展顺利。

[6月30日　**美国　农业**]　农业部部长韩长赋在北京会见了来访的美国农业部部长珀杜，就加强中美农业合作交换意见。韩长赋指出，中美双方都是全球重要的农业大国，两国农业具有广泛的共同利益与合作空间。中方愿与美方共同努力，继续完善双边合作机制，在平等、互利、共赢的基础上，进一步推动两国农业合作再上新台阶。

[7月3日　**美国　贸易**]　国务院副总理汪洋与美国商务部长罗斯通话，双方就中美经济关系等问题交换了意见。

[7月3日　**美国　综合**]　国家主席习近平同美国总统特朗普通电话。双方就中美关系和二十国集团领导人汉堡峰会交换了意见。习近平指出，当前，全球经济面临挑战。中美有必要同其他成员一道，加强二十国集团作用，形成合力。各成员应该加强沟通、协调、合作，围绕"塑造联动世界"的主题，推动汉堡峰会取得积极成果，促进世界经济增长。特朗普表示，即将在德国汉堡举行的二十国集团领导人峰会议题广泛，十分重要。两国元首同意在德国汉堡举行会晤，就共同关心的问题继续交换意见。

[7月8日　**美国　综合**]　国家主席习近平在二十国集团领导人汉堡峰会闭幕后会见美国总统特朗普，就中美关系及共同关心的重大国际和地区问题深入交换意见。习近平指出，两国元首同意保持高层密切交往，增进双方战略互信。双方商定首轮全面经济对话于7月19日举行，并将于近期举行首轮执法及网络安全对话、社会和人文对话。双方将充分发挥

4 个高级别对话机制作用，增进相互了解，推进务实合作。习近平指出，中美经济合作"百日计划"已取得重要进展，双方正商谈开展一年合作计划。双方要共同推动两国经济关系健康稳定发展。

[7 月 13 日　加拿大　自贸区、能源、农业等]　国家主席习近平在北京会见加拿大总督约翰斯顿。习近平指出，中加应深化经贸、执法、科技、人文等领域交流合作。双方要尽早启动自由贸易协定谈判，提升两国贸易水平，扎实推进能源资源、现代农业、清洁技术等领域务实合作。双方要加强在多边事务中的协调和配合，共同维护联合国权威，积极应对气候变化等全球性问题。约翰斯顿表示，加方愿同中方加强经贸、科技、体育等领域交流合作，密切国际和地区事务中的沟通协调。同日，国务院总理李克强会见约翰斯顿。

[7 月 13 日　美国　科技]　科技部部长万钢在北京会见了美国新任驻华大使特里·布兰斯塔德一行。双方就中美科技合作等议题进行了深入交流。万钢指出，未来科技部愿同美方进一步深化合作，共同推动科技前沿发展，为两国乃至世界人民谋福祉。布兰斯塔德大使表示在任期间愿与中方保持密切交流，继续稳步推进中美科技创新合作。

[7 月 14 日　美国　财政]　国务院副总理汪洋与美国财政部长姆努钦、商务部长罗斯通话，双方就中美经济关系和首轮中美全面经济对话准备情况等交换了意见。

[7 月 18 日　美国　贸易]　美国商务部部长罗斯在华盛顿举办的中美工商界联合欢迎午餐会发表演讲称，"中美之间存在必须纠正的严重的贸易不均衡"。美国财政部部长姆努钦也在会议上进行了致辞，围绕经济对话的成果称"希望达成有关短期和长期课题的明确协议"。中国国务院副总理汪洋发表演讲时呼吁："合作是两国唯一正确的选择"，希望中美避免对立，探索合作。汪洋提及美国以安全保障上的理由限制高技术产品对华出口的情况，称"如果美国将对华出口管制程度降至对巴西的水平，

对华贸易逆差最多可缩减 24%"，指出对华逆差原因的一端在于美国。

[7 月 19 日 美国 贸易] 首轮中美全面经济对话在美国华盛顿举行。国务院副总理汪洋与美国财政部长姆努钦、商务部长罗斯共同主持。双方就中美贸易投资、经济合作百日计划和一年计划、全球经济和治理、宏观经济政策和金融业、农业等议题进行了深入讨论，达成广泛共识。双方认为，本轮对话最重要的成果，就是确立了中美经济合作的正确方向，即坚持把合作共赢作为发展双边经贸关系的基本原则，把对话磋商作为解决分歧的基本方法，把保持重大经济政策沟通作为对话合作的基本方式，这为未来合作奠定了坚实的基础。双方就开展经济合作一年计划进行了讨论，同意围绕宏观经济和金融、贸易合作、投资合作、全球经济治理等方面开展合作，努力争取实现早期收获。

同日，农业部副部长屈冬玉与美国农业部代理副部长帮办哈夫迈斯特在美国华盛顿共同主持召开了首轮中美全面经济对话农业平行会议。中美双方就农业政策与农产品贸易、中国自产熟制禽肉输美、中美禽肉双向解禁与对等贸易、美国大豆合作研究、中国输美乳制品和水产品自动扣留措施、美方变更鲇鱼监管机构等问题充分交换了意见，并就中美农业合作下一步工作达成基本共识。

[7 月 25 日 美国 农业] 农业部部长韩长赋在北京会见了美国艾奥瓦州州长金·雷诺兹，就推进中美农业合作进行交流。韩长赋建议，双方可以积极探讨加强合作的重点领域与项目；鼓励双方企业农业双向投资；希望艾奥瓦州在中美农业合作中发挥更大作用，推动中美农业互利、平等、共赢发展。雷诺兹表示艾奥瓦州希望向中国出口更多的优质农产品，并愿意为发展中美农业合作关系做更多推动工作。

[7 月 31 日—8 月 4 日 加拿大 自贸区] 中国—加拿大自贸协定联合可行性研究暨探索性讨论第三次会议在北京举行。经过为期 5 天的密集磋商，双方就联合可研报告以及各自对未来自贸协定的预期深入交换了意

见，达成广泛共识，为尽快完成联合可研和探索性讨论奠定了良好基础。

[7月31日　**美国　贸易**]　　商务部部长钟山在北京会见美国驻华大使布兰斯塔德，就中美经贸关系及双方关注议题交换意见。

[8月4日　**美国　气候**]　　中国气候变化事务特别代表解振华在北京会见了麦克罗伊教授率领的哈佛大学代表团。哈佛大学代表团介绍了哈佛中国能源、经济与环境项目正在开展的相关跨学科研究项目情况，双方就节能环保及应对气候变化领域面临的相关挑战及焦点问题交换了意见。

[8月9日　**加拿大　自贸区等**]　　外交部长王毅在北京同加拿大外长弗里兰举行第二次中加外长年度会晤。王毅表示，双方要保持高层和各级别交往，用好有关对话机制，加强对两国关系的战略规划；要以推进中加自贸区建设为主线，深化各领域互利合作；要以共同打击跨国犯罪为目标，扩大反腐败和司法执法合作；要本着相互尊重的精神，妥善处理分歧和敏感问题；要加强多边领域协调，维护以联合国为核心的国际体系，共同应对全球性挑战。弗里兰表示，加方愿同中方积极探讨启动加中自贸协定谈判。加方重视中国在全球事务中的作用，愿同中方开展合作，共同维护国际秩序，促进自由贸易。

[8月17日　**加拿大　投资**]　　国家发展和改革委员会副主任宁吉喆在北京会见了加拿大驻华大使麦家廉一行。宁吉喆与加方就其关心的中国外资政策、知识产权保护、公平竞争、政府采购和贸易便利化等问题进行了深入交流，双方还就深化中加投资贸易和经济技术合作等交换了意见。

[8月23日　**美国　投资**]　　商务部发布公告，以附加限制性条件的形式批准了博通有限公司收购博科通讯系统公司股权案。商务部于1月17日收到博通收购博科股权的经营者集中申报，3月6日立案审查，进一步审查延长阶段截止日为8月28日。博通和博科均为美国企业，在光纤通道存储领域占据领先地位，二者交易和集中后，可能会削弱市场竞争性，因此商务部决定附加限制条件批准此项集中。在审查过程中，商务部

与欧盟、美国等反垄断执法机构进行了密切合作，多次就审查进展、竞争关注等交换意见。

[9月1日 **美国 气候**] 中国气候变化事务特别代表解振华在北京会见了休利特基金会环境项目主任、前美国气候变化特使潘兴博士，就中美气候变化领域合作和推动绿色低碳发展等议题交换了意见。

[9月11日 **美国 农业**] 农业部部长韩长赋在北京会见了美国驻华大使布兰斯塔德，就深化中美农业合作交换意见。韩长赋指出，两国元首高度重视中美农业合作，这是双方开展工作的坚实基础。中方愿与美方进一步加强在合作机制、农业科技、多边合作等领域交流，积极落实元首会晤共识，照顾彼此利益与关切，维护中美经贸关系稳定健康发展。

[9月15日 **美国 综合**] 国家发展和改革委员会主任何立峰在北京会见了美国新任驻华大使布兰斯塔德，就中美经济领域双方关切议题交换了意见。

[9月20日 **美国 农业**] 农业部副部长屈冬玉会见了美国众议院"美中工作小组"访华团。屈冬玉指出，美国众议院"美中工作小组"自2005年成立以来，为促进美国众院对华了解、增进中美外交和经贸关系作出了积极贡献，中方对此表示赞赏。中方愿与美方继续努力，落实两国元首会晤共识，推动两国农业合作健康发展。

[9月23日 **美国 农业**] 农业部副部长屈冬玉赴河北省承德市滦平县虎什哈镇六道河村出席中美友谊示范农场启动仪式并致辞。屈冬玉表示，近年来中美农业合作取得积极进展，省州合作日益成为重要内容。中美友谊示范农场是落实2017年4月习近平主席与特朗普总统会晤共识的重要举措，对于丰富中美农业合作内涵、增进河北省与美国艾奥瓦州农业交流具有重要意义。

[9月25日 **美国 综合**] 国家发展和改革委员会主任何立峰在北京会见并宴请美国阿拉斯加州州长比尔·沃克，双方就推动中国与阿拉斯

加州经贸合作，特别是能源领域合作等议题进行了交流。

[9月25日　美国　贸易]　国务院总理李克强在北京会见来访的美国商务部长威尔伯·罗斯。李克强表示，中美互为最大贸易伙伴，两国经贸关系的主流是合作，共同利益远大于分歧。我们愿同美方扩大货物、服务贸易规模，通过对话协商妥善处理摩擦与分歧；中国欢迎更多美国企业来华投资兴业，同时希望美方对中国企业赴美投资给予公平待遇，放宽高技术产品对华出口，使中美经贸合作在动态平衡中取得更大发展。罗斯表示，美方欢迎中方稳步加快对外开放步伐，愿以务实态度同中方加强对话沟通，不断拓展贸易投资合作，扩大人文交流与人员往来，力争尽快促成更多合作成果，推动美中关系取得更大发展。

此前，9月24日，商务部部长钟山与罗斯举行工作会谈。双方就中美经贸关系、特朗普总统访华经贸成果准备等议题深入交换意见。

25日，工业和信息化部部长苗圩会见了罗斯，双方就中美工业和信息通信领域关注问题交换意见。

[9月27日　美国　科技]　国务院副总理汪洋在北京会见美国戴尔科技集团董事长兼首席执行官迈克尔·戴尔。

[10月5日　美国　贸易]　商务部发布公告，以附加限制性条件的形式批准了惠普公司收购三星电子有限公司部分业务案。经审查，交易后惠普在中国A4幅面激光打印机市场份额超过50%，具有市场支配地位，可能会通过不合理定价等行为排除、限制中国A4幅面激光打印机市场竞争，并可能通过降低与第三方耗材的兼容性、不实广告宣传等方式，搭售惠普原装打印耗材，排除、限制中国A4幅面激光打印耗材市场竞争，减少消费者选择，最终损害消费者利益。商务部决定附加限制性条件批准此项经营者集中。

[10月14日　美国　金融]　中国人民银行行长周小川在华盛顿会见了美国财政部长姆努钦，就中美经济金融合作等问题交换了意见。

[10 月 17 日　**美国　财政、金融**]　财政部副部长刘伟在北京会见俄联邦国库局局长阿尔秋欣，双方就中俄财金领域政策协调、进一步落实双边国库管理合作备忘录等深入交换了意见。

[10 月 25 日　**美国　综合**]　国家主席习近平同美国总统特朗普通电话。特朗普祝贺中国共产党第十九次代表大会胜利闭幕，祝贺习近平再次当选中共中央总书记。特朗普表示，中国共产党第十九次代表大会举世瞩目，他也密切关注习主席在会上发出的重要政策信息。美国人民都在热议我即将对中国进行的国事访问，他期待着同习主席在北京会面，就加强美中合作及共同关心的国际和地区问题充分交换看法。

[10 月 26 日　**加拿大　能源**]　第五次中国—加拿大能源合作联合工作组会议在北京召开。国家能源局副局长李凡荣和加拿大自然资源部助理副部长杰·科斯拉共同主持会议，加拿大驻华大使约翰·麦家廉出席会议并致辞。会议期间，双方代表就中加能源发展战略、能源现状及最新进展、石油与天然气、能效和可再生能源、核能、智能电网等议题展开积极交流，并就中加能源二轨对话机制达成共识。会后，中加能源二轨对话主席单位签署了《中国—加拿大能源二轨对话框架》。

[10 月 27 日　**美国　综合**]　国务院副总理汪洋与美国商务部长罗斯通话，双方就美国总统特朗普访华有关经济成果准备工作、中美经贸关系相关议题等深入交换了意见。

[10 月 27 日　**美国　综合**]　财政部部长肖捷在北京会见美国驻华大使布兰斯塔德，朱光耀副部长陪同会见。双方就中美经济关系交换了意见。

[11 月 3 日　**美国　技术、能源**]　国务院总理李克强在北京会见美国泰拉能源公司董事长、微软公司创始人比尔·盖茨。李克强表示，中美双方在新一代核电技术研发领域开展了良好合作，两国企业成立合资公司，双方各持股一半，约定共享知识产权。这是中美在高技术领域合作的

一个创举。美方拥有当前领先技术，中方则有众智成突破的潜力，中国愿将自身人才资源优势同国外先进技术领先优势相结合，用好互联网平台，推动技术实现共享。同日，国家发展和改革委员会副主任、国家能源局局长努尔·白克力会见比尔·盖茨一行，双方就行波堆领域的合作交换了意见。

[11月8日　美国　贸易]　国务院副总理汪洋在北京与美国商务部长罗斯举行工作会谈，双方就中美经贸关系相关议题深入交换了意见。会谈后，汪洋与罗斯共同见证了特朗普总统访华部分商业成果的签约。美国商务部长罗斯率领28位美国企业首席执行官组成的贸易代表团与美国总统特朗普同期访华。

[11月8—10日　美国　贸易、投资等]　美国总统特朗普对中国进行国事访问。9日，国家主席习近平在北京同特朗普举行会谈。习近平强调，中美双方愿进一步加强宏观经济政策包括财政、货币和汇率政策的协调，并就各自结构性改革和全球经济治理有关问题保持沟通与协调。中方愿就增加自美方商品进口、各自外资安全审查政策同美方加强沟通。双方欢迎两国民航当局签署《适航实施程序》。双方欢迎《中美科技合作协定》及早续签。

中方按照自己扩大开放的时间表和路线图，将大幅度放宽金融业，包括银行业、证券基金业和保险业的市场准入，并逐步适当降低汽车关税。在2018年6月前在自贸试验区范围内开展放开专用车和新能源汽车外资股比限制试点工作。对干玉米酒糟在进口环节和国内环节实施相同的增值税政策，恢复免征进口环节增值税。中方要求美方切实放宽对华高技术产品出口管制、履行《中国加入世界贸易组织议定书》第15条义务、公平对待中国企业赴美投资、推动中金公司独立在美申请相关金融业务牌照进程、慎用贸易救济措施。双方将就中美经济合作一年计划或中长期合作规划保持沟通。

在特朗普访华期间，两国签署的商业合同和双向投资协议涉及总金额超过 2500 亿美元。双方取得的商业成果丰硕。既有贸易，也有投资；既有货物，也有服务；既有商品，也有技术，涉及能源、环保、文化、医药、基础设施等广泛领域，涵盖"一带一路"、三方合作、产业基金等方面合作。此外，两国企业家举行了圆桌会，与双方政府官员共同就中美经贸合作面临的机遇和挑战进行深入探讨。

9 日，习近平在北京同特朗普共同出席中美企业家对话会闭幕式并致辞。习近平强调，我们愿积极扩大从美国进口能源和农产品，深化服务贸易合作，也希望美方加大对华民用技术产品出口。我们将继续鼓励中国企业积极赴美投资，也欢迎美国企业、金融机构积极参与"一带一路"有关合作项目。特朗普表示，美方愿同中方继续加强经贸领域互利合作，加强能源等领域合作，促进两国繁荣，妥善解决两国经贸关系中的问题。

9 日，国务院总理李克强在北京会见特朗普。李克强指出，中美合作中难免会遇到分歧和摩擦，比如美方关心的贸易逆差问题。中美要进一步相互扩大开放，为两国企业创造公平竞争的良好营商环境。欢迎美方拓展对华服务贸易，扩大高技术产品出口。特朗普积极评价此次访华成果，希望两国进一步加强合作，共同应对挑战，促进公平、平衡的经贸关系，推动美中关系与合作发展得更加强劲。

8 日，国务院副总理汪洋在北京与美国商务部长罗斯举行工作会谈，双方就中美经贸关系相关议题深入交换了意见。会谈后，汪洋与罗斯共同见证了特朗普总统访华部分商业成果的签约。

[11 月 11 日　**加拿大　自贸区**]　外交部长王毅在越南岘港会见加拿大外交部长弗里兰。王毅说，面对不确定的国际形势，中加加强战略合作是两国向世界发出的积极信号。中方愿与加方深化各领域合作，推进"中加自贸区"研究进程，为两国关系"黄金时代"增添新的内涵。加方赞赏中国在全球贸易体制和应对气候变化中发挥的积极作用，愿进一步加

强同中方的战略伙伴关系。

[11月17日 **加拿大 能源**] 国家发展和改革委员会副主任、国家能源局局长努尔·白克力在北京会见加拿大前总理斯蒂芬·哈珀一行，双方就中加能源领域合作等事宜深入交换了意见。

[11月20日 **加拿大 能源**] 国家发展和改革委员会副主任、国家能源局局长努尔·白克力在北京会见加拿大驻华大使麦加廉，双方就两国能源领域合作以及加拿大总理特鲁多访华期间能源领域拟达成的成果等议题深入交换了意见。

[11月21日 **加拿大 农业**] 农业部部长韩长赋在北京会见了加拿大农业与农业食品部部长麦考利，就深化中加农业合作交换意见。韩长赋表示，中加同为农业大国，农业互补性强，合作潜力大。中国正在推进农业绿色发展，希望与加方加强以农业绿色发展为重点的科技交流与合作，促进农业可持续发展。中加双方还可进一步加强渔业合作，推动大豆、水稻等种植业联合研究，促进中加农产品贸易与投资发展。

[12月4日 **加拿大 能源**] 国家能源局副局长李凡荣在北京会见加拿大前总理让·克雷蒂安一行，双方就加拿大长湖炼厂项目和中加企业在油气领域的合作前景等交换了意见。

[12月4—5日 **加拿大 气候、能源、投资等**] 国务院总理李克强在北京同加拿大总理特鲁多举行第二次中加总理年度对话。李克强充分肯定两国总理年度对话以及外长年度会晤、经济财金战略对话、高级别国家安全与法治对话等机制发挥的积极作用，一致同意发表《中加气候变化和清洁增长联合声明》，建立中加环境、清洁能源两个部长级对话新机制。我们愿同加方扩大双向贸易投资合作，鼓励两国企业结合自身优势，赴对方国家投资兴业、合作开拓第三方市场。挖掘创新合作潜力，拓展清洁技术、航空航天、民用核能、农业科技等新兴合作领域。中加在推进贸易投资自由化便利化问题上发出积极信号符合双方共同利益。

5日，国家主席习近平在北京会见加拿大总理特鲁多。习近平指出，中加双方要扩大务实合作，在能源资源、科技创新、航空交通、金融服务、现代农业、清洁技术等领域打造更多合作亮点。中方愿继续支持有实力的中国企业赴加拿大投资，也欢迎加拿大企业积极参与"一带一路"建设。要加强在气候变化等重要领域以及多边框架内的协调和合作。特鲁多表示，加方致力于在相互尊重、相互信任的基础上深化同中方关系，加强两国经贸、人文等各领域交流合作，密切在重大全球和地区问题上沟通协调。

［12月8日　加拿大　气候］　中国气候变化事务特别代表解振华在北京会见了加拿大环境和气候变化部部长麦肯纳，双方就中加气候变化合作、各自国内政策走向及气候变化国际谈判等交换了意见。

［12月8日　美国　能源］　国家能源局副局长刘宝华在北京会见美国休斯敦市市长西尔维斯特·特纳一行，双方就能源领域合作等交换了意见。

［12月9日　加拿大　环境］　第一次中加环境部长级对话在北京举行，环境保护部部长李干杰与加拿大环境与气候变化部部长凯瑟琳·麦肯娜女士共同出席对话会。双方就两国环保领域的最新政策与进展、双边环境合作进展和国合会（中国环境与发展国际合作委员会）合作等议题进行了深入交流。会后，双方共同续签了两国环保部门《中加环境合作谅解备忘录》。

（三）欧洲

［1月11日　芬兰　能源］　国家发展和改革委员会国家能源局副局长李仰哲会见芬兰经济和就业部常务秘书古泽森，双方就我国"十三五"能源发展规划、芬兰"灵活能源"概念以及两个未来能源合作等议题深

入交换了意见。

[1月16日 瑞士 一带一路] 国家主席习近平在伯尔尼同瑞士联邦主席洛伊特哈德举行会谈。习近平表示，中方愿同瑞方将创新合作落到实处，加强在数字化、智能制造、产能等方面合作，实现优势互补。双方维护全球贸易自由化进程，共同反对贸易保护主义，为落实《2030年可持续发展议程》作出贡献。瑞方积极支持"一带一路"合作倡议，愿同中方深化经贸、金融、创新等领域对话合作，共同致力于维护世界和平稳定，维护开放的全球贸易，反对贸易和投资保护主义。双方将推动中瑞自由贸易协定升级，扩大贸易、投资、金融、保险合作规模，加强能源、环保等领域合作，加强"一带一路"建设合作。商务部部长高虎城在陪同习近平对瑞士进行国事访问期间与瑞士联邦委员兼经济、教育和科研部长施奈德－阿曼举行会谈，在两国领导人的共同见证下，共同签署《中华人民共和国商务部和瑞士联邦经济、教育和科研部关于中国—瑞士自由贸易协定升级的谅解备忘录》，宣布启动中瑞自贸协定升级联合研究，共同探讨提升和丰富协定内容的可能性，将为进一步提升两国经贸合作水平，推动中瑞经贸合作迈上新台阶创造良好条件。

[1月17日 比利时 综合] 国家主席习近平在达沃斯会见比利时国王菲利普，双方深入挖掘合作潜力，以高端制造、生物医药、现代服务业、可持续发展等领域为重点，推动两国务实合作不断走向深入。中方始终坚定支持欧洲一体化进程，愿加快推进中欧和平、增长、改革、文明四大伙伴关系建设。中欧双方应该共同抵制贸易保护主义，维护公平自由的全球贸易和投资体系。

[1月17日 乌克兰 综合] 国家主席习近平在达沃斯会见乌克兰总统波罗申科，双方表示两国在物流、港口、农业、钢铁、机械制造等领域合作潜力巨大，要扩大两国政治、经贸合作。

[1月18—19日 瑞士 能源] 瑞士联邦主席兼环境、交通、能源

和电信部部长多丽丝·洛伊特哈德在瑞士达沃斯会见了国家发展和改革委员会副主任、国家能源局局长努尔·白克力。努尔·白克力表示，中方愿意以合作谅解备忘录的签署为契机，将两国的能源合作逐步深化，朝着务实高效的方向发展。双方商定尽快成立能源工作组，并于年内召开第一次工作组会议，重点就水电升级改造、电网系统优化以及能源科技创新等方面开展合作，以落实谅解备忘录。

同日，努尔·白克力在达沃斯会见了 ABB 集团董事长傅赛。双方就加强能源技术创新合作，尤其是可再生能源并网、电网安全稳定运行、智能电网和微电网发展等领域加强合作，进行了交流。努尔·白克力参观了 ABB 在苏黎世欧瑞康的工厂。

19 日，努尔·白克力在苏黎世与瑞士联邦材料测试与研究实验室（EMPA）、保罗谢勒研究所（PSI）、苏黎世理工大学能源研究中心（ETH）、瑞士电子和微技术研究中心（CSEM）、梅尔伯格公司（Meyer Burger）等机构负责人举行了座谈，参观了瑞士 Hunziker Areal 智慧能源小镇。努尔·白克力认真听取了瑞方代表关于先进建筑材料、氢能燃料电池、新一代太阳能光伏技术、光伏一体化建筑、先进储能技术、冬季清洁供暖等方面介绍，详细了解了瑞士在能源科技创新和产业化发展以及智慧能源城镇建设等方面的实践，并就两国能源合作与各方交换了意见。

[1 月 22 日　塞尔维亚　高铁]　国家发展和改革委员会副主任王晓涛与塞尔维亚交通和基础设施部部长顾问拉德·奥布拉多维奇在北京召开匈塞铁路项目工作会议。双方充分肯定匈塞铁路项目塞尔维亚段前一阶段取得的重要进展，就这一阶段工作进展进行了沟通和协商，研究部署了下一阶段重点工作任务。

[1 月 25 日　德国　综合]　国务院总理李克强同德国总理默克尔通电话，李克强表示，中方愿同德方推动二十国集团领导人汉堡峰会取得成功。李克强指出，中方将一如既往坚定支持欧洲一体化，期待同欧方共同

促进中欧关系取得更大发展。希望德方继续推动欧盟尽早履行《中国加入世界贸易组织议定书》第 15 条所做承诺。默克尔表示，德方愿深化经贸、新能源、电动汽车、第三方市场等诸多领域以及在二十国集团框架内的合作。德方高度赞赏中方支持欧洲一体化，愿进一步推动欧盟履行《中国加入世界贸易组织议定书》有关承诺，希望欧中投资协定谈判尽快完成。

[2 月 8 日　瑞典　通信]　工业和信息化部副部长陈肇雄在北京会见来访的爱立信集团总裁兼首席执行官鲍毅康。双方就爱立信集团在华业务、第五代移动通信研发应用等进行交流。陈肇雄表示，工业和信息化部鼓励支持中国企业与各国信息通信企业在信息通信领域开展广泛合作。爱立信与中国企业合作基础好、合作潜力大，希望爱立信与中国企业继续加强交流合作，特别是在 5G 领域推动形成全球统一标准。

[2 月 14 日　法国　能源]　国家能源局副局长李凡荣在北京会见道达尔集团执行委员会成员及上游业务总裁博雅克，双方就天然气利用现状和未来发展前景、油气企业发展和转型等深入交换了意见。

[2 月 16 日　德国、英国　投资、基础设施]　外交部长王毅赴德出席二十国集团外长会期间，在波恩与德国副总理兼外长加布里尔举行会谈。王毅表示，2017 年德国接力担任二十国集团主席国。中德作为二十国集团重要成员，应在去年杭州峰会成果基础上，加强二十国集团宏观政策协调，共同推动全球化再平衡，推进全球贸易投资自由化和便利化，为促进世界经济增长作出更大贡献。德方愿继续推动加快欧中投资保护协定谈判进程，支持扩大对华投资，欢迎中国对德投资。德方认为欧中班列等合作项目是德中、欧中关系密切的具体体现，愿同中方一道积极推进"一带一路"倡议。

王毅还会见了英国外交大臣约翰逊。王毅再次确认中英关系"黄金时代"定位。通过密切高层交往，引领"黄金时代"大方向，提升"黄金时代"含金量，不断为两国全面战略伙伴关系注入新内涵。中方愿与英方推进包括欣克利角核电站在内的旗舰合作项目，共同维护全球自由贸易体制，打造开放型世界经济。约翰逊表示，双方探索在非洲等地区开展经济社会领域的第三方合作。

[2月17日　西班牙　贸易、投资]　外交部长王毅在德国慕尼黑出席第53届慕尼黑安全会议期间，会见西班牙外交与合作大臣达斯蒂斯。王毅表示，西班牙是中国在欧盟中的好朋友和重要合作伙伴，双方也互为重要贸易和投资对象。两国经贸合作持续深化且前景看好。达斯蒂斯表示，西方愿同中方深化经贸和投资合作，探索在拉美地区开展三方合作。当前国际形势充满不确定性，西方愿同中方加强战略沟通，共同推动全球化进程，反对保护主义。

[2月21日　法国　能源、贸易]　国务院总理李克强在北京同来华进行正式访问的法国总理卡泽纳夫举行会谈。李克强指出，中方愿同法方重点深化核能全产业链合作，稳步推进中法英国欣克利角核电项目，探讨共同开发其他第三方核电市场，拓展航空航天合作，深化应对气候变化、绿色产业合作，加快推进武汉生态城项目，探讨开展农业全产业链合作，以及医药卫生、应对老龄化等新兴领域合作。欧盟应全面、彻底履行《中国加入世界贸易组织议定书》所作承诺。卡泽纳夫表示，法方愿同中方加强政治、经贸、投资、科技、农业、核能、环保、教育等各领域合作，与中方共同维护贸易自由化，化解保护主义。欧中拥有许多共同利益，相信双方能够在履行《中国加入世界贸易组织议定书》第15条义务方面找到妥善解决方案。

[2月22日　法国　全球治理]　国家主席习近平在北京会见法国总理卡泽纳夫。习近平指出，双方要抓好重点项目的落实，保持新兴领域合作的发展势头，充分调动和发挥两国企业和地方积极性主动性，就"中国制造2025"同法国"未来工业计划"发展战略对接。中方欢迎法方参与"一带一路"建设，支持两国企业在"一带一路"框架内开展合作。中法

要加强在国际事务中的合作，支持多极化进程，反对各种形式的保护主义，推动更为开放、包容、普惠、平衡、共赢的经济全球化。要继续推动全球治理变革，捍卫包括气候变化《巴黎协定》在内的全球治理成果，加强在二十国集团框架内合作，积极落实二十国集团领导人杭州峰会共识，推动汉堡峰会取得积极成果。中方支持欧洲走一体化道路，愿同欧方一道，推进中欧和平、增长、改革、文明四大伙伴关系建设，更好实现合作共赢。法方愿加强同中方在经贸、科研、核能、航空航天、汽车制造等领域和"一带一路"框架下基础建设等合作。

[2月22日　意大利　一带一路]　国家主席习近平在北京同意大利总统马塔雷拉举行会谈。习近平强调，中方欢迎意方积极参与"一带一路"建设，为深化双方合作搭建更为广阔的平台。双方应着眼全球新一轮科技和产业变革，深化创新合作。中方愿同意方在联合国、二十国集团等多边框架内就全球经济治理、多边主义、《2030年可持续发展议程》等重大议题保持密切沟通和配合，共同维护世界和平稳定发展。中国支持欧洲走一体化道路。马塔雷拉表示，意方愿密切同中方高层交往和经贸、文化等各领域合作，发展更加富有成效的经贸关系，推进"一带一路"框架下的人文交流。

[2月22日　法国　能源]　国家能源局副局长李仰哲在北京会见法国电力集团高级执行副总裁尤萨。双方就推进英国核电项目和台山核电站建设、中国企业参与法国阿海珐公司重组等深入交换了意见。

[2月23日　意大利　贸易]　国务院总理李克强在北京会见来华进行国事访问的意大利总统马塔雷拉。李克强指出，中方愿同意方深入对接发展战略，做好中长期合作发展规划，促进双向贸易投资持续平衡增长，加强创新政策交流与产学研合作，拓展第三方市场合作。希望意方为欧盟全面、彻底履行在《中国加入世界贸易组织议定书》中所作承诺发挥积极作用，促进中欧关系健康稳定发展。意方愿同中方加强高层交往，制订

好新的经济合作行动计划，拓展基础设施、科技、环保、创新等领域合作，促进相互贸易投资。

[2月24日 瑞典 通信] 工业和信息化部副部长陈肇雄在瑞典斯德哥尔摩分别与瑞典住房和数字发展部部长皮特·埃里克森、瑞典邮政电信总局代局长塔瑞娜·怀特曼举行了会谈。陈肇雄与皮特·埃里克森和塔瑞娜·怀特曼分别就电信普遍服务、数字经济发展、信息通信业监管、网络信息安全保障等进行了深入的交流，并就促进两国信息通信领域企业在第五代移动通信（5G）科技创新、标准制定、行业应用、产业发展等相关方面的合作，达成广泛共识。

[2月27日 芬兰 贸易、投资] 外交部长王毅在北京同来华访问的芬兰外交部长索伊尼举行会谈。中方愿同芬方充分对接发展战略，拓展在经贸投资、创新创业、互联互通、节能环保和北极科研等领域的合作。芬方非常重视中国在国际事务中发挥的重要作用，高度赞赏习近平主席在达沃斯世界经济论坛发表的重要演讲，愿和中方共同促进自由贸易，反对保护主义。芬方还愿积极推动两国在投资、环保、文化、旅游、冬季运动、北极等领域的合作。

[3月10日 摩尔多瓦 自贸区] 中国—摩尔多瓦自贸协定联合可行性研究第二次专家会以视频会议形式召开。双方就联合可研进展、可研报告内容和下一步工作计划等议题进行了交流并初步达成一致。

[3月13日 丹麦 一带一路] 外交部长王毅在北京同来华访问的丹麦外交大臣萨穆埃尔森举行会谈。王毅表示，中方愿同丹方进一步对接发展战略，深化在经贸投资、绿色发展、互联互通、创新创业、医疗养老、水资源管理、现代农业等领域的合作，推动中丹全面战略伙伴关系迈上新台阶。萨穆埃尔森表示，丹方高度重视中方提出的"一带一路"倡议，希同中方一道，为亚欧大陆互联互通作出积极贡献。

[3月13日 丹麦 贸易、投资] 商务部国际贸易谈判代表兼副部

长博自应与丹麦外交大臣萨穆埃尔森在北京共同主持召开中国—丹麦经贸联委会第 22 次会议。双方就中丹及中欧双边经贸关系、"一带一路"战略合作及两国在双向投资、医药、节能环保、农业和食品、创新和知识产权保护等领域合作交换意见。

[3 月 15 日　英国　能源]　国家发展和改革委员会国际能源局副局长李凡荣在北京会见 BP 集团执行副总裁戴尚亚，双方就未来全球油气行业发展态势、中国油气体制改革以及加强 BP 集团与中方企业合作等深入交换意见。

[3 月 16 日　德国　综合]　国家主席习近平同德国总理默克尔通电话。习近平指出，中德有责任推动各方共同建设开放型世界经济，维护多边贸易规则和体制的有效性、权威性。中德双方要加强经贸互利合作和沟通协商，统筹规划和落实好中德高级别财金对话、人文交流、安全对话等机制安排。中方支持德方主办二十国集团领导人汉堡峰会，愿同德方共同推动二十国集团发扬同舟共济、合作共赢的伙伴精神，推动汉堡峰会在杭州峰会的基础上，就国际经济合作和全球经济治理发出明确、强劲、积极信号，使全球经济增长更加强劲、治理更加有效、贸易更加开放、发展更加包容。习近平强调，中方支持欧洲一体化进程。默克尔表示，德方高度评价习近平主席 2017 年 1 月在达沃斯世界经济论坛发表的重要演讲，支持"一带一路"倡议，感谢中方支持德方主办二十国集团领导人汉堡峰会。德方愿同中方密切高层交往，加强经贸、投资、发展领域合作，深化人文交流，将德中全方位战略伙伴关系提高到新的水平。

[3 月 20 日　德国　能源]　国家发展和改革委员会副主任、国家能源局局长努尔·白克力在德国首都柏林会见了德国联邦经济事务和能源部长布丽吉特·齐普里斯。双方高度评价了近年来两国能源领域务实合作取得的积极成果，并就进一步深化能源各领域合作，共同推动、积极参与全球能源转型发展，以及对 2017 年 G20 峰会能源领域成果方面的关切深入

交换了意见。同日，努尔·白克力还在德国首都柏林会见了西门子管理委员会成员、能源领域全球首席执行官戴俪思，双方就进一步加强先进燃气轮机等关键技术合作进行了交流。

[**3月21日　瑞典　能源**]　国家发展和改革委员会副主任、国家能源局局长努尔·白克力在瑞典首都斯德哥尔摩与瑞典能源市场监管局及北欧电力市场机构举行座谈。双方就能源监管体系和电力市场建设进行了深入交流。

22日，努尔·白克力在瑞典索德塔尔杰市考察了斯堪尼亚汽车厂，并与斯堪尼亚就电动汽车发展、充电设施标准和可持续交通用能等问题进行了交流。应瑞典能源署邀请，努尔·白克力在瑞典韦斯特罗斯市考察ABB韦斯特罗斯研发中心，听取关于"哥特兰岛的智能电网"示范项目及ABB最新电力技术研发情况的介绍。随后，瑞典能源署组织了瑞典小型能源科技公司向代表团详细介绍了在水处理、微电网和智慧城市等方面开展的创新工作，并表达了与华开展合作的强烈意愿。

23日，努尔·白克力在瑞典首都斯德哥尔摩会见瑞典协调和能源大臣易卜拉欣·贝兰。双方就加强中瑞能源合作以及加强在国际能源署和清洁能源部长会议框架下的能源合作等议题，深入交换了意见，并签署了《中国国家能源局与瑞典环境和能源部关于能源领域合作的谅解备忘录》，旨在进一步加强中瑞在可再生能源、能源效率与节能、可持续城市能源系统和可持续交通用能等领域的合作，将中瑞能源合作推向新的更高的水平。努尔·白克力在瑞典首都斯德哥尔摩考察了瑞典皇家理工学院，与该院专家举行了座谈，就氢燃料电池等议题进行了交流。

24日，努尔·白克力在瑞典哥德堡市会见该市市长，听取了涵盖智能供热制冷、可持续交通、生物燃料技术等内容的智慧能源和智慧城市解决方案的介绍，就加强中瑞在清洁能源领域的合作深入交换了意见。会后，努尔·白克力还考察了瑞典Preem生物炼油厂、Volvo汽车公司等当地企业，双方就清洁能源技术、汽车电气化等议题进行了交流。

[3月27日　芬兰　科技]　中芬科技合作联委会第17次会议在赫尔辛基成功举办，中国科技部副部长黄卫和芬兰就业经济部常务国务秘书杰瑞·古泽森、副国务秘书皮德里·佩尔托宁主持会议。会议见证了《中国农业科学院与芬兰自然资源研究院合作备忘录》的签署。

[3月30日　塞尔维亚　一带一路]　国家主席习近平在北京同塞尔维亚总统尼科利奇举行会谈。习近平指出，我们要推动"一带一路"倡议同塞尔维亚再工业化国家战略紧密对接，稳步推进匈塞铁路等在建大项目，积极探讨共建工业园区，实现基础设施建设、产能合作、产业发展相互促进，加强农业、生物医药、可再生能源等合作。习近平强调，中国—中东欧国家"16 + 1合作"全面快速发展。中方期待塞方继续发挥作用，做好中塞双边合作同"16 + 1合作"对接。尼科利奇表示，塞方愿加强两国在基础设施、产能、矿产、农业等领域务实合作，积极参加"一带一路"建设，并为推进中国同中东欧国家互利合作作出努力。此外，国务院总理李克强也会见了尼科利奇。

[3月30日　比利时　科技]　首届中比科技创新对话在布鲁塞尔举行。科技部副部长黄卫、比利时科技国务秘书祖哈尔·德米尔、中国驻比利时大使曲星出席对话并致辞。中比科技创新对话是由中国科技部和比利时联邦科技政策办公室牵头举办的副部级对话机制。会上，双方围绕中比科技人员流动和高新园区合作两大主题进行深入交流，并签署了一系列机构间的科技创新合作谅解备忘录，就进一步加强中比科技创新的务实合作达成共识。

[4月4日　法国　能源]　中法核安全合作指导委员会会议在法国巴黎召开。环境保护部副部长、国家核安全局局长刘华与法国核安全局局长弗兰克·谢维共同主持了会议。刘华首先向法方详细介绍了中国的核安全监管体系、中国核工业总体安全现状、核安全监管重要进展以及福岛后

安全改进和落实《维也纳核安全宣言》4 个方面的主要工作。谢维向中方介绍了法国核能发展政策变化、法国在高放废物长期储存方面所做的努力以及当前核安全监管面临的挑战。双方技术人员还就两国各自在建的 EPR 核电项目进展和面临的重大技术问题、公众沟通、监督员交流等交换了意见。

[4 月 4—6 日　芬兰　综合]　国家主席习近平对芬兰进行国事访问。访问期间，习近平同芬兰总统尼尼斯托举行会谈，会见总理西比莱、议长洛赫拉。习近平同芬方领导人就中芬关系、中欧关系、各自发展道路以及共同关心的国际和地区问题交换看法。双方同意加强经济发展规划对接，探讨在"一带一路"框架内开展合作，共同促进亚欧大陆互联互通。要提升双向投资水平，推动双边贸易平衡增长，深化在循环经济、资源利用效率、可持续发展、环境保护、新型城镇化和绿色生态智慧城市建设、农林业、交通运输和信息通信技术、创新等领域合作，推进中芬生态园共建工作。双方发表了《中华人民共和国和芬兰共和国关于建立和推进面向未来的新型合作伙伴关系的联合声明》。

[4 月 6 日　挪威　能源]　国家发展和改革委员会副主任、国家能源局局长努尔·白克力在北京会见挪威国家石油公司首席执行官艾达·塞特，双方就中国能源政策、发展目标以及在能源领域的潜在合作机会进行了交流。

[4 月 7 日　挪威　自贸区]　国务院总理李克强在北京同挪威首相索尔贝格举行会谈。李克强表示，中方愿同挪方重启自贸谈判，举行新一轮经贸联委会会议，恢复政治磋商机制，建立政府间能源政策对话机制，密切两国企业界交流，发挥好这些平台和机制的引领作用。在能源、海洋工程等领域加强合作，探讨共同开拓第三方市场，在农渔业、科技创新、社会保障、警务执法、地方人文等广泛领域拓展交流合作。中国欢迎挪方企业和主权财富基金扩大对华投资，愿推动中挪在北极理事会、中国—北

欧合作等框架下的合作取得更多成果。6 日下午，商务部国际贸易谈判代表兼副部长傅自应会见挪威贸工和渔业大臣梅兰。双方就中挪双边经贸关系、恢复中挪自贸协定谈判和中挪经贸联委会机制、加强两国地方合作等议题交换了意见。

［4 月 10 日　挪威　综合］　　国家主席习近平在北京会见来华进行正式访问的挪威首相索尔贝格。习近平强调，中挪双方可以在"一带一路"框架内开展合作，共同促进欧亚大陆互联互通和共同发展。中方愿同挪方深化在北极科研、资源开发、地区环境保护等领域合作。索尔贝格表示，挪方支持中方提出的"一带一路"倡议，愿拓展两国包括北极事务在内的各领域互利合作，密切国际事务中的沟通协调。

［4 月 12 日　德国　贸易］　　国家发展和改革委员会副主任林念修在北京会见了来访的德国蒂森克虏伯集团董事会主席兼首席执行官海里希·赫辛根博士，双方就中国产业转型升级和"中国制造 2025"有关政策措施、中国钢铁产业发展情况以及加强双方合作等议题交换了意见。

［4 月 12 日　芬兰　通信］　　工业和信息化部副部长陈肇雄在北京会见芬兰诺基亚公司总裁兼首席执行官苏立，双方就信息通信产业特别是第五代移动通信的发展和应用，以及诺基亚在中国的发展与合作情况等进行了交流。

［4 月 12 日　波兰　通信］　　工业和信息化部部长苗圩在华沙与波兰能源部部长克里什托夫就加强中波新能源汽车领域合作举行会谈，并共同签署了《中华人民共和国工业和信息化部与波兰共和国能源部关于电动交通（电动汽车）领域开展合作的谅解备忘录》。

［4 月 13 日　瑞士　财政］　　财政部部长肖捷会见了瑞士联邦委员兼财政部部长于利·毛雷尔一行，双方就共同关心的议题交换了意见。

［4 月 13 日　法国　综合］　　国务委员杨洁篪在北京会见法国外长艾罗。杨洁篪表示，近一时期，中法全面战略伙伴关系稳定发展，双方在高

层交往、经贸合作、人文交流等各领域都取得积极进展。艾罗表示，法国高度重视对华关系，支持"一带一路"倡议，愿继续同中方密切高层交往，深化各领域合作，共同坚持多边主义、应对气候变化、维护贸易自由化。

14 日，外交部长王毅在北京同法国外交部长艾罗举行会谈。王毅表示，希望双方落实好在核能、航空航天、第三方市场合作等领域务实合作，积极探讨在"一带一路"沿线国家开展产能等合作，维护气候变化《巴黎协定》，促进绿色产业合作，加强人文交流。中方支持欧洲一体化进程，愿同欧盟深化四大伙伴关系建设，维护全球贸易体制，推进多极化进程。

[4 月 13 日　爱沙尼亚　综合]　国务院副总理张高丽在塔林会见爱沙尼亚总统卡柳莱德。张高丽表示，中方赞赏爱方支持和参与"一带一路"建设，希望两国积极推动发展战略对接。双方要在基础设施建设、产能合作、装备制造、农业、信息技术等领域，推动两国经贸合作提质升级。中方愿同爱方积极探讨波罗的海联合铁路等大项目合作的可能性。卡柳莱德表示，爱方重视在"16＋1"框架下加强与中方各层次合作交往，希望以"一带一路"建设为契机扩大对华经贸合作。欧盟与更多伙伴开展自由贸易符合双方利益，爱方将致力于推进欧中关系发展。同日，张高丽还同爱沙尼亚总理拉塔斯举行会谈。

[4 月 14 日　瑞士　金融]　中国人民银行行长周小川在北京会见了来访的瑞士财长毛雷尔一行，双方主要就全球和中瑞经济形势及中瑞金融合作等问题交换了意见。

[4 月 14 日　斯洛文尼亚　一带一路]　国务院副总理张高丽在卢布尔雅那会见斯洛文尼亚总统帕霍尔。张高丽表示，中方愿同斯方推进两国发展战略对接，开展共建"一带一路"框架下的务实合作。双方要借助"16＋1 合作"等重要区域合作平台，积极探索在交通基础设施建设等领

域开展大项目合作。要继续做实做好航空、机电、新能源汽车等领域合作，加大对信息技术、创新创意等方向的关注和投入。

同日，张高丽还同斯洛文尼亚总理采拉尔举行会谈。张高丽表示，中方愿同斯方加紧商签共同推进"一带一路"建设的政府间谅解备忘录，促进互联互通和互利共赢合作。采拉尔表示，当前斯中关系保持良好发展势头，斯方愿进一步加强和开拓两国合作。斯方重申将继续积极参与"16＋1"框架下各领域合作，坚定支持"一带一路"建设，全力推动两国关系实现强劲可持续发展。

[4月17日　阿尔巴尼亚　一带一路]　应邀访问阿尔巴尼亚的国务院副总理张高丽在地拉那会见阿尔巴尼亚总统尼沙尼。张高丽表示，中方愿结合阿优势特点和实际需求，在"一带一路"建设和"16＋1合作"等框架内，着力推进两国交通基础设施、产能、旅游、农业等重点领域务实合作，加紧商签关于共同推进"一带一路"建设的政府间谅解备忘录。

同日，张高丽还同阿尔巴尼亚总理拉马举行会谈。张高丽表示，中方愿进一步扩大进口阿方优势产品，继续鼓励本国企业扩大对阿投资，中方愿与各方认真落实里加会晤成果，共同深化经贸、教育、科技、文化、林业、农业、地方等领域机制化建设，拓展合作，培育和落实合作大项目。拉马表示，阿方对开展对华合作充满期待，欢迎中方企业来阿投资兴业。希望双方在"一带一路"建设和"16＋1合作"框架下，找到一批能够尽快见效的项目，把双边务实合作真正落到实处。

[4月17—18日　摩尔瓦多　自贸区]　中国—摩尔多瓦自贸协定联合可行性研究第三次专家会在摩尔多瓦首都基希讷乌举行。

[4月19日　荷兰　农业]　农业部副部长屈冬玉在北京会见了应邀来华访问的荷兰农业大臣范·达姆一行，就进一步加强中荷农业合作交换了意见。

[4月19日　立陶宛　农业]　农业部副部长屈冬玉在北京会见了立

陶宛农业部部长布若纽斯·玛考斯卡斯。屈冬玉首先就立陶宛关切的奶产品贸易问题做了回应。详细询问了立陶宛奶业生产情况，建议立方保证出口中国产品的品质和可持续供应能力。布若纽斯衷心希望立中农业合作取得更大进展。

［4月20日　比利时　农业］　在欧盟总部访问的农业部部长韩长赋与比利时小企业家、中小企业、自由职业者、农业及社会融合部部长威利·波尔苏就进一步加强中比农业合作进行了交流。韩长赋建议，中比双方进一步深化农业领域务实合作。韩长赋还与欧盟委员会农业和农村委员霍根在布鲁塞尔举行工作会谈，共同签署了《中欧关于开展青年农业实用人才能力建设合作的联合声明》。

［4月20日　英国　贸易］　国家发展和改革委员会副主任胡祖才在北京会见了英国竞争局主席大卫·科里一行。双方就中英两国反垄断和竞争领域执法情况，以及进一步加强中英竞争领域合作进行了交流。会见后，双方共同签署了部门间反垄断合作谅解备忘录。

［4月25日　德国　综合］　德国总理默克尔在柏林会见对德国进行正式访问并出席第三轮中德外交与安全战略对话的外交部长王毅。王毅表示，欢迎德方派高级代表赴华出席"一带一路"国际合作高峰论坛。希望借两国高层交往对外发出坚持多边主义、维护《联合国宪章》、和平解决国际争端的明确信号。中方愿继续支持德方办好G20汉堡峰会。双方还就欧盟履行《中国加入世界贸易组织议定书》第15条义务以及双方共同关心的议题等深入交换了意见。

次日，王毅在柏林与德国副总理兼外长加布里尔举行第三轮中德外交与安全战略对话，双方同意就落实人文、财金、安全三大高级别对话交流机制安排，为对方企业来本国投资创造更加便利的营商环境，尽早达成中欧投资协定并开启中欧自贸合作等议题达成高度共识。默克尔总理和德方都表示支持习近平主席倡导的"一带一路"国际合作。

[4月27—28日　法国　能源]　国家发展和改革委员会副主任、国家能源局局长努尔·白克力在北京会见了法国电力集团董事长兼总经理乐维，双方就民用核能、常规电力、清洁能源等领域的合作及共同开拓第三国市场等问题交换了意见。28日，努尔·白克力在北京会见了法国阿海珐核电集团首席执行官方特纳，双方就中国核电发展前景以及在民用核能、核电技术与装备等领域的合作交换了意见。

[4月28日　瑞典　通信]　工业和信息化部总工程师张峰在北京会见来访的瑞典企业与创新部住房与数字发展大臣彼得·埃里克松。双方就第五代移动通信技术、车联网和智能网联汽车、智慧城市、大数据、互联网开放发展、信息技术和数字化发展等进行了交流，表示将继续加强在上述领域的交流合作，并为产业界合作营造良好环境。

[5月5日　丹麦　环保]　环境保护部部长陈吉宁在北京会见了丹麦环境和食品大臣伊斯本·伦德·拉尔森，双方就环境领域的合作交换了意见。拉尔森表示丹麦与中国在环保领域有着广阔的合作空间，丹方愿与中方持续深入推进交流合作，支持中丹环保产业园（肇庆）建设。

[5月9日　法国　一带一路、气候]　国家主席习近平同法国当选总统马克龙通电话。中方欢迎法方参与"一带一路"建设。双方要保持在国际和地区问题上沟通协调，继续推动全球治理变革，维护包括气候变化《巴黎协定》在内的全球治理成果，加强在二十国集团框架内合作，为世界和平、稳定、繁荣共同作出贡献。中方继续支持欧洲一体化进程。

[5月9日　塞浦路斯　金融]　中国人民银行行长周小川在塞浦路斯首都尼科西亚出席欧洲复兴开发银行年会期间，会见了塞浦路斯财长哈里斯·耶奥亚蒂斯，就加强中塞经济金融合作等问题交换了意见。

[5月10日　德国　一带一路]　国务院副总理马凯在北京会见德国巴伐利亚州州长、基社盟主席霍斯特·泽霍费尔一行，双方就推进"一带一路"战略、加强中德工业制造领域和地方合作等交换了意见。

[5 月 11 日　**英国　一带一路**]　外交部副部长王超在北京会见英国 48 家集团俱乐部主席佩里，就"一带一路"国际合作高峰论坛以及中英关系等问题交换意见。

[5 月 11 日　**德国　一带一路**]　商务部部长钟山在北京会见德国经济合作与发展部穆勒部长。双方就成立中德可持续发展中心、推进"一带一路"合作等议题深入交换了意见。

[5 月 11 日　**希腊　一带一路**]　国家发展和改革委员会副主任宁吉喆在北京会见了希腊经济发展部副部长比齐奥拉斯。双方就加强两国在交通、能源、信息通信三大重点领域投资合作充分交换了意见，达成了重要共识。会后，宁吉喆与比齐奥拉斯签署了《中华人民共和国国家发展和改革委员会和希腊共和国经济发展部关于重点领域 2017—2019 年合作计划》。

[5 月 12 日　**捷克　一带一路**]　国家主席习近平在北京会见来华出席"一带一路"国际合作高峰论坛的捷克总统泽曼。习近平指出，要加强高铁、核电、金融等领域合作。中捷已经就共建"一带一路"签署双边合作规划，这是中方同欧洲国家签署的首个双边合作规划，具有积极示范效应。中国坚定支持欧洲一体化进程。泽曼表示，捷方大力支持"一带一路"这一宏大倡议，愿积极参加"一带一路"建设框架下合作，特别是在贸易、金融、基础设施等领域发挥重要作用。

同日，商务部部长钟山与捷克工贸部部长哈弗里切克在北京签署了《中华人民共和国商务部与捷克共和国工业和贸易部关于中小企业合作谅解备忘录》。根据该备忘录，双方将本着平等互利的原则，提升两国中小企业在工业、经贸、科技、投资及其他领域的合作水平。国家主席习近平和捷克总统泽曼见证了这一文件的签署。

[5 月 12 日　**希腊　通信**]　工业和信息化部副部长陈肇雄会见来北京参加"一带一路"国际合作高峰论坛的希腊数字政策、通信和媒体部

部长尼科斯·帕帕斯，就加强两国在电信领域的合作交换了意见。

[5月12日 波兰 一带一路] 国家主席习近平在北京会见来华出席"一带一路"国际合作高峰论坛的波兰总理希德沃。习近平指出，要加强基础设施建设、交通物流、金融、环保、高技术等领域合作，推动双边贸易更加均衡发展。双方要深挖"一带一路"倡议同波兰国家发展战略的契合。中方主张将"16＋1合作"打造成"一带一路"倡议融入欧洲经济圈的重要"接口"、中欧四大伙伴关系落地的优先区域和中欧合作新增长极。希德沃表示，波方愿意积极参与"一带一路"建设框架下基础设施建设等合作，开展投资、高技术、旅游、文化等领域合作。同日，国务院总理李克强在北京会见希德沃。

[5月12日 波兰 农业] 农业部副部长屈冬玉在北京与来华访问的波兰农业和乡村发展部国务秘书亚策克·波古茨基共同主持召开了第7次中波农业合作工作组会议。

[5月13日 匈牙利 一带一路] 国家主席习近平在北京会见匈牙利总理欧尔班，宣布两国建立全面战略伙伴关系。习近平表示，双方要加强"一带一路"倡议同匈方"向东开放"战略深度对接，继续推动匈塞铁路等大项目，拓展金融合作。中方坚定支持欧盟发展。中方愿同匈方不断推进中国—中东欧国家合作和中欧全面战略伙伴关系发展。欧尔班表示，"一带一路"建设对各国都是重要机遇，匈方愿积极参与相关合作。同日，国务院总理李克强在北京会见欧尔班，外交部长王毅会见匈牙利外交与对外经济部部长西雅尔多。

在李克强和欧尔班的共同见证下，中匈双方在北京正式签署《中华人民共和国科学技术部与匈牙利国家研发与创新署关于联合资助中匈科研合作项目的谅解备忘录》《中华人民共和国商务部与匈牙利外交与对外经济部关于中小企业合作谅解备忘录》。

[5月13日 西班牙 一带一路] 国家主席习近平在北京会见来华

出席"一带一路"国际合作高峰论坛的西班牙首相拉霍伊。习近平指出，双方要加强发展战略对接，充分挖掘农业、生物医药、航空航天等领域合作潜力。义乌至马德里中欧班列开通运行，成为亚欧大陆互联互通的重要桥梁和"一带一路"建设的早期成果。

同日，国务院总理李克强在北京会见拉霍伊。李克强表示，中方愿同西班牙加强科技、人文交流，共同维护贸易投资自由化便利化，发挥各自优势开展第三方市场合作。希望西班牙放宽对华高技术产品出口限制。希望欧盟切实履行《中国加入世界贸易组织议定书》第 15 条义务，推动中欧关系与合作深入发展。拉霍伊表示，西班牙愿同中方共同促进贸易和投资增长，反对贸易保护主义。在基础设施建设等领域开展第三方市场合作。

[5 月 13 日　瑞士　一带一路、能源]　国家主席习近平在北京会见瑞士联邦主席洛伊特哈德，欢迎洛伊特哈德来华出席"一带一路"国际合作高峰论坛。习近平指出，双方要保持高层交往，并以创新为引领全面推动各领域交流合作；要尽快启动自由贸易协定升级谈判，加强"中国制造 2025"同瑞士"工业 4.0"战略对接以及金融等领域合作。洛伊特哈德表示，双方要落实好有关共识，推进创新、能源、金融、旅游等各领域合作。瑞士愿意积极参与并为"一带一路"建设合作作出贡献。

同日，国家发展和改革委员会副主任、国家能源局局长努尔·白克力在北京会见来华出席"一带一路"国际合作高峰论坛的瑞士联邦主席兼环境、交通、能源和电信部部长多丽丝·洛伊特哈德，双方就全球能源局势、中国能源政策、下一步双边能源合作重点和举措等进行了深入交流。会见期间，努尔·白克力还与瑞士驻华大使戴尚贤共同签署了《中瑞能源合作路线图》。

[5 月 13 日　希腊　一带一路]　国家主席习近平在北京会见来华出席"一带一路"国际合作高峰论坛的希腊总理齐普拉斯。习近平强调，

希腊建设重要国际物流中转枢纽战略同"一带一路"倡议相互契合。中希双方应该着力将比雷埃夫斯港打造成地中海地区重要的集装箱中转港、海陆联运桥头堡、国际物流分拨中心，为中欧陆海快线以及"一带一路"建设发挥重要支点作用，带动两国基础设施建设、能源、电信、海洋等领域合作不断走深走实。齐普拉斯表示，新形势下双方要努力推进经济、投资、金融、能源、农业、新技术等广泛领域务实合作，将比雷埃夫斯港项目发展好。希方认为"一带一路"倡议有助于亚欧大陆经贸、能源、运输、网络的互联互通。希方愿推动中国—中东欧国家和中欧合作。同日，国务院总理李克强在北京会见齐普拉斯，外交部长王毅会见希腊外长科齐阿斯。

[5月14日　斯洛文尼亚、匈牙利　基础设施]　在"一带一路"国际合作高峰论坛举行期间，国家发展和改革委员会副主任王晓涛在北京会见了斯洛文尼亚基础设施部国务秘书乐班。双方就推动中斯务实合作的有关计划交换了意见；同日，他还会见了匈牙利外交和对外经济部部长西雅尔多。双方重点就匈塞铁路项目进展情况和下一步工作交换了意见；会见了斯洛文尼亚联邦经济和能源部部长齐普里斯，双方就促进外商投资政策及举措、中国市场准入问题及新能源汽车准入问题交换了意见。

[5月14日　比利时　一带一路]　国务院副总理汪洋在北京会见来华出席"一带一路"国际合作高峰论坛的比利时副首相兼就业、经济和外贸大臣皮特斯。汪洋表示，中方愿同比方进一步扩大双边贸易和双向投资，加强创新领域合作，探讨在"一带一路"框架内开展合作的思路和途径，积极支持两国企业开展国际产能合作和第三方市场合作。

[5月14日　法国　金融]　中国人民银行行长周小川在出席"一带一路"国际合作高峰论坛期间，在北京会见了法国巴黎银行董事长乐明瀚，就金融市场发展和中法金融合作等问题交换了意见。

[5月14日　捷克　金融]　在"一带一路"国际合作高峰论坛期

间，中国人民银行行长周小川与捷克国家银行行长伊日·鲁斯诺克在北京签署了《中国人民银行与捷克国家银行合作谅解备忘录》，旨在加强金融领域的信息交流和经验共享，增进两国中央银行合作。

[5 月 15 日　**德国　一带一路、贸易、能源**]　国务院总理李克强在北京会见来华出席"一带一路"国际合作高峰论坛的德国总理特别代表、经济和能源部长齐普里斯。李克强表示，中方愿以两国建交 45 周年为契机，同德方加强高层交往，就共同关心的广泛议题深入沟通，深化互利互补合作，将中德关系与合作提升至新的水平。希望德方继续发挥建设性作用，促进中欧关系与合作健康稳定发展。中方支持德方办好今年二十国集团领导人峰会。齐普里斯表示，德方愿同中方进一步加强沟通，深化各领域务实合作。

同日，商务部部长钟山会见齐普里斯，双方就中德经贸关系和双方关注的经贸议题交换了意见。

[5 月 15 日　**白俄罗斯　农业**]　农业部部长韩长赋在北京会见了来华出席"一带一路"国际合作高峰论坛的白俄罗斯农业和食品部部长扎亚茨·列奥尼德列、马来西亚农业与农基产业部部长达图·契克和塞尔维亚农业与环保部部长布拉尼斯拉夫·奈迪莫维奇。

[5 月 15 日　**摩尔多瓦　自贸区**]　商务部副部长王受文与摩尔多瓦经济部副部长维塔利·尤尔库在"一带一路"国际合作高峰论坛期间，于北京签署了《关于结束中国—摩尔多瓦自由贸易协定谈判联合可行性研究的谅解备忘录》。中摩自贸协定联合可行性研究于 2016 年 12 月正式启动。

[5 月 15 日　**芬兰　通信**]　工业和信息化部部长苗圩在北京会见来华出席"一带一路"国际合作高峰论坛的芬兰交通通信部部长安耐·伯纳。双方就北极海底光缆项目合作、第五代移动通信技术、数字经济、网络安全等内容进行了交流，表示将继续加强在上述领域的对话沟通，为中

芬产业界合作营造良好环境。

[5月15日 芬兰 农业] 农业部副部长屈冬玉在北京会见了来华访问的芬兰农林部常务秘书雅娜·胡苏－卡利奥，就深化中芬农业合作进行了交流。双方还就共同制订《中芬农业合作行动计划2017—2018》及进一步推动中芬农产品贸易等交换了意见。

[5月15日 英国 一带一路、金融] 国务院总理李克强在北京会见来华出席"一带一路"国际合作高峰论坛的英国首相特使、财政大臣哈蒙德。李克强表示，中方愿同英方巩固互信，落实好核电、金融等重点领域合作共识，打造新的合作亮点，推动中英关系与合作迈上新台阶，并且共同发出致力于稳定、开放、繁荣，携手推进贸易投资自由化便利化的积极信号。哈蒙德表示，英方愿同中方进一步加强双边贸易投资合作，密切在国际事务中的沟通协调。同日，国务院副总理马凯在北京会见英国财政大臣哈蒙德。

[5月15日 乌克兰 一带一路] 国务院副总理马凯在北京会见来华出席"一带一路"国际合作高峰论坛的乌克兰第一副总理兼经贸部长库比夫，就推动"一带一路"框架下的双边务实合作等交换了意见。

[5月16日 意大利 一带一路] 国家主席习近平在北京会见来华出席"一带一路"国际合作高峰论坛的意大利总理真蒂洛尼。习近平强调，要落实好中意2017—2020年合作行动计划，扩大双向投资，推进产业园区建设，加强电子商务、创新等领域合作。中方欢迎意方积极参与"一带一路"建设，支持两国企业开展港口、造船、航运合作。中欧要对接"一带一路"倡议和欧洲投资计划。真蒂洛尼表示，意方愿参与"一带一路"建设框架下基础设施等合作，希同中方加强经济、技术、农业、中小企业等领域合作。同日，国务院总理李克强会见意大利总理真蒂洛尼。

[5月16日 白俄罗斯 一带一路] 国家主席习近平在北京会见来

华出席"一带一路"国际合作高峰论坛的白俄罗斯总统卢卡申科。习近平强调，双方要加强政策沟通和发展战略对接，培育合作新的增长点。要深化经贸和投资合作，促进双边贸易平衡可持续发展，推进中白工业园建设，发挥地方合作的新引擎作用。卢卡申科表示，白方愿扩大同中方经贸、投资、产能、科技、人文、体育、旅游等交流合作，欢迎中方企业积极参与中白工业园等白俄罗斯重点项目建设。

[5月16日　塞尔维亚　一带一路、基础设施]　国家主席习近平在北京会见来华出席"一带一路"国际合作高峰论坛的塞尔维亚总理、当选总统武契奇。习近平强调，中方支持塞方牵头组建中国—中东欧国家交通基础设施合作中心，期待塞方在中国—中东欧国家基础设施建设、能源、教育、人文等领域合作中发挥更大作用。中塞双方要抓紧落实《关于共同推进"一带一路"建设的政府间谅解备忘录》，加强对两国务实合作的规划和指导，加强发展战略对接，推进交通基础设施建设、能源、产能等重点领域合作。武契奇表示，"一带一路"建设将塞尔维亚同中国紧密相连，斯梅代雷沃钢厂等两国重点合作项目已取得积极成效。塞尔维亚希望深化两国经贸、矿业、基础设施、金融、航空、旅游等领域合作。同日，国务院总理李克强会见武契奇。

同日，商务部国际贸易谈判代表兼副部长傅自应与塞尔维亚副总理兼建设、交通与基础设施部部长米哈伊洛维奇在北京分别代表中塞两国政府签署了《中华人民共和国政府和塞尔维亚共和国政府关于基础设施领域经济技术合作协定附件三》。

[5月18—19日　瑞士　自贸区]　中国—瑞士自贸区升级联合研究第一次会议暨产业研讨会在瑞士首都伯尔尼举行。会上，双方就可能升级的领域进行广泛交流，并通过联合研究职责范围文件。同期，双方还举行产业研讨会，邀请中瑞产业界和学术机构代表就自贸协定实施情况和未来升级合作的可能性进行研讨。此前在2017年1月，习近平主席对瑞士进

行国事访问期间，双方宣布启动中瑞自贸区升级联合研究。

[5月18日　荷兰　贸易]　工业和信息化部副部长刘利华在荷兰海牙与荷兰经济事务部部长亨克·坎普举行会谈。刘利华表示，中荷两国制造业具有较强的互补性，合作潜力大，在集成电路、民用航空制造等领域已经形成良好的合作关系，希望双方按照互利共赢和市场化运作的原则，继续深化和拓展各领域合作。双方还就探索推进在新能源汽车、船舶等领域的合作达成共识。

[5月19日　挪威　农业]　率团访问挪威的农业部副部长张桃林与挪威农业与食品部国务秘书布洛菲耶达尔举行了工作会谈，并签署中挪《关于农业合作的谅解备忘录》。张桃林回顾了中挪双方在农业，尤其是渔业领域业已开展的良好合作。

[5月20—23日　保加利亚　农业]　农业部副部长张桃林率团访问保加利亚，与保农业、食品和林业部副部长迪米托夫举行会谈并签署《关于建立农业合作示范区的联合声明》，就加强农业合作交换意见，达成了广泛共识。

[5月21—23日　比利时　贸易]　外交部副部长王超访问欧盟总部和比利时，与欧盟对外行动署副秘书长莱福勒举行了政治磋商，会见了比利时副首相兼外交大臣雷德尔斯，并与比利时外交部秘书长阿顿进行了会谈。双方就筹备第十九次中国欧盟领导人会晤、李克强总理正式访问比利时具体事宜，以及中欧关系、中比关系和共同关心的国际和地区问题深入交换了意见。

[5月22日　英国　创新、一带一路]　国务委员杨洁篪在北京会见英国约克公爵安德鲁王子。杨洁篪表示，中英关系正处在承前启后、继往开来的重要阶段，中方高度重视中英关系，愿同英方一道密切高层交往，深化互利合作，推动两国关系持续向前发展。安德鲁积极评价英中关系，表示英方致力于加强两国各领域创新创业合作，并为推动"一带一路"

建设作出积极贡献。

[5 月 22 日 **德国 能源**] 工业和信息化部副部长辛国斌在北京会见德国驻华大使柯慕贤，就新能源汽车合作等议题交换了意见。

[5 月 23 日 **挪威 农业**] 农业部副部长于康震在北京会见了应邀来访的挪威王国贸工渔业部渔业大臣桑贝格。双方就深化中挪渔业合作、中挪自由贸易区谈判和渔业资源保护和可持续利用等问题交换了意见。在桑贝格访华期间，挪威海产局与中国水产流通与加工协会共同发布"2025 计划"。根据这一计划，我国将逐年提高挪威海产品进口，2025 年进口总额将提高至 100 亿元人民币。

[5 月 24 日 **德国 一带一路**] 外交部长王毅在北京同德国副总理兼外交部长加布里尔举行会谈。王毅表示，中方愿与德方共同努力，确保近期重要高访取得成功，规划并推动两国在政治、经贸、安全、创新、航天航空、高科技等领域合作取得更多实质成果，加强在全球治理和重大国际事务上的战略协调，拓展在"一带一路"框架下的务实合作。同日，国务院总理李克强在中南海紫光阁会见来华出席中德高级别人文交流对话机制首次会议的德国副总理兼外交部长加布里尔。

[5 月 25 日 **匈牙利 金融**] 中国人民银行行长周小川在北京会见了匈牙利央行行长马托齐一行。双方就中匈金融合作等问题交换了意见，并续签了中国人民银行代理匈牙利央行投资中国银行间市场的代理投资协议。

[5 月 26 日 **德国 金融**] 财政部副部长朱光耀在北京会见德国央行副行长安德烈亚斯·多姆布雷特，双方就共同关心的议题交换了意见。

[5 月 29 日 **法国 贸易**] 外交部长王毅同法国新任外交部长勒德里昂通电话。双方还就落实应对气候变化的《巴黎协定》以及朝鲜半岛形势等交换了意见。

[5 月 31 日—6 月 1 日 **德国 贸易**] 国务院总理李克强正式访问

德国，会见德国总统施泰因迈尔，同德国总理默克尔举行中德总理年度会晤。两国总理还共同出席"中德论坛——共塑创新"并发表演讲。31日，中德总理年度会晤举行，中德双方高度肯定中德经贸等领域务实合作取得的丰硕成果，决定继续落实好2014年制定的《中德合作行动纲要》和2016年发表的《第四轮中德政府磋商联合声明》，以"共塑创新"为引领，深化在智能制造、航空、新能源汽车、绿色发展、青年创新创业、未来交通等领域合作，深入推进"中国制造2025"与德国"工业4.0"对接，为两国合作打造新动能。6月1日，李克强与默克尔共同会见记者。

[6月1日 比利时 能源] 国家发展和改革委员会副主任、国家能源局局长努尔·白克力在比利时布鲁塞尔市考察中广核欧洲能源公司ESPERANCE风电项目。中广核欧洲能源公司于2016年12月成功收购ESPERANCE风电项目。该项目总装机容量81兆瓦，为比利时最大的新能源项目。单机容量7.5兆瓦，是世界上单机容量、轮毂高度最大的陆上风机。项目年发电量1.5亿千瓦时，可供40万家庭日常用电。

[6月1日 冰岛 能源] 国家能源局副局长李凡荣在北京会见冰岛国家能源局局长约翰内松一行，双方就两国能源发展情况，地热能领域合作现状、合作前景及下一步计划等深入交换了意见。

[6月2日 比利时 贸易] 国务院总理李克强在布鲁塞尔会见比利时国王菲利普。李克强表示，中方愿继续同比方携手努力，对接发展战略，发挥互补优势，加强互联互通，深化高科技、节能环保等领域合作，推动中比关系向前发展。欢迎更多比利时企业到中国投资兴业。同日，李克强在布鲁塞尔与比利时首相米歇尔共同参观吉利沃尔沃汽车创新成果展。

[6月6日 荷兰 贸易] 工业和信息化部部长苗圩在北京会见到访的荷兰经济事务部部长亨克·坎普，双方就两国民用航空、新能源汽车、船舶、电子信息、"互联网＋"等领域合作进行了交流。

[6月8日　荷兰　气候]　中国气候变化事务特别代表解振华会见新提名的联合国气候变化特使、荷兰皇家帝斯曼集团董事长谢白曼一行。双方就美国政府宣布退出《巴黎协定》后国际应对气候变化合作的形势、国际碳定价联盟、夏季达沃斯等问题交换意见。

[6月8日　芬兰　贸易]　商务部部长助理李成钢会见芬兰经济事务部长林蒂莱。双方就中芬双边经贸关系、中芬创新企业合作委员会、促进中芬双向投资合作等议题交换了意见。

[6月12—14日　卢森堡　金融]　国务院总理李克强在北京同来华进行正式访问的卢森堡首相贝泰尔举行会谈。李克强强调，中方愿同卢方加强两国贸易投资、金融等领域合作，进一步提升金融产业和监管合作水平，落实好扩大航权安排协议，推动钢铁合作优化升级，探讨开展第三方市场合作。14日，国家主席习近平在北京会见卢森堡首相贝泰尔。习近平强调，双方要把金融等传统领域合作做大做强，加快培育航空运输、高新技术、绿色经济等新的合作增长点。要深化双方在"一带一路"建设框架内金融和产能等合作，中方支持建设郑州—卢森堡"空中丝绸之路"。

[6月12日　德国　金融]　财政部副部长朱光耀在德国柏林出席二十国集团非洲伙伴关系国际会议期间，会见了德国G20财政副手舒克内希特，双方就G20有关议题交换了意见。期间，朱光耀副部长还主持"宏观经济框架：保持宏观经济稳定并建立强有力的税收体系"讨论会。

[6月13日　瑞典　科技]　科技部部长万钢在北京会见来访的瑞典高教与研究部大臣赫莲·海马克·克努特松。双方就加强中瑞科技创新合作等议题进行了深入交流，达成多项共识。

[6月13日　德国　工业]　国务院副总理马凯在北京会见德国前总统、全球中小企业联盟全球主席伍尔夫。双方就加强"中国制造2025"与德国"工业4.0"合作等问题交换了意见。

[6月14日　意大利　贸易]　　商务部国际贸易谈判代表兼副部长傅自应与意经济发展部副部长斯卡法罗托在意大利罗马共同主持召开了中意经济合作混委会第12次会议。双方围绕落实两国领导人共识,加强"一带一路"框架下经贸务实合作、发挥双边混委会和中意企业家委员会作用、加强海运、航空、农业等新领域合作、推进投资便利化、加强知识产权保护、深化中欧经贸关系等共同关心的议题交换意见,达成广泛共识。会后,国际贸易谈判代表兼副部长傅自应和斯卡法罗托副部长共同签署了本届混委会的《会议纪要》和《关于加强中意医药卫生领域经贸合作的谅解备忘录》。

[6月15日　德国　能源]　　国家能源局副局长李凡荣在北京会见德国内政部前部长奥托·席列,双方就两国能源发展情况、清洁能源合作前景及下一步计划等交换了意见。

[6月19日　匈牙利　一带一路]　　国务院副总理刘延东在匈牙利与匈牙利副总理谢姆延进行友好深入交流。刘延东表示,中方"一带一路"倡议与匈牙利"向东开放"战略高度契合,当前中匈大项目合作、医疗、文化、教育等领域交流合作正在稳步推进。同日,国务院副总理刘延东在布达佩斯会见匈牙利国会主席格维尔。21日,刘延东在布达佩斯会见匈牙利总理欧尔班。

[6月26—27日　瑞典　能源]　　国家主席习近平在北京会见瑞典首相勒文。习近平表示,中方愿同瑞方保持高层交往势头,在相互尊重、平等相待原则基础上开展对话交流,要将中国"十三五"规划、创新驱动发展战略、"中国制造2025"同瑞典"智慧工业"战略对接,加强在清洁能源、智慧城市、生命科学、绿色金融、高铁、航天等领域合作。要增进文化交流和旅游、冬季运动等领域合作。中方愿同瑞典等北欧国家加强政策沟通,推动中国—北欧合作取得新成果。勒文表示,瑞典致力于深化同中国经贸、创新、文化、体育、旅游等各领域及北极事务中的合作。

27 日，国务院总理李克强在大连同勒文举行会谈。李克强指出，中方愿同瑞方对接发展战略，加快推进创新合作，深化传统领域合作，拓展新兴领域合作，探讨共同开拓第三方市场合作，更好实现互利共赢。

[6 月 26 日　瑞典　贸易]　商务部部长钟山在北京会见瑞典外交部欧盟事务与贸易大臣林德一行。双方就中瑞经贸关系、企业社会责任合作、经贸领域节能环保合作等议题交换意见。

[6 月 26 日　芬兰　贸易]　国家主席习近平在北京会见芬兰总理西比莱。习近平指出，双方要重点推进中国"十三五"规划同"芬兰 2025 发展愿景"对接，在电子通信、智能制造、生物经济、环保技术、节能建筑、清洁能源等领域打造更多示范性合作项目。要推进重点人文合作项目，围绕举办北京冬季奥运会加强中芬冬季运动合作。中方也愿在北极理事会框架内加强两国北极事务合作。中方愿同芬兰等北欧国家加强政策沟通，推动中国—北欧合作不断取得新成果，并以此促进中欧关系发展。27 日，国务院总理李克强在大连同西比莱举行会谈。

[7 月 4 日　德国　投资]　刚抵达柏林的国家主席习近平在利伯曼故居同德国总理默克尔举行会见。5 日，习近平在柏林同德国总理默克尔举行会谈。习近平就中德关系发展提出 4 点建议，指出双方要支持两国企业开展"中国制造 2025"同德国"工业 4.0"对接合作，释放两国制造业优势同互联网结合的巨大创新潜力。鼓励两国企业在"一带一路"框架内开展更多务实合作，加强在老工业基地转型改造方面经验交流，深化在科技、外空、海洋、极地、网络、航空航天、金融等领域合作。默克尔表示，德方愿同中方在"一带一路"框架下加强经贸、互联互通合作。在当前复杂多变的国际形势下，德中两国要携手推动世界经济增长，密切在联合国、二十国集团等多边框架内合作。德方支持推进欧中投资协定谈判，愿继续为深化欧中合作关系作出努力。会谈后，两国领导人共同见证了航天、智能制造、工业互联网、数字化、第三方市场、大熊猫合作研究

等领域多项双边合作文件的签署。同日，国家主席习近平在柏林会见德国总统施泰因迈尔。6日，习近平在柏林会见德国社会民主党主席舒尔茨，并在汉堡会见汉堡市市长肖尔茨。

[7月7日　英国　一带一路]　　国家主席习近平在汉堡会见英国首相特蕾莎·梅。习近平强调，中英双方要加强各领域务实交流合作，在"一带一路"倡议框架内，加强中国"十三五"规划、"中国制造2025"同英国现代产业战略、"英格兰北部经济中心"等发展计划对接，深化金融、核电等合作。双方要加强在国际和地区事务中的协调和配合，深化在联合国、二十国集团、亚洲基础设施投资银行等多边框架内交流。特蕾莎·梅表示，英国致力于推进英中面向21世纪全球全面战略伙伴关系，坚持两国关系"黄金时代"的大方向。英方愿充分用好两国高层对话机制，加强同中方贸易、投资、人文、安全等交流合作。英国愿积极参与"一带一路"框架下金融等领域合作。

[7月7日　法国　综合]　　外交部长王毅在德国汉堡会见法国外交部长勒德里昂。王毅说，中方愿同法方推进双边务实合作，在国际事务中加强沟通合作，共同支持多边主义和经济全球化进程，推进全球治理改革。双方将共同努力，推动本次二十国集团领导人峰会取得成功。勒德里昂说，法国新政府将继续推动法中关系发展。双方将按照两国元首共识，推进各层级交往和各领域务实合作，在国际事务中加强沟通配合。

[7月8日　法国　贸易]　　国家主席习近平在汉堡会见法国总统马克龙。习近平指出，中法要加强发展战略对接，深化核能、航空等传统领域合作，开拓农业食品、金融、可持续发展等新兴领域合作。中方愿同欧盟发展长期稳定的合作关系，希望法国继续在中欧关系中发挥积极带头作用，为扩大中欧贸易、促进双向投资、实现高水平互利共赢多作贡献。中国将认真履行《巴黎协定》框架内应该承担的义务。马克龙表示，法方愿密切同中方在经贸、投资、核能、汽车制造、食品等广泛领域合作。法

中两国在重大国际问题上立场相近，应当密切在联合国等多边框架下沟通协作，共同促进世界和平与繁荣。

[7月7—8日　挪威、法国　金融]　财政部部长肖捷在出席二十国集团汉堡峰会期间会见挪威财政部长延森、法国经济和财政部长勒梅尔。

[7月12日　法国　气候]　国家发展和改革委员会副主任宁吉喆在北京会见法国开发署署长何睿欧一行，双方回顾了多年来在清洁能源、可再生能源和能效、水处理、自然资源可持续管理和生物多样性保护等领域的合作，探讨了未来在绿色金融、养老等领域开展进一步合作的可能性，并对加强双方在气候变化领域以及第三方市场合作进行了沟通和交流，达成了多项共识。

[7月14日　德国　能源]　国家能源局副局长李凡荣在北京会见西门子公司执行副总裁戴俪思一行，双方就能源技术领域创新和数字化、燃气轮机领域合作等深入交换了意见。

[7月14日　波兰　能源]　国家能源局副局长李凡荣在北京会见波兰能源部副部长安德烈泽杰一行，双方就两国能源合作前景和下一步计划等深入交换了意见。期间，李凡荣与安德烈泽杰共同签署了《中波关于民用核能领域合作的谅解备忘录》。

[7月27日　瑞士　金融]　中国人民银行与瑞士央行续签了双边本币互换协议，规模保持为1500亿元人民币/210亿瑞士法郎，旨在为双边经贸往来提供流动性支持，并维护金融市场稳定。协议有效期三年，经双方同意可以展期。

[8月10日　德国　金融]　财政部副部长朱光耀在北京会见德国央行副行长约翰内斯·比尔曼，双方就共同关心的议题交换了意见。

[8月14日　立陶宛　农业]　农业部副部长余欣荣在维尔纽斯会见了立陶宛农业部副部长塔拉斯克维丘斯，双方就进一步加强和深化两国农业合作交换了意见。余欣荣表示，中立双方应充分利用中国—中东欧国家

"16＋1"及"一带一路"等多边合作框架机制，共同促进多双边农业投资合作和农产品贸易。双方共同签署了《中华人民共和国农业部与立陶宛共和国农业部2018—2020年农业领域合作行动计划》。

[8月15日　乌克兰　农业]　农业部副部长余欣荣与乌克兰农业政策与食品部副部长特罗菲采娃在基辅共同主持召开了中乌政府间合作委员会农业分委会第六次会议。余欣荣表示，中乌两国农业互补性强、合作前景广阔。中方高度重视中乌农业合作，愿本着平等互利、合作共赢的原则，加强与乌方在农业投资与贸易、兽医与植物卫生、渔业、农业科技等领域的务实合作。

[8月18日　瑞士　农业]　农业部副部长屈冬玉在北京会见了应邀来华访问的瑞士联邦农业局局长莱曼，就加强中瑞农业合作交换了意见。屈冬玉表示愿意与瑞方在地理标志领域加强交流，并建议双方共同实施试点项目，包括在中国选择气候和地理与瑞士相近的地方开展地理标识农产品交流等。双方还就中瑞农产品贸易、世界贸易组织谈判等议题进行了交流。

[8月21—23日　挪威　自贸区]　中国—挪威自由贸易协定第九轮谈判在北京举行。双方就货物贸易、服务贸易、投资、知识产权、环境、竞争政策、电子商务、政府采购和法律等相关议题展开磋商。中挪自贸协定谈判于2008年9月正式启动。2017年4月7日，在李克强总理和挪威首相索尔贝格的见证下，商务部国际贸易谈判代表兼副部长傅自应与挪贸工大臣莫妮卡·梅兰，在北京共同签署了《恢复中挪自贸协定谈判谅解备忘录》。本轮谈判是中挪自贸协定谈判恢复以来举行的首轮谈判。

[8月22日　英国　一带一路]　外交部长王毅在北京会见英国外交国务大臣菲尔德。王毅表示，2017年是中英建立大使级外交关系45周年，也是中英关系"黄金时代"深入发展之年。中方愿与英方深化"一带一路"框架内合作。菲尔德表示，英政府高度重视发展对华关系，坚持

两国关系"黄金时代"的大方向。英方致力于同中方加强贸易、金融、人文、安全等领域合作，支持并希积极参与"一带一路"框架下的合作，愿与中方携手应对全球挑战，维护世界和平、稳定和发展。

　　[8月28日　波兰　农业]　　农业部部长韩长赋在华沙会见了波兰农业与农村发展部部长克里什托夫·尤盖尔，双方就进一步加强中波农业合作进行了深入广泛交流。韩长赋表示，本次访波旨在落实去年6月习近平主席访波时两国元首共同签署的两国《关于建立全面战略伙伴关系的联合声明》，进一步深化两国农业合作。

　　[8月29—30日　挪威　科技]　　应挪威教育和研究部大臣托尔比约恩·勒埃·伊萨克森的邀请，中国科技部部长万钢率团访挪，出席并共同主持了中挪科技合作联委会第二次会议。万钢部长与伊萨克森大臣签署了《中华人民共和国科学技术部与挪威王国教育和研究部科技创新合作行动计划》，明确两国科技创新合作的优先领域和实施机制，具体规划了中挪未来三年的科技创新合作。

　　[8月30—31日　瑞典　科技]　　中国科技部部长万钢率团访瑞，出席并共同主持了中瑞科技合作联委会第四次会议。会后，双方签署了《中华人民共和国科学技术部国际合作司与瑞典王国国家创新署关于中瑞科技创新合作的谅解备忘录》，为提升中瑞科技创新合作水平带来了新机遇。

　　[9月1日　芬兰　能源]　　国家发展和改革委员会副主任、国家能源局局长努尔·白克力在芬兰首都赫尔辛基会见了芬兰外贸与发展部长齐亚·米凯宁。双方就落实中芬两国领导人共识和能源合作备忘录精神，推进双方企业在能源科技创新、能效、生物智能、清洁供暖等领域的合作等问题交换了意见。

　　[9月3—4日　丹麦　能源]　　国家发展和改革委员会副主任、国家能源局局长努尔·白克力访问丹麦，会见丹麦能源、公用事业和气候大臣利勒霍特，与丹麦主要能源企业代表举行座谈会，并访问考察丹麦国家电

网公司、丹麦林德海上可再生能源中心等能源企业、能源项目，就加强两国能源合作与各有关方进行了深入交流。

[9月11日 波兰 气候] 中国气候变化事务特别代表解振华在北京会见了波兰环境部国务秘书、政府气候政策全权代表保罗·萨维克，双方就国际气候变化谈判进程、中波气候变化合作、第23届和24届联合国气候变化大会展望等议题进行了交流。气候司、国际司有关负责同志陪同会见。

[9月11日 匈牙利 农业] 农业部部长韩长赋在北京会见了来华出席第20届中国农产品加工业投资贸易洽谈会的匈牙利农业部部长法泽考什，双方就深化中匈农业合作交换了意见。韩长赋指出，中匈传统友好，双边农业合作机制健全，农产品贸易与农业科技等务实合作成效显著。

[9月17日 德国 投资] 国务委员杨洁篪在北京会见德国副总理兼外交部长加布里尔。杨洁篪表示，中方愿同德方推进中欧投资协定谈判等重大事项，推动中欧伙伴关系向前发展。加布里尔表示，德中关系发展良好，德方愿深化同中方在各领域合作，加强在国际地区事务中的沟通协调，共同推动欧中关系向前发展。

[9月18日 乌克兰 一带一路] 外交部长王毅在纽约出席联合国大会期间会见乌克兰外交部长克里姆金。王毅表示，中方愿与乌方以共建"一带一路"为契机深化务实合作。克里姆金表示，乌方完全支持并积极参与中方提出的"一带一路"倡议。

[9月19日 法国 一带一路、气候] 外交部长王毅在纽约出席联合国大会期间会见法国外交部长勒德里昂。王毅表示，中方希望法方为共建"一带一路"作出更多积极贡献。中方愿与法方共同捍卫《联合国宪章》的宗旨和原则，维护开放世界经济，反对各种保护主义。中方愿与法方加强应对气候变化合作，推动《巴黎协定》的落实。

[9 月 19 日 **英国 贸易**] 外交部长王毅在纽约出席联合国大会期间会见英国外交大臣约翰逊。王毅表示，今年是中英建立大使级外交关系45 周年，两国要继续推动中英关系的"黄金时代"深入发展。中方赞赏英方支持"一带一路"倡议。中英应共同维护以世界贸易组织为核心的多边贸易体制，对外发出致力于构建开放型世界经济、反对保护主义的积极信号，希望英方为中国企业在英投资创造良好环境。

[9 月 19 日 **塞浦路斯 一带一路**] 外交部长王毅在纽约出席联合国大会期间会见塞浦路斯总统阿纳斯塔西亚迪斯。王毅表示，中方感谢塞方积极响应习近平主席提出的"一带一路"倡议，乐见塞浦路斯在"一带一路"建设过程中发挥重要作用。

[9 月 20 日 **法国 一带一路**] 国家发展和改革委员会副主任林念修在天津会见了来华出席空客 A330 项目落成暨首架交付活动的法国经济与财政部国务秘书格里沃。双方就"中国制造2025"与法国"未来工业"计划对接、共同建设"一带一路"以及第三方市场合作进行深入交流。

[9 月 20 日 **斯洛文尼亚 农业**] 农业部副部长屈冬玉在北京会见了来华出席第15 届中国国际农产品交易会的斯洛文尼亚农林食品部国务秘书斯特拉妮莎，就进一步深化中斯农业交流合作交换意见。屈冬玉指出，中斯两国农业合作成效显著，双方在多边合作领域保持良好沟通，对推动"16 + 1"农业合作发挥了建设性作用。

[9 月 20 日 **法国 财政**] 财政部部长肖捷在北京会见法国经济和财政部国务秘书本杰明·格里沃，双方就第五次中法高级别经济财金对话筹备工作等深入交换了意见。

[9 月 20 日 **英国 贸易**] 国务院副总理马凯在北京会见来访的英国前首相卡梅伦，就深化中英民间交流、推动中英经贸务实合作等交换了意见。

[9 月 22 日 **立陶宛 农业**] 农业部副部长屈冬玉在北京会见了立

陶宛农业部副部长塔拉斯凯维丘斯，就深化多双边农业合作深入交换了意见。屈冬玉赞赏立方长期参与并积极推动中国—中东欧国家农业合作，祝贺立陶宛获得 2018 年"16 + 1"农业部长会议及系列活动举办权。屈冬玉指出，在中国和中东欧各国的共同努力下，10 多年来"16 + 1"农业合作机制不断完善，合作成效不断显现，已成为农业区域性合作的一个新样板。

[9 月 25 日　卢森堡　一带一路]　财政部部长肖捷在北京会见卢森堡财政大臣皮埃尔·格拉美亚，双方就中卢在"一带一路"及亚投行的合作、中卢金融合作等深入交换了意见。

[9 月 25 日　英国　一带一路]　国家主席习近平同英国首相特蕾莎·梅通电话。习近平指出，双方应当保持高层交往，推进各领域机制性对话；保持中英经贸和人文交流合作的强劲势头，深化两国在"一带一路"框架内发展战略对接；加强在维护世界和平与发展方面的协调。特蕾莎·梅表示，英方愿同中方深化经贸、安全、人文领域伙伴合作，推进欧中关系发展。

[9 月 26 日　葡萄牙　一带一路]　国务委员杨洁篪在北京会见葡萄牙总统外事顾问塞奎拉。塞奎拉表示，葡方支持并愿积极参与"一带一路"建设。

[9 月 26 日　比利时　一带一路]　国务院副总理马凯在北京会见比利时副首相兼内政大臣让·让邦一行。双方就深化中比务实合作、共同推进"一带一路"建设等交换了意见。

[10 月 10 日　芬兰　科技]　科技部部长万钢在北京会见了来访的芬兰教育部部长桑妮·格兰-拉森一行，双方就进一步推进中芬科技创新合作，尤其是落实中芬科技合作联委会共识、加强极地科研和青年创新创业合作等议题深入交换意见并达成多项共识。

[10 月 11—14 日　瑞士　能源]　国家能源局副局长李凡荣率团访

问瑞士，与瑞士联邦能源办公室召开中国—瑞士能源工作组首次会议，以落实《中国—瑞士能源合作路线图》。该会议围绕两国在先进储能、抽水蓄能等领域的技术发展情况和合作方向与瑞方进行了深入讨论，并在瑞士联邦理工大学、ABB 公司、瑞士电网公司和格雷姆瑟尔抽水蓄能电站进行了调研和交流。

[10 月 13 日　**法国　金融**]　中国人民银行行长周小川在美国华盛顿会见了法国经济和财政部长勒梅尔，就中国经济金融形势以及中法两国经济金融合作等议题交换了意见。

[10 月 13—14 日　**马其顿　一带一路**]　外交部副部长王超访问马其顿，分别会见马其顿总统伊万诺夫、总理扎埃夫、外交部长迪米特罗夫，并同马其顿外交部国务秘书迪莫夫斯基举行中马外交部政治磋商。双方就中马关系、"一带一路"建设、中国—中东欧国家合作及共同关心的国际和地区问题深入交换了意见。

[10 月 13—14 日　**立陶宛　一带一路**]　外交部副部长王超访问立陶宛，会见立陶宛总理外事顾问马图廖尼斯，并同立陶宛外交部副部长格尔马纳斯举行中立外交部政治磋商。双方就中立关系、"一带一路"建设、中国—中东欧国家合作、中欧关系及共同关心的国际和地区问题深入交换了意见。

[10 月 14 日　**丹麦　金融**]　中国人民银行行长周小川在华盛顿会见了丹麦央行行长拉尔斯·罗德，就金融科技发展和金融稳定有关议题交换了意见。

[10 月 30 日—11 月 1 日　**法国　能源**]　第五次中法高级别经济财金对话在北京举行，国务院副总理马凯与法国经济和财政部长勒梅尔将共同主持对话。双方将围绕"为紧密持久的中法经济财金战略伙伴关系注入新动力"主题展开讨论。

[11 月 2 日　**德国　一带一路**]　国家发展和改革委员会副主任王晓

涛在北京会见了来访的德国思爱普公司全球执行副总裁兼大中华区总裁纪秉盟一行。双方就思爱普公司在全球和中国市场的发展情况，以及中德企业共建"一带一路"合作等议题进行了交流。

[11 月 6 日　芬兰　综合]　国务院总理李克强在北京会见芬兰议会议长洛赫拉。李克强表示，中方愿在创新、清洁能源、环保、职业教育等芬方具有优势的领域加强合作。未来我们还要依靠深化改革，进一步激发市场活力和社会创造力，通过扩大开放同各国密切交流合作，促进贸易自由化和投资便利化。

[11 月 6 日　西班牙　一带一路]　商务部国际贸易谈判代表兼副部长傅自应与西班牙经济、工业和竞争力部国务秘书庞塞拉在马德里共同主持召开中西经济工业合作混委会第 27 次会议。双方围绕落实两国领导人共识，就加强"一带一路"框架下经贸务实合作、扩大双边贸易、加强投资合作、共同开拓第三方市场、深化中欧经贸关系等共同关心的议题交换意见，达成广泛共识。傅自应表示，中国希望进口更多的西班牙优质产品，欢迎西方参加首届中国国际进口博览会。中方将继续鼓励有实力的中国企业投资西班牙。双方应充分发挥各自优势，合力开拓第三方市场。庞塞拉表示，西班牙希望进一步扩大对华出口，希望在工业制造、环保、可再生能源、食品、航天等西班牙优势产业扩大合作。西方愿同中方共同努力，推动两国经贸合作取得更大发展。会前，傅自应会见了西班牙国家市场和竞争委员会主席马林，双方签署了反垄断合作谅解备忘录。

[11 月 7 日　德国　投资]　国务院总理李克强同德国总理默克尔通电话。李克强强调，中方欢迎包括德国在内的各国企业扩大对华投资，开展技术与知识合作。中方愿为中外企业提供一视同仁、公平竞争的营商环境，为他们按照市场化原则拓展业务、开展互利共赢合作创造有利条件。

[11 月 9 日　斯洛伐克　农业]　农业部副部长张桃林在北京会见了来华访问的斯洛伐克农业和农村发展部部长加布列拉·玛特奇娜一行，双

方就加强中斯农业合作进行了交流。张桃林阐述了中国共产党第十九次全国代表大会提出的乡村振兴战略，建议今后双方加强在乡村发展方面的合作，广泛开展政策对话与人员交流，提升农业产业竞争力，改善农村生态环境，提高农民生活质量。双方还就加强双边农业科技合作深入交换了意见。

[11 月 16 日　瑞士　财政]　财政部副部长朱光耀在北京会见瑞士财政部国务秘书约克·加瑟尔。

[11 月 20 日　马其他　一带一路]　外交部长王毅在缅甸内比都出席亚欧外长会议期间会见马耳他外长阿贝拉。王毅表示，中方愿积极探讨两国在"一带一路"框架下的合作，希望马方继续为推动中欧关系和中国与地中海国家合作发挥建设性作用。阿贝拉表示，马方愿积极拓展与中方在贸易、旅游、能源、互联互通等领域的合作。

[11 月 20 日　挪威　自贸区]　外交部长王毅在缅甸内比都出席亚欧外长会议期间会见挪威外交大臣瑟雷德。王毅表示，中方愿深化同挪方在各领域合作，共同应对气候变化等全球性挑战。瑟雷德表示，挪方与中方在支持全球化、倡导自由贸易、反对保护主义等方面拥有共同立场，愿与中方加快双边自贸协定谈判进程，开展经贸、海洋、冬季体育等领域合作，吸引更多中国游客赴挪旅游，并在国际事务中密切沟通与协调。

[11 月 20 日　西班牙　农业]　农业部副部长屈冬玉会见来华访问的西班牙农业与渔业、食品及环境部副部长戈迪诺，就加强中西农业合作进行了深入探讨。屈冬玉表示，西班牙作为世界上较早将农业与旅游相结合的国家，因地制宜发展特色农业成效相当显著，有很多经验值得中方学习借鉴。中西双方要加强交流，共同在乡村治理、果蔬和园艺作物种植、远洋渔业、农业管理人员培训等领域开展合作，并要加强在 G20、WTO等多边框架下的协调和合作，维护共同的利益。

[11 月 20 日　德国　技术]　科技部部长万钢在北京会见了来访的

德国萨克森州州长提里希一行，双方就进一步推进电动汽车、轻量制造和高校合作，特别是拓展生命科学、卫生健康、环境保护、人工智能、青年创新创业合作等议题深入交换意见并达成多项共识。

[11月21日　挪威　科技]　科技部部长万钢在北京会见了新任挪威驻华大使裴凯儒一行，双方就加强中挪科技创新合作，尤其就落实中挪科技合作联委会共识、应对气候变化挑战、推动极地合作等议题深入交换了意见。万钢向裴凯儒大使介绍了中挪科技合作联委会第2次会议共识，表示双方正积极落实科技部与挪威教育和研究部科技创新合作行动计划，推动中挪未来3年在极地科研、气候、环境、可再生能源等领域启动项目合作。

[11月21日　乌克兰　科技]　科技部副部长李萌出席在乌克兰首都基辅举行的"中国—乌克兰科技创新展"开幕式并致辞。展览期间，李萌还与乌克兰教育科学部副部长斯特里哈举行了友好、务实而富有成果的双边会晤。双方就进一步深化双方科技创新领域务实合作问题进行深入交流并达成重要共识。

[11月22日　卢森堡、比利时　一带一路]　商务部国际贸易谈判代表兼副部长傅自应和卢森堡外交部秘书长斯特朗克、比利时外交部总司长范卡斯特在卢森堡共同主持召开中国—卢森堡—比利时经贸混委会第21次会议，双方就中卢、中比经贸关系，推进"一带一路"建设，加强双向投资合作，深化中欧经贸合作等议题深入交换意见，达成广泛共识。傅自应表示，中方愿继续巩固和发展同卢森堡和比利时在各领域的务实合作，实现互利共赢。他提出四点建议：一是充分利用好混委会机制平台，挖掘更多合作机遇；二是推进"一带一路"建设与卢森堡、比利时国家经济发展战略对接；三是加强创新合作，发挥优势互补，实现更高水平互利共赢；四是继续改善营商环境，倡导自由贸易，深化中欧全面战略伙伴关系合作。斯特朗克和范卡斯特表示，卢方和比方愿积极参与习近平主席

提出的"一带一路"倡议建设,希望扩大三方在金融、物流、航空航天和现代服务业等领域合作。卢方和比方愿积极推动中欧经贸关系发展。傅自应还分别会见了卢森堡首相贝泰尔和副首相兼经济大臣施耐德,就中国共产党第十九次全国代表大会、中国国际进口博览会和深化"一带一路"合作等议题交换意见。

[11月24日　白俄罗斯　投资]　　商务部国际贸易谈判代表兼副部长傅自应和白俄罗斯经济部长季诺夫斯基在明斯克共同主持召开中国—白俄罗斯工业园协调工作组第十次会议。傅自应对园区下一阶段发展提出四点建议访白期间,傅自应分别会见白总理科比亚科夫、总统办公厅副主任斯诺普科夫,与季诺夫斯基部长共同赴中白工业园考察调研,并出席中国政府援白社会保障住房项目(一期)交接以及项目(二期)奠基仪式、中白工业园乌沙河改造项目开工仪式、中白工业园职业技能海外研修班结业典礼等活动。

[11月24日　法国　一带一路]　　外交部长王毅在北京同法国外交部长勒德里昂举行会谈。双方一致认为,要推进重大项目和新兴领域合作,中方欢迎法方积极响应"一带一路"建设,愿同法方开展政策沟通,把合作项目落到实处。勒德里昂说,法中关系发展势头良好,在经贸领域,法方愿进一步提升两国务实合作,推进民用核能、金融、航空航天、农业食品等合作项目。

[11月24日　法国　技术]　　在北京举行的中法高级别人文交流机制第四次会议上,在国务院副总理刘延东与法国外交部长勒德里昂见证下,科技部与法国原子能委员会签署了中法聚变联合研究中心框架协议。

[11月27日　爱沙尼亚　贸易]　　在"16+1"领导人会晤后的签字仪式上,商务部部长钟山与爱沙尼亚共和国经济事务和通信部乌尔维·帕洛在匈牙利布达佩斯代表两国政府签署《关于电子商务合作的谅解备忘录》。根据该备忘录,双方将在中国—爱沙尼亚双边经贸混委会框架内建

立电子商务合作机制，加强政策沟通，鼓励两国企业通过电子商务推广各自的优质特色产品，并积极支持专业人员培训、分享最佳实践和创新经验等方面的电子商务合作，提高中国与爱沙尼亚的经贸合作水平。

[11月28日 匈牙利 贸易] 商务部部长钟山与匈牙利外交与对外经济部部长彼得·西雅尔多在布达佩斯代表两国政府签署《中华人民共和国商务部和匈牙利外交与对外经济部关于电子商务合作的谅解备忘录》，中国国务院总理李克强和匈牙利总理欧尔班共同见证。该备忘录旨在建立两国电子商务协调与合作机制，并在联合研究、公私对话、物流解决方案等方面开展探索，促进企业务实合作，提高双边的贸易便利化程度，进一步推动双边贸易持续稳定发展。

[11月28日 匈牙利、塞尔维亚 高铁] 匈塞铁路项目塞尔维亚贝尔格莱德至旧帕佐瓦段开工仪式在贝尔格莱德举行。塞尔维亚总理布尔纳比奇、中国国家发展和改革委员会副主任王晓涛、中国驻塞尔维亚大使李满长参加仪式。布尔纳比奇表示，匈塞铁路是"一带一路"倡议下的跨境基础设施项目，是欧洲和中国的重要合作项目，将使塞尔维亚成为巴尔干地区的交通运输中心。项目开工是两国合作取得的新的重大进展，标志着双方合作进入新阶段。

[11月27日 拉脱维亚 一带一路] 国务院总理李克强在布达佩斯会见拉脱维亚总理库钦斯基斯。李克强表示，中方愿加强"一带一路"倡议同拉方发展战略对接，参与拉港口等基础设施建设。中方也愿同拉方开展三方合作。库钦斯基斯表示，拉中两国物流运输合作良好，并积极开展三方合作。拉方愿发挥区位优势，同中方开展物流货运合作，成为中国货物出口的地区重要门户，同中方共同开展三方合作。

[11月27日 波兰 贸易] 国务院总理李克强在布达佩斯会见波兰总理希德沃。李克强指出，中方愿同波方对接发展战略，加强交通物流、基础设施建设等合作。中国将继续扩大对外开放，为深化两国经贸以

及企业间合作创造更好条件。明年中国将举办首届国际进口博览会，欢迎波方借此机会加强对华出口产品推介，促进双边贸易平衡发展。希德沃表示，波方希望发挥两国政府间合作委员会作用，挖掘经贸投资合作潜力，加强基础设施建设、物流、农业等领域互利合作。波方愿推动"16＋1合作"取得更大成绩。

[11月28日　马其顿　交通]　国务院总理李克强在布达佩斯会见马其顿总理扎埃夫。李克强指出，中方愿同马方更好对接发展战略，推进两国在交通基础设施建设等领域的合作。希望马发挥自身优势，积极参与中欧陆海快线建设。中方也愿开拓两国在数字经济等新业态领域的合作。扎埃夫表示，马方愿加强对华经贸、人文交流合作。"16＋1合作"对马发展很重要，愿在此框架下同中方加强合作。欢迎中国企业参与马基础设施特别是交通等项目建设。

[11月28日　斯洛文尼亚　贸易]　国务院总理李克强会见斯洛文尼亚总理采拉尔。李克强强调，中斯两国农业、旅游、科研等合作已取得很多成果，中方愿进口斯方有竞争力的农产品，支持更多中方游客赴斯旅游；中国汽车制造能力强，愿推动中方相关企业参与斯汽车制造。采拉尔表示，斯方愿加强双方在农业、汽车、旅游、航空、科研、冬季运动等领域合作。斯方赞赏中方促进"16＋1合作"的积极举措，愿继续推进中东欧国家乃至欧洲与中国合作。

[11月28日　塞尔维亚　交通]　国务院总理李克强在布达佩斯会见塞尔维亚总理布尔纳比奇。李克强表示，匈塞铁路贝尔格莱德至旧帕佐瓦段正式开工，标志着匈塞铁路建设取得重大进展。希望双方扎实推进该路段建设，同时加快诺维萨德至苏博蒂察段设计工作，推动匈塞铁路这一"16＋1合作"旗舰项目早日建成，为加快推进中欧陆海快线建设和地区互联互通注入动力。中方愿同塞方继续推动有关公路、钢厂、产业园区等基础设施和产能合作项目。布尔纳比奇表示，塞方愿同中方共同推进匈塞

铁路建设，并开展产业园区、电子商务、物流等领域合作。欢迎中方企业参与塞交通基础设施建设，希尽早开通两国直航，促进双边旅游和人员往来。

[11月28日　波黑　能源] 国务院总理李克强在布达佩斯会见波黑部长会议主席兹维兹迪奇。李克强指出，希望积极推进火电站等能源项目。通过深化双方基础设施建设合作，发挥波黑区位优势，辐射带动中国同巴尔干地区合作。在扩大农产品贸易基础上，拓展农产品加工和农业装备制造方面合作。兹维兹迪奇表示，波黑政府高度重视对华合作以及两国在"16+1合作"框架内的互利合作，推动互联互通、交通基础设施、火电站、农业、旅游、人文等领域合作。

[11月28日　匈牙利　投资] 国务院总理李克强在布达佩斯同匈牙利总理欧尔班举行会谈。李克强指出，中方愿将"一带一路"倡议同匈方发展战略更好对接，扩大双边经贸投资规模，加强基础设施建设等重点领域合作，进一步推进区域互联互通。中方将鼓励更多有实力的中国企业到匈投资兴业，希望匈方给予更多便利。我们也愿进口匈方更多有市场竞争力的产品。加强金融合作。落实《中国—中东欧国家合作布达佩斯纲要》等成果文件，为"16+1合作"注入新动力。欧尔班表示，匈方愿积极推进匈塞铁路等重大项目建设，提升双边经贸水平，加强金融、教育、旅游等合作。欢迎中方企业到匈投资。

[11月29日　匈牙利　气候] 国务院总理李克强在布达佩斯会见匈牙利总统阿戴尔。李克强表示，中方愿同匈方加强发展战略对接，找准互利合作契合点，打造务实合作与人文交流新领域，共同推动"16+1合作"不断取得新成果。阿戴尔表示，匈方愿同中方进一步加强互利合作，密切在国际事务中的协调沟通，推动匈中关系与"16+1合作"向前发展。双方还就气候变化问题交换意见。

[11月29日　瑞士　一带一路] 商务部国际贸易谈判代表兼副部

长傅自应在京与来访的瑞士联邦经济和教研部国务秘书茵艾辛一行进行会谈，就中瑞经贸关系、"一带一路"合作及中国国际进口博览会、中瑞自贸协定升级等双方关注的议题交换了意见。

[11月29日　**法国　能源**]　国家发展和改革委员会副主任、国家能源局局长努尔·白克力在北京会见法国前总理拉法兰一行，双方就中国能源政策和能源发展情况、氢储能技术发展和中法企业在储能领域的合作前景等交换了意见。

[11月30日　**意大利　贸易**]　商务部国际贸易谈判代表兼副部长傅自应在北京会见来华访问的意大利经济发展部副部长斯卡法罗托。

[11月30日　**塞尔维亚　技术**]　工业和信息化部副部长辛国斌在塞尔维亚首都贝尔格莱德与塞经济部国务秘书德拉甘·斯特瓦诺维奇举行了工作会谈，双方表示愿加强工业发展战略的沟通交流，推动企业在原材料、机械工业、汽车等领域的务实合作。

[11月30日　**法国　能源**]　为配合第五次中法高级别经济财金对话，国家能源局与法国生态转型部在北京举办首次中法能源对话。国家能源局副局长刘宝华和法国生态转型部能源与气候署署长洛朗·米歇尔共同出席会议。双方一致同意，未来进一步加强对话交流，增进互信理解，促进务实合作，带动绿色低碳发展，造福两国人民。会议期间，双方代表就中法能源发展政策和规划、民用核能、电力市场化改革、智能电网、石油和天然气、新能源、市场监管等议题展开积极交流。会后，国家能源局分别与法国生态转型部、法国核电标准协会签署了《第一次中法能源对话纪要》和《中法核电标准规范合作协议》两份合作文件。

[12月1日　**法国　气候**]　国务委员杨洁篪应约同法国总统外事顾问埃蒂安通电话。杨洁篪指出，双方密集开展高层交往，全力推进重点领域、重大项目合作。埃蒂安表示，法方期待同中方深化各领域及国际事务中合作，推动法中全面战略伙伴关系深入发展。双方就气候变化等问题交

换了看法。杨洁篪强调，应对气候变化是中国发展理念的重要组成部分，中方愿继续同包括法方在内国际社会一道为此加强合作。

[12月1日　法国　金融]　　国务院副总理马凯与法国经济和财政部长勒梅尔在北京共同主持第五次中法高级别经济财金对话。马凯表示，本次对话是在习近平主席和马克龙总统汉堡会晤和中国共产党第十九次全国代表大会后经济财金领域两国首次政府间高层对话。双方要加强宏观经济政策协调，规划好"一带一路"框架下对接和互利合作；共同反对贸易保护主义，推动完善全球经济治理，开创新时代中法合作新局面。本次对话达成71项互利共赢成果。双方同意加快"中国制造2025"与法国"未来工业"计划对接，重点加强投资、汽车、航空航天、核能、先进制造、绿色金融、"一带一路"建设、第三方市场等领域务实合作。财政部副部长史耀斌出席此次对话，并在会后回答中外媒体提问。

在此期间，中国人民银行、法兰西银行、中国证券监督管理委员会、法国金融市场管理局联合举办第四届中法金融论坛。中国银行间市场交易商协会、巴黎欧洲金融市场协会、证券投资基金业协会、法国资产管理协会联合承办此次会议。中国人民银行副行长易纲出席会议并致辞。易纲强调，中法加强金融合作将对促进全球经济增长与稳定、改善全球经济治理发挥重要作用。中法与会嘉宾在"宏观审慎政策和金融市场开放""资产管理：资本市场服务实体经济新路径""新金融：绿色金融、金融科技"等专题下就加深合作进行深入探讨与交流。

[12月1日　白俄罗斯　产业园]　　国务院总理李克强在索契会见白俄罗斯总理科比亚科夫。李克强表示，希望双方进一步加强发展战略对接，发挥互补优势，挖掘经贸、投资合作潜力，以中白工业园建设为重点，加强有关基础设施建设和产能合作，并共同探讨创新融资方式。科比亚科夫表示，白俄罗斯愿积极对接两国发展战略，建立起全天候友好合作关系。白方将参与2018年在华举办的国际进口博览会，加快和完善白中

工业园区建设，并进一步开展物流、科技创新等项目合作。

[12月2日　**斯洛伐克**　**一带一路**]　国务委员杨洁篪在北京会见斯洛伐克副总理佩列格里尼。杨洁篪表示，希望两国以共建"一带一路"为契机，加强战略对接，深化务实合作。希望斯方继续为中欧关系、中国—中东欧国家合作发挥积极作用。佩列格里尼表示，斯洛伐克政府坚持一个中国政策，期待同中方共建"一带一路"，加强两国在经贸、投资、基础设施等领域合作。

[12月4—6日　**法国**　**气候**]　外交部副部长张业遂访问法国，分别会见法国总统外事顾问埃蒂安、外交部国务秘书勒穆瓦纳和外交部秘书长顾山，就双边关系和共同关心的国际及地区问题交换了意见。张业遂表示，中方愿同法方一道，不断深化各领域务实合作，加强在国际事务中的沟通协调，推动中法全面战略伙伴关系取得更大发展。法方表示，法方高度重视法中关系，愿进一步密切两国高层往来，拓展务实合作，共同应对气候变化等全球性挑战，为维护世界和平与稳定而努力。

[12月5日　**乌克兰**　**农业**]　中国—乌克兰政府间合作委员会第三次会议在乌克兰首都基辅举行。会议期间，中国商务部、农业部与乌克兰农业政策与粮食部、经济发展与贸易部共同签署《中国—乌克兰农业投资合作规划》。《规划》由国务院发展研究中心与乌克兰农业科学研究院共同编制，旨在充分挖掘两国农业投资合作潜力，指导两国企业充分扩大农业领域相互投资，实现优势互补、互利共赢。根据《规划》，双方将按照"政府引导、市场运作、企业主体"的原则，鼓励两国企业通过多种方式开展农业投资合作，推动重大项目攻坚，不断提高两国农业投资合作水平。

同日，科技部副部长李萌作为中乌政府间合作委员会科技合作分委会代表出席会议。李萌发言认为未来双方将在前期合作的良好基础上，进一步密切两国科技界、企业界相互往来，搭建交流平台，打造品牌。共同支持中乌双方一流研究院所及科学家之间的务实合作，为中乌科技进步和经济社会发展服务。共同发挥好乌方科技、人才优势和中方产业、资金、市场优势，扩大双方在科技成果转移转化、科技园和产业集群方面的合作，不断培育新的增长点。

[12月6日　英国　科技]　中国科学技术部与英国商业、能源和产业战略部在英国皇家学会共同举办"中英科技创新合作：共塑黄金时代"论坛。国务院副总理刘延东、科技部副部长王志刚与英国约克公爵安德鲁王子，英国大学、科学、研究与创新国务大臣乔·约翰逊等出席论坛致辞并参观了中英科技创新成果展。双方正式签署了《科技创新合作备忘录》，发布了中英科技创新合作战略。这是首个中国与其他国家联合制定的双边科技创新合作战略，标志着两国在近40年科技创新合作基础上迈上了新台阶。

[12月7日　荷兰　能源]　国家能源局副局长李凡荣在北京会见荷兰皇家壳牌集团全球执行委员会成员、一体化天然气与新能源总裁魏思乐一行，双方就能源转型、天然气发展以及壳牌在中国的发展前景等交换了意见。

[12月7日　英国　能源]　国家能源局副局长李凡荣在北京会见英国全球行业研究和咨询机构埃士信公司副董事长丹尼尔一行，双方就世界能源转型和油气市场发展等进行了交流。

[12月11日　白俄罗斯　农业]　农业部副部长于康震在北京会见了来华访问的白俄罗斯农业和食品部部长扎亚茨·列奥尼德列一行，双方就加强中白农业合作进行了交流。于康震指出，中白两国应着力推动农机领域合作，鼓励双方农机企业共建农机产业园，在关键技术领域进行联合攻关，共同推动农业机械化装备技术升级。会后，于康震与扎亚茨·列奥尼德列共同签署了《中华人民共和国农业部与白罗斯共和国农业和食品部2018—2020年农业领域合作行动计划》。

[12月12日　法国　一带一路]　法国总统马克龙在巴黎会见出席气候行动融资峰会的习近平主席特使、国务院副总理马凯。马凯表示，中方赞赏马克龙总统积极支持"一带一路"倡议，愿同法方保持高层交往，发挥两国合作机制的政策协调作用，推进在核能、航空航天、绿色金融、先进制造、"一带一路"建设等领域的互利合作。法方表示愿积极参与"一带一路"建设，期待与中方在气候变化等多边治理进程中共同发挥更大作用。

[12月14日　葡萄牙　科技]　中国—葡萄牙科技合作联委会第八次会议于在葡萄牙首都里斯本举行。中国科技部国际合作司司长叶冬柏与葡萄牙高等教育与科学技术部科技基金会主席保罗·弗昂主持会议。双方就2019—2021年政府间联合研究项目共同资助机制和落实两国科技主管部门《关于海洋科学领域研究与创新合作的议定书》交换了意见。

[12月15日　英国　产能、投资]　第九次中英经济财金对话在北京举行，国务院副总理马凯与英国财政大臣哈蒙德将共同主持对话。

期间，第六次中英经济增长与合作部长级交流在北京举行。国家发展和改革委员会副主任王晓涛与英国财政部财政事务部长琼斯共同出席并举行对话。双方重点就产业发展战略、促进中英双边投资及第三方市场合作以及区域合作等议题进行了深入交流，并就进一步深化中英双方在相关领域的合作达成共识。

[12月15日　英国　能源]　为配合第九次中英经济财金对话，国家发展和改革委员会副主任、国家能源局局长努尔·白克力和英国商业、能源与工业战略部内阁大臣格雷格·克拉克在北京共同主持第五次中英能源对话，并于会后签署了《中英清洁能源合作伙伴关系实施行动计划》。努尔·白克力指出，近年来，中英双方在民用核能、石油天然气、可再生能源等诸多领域开展了一系列务实合作，取得了积极进展，为中英关系"黄金时代"不断注入新的活力和动能。格雷格·克拉克表示，中英能源

对话体现了中英继续开发安全、可负担以及可持续能源的重要性，体现了两国履行《巴黎协定》的决心，也体现了两国为实现低碳经济所做的努力。《中英清洁能源合作伙伴关系实施行动计划》确定了双方未来合作的重点领域，其中包括清洁能源技术、民用核能、电力市场改革及在"一带一路"框架下开展第三国合作等。

[12 月 15 日　英国　金融]　中国人民银行与英格兰银行在北京举办了首届联合研讨会，双方就绿色金融、宏观审慎政策框架等议题交换了意见。中国人民银行行长周小川、副行长陈雨露，英格兰银行行长马克·卡尼、英国金融行为监管局局长安德鲁·贝利出席会议并发言。中英部分其他金融监管部门和金融机构、国际组织代表参加会议并参与了讨论。

[12 月 15—16 日　英国　财政、金融]　第九次中英经济财金对话在北京举行，国务院副总理马凯与英国财政大臣哈蒙德将共同主持对话。财政部副部长史耀斌出席对话，并在会后回答中外媒体提问。工业和信息化部部长苗圩出席对话，并在"贸易、投资和产业战略"专题就"加强中英产业战略对接，推动两国经济稳定增长"作发言。

[12 月 18—19 日　意大利　一带一路]　外交部长王毅在北京与来华正式访问的意大利外交部长阿尔法诺举行会谈，共同出席中意政府委员会第八次联席会议闭幕式并致辞。王毅说，我与阿尔法诺外长就双边关系和共同关心的问题深入交换意见，一致同意努力开创中意全面战略伙伴关系的"新时代"。双方就此达成四点重要共识：一是同意共建"一带一路"；二是同意深化人文交流；三是同意深化创新合作；四是同意加强国际事务协作。12 月 19 日，国务委员杨洁篪在北京会见阿尔法诺。

[12 月 19 日　法国　综合]　国务院副总理汪洋在北京会见法国总统外事顾问埃蒂安。汪洋表示，中方愿同法方一道，密切高层交往，巩固政治互信，提升务实合作，深化人文交流，加强在国际事务中的协调配合，推动中法、中欧全面战略伙伴关系更上一层楼。

同日，国务委员杨洁篪在北京与埃蒂安举行新一轮中法战略对话。杨洁篪表示，希望双方深化在核能、航空航天、工业制造和贸易投资等领域的合作，继续加强在国际事务中的协调与合作。中方希望法方继续在中欧关系中发挥积极建设性作用。埃蒂安表示，法方愿同中方进一步密切高层交往，深化务实合作，增进人文交流，加强国际地区问题协调，共同维护多边主义，将法中关系提升到新的高度。

[12月28日　摩尔多瓦　自贸区]　商务部国际贸易谈判代表兼副部长傅自应与摩尔多瓦经济与基础设施部国务秘书德拉戈琳在京签署了《中华人民共和国商务部和摩尔多瓦共和国经济与基础设施部关于启动中国—摩尔多瓦自由贸易协定谈判的谅解备忘录》，正式启动中摩自贸协定谈判。

（四）欧亚地区

[1月6日　吉尔吉斯斯坦　一带一路]　国家主席习近平在北京会见吉尔吉斯斯坦总统阿塔姆巴耶夫。双方表示应加快推进重大基础设施建设项目，推进落实产能投资合作，促进两国中小企业、农业等领域的合作，做好"一带一路"建设同欧亚经济联盟建设对接。同日，阿塔姆巴耶夫会见商务部部长高虎城。双方高度评价中吉友好关系和经贸合作取得的积极成果，并就进一步推动双边经贸合作、充实中吉战略伙伴关系交换了意见。

[2月15日　俄罗斯　能源]　国务院副总理张高丽在北京会见俄罗斯天然气工业公司总裁米勒。张高丽表示，双方要落实好中俄原油贸易及原油增供、东线天然气、亚马尔液化气等重大合作项目，按照利益共享、风险共担原则，进一步研究西线天然气、远东供气等合作项目，拓展双方在天然气发电、地下储气库、发动机燃料以及标准互认和合格评定、油田

服务、能源技术装备等领域合作，推动两国能源领域务实合作积极稳步发展。

[2月15日　乌兹别克斯坦　科技]　科技部副部长阴和俊与乌兹别克斯坦共和国部长奥季尔胡扎·帕尔皮耶夫在北京共同主持召开中国—乌兹别克斯坦政府间合作委员会科技合作分委会第三次会议。会上，双方讨论并通过了2016年度双边政府间科技合作计划，确定共同支持15个联合研发项目，并商定适时共同启动2017年度中乌政府间科技研发合作项目的征集工作。

[2月16日　俄罗斯　一带一路]　在德国波恩出席二十国集团外长会议的外交部长王毅会见了俄罗斯外交部长拉夫罗夫。王毅表示，中方愿同俄方保持高层交往，加强"一带一路"与欧亚经济联盟建设的对接合作。双方就二十国集团和金砖国家合作深入交换意见，一致认为应加强两国在二十国集团框架内的沟通协调。

[2月20日　蒙古国　一带一路]　外交部长王毅在北京与蒙古国对外关系部长蒙赫奥尔吉勒举行会谈。王毅表示，中方注意到蒙方当前面临的经济困难，愿通过国际货币基金组织和双边务实合作等渠道，为蒙方提供力所能及的帮助。中方愿同蒙方规划好下一步高层往来，加强两国发展战略对接，推进产能、投资、基础设施等领域合作。蒙赫奥尔吉勒表示，习近平主席共建"一带一路"倡议有利于促进地区互联互通，也为蒙古经济发展提供了重要机遇，额尔登巴特总理期待5月赴华出席"一带一路"国际合作高峰论坛，加强蒙古国"草原之路"发展战略与"一带一路"倡议对接。

[2月28日　哈萨克斯坦　投资]　国家发展和改革委员会副主任宁吉喆与哈萨克斯坦投资发展部副部长哈伊洛夫在北京共同主持召开了中哈产能与投资合作第十一次对话。双方围绕2017年重点工作、产能合作规划编制、新一轮重点项目清单、签证便利化安排等深入交换了意见。

［3 月 14 日 吉尔吉斯斯坦 农业］ 农业部副部长屈冬玉在北京会见了吉尔吉斯斯坦农业、食品与土壤改良部副部长乔都耶夫，双方就加强农业领域合作交换了意见。双方在农业新技术、跨境动物疫病防控及贸易投资等领域合作潜力很大。希望吉方营造良好的投资贸易环境，加强双方在贸易便利化方面的交流，积极鼓励和支持两国企业开展农产品投资合作。

［3 月 17 日 俄罗斯 投资］ 国家发展和改革委员会副主任宁吉喆与俄罗斯经济发展部副部长沃斯克列辛斯基在北京共同主持召开了中俄投资合作委员会第九次秘书长会议。双方重点就委员会第四次会议筹备工作进行了磋商，围绕两国的经济形势、深化和拓展双边投资合作方向以及中俄投资合作重点项目总体进展情况深入交换意见，并部署 2017 年重点工作。

［3 月 29 日 俄罗斯 综合］ 国务院副总理汪洋在俄罗斯阿尔汉格尔斯克市同俄罗斯副总理罗戈津共同主持中俄总理定期会晤委员会双方主席会晤。罗戈津表示，普京总统将于 5 月赴华出席"一带一路"国际合作高峰论坛并与习近平主席会晤。俄方愿同中方共同努力，继续扩大同中方各领域务实合作，确保两国高层交往取得丰硕成果。当日，汪洋还参加了在阿尔汉格尔斯克市举行的第四届国际北极论坛开幕式并致辞，汪洋对参与北极事务发出倡议：要加强北极生态环境保护，将保护北极生态置于优先位置。中方将积极参与北极环境治理，推动环境合作。中方愿与北极域内、域外国家建立健全工作机制，加强政策对话，积极支持北极理事会工作，共同维护北极和平与稳定。

［3 月 31 日 哈萨克斯坦 农业］ 农业部部长韩长赋会见了来访的哈萨克斯坦副总理兼农业部部长梅尔扎赫梅托夫。韩长赋对两国农业领域的交流与合作给予积极评价，并就进一步深化中哈农业合作提出五点建议：一是落实 2016 年中哈两国农业部签署的"共同行动计划"，建立中

哈农业合作工作组机制；二是加强农业科技领域合作，由两国农业科研机构牵头建立联合实验室，互派专家考察交流；三是促进两国农业贸易与投资合作，鼓励两国企业进行双向投资，欢迎哈方企业来华参加农产品博览会、展销会和交易会；四是深化畜牧业领域合作，鼓励双方企业在饲草料生产和畜产品贸易方面开展合作；五是推动中国陕西省和哈萨克斯坦阿拉木图州共建"中哈人民苹果友谊园"，同时探讨在哈方建设农业合作示范园区。

[4月1日 哈萨克斯坦 贸易] 商务部部长钟山在北京会见哈萨克斯坦副总理兼农业部长梅尔扎赫梅托夫。双方就进一步发展中哈经贸关系和各领域务实合作，推动双边农产品贸易、农业投资以及农业技术交流等交换了意见。

[4月5日 哈萨克斯坦 能源] 中国—哈萨克斯坦能源合作分委会第十次会议在北京召开，国家能源局副局长李凡荣与哈萨克斯坦能源部副部长马加沃夫共同主持会议。李凡荣表示，中方愿与哈方共同推进下一阶段两国在能源领域的合作，努力做好"丝绸之路经济带"与"光明之路"新经济政策在能源领域的对接工作，并以世博会为契机，进一步推动两国在新能源和可再生能源领域合作。马加沃夫表示，中哈能源合作分委会是双方协调解决能源领域合作问题的重要机制，此次会议双方通过友好商谈，解决了合作中面临的一些问题，成效显著。

[4月10日 白俄罗斯 贸易] 商务部副部长兼国际贸易谈判副代表俞建华与白俄罗斯经济部长季诺夫斯基共同主持中国—白俄罗斯工业园协调工作组第九次会议，并签署会议纪要。11日上午，商务部副部长房爱卿与白俄罗斯经济部长季诺夫斯基共同主持召开中国—白俄罗斯政府间合作委员会经贸合作分委会第三次会议，并签署会议纪要。中午，商务部部长钟山会见白俄罗斯总统办公厅副主任斯诺普科夫和白俄罗斯经济部长季诺夫斯基，就双边经贸合作及中白工业园建设下一步工作安排交换意见。

[4月12日　俄罗斯　贸易]　国家发展和改革委员会副主任胡祖才在北京会见了俄罗斯联邦反垄断局副局长安德雷·齐加诺夫一行。双方就加强中俄双边以及金砖国家机制下的竞争领域合作进行了交流，并签署了部门间反垄断合作谅解备忘录。

[4月12日　俄罗斯　投资、能源]　国务院副总理、中俄投资合作委员会中方主席张高丽在莫斯科与俄罗斯第一副总理、俄方主席舒瓦洛夫共同主持召开中俄投资合作委员会第四次会议。双方一致强调，要深入推进两国发展战略对接，共同推动"一带一路"建设与欧亚经济联盟对接合作。同日，张高丽与俄罗斯副总理德沃尔科维奇举行中俄能源合作委员会双方主席会晤，就中俄重点能源项目合作交换意见并达成广泛共识，国家发展和改革委员会副主任、能源局局长努尔·白克力出席了会议。次日，张高丽在莫斯科会见俄罗斯总统普京。

[4月17日　哈萨克斯坦　农业]　科技部副部长王志刚在赴哈萨克斯坦出席中哈合作委员会第八次会议期间，到访赛福林农业技术大学，并与该校校长库里什巴耶夫举行会谈。

[4月18日　哈萨克斯坦　一带一路]　国务院副总理张高丽在阿斯塔纳分别会见哈萨克斯坦总统纳扎尔巴耶夫、总理萨金塔耶夫，并和第一副总理马明举行中哈合作委员会第八次会议。张高丽表示，中哈共建"一带一路"取得丰硕成果，下一步要进一步加强发展战略对接，深化重点领域合作，积极拓展合作领域，确保中哈合作不断取得更大成效。中方欢迎纳扎尔巴耶夫总统2017年5月赴华出席"一带一路"国际合作高峰论坛，借此推动两国务实合作取得新的进展。

[4月18日　乌兹别克斯坦　农业]　国务院副总理汪洋在北京会见了乌兹别克斯坦副总理兼农业水利部部长米尔扎耶夫一行。汪洋说，中乌两国农业互补性强，合作潜力大。中方愿同乌方共同努力，进一步提升双方在农业领域合作的水平和成效，促进中乌农业发展再上新台阶。米尔扎

耶夫表示，乌方高度重视发展对华关系，愿与中方进一步深化合作，持续推动两国农业发展。

19 日，农业部部长韩长赋与米尔扎耶夫在北京共同主持召开了中乌农业合作分委会第二次会议。会后，双方签署了会议纪要，并草签了《中华人民共和国农业部与乌兹别克斯坦共和国农业水利部 2018—2020 年农业合作交流计划》。

［4 月 20 日　俄罗斯　贸易］　第四届中国—俄罗斯博览会组委会会议在北京举行，会议由商务部国际贸易谈判代表兼副部长傅自应主持。会议期间，双方共同听取了第四届中俄博览会展览和商务活动筹备工作进展情况，确定了下一阶段重点工作安排，并就共同关心的问题交换了意见。

［4 月 20 日　乌兹别克斯坦　贸易］　商务部国际贸易谈判代表兼副部长傅自应在北京会见乌兹别克斯坦外贸部副部长图利亚加诺夫，就中乌经贸关系交换意见。

［4 月 21 日　塔吉克斯坦　一带一路］　外交部长王毅在阿斯塔纳会见塔吉克斯坦外交部长阿斯洛夫。王毅说，今年是中塔建交 25 周年，中方愿以此为契机，同塔方深化共建"一带一路"合作，在互联互通、农业等重点领域作出努力，推动中塔关系迈上新台阶，使中塔战略伙伴关系真正成为两国人民的共识。阿斯洛夫表示，塔中战略伙伴关系不是落在口头，而是实实在在体现在各个领域。塔方愿进一步加强同中方互联互通，深化在交通、农业、经贸、人文等领域的务实合作。

［4 月 21 日　吉尔吉斯斯坦　一带一路］　外交部长王毅在阿斯塔纳会见吉尔吉斯斯坦外交部长阿布德尔达耶夫。王毅说，吉尔吉斯斯坦是共建"一带一路"重要合作伙伴。中方愿同吉方落实好两国领导人共识，在共建"一带一路"过程中，推动双方实现共同发展繁荣。阿布德尔达耶夫表示，吉方珍视吉中两国现有的高水平战略伙伴关系，吉方坚定支持中方打击"三股势力"的努力，愿采取一切必要措施确保中国驻吉使领

馆人员安全。

[4月25日 蒙古国 能源、高铁] 国家发展和改革委员会副主任宁吉喆和蒙古国政府办公厅主任扎·蒙赫巴特在北京共同主持召开了中蒙矿产能源和互联互通合作委员会第二次会议。本次会议就商签产能和投资合作框架协议，进一步推进塔温陶勒盖煤矿及配套南向铁路、升级改造中蒙俄铁路、锡伯敖包煤电输一体化等项目及金融领域合作交换了意见，就加强重大项目合作达成了共识。

[4月25日 吉尔吉斯斯坦 贸易] 商务部国际贸易谈判代表兼副部长傅自应在北京会见吉尔吉斯斯坦驻华大使巴克特古洛娃，就中吉经贸关系和双方关注的重点经贸问题交换意见。

[4月25日 白俄罗斯 贸易] 商务部国际贸易谈判代表兼副部长傅自应在北京会见白俄罗斯驻华大使鲁德，就双边经贸合作交换意见。

[4月26日 乌兹别克斯坦 综合] 商务部部长钟山与来华访问的乌兹别克斯坦政府副总理阿济莫夫举行会见。双方就中乌双边关系及经贸合作、中乌元首会晤经贸成果准备工作等议题深入交换意见。

[4月26日 俄罗斯 一带一路] 俄罗斯总统普京在莫斯科会见中共中央政治局委员、中央书记处书记、中央办公厅主任栗战书。普京表示，当前俄中高层交往密切，各领域机制化交流稳步推进，经贸、人文、地方等合作日益深入。俄方积极响应中方"一带一路"倡议，期待着5月赴华出席"一带一路"国际合作高峰论坛并同习近平主席会面。同日，栗战书同俄罗斯总统办公厅主任瓦伊诺举行会谈，并会见俄罗斯总统环保、生态和交通事务特别代表伊万诺夫，就加强双方交流合作深入沟通，并就共同关心的国际和地区问题交换看法。

[5月5日 吉尔吉斯斯坦 一带一路] 外交部长王毅在北京与正式访华的吉尔吉斯斯坦外交部长阿布德尔达耶夫举行会谈。王毅表示，中方愿同吉方一道，不断加大相互支持，以共建"一带一路"为主线，全

面深化各领域务实合作。阿布德尔达耶夫表示，吉方视中方为外交优先方向，坚定支持中方举办"一带一路"国际合作高峰论坛，将积极参与"一带一路"建设，进一步深化同中方在各领域的合作，实现互利共赢、共同发展。

[5月5日　吉尔吉斯斯坦　贸易]　商务部国际贸易谈判代表兼副部长傅自应与来华访问的吉尔吉斯斯坦外交部长阿布德尔达耶夫举行会见。双方就中吉双边经贸关系和双方关注的重点经贸问题深入交换意见。

[5月12日　蒙古国　自贸区、投资、科技等]　国家主席习近平在北京会见来华出席"一带一路"国际合作高峰论坛的蒙古国总理额尔登巴特。习近平强调，要加快推进自由贸易区可行性研究和跨境经济合作，拓展矿能大项目和基础设施互联互通领域合作。中方欢迎蒙方参与"一带一路"建设，支持蒙古国发挥连接欧亚大陆的桥梁和纽带作用。双方要落实贸易投资、互联互通、农牧业、产能、能源等领域合作，使"一带一路"倡议和蒙方"发展之路"倡议对接产生实效。要推进中蒙俄经济走廊建设，助力三方共同发展。额尔登巴特表示，蒙方愿发挥连接亚欧大陆的桥梁作用，积极参与"一带一路"建设框架下互利合作。同日，国务院总理李克强、副总理汪洋分别会见额尔登巴特。

同日，在国务院总理李克强和蒙古国总理额尔登巴特的共同见证下，科技部副部长黄卫与蒙古国教育文化科学体育部部长扎米扬苏仑·巴特苏在北京签署了《中国科技部与蒙古教育文化科学体育部关于在蒙古国建立科技园区和创新基础设施发展合作的谅解备忘录》。此项合作协议列入了"一带一路"国际合作高峰论坛成果清单。

同日，商务部部长钟山与蒙古国对外关系部长蒙赫奥尔吉勒在北京共同签署《中华人民共和国商务部和蒙古国对外关系部关于启动中国—蒙古国自由贸易协定联合可行性研究的谅解备忘录》，宣布启动自贸协定联合可行性研究，正式开启双边自贸区建设进程。双方同意成立工作组，制定研究准则及工作计划，聚焦双方具有共同利益的领域开展研究，根据研究成果形成报告并提出政策建议。

同日，商务部国际贸易谈判代表兼副部长傅自应和蒙赫奥尔吉勒在北京签署《中华人民共和国商务部与蒙古国对外关系部关于加强贸易、投资和经济合作谅解备忘录》。该备忘录明确了新形势下中蒙经贸合作的目标和原则，确定了双边重点合作领域和方式，有助于进一步促进两国交流合作，推动双边贸易、投资和经济合作的健康稳定发展。李克强总理和蒙古国总理额尔登巴特见证了这一文件的签署。

[5月12—13日　乌兹别克斯坦　贸易、一带一路]　国家主席习近平在北京同乌兹别克斯坦总统米尔济约耶夫举行会谈。习近平指出，中乌要加强发展战略对接，共同规划好两国合作的重点方向、重点领域、重点项目。要扩大双边贸易规模，优化贸易结构。中方愿同乌方拓展产能、投资、工业园区和基础设施建设合作。米尔济约耶夫表示，乌方愿以"一带一路"建设为契机，深化经贸、投资、产能、基础设施、水利等领域合作和地方、人文交流。13日，国务院总理李克强在北京会见乌兹别克斯坦总统米尔济约耶夫。

在习近平和米尔济约耶夫总统的共同见证下，商务部部长钟山与乌兹别克斯坦国家投资委员会主席阿赫梅德哈扎耶夫在北京签署了《中华人民共和国商务部与乌兹别克斯坦共和国国家投资委员会关于在乌兹别克斯坦共和国建设中小型水电站的合作协议》、《中华人民共和国商务部与乌兹别克斯坦共和国国家投资委员会关于加强基础设施建设合作的谅解备忘录》和《中华人民共和国商务部与乌兹别克斯坦共和国对外贸易部关于促进中小企业合作的谅解备忘录》等文件。上述文件的签署将为推动中乌产能合作、促进中亚地区互联互通、激发中小企业潜能注入新的动力。

[5月12日　哈萨克斯坦　基础设施]　国家发展和改革委员会副主任宁吉喆与哈萨克斯坦投资发展部副部长哈伊洛夫在北京共同主持召开了

中哈产能与投资合作第十二次对话。双方围绕形成新一轮重点项目清单、编制《中哈产能与投资合作规划》、开展中哈标准和认证接轨合作以及赴哈举行第十三次对话等深入交换意见并达成共识。

[5月13日　格鲁吉亚　自贸区]　商务部部长钟山在北京会见来访的格鲁吉亚第一副总理兼财政部部长库姆西什维利，并同格鲁吉亚经济与可持续发展部部长加哈里亚分别代表两国政府签署了《中华人民共和国政府和格鲁吉亚政府自由贸易协定》。

[5月14日　哈萨克斯坦　一带一路]　国家主席习近平在北京会见来华出席"一带一路"国际合作高峰论坛的哈萨克斯坦总统纳扎尔巴耶夫。习近平强调，中方愿同哈方一起，推进"一带一路"建设。纳扎尔巴耶夫表示，哈方愿积极对接"一带一路"同"光明之路"发展战略，继续在此框架下深化两国经贸、农业、矿业、铁路、科技等领域务实合作。同日，国务院总理李克强在北京会见哈萨克斯坦总统纳扎尔巴耶夫。

[5月14日　俄罗斯　一带一路]　国家主席习近平在北京会见来华出席"一带一路"国际合作高峰论坛的俄罗斯总统普京。习近平指出，双方要深化经贸、能源等传统领域合作，落实好重点项目；同时，开拓科技、创新等领域合作。继续推动"一带一路"建设同欧亚经济联盟对接。普京表示，俄方愿同做好欧亚经济联盟同丝绸之路经济带发展战略对接，推进有关合作大项目落实。双方要深化贸易、能源、制造业、教育、地方、旅游、体育等合作。

[5月15日　俄罗斯　科技]　科技部副部长李萌在北京会见了来华出席"一带一路"国际合作高峰论坛的俄罗斯教育科学部副部长特鲁普尼科夫一行。李萌表示，愿推动两国科研院所、高校和企业在纳米技术、能源技术、生命科学等优先领域的务实合作。

[5月15日　俄罗斯　财政]　财政部部长肖捷会见来华出席"一带一路"国际合作高峰论坛的俄罗斯财政部部长安东·西卢阿诺夫，双方就

中俄财金务实合作深入交换意见。

[5 月 16 日　吉尔吉斯斯坦　一带一路]　国家主席习近平在北京会见来华出席"一带一路"国际合作高峰论坛的吉尔吉斯斯坦总统阿塔姆巴耶夫。习近平强调，中吉双方要实施好重点合作项目，使"一带一路"建设成果更多惠及两国人民。阿塔姆巴耶夫表示，吉方愿同中方加强经贸、安全等各领域合作，积极推进重大基础设施项目建设。

[5 月 25—26 日　俄罗斯　一带一路]　俄罗斯总统普京在莫斯科克里姆林宫会见对俄罗斯进行正式访问的中国外交部长王毅。普京说，俄中是名副其实的全面战略协作伙伴，双方合作涵盖政治、经贸、国际事务等各个领域。当前俄罗斯经济形势向好，两国政府部门应加强沟通协商，巩固务实合作发展势头，实施好重大合作项目，为两国企业扩大合作创造良好条件。俄中应在金砖国家、上合组织、二十国集团等多边框架下密切合作，加强国际安全合作，共同应对当前热点问题，维护全球战略稳定。

26 日，外交部长王毅在莫斯科同俄罗斯外长拉夫罗夫举行会谈，并在会谈后共见记者。中国商务部同俄经济发展部将就建设"欧亚经济伙伴关系"开展可行性研究，预定近期启动相关进程。中方欢迎并支持俄方提出的"冰上丝绸之路"倡议，愿同俄方及其他各方一道，共同开发北极航线。俄方近期发表《俄罗斯 2030 经济安全战略》，同中方包括"两个一百年"在内的国家发展战略十分契合，中方愿同俄方进一步对接两国发展的长远构想，开拓新的合作领域，打造新的合作增长点，为中俄全面战略协作伙伴关系不断注入新动力。

[5 月 30 日—6 月 1 日　哈萨克斯坦　一带一路]　中哈环保合作委员会第六次会议在哈萨克斯坦首都阿斯塔纳举行。中哈环委会中方主席、环保部副部长赵英民和哈方主席、哈能源部副部长萨季别科夫分别率团出席会议。会后，赵英民副部长和萨季别科夫副部长共同签署了会议纪要，与哈方交换了《关于推进绿色"一带一路"建设的指导意见》、《"一带一

路"生态环境保护合作规划》等文件。

[6月8日　哈萨克斯坦　贸易]　国家主席习近平应邀对哈萨克斯坦进行国事访问并出席上海合作组织成员国元首理事会第十七次会议。当日，习近平在阿斯塔纳同哈萨克斯坦总统纳扎尔巴耶夫举行会谈。两国元首积极评价中哈建交25年来双边关系发展巨大成就，规划两国下阶段合作的重点方向和领域，决定推动中哈全面战略伙伴关系在更高水平上健康稳定发展，更好造福两国人民。会谈后，两国元首签署了《中华人民共和国和哈萨克斯坦共和国联合声明》，并见证了经贸、金融、基础设施建设、水利、质检、税务、人文等领域多项双边合作文件的签署。

[6月14—15日　俄罗斯　贸易]　全国人大常委会副委员长张平在哈尔滨与俄罗斯经济发展部长奥列什金共同出席第四届中国—俄罗斯博览会开幕式、俄罗斯馆开馆仪式并巡馆。张平表示，中俄博览会已成为促进两国地方和企业交流对接的重要平台，希望双方加强合作，随着"一带一路"建设同欧亚经济联盟对接的深入发展，推动各领域务实合作取得更多成果。奥列什金表示，俄罗斯各地区和企业对参加博览会意愿积极，俄方将以博览会为平台，不断深化对华经贸合作。15日，第四届中俄博览会期间在哈尔滨召开中俄两国扩大使用本币结算圆桌会，黑龙江省委常委、常务副省长李海涛出席会议并致辞。会上获悉：近年来两国本币结算工作持续推进，未来中俄两国金融机构还将进一步深化本币结算合作；丝路基金投资规模已经超过60亿美元，投资覆盖了"一带一路"沿线多个国家。

[6月16日　俄罗斯　能源]　国务委员杨洁篪在合肥同俄罗斯总统全权代表巴比奇共同主持召开中国长江中上游地区和俄罗斯伏尔加河沿岸联邦区地方合作理事会第二次会议。杨洁篪表示，"长江—伏尔加河"机制运转卓有成效，务实合作取得重要成果，辐射效应日益显现，为丰富两国关系内涵和推进双边合作发挥了积极作用。希望双方抓住"一带一路"

建设的契机，结合两地区合作实际需求，共同实施好优先合作项目。巴比奇表示俄方愿意同中方一道，推动两国地方合作在经贸、交通、旅游、文化、教育、青年等领域不断取得新进展。会上，杨洁篪和巴比奇启动"长江—伏尔加河"地方合作理事会网站，签署《会议纪要》和《关于对〈长江—伏尔加河地方合作理事会条例〉进行修订的议定书》，并见证两地区地方政府签署多项合作文件。

[6月19日　俄罗斯　金融] 　第七次中俄财长对话在上海举行。财政部部长肖捷与俄罗斯财政部部长安东·西卢阿诺夫共同主持对话。财政部副部长史耀斌、俄罗斯财政部副部长斯托恰克等双方财政部、外交部高级官员出席。对话期间，双方就中俄宏观经济形势与政策、结构性改革、多双边财金合作等议题进行了深入讨论，达成多项共识，为习近平主席即将对俄罗斯进行的国事访问做好财金合作方面的准备。

[6月29日　俄罗斯　贸易、投资] 　国务院副总理汪洋在北京与俄罗斯副总理兼总统驻远东联邦区全权代表特鲁特涅夫举行中国东北地区和俄罗斯远东及贝加尔地区政府间合作委员会双方主席会晤。汪洋说，中方愿与俄方一道，充分利用好委员会机制，加强战略对接和政策协调，推动两地区合作不断取得新进展。特鲁特涅夫积极评价双方合作成果，表示中国是俄罗斯远东第一大经贸合作伙伴和重要投资来源国，希望进一步挖掘远东对华合作潜力，不断提升俄中远东和东北地区务实合作水平。

[7月4日　俄罗斯　交通] 　国家发展和改革委员会主任何立峰与俄罗斯远东发展部部长加卢什卡签署了《关于共同开发滨海1号和滨海2号国际交通走廊的谅解备忘录》。双方将就共同开发中俄国际交通走廊项目开展进一步深入论证研究。

[7月4日　俄罗斯　农业] 　在国家主席习近平和俄罗斯总统普京的共同见证下，中国农业部部长韩长赋与俄罗斯联邦农业部部长特卡切夫在莫斯科正式签署《中华人民共和国农业部和俄罗斯联邦农业部关于进一

步加强农业合作的谅解备忘录》。两国元首对农业合作作为中俄合作的重要领域和新的亮点，给予高度肯定。根据该谅解备忘录，双方将深化在农业科技、农业投资贸易、动物卫生和植物疫病防控等领域的全方位务实合作。

[7月4日　俄罗斯　贸易]　商务部部长钟山与俄罗斯经济发展部长马克西姆·奥列什金在莫斯科签署了《中华人民共和国商务部与俄罗斯联邦经济发展部关于欧亚经济伙伴关系协定联合可行性研究的联合声明》，决定开展欧亚经济伙伴关系协定的可行性研究工作，中国国家主席习近平与俄罗斯总统普京共同见证。

[7月4日　俄罗斯　一带一路]　国家主席习近平在莫斯科同俄罗斯总统普京举行会谈。习近平强调，中俄"一带一路"建设同欧亚经济联盟对接顺利推进，投资、能源、人文、地方等领域合作蓬勃开展。双方同意推动"一带一路"建设同欧亚经济联盟对接，促进贸易发展，扩大相互投资，推进大项目落实，积极构建能源战略伙伴关系，促进在可再生能源、煤炭、水电开发等领域合作，推动交通和基础设施项目建设，深化科技、创新、航天、网络安全、工业制造、通信、农业、金融、环境保护、北极事务等领域合作。

同日，习近平在莫斯科会见俄罗斯总理梅德韦杰夫。习近平强调，中俄双方要扩大经贸、投资、能源等领域合作规模；落实制造业重大合作项目，加强高铁合作，推动莫斯科—喀山高铁项目尽早启动；深化地方合作，优先推进跨境基础设施建设、资源开发、现代农业、产能等领域合作。要开展北极航道合作，共同打造"冰上丝绸之路"，落实好有关互联互通项目。

[7月4日　俄罗斯　环保]　中俄友好、和平与发展委员会第十一次全体会议在莫斯科举行。国家主席习近平与俄罗斯总统普京共同会见中俄友好、和平与发展委员会。环境保护部副部长赵英民作为委员会生态理

事会中方主席出席会议并发言。赵英民表示，中方高度重视生态环保合作，愿与俄方一道，落实两国领导人和委员会要求，紧密结合两国生态环保重点工作，通过生态理事会推动民间务实环保合作，协调增进两国环保技术交流和产业合作，为促进两国绿色发展作出应有贡献。

[7月5日　哈萨克斯坦　能源]　国家能源局副局长李凡荣出席在哈萨克斯坦阿斯塔纳举行的中哈能源合作论坛暨中哈实业家委员会能源会议并发言。李凡荣在发言中向与会代表介绍了中国能源清洁化转型的发展理念，回顾了中哈能源合作20年取得的成绩，并就下一阶段两国能源合作提出三点建议，即：认真规划油气合作、深化核能合作、加强新能源合作。

[7月6日　蒙古国　金融]　中国人民银行与蒙古银行续签了中蒙双边本币互换协议，规模保持为150亿元人民币/5.4万亿蒙古图格里克，旨在便利双边贸易和投资，促进两国经济发展。互换协议有效期三年，经双方同意可以展期。

[7月8日　乌兹别克斯坦　农业]　农业部部长韩长赋在乌兹别克斯坦与乌副总理兼农业水利部部长米尔扎耶夫举行会谈，见证签署农业研究与开发、棉花研究联合实验室备忘录等合作文件。米尔扎耶夫表示，希望与中方加强棉花、农产品储藏加工、水产养殖、桑蚕深加工和化肥生产等重点项目的合作，以促进乌农业生产水平提升和农产品出口。韩长赋鼓励中方涉农企业到乌兹别克投资兴业，全面落实两国元首达成的农业合作共识。

[7月11日　哈萨克斯坦　投资]　农业部部长韩长赋在阿斯塔纳会见哈萨克斯坦总理萨金塔耶夫，就中哈农业合作交换意见。韩长赋建议，双方合作共建农业示范园，并进一步扩大在农业投资贸易和科技领域的合作。萨金塔耶夫表示，哈萨克斯坦政府希望全面加强与中国在农业领域的合作，促进哈农业发展和农产品出口。韩长赋与哈萨克斯坦副总理兼农业

部部长梅尔扎赫梅托夫举行工作会谈，出席中哈农业投资论坛开幕式并致辞，签署《中华人民共和国农业部和哈萨克斯坦共和国农业部关于共建农业合作示范园的谅解备忘录》，并见证签署 6 份农业项目合作文件。

[7 月 19 日　俄罗斯　投资]　工业和信息化部副部长辛国斌与俄罗斯联邦工业和贸易部副部长波恰洛夫在俄罗斯莫斯科共同主持召开了中俄工业合作分委会民用航空合作工作组第十二次会议。会上，双方总结和评议了工作组下设的飞机、直升机、发动机、机载、适航和科技六个工作小组一年来的工作进展，确定了下一步的工作计划。会后，双方共同签署了会议纪要。

[8 月 1 日　俄罗斯　农业]　农业部副部长张桃林在北京会见了俄罗斯联邦委员会农业、食品政策与自然资源利用委员会主席谢基宁，双方就两国农业合作问题交换了意见。张桃林指出，中俄两国农业各具特色，互补性强，合作潜力大。近年来，双方在中俄总理定期会晤委员会农业合作分委会机制下，就动物卫生、植物疫病防控、农业投资与农产品贸易等领域的合作进行磋商，并达成了一系列共识，为双边农业合作的进一步发展奠定了良好基础。

[8 月 2 日　俄罗斯　贸易]　商务部部长钟山与俄罗斯经济发展部部长奥列什金在上海共同主持召开中俄总理定期会晤委员会经贸合作分委会第 20 次会议，双方就当前双边经贸关系重点问题深入交换意见，达成多项共识。钟山表示，此次会议旨在全面落实 7 月习近平主席访俄达成的经贸成果，为 9 月两国元首厦门会晤，以及四季度中俄总理第 22 次定期会晤和会晤委员会第 21 次会议做好经贸方面的准备。钟山指出，2017 年以来，中俄经贸关系发展势头良好，双边贸易快速回升，相互投资持续扩大，能源、核能、航空、航天、基础设施建设等领域的战略性大项目稳步推进，地方间合作蓬勃发展。下一步，双方应认真落实两国元首达成的重要共识，积极推动"一带一路"建设与欧亚经济联盟对接合作；促进贸

易稳定增长，支持跨境电商等新型贸易方式发展，提升便利化水平；扩大相互投资和产能合作，推进合作园区建设；用好中国国际进口博览会、中俄博览会等展会平台，深化两国地方间合作。希望俄方支持中方作为上合组织轮值主席国提出的合作倡议，加强在金砖国家、世贸组织、二十国集团、亚太经合组织等多边框架内的立场协调。奥列什金赞同中方建议，并表示愿与中方共同努力，进一步优化贸易结构，扩大机电、高新技术和农产品贸易规模，稳步推进战略性大项目合作，拓展边境和地方间合作，为双边经贸关系发展注入新的动力。会后，钟山部长与奥列什金共同签署《会议纪要》。商务部国际贸易经济合作研究院与全俄外贸学院，中国合格评定国家认可中心和俄罗斯联邦认可局分别签署有关合作备忘录。

[8月18日　乌兹别克斯坦　能源]　国家发展和改革委员会副主任、国家能源局局长努尔·白克力在北京会见乌兹别克斯坦驻华大使萨伊多夫，双方就中乌能源领域合作及筹备中乌能源合作分委会第四次会议等交换了意见。

[8月30日　俄罗斯　能源]　国家发展和改革委员会副主任、国家能源局局长努尔·白克力出席了在俄罗斯亚马尔涅涅茨自治区萨别塔镇举行的第七届北极理事会成员国、观察员国和国际学术代表会议，并在"北极能源领域国际经济合作的前景"专题讨论上做了发言。同日，努尔·白克力会见了俄罗斯联邦国家安全委员会秘书帕特鲁舍夫，就中俄能源合作以及中俄在北极开展合作等议题广泛交换了意见。努尔·白克力还会见了俄罗斯诺瓦泰克公司总裁米赫尔松，双方就亚马尔液化天然气项目及未来潜在合作等交换了意见。

[8月31日　哈萨克斯坦　投资]　国家发展和改革委员会副主任宁吉喆与哈萨克斯坦投资发展部哈伊洛夫副部长共同主持召开中哈产能与投资合作第十三次对话（视频会）。双方围绕形成新一轮重点项目清单、研究解决项目推进中遇到的问题、中哈产能合作基金及专项贷款使用情况、

《中哈产能与投资合作规划》编制工作等交换意见并达成共识。

[8月31日　塔吉克斯坦　一带一路]　国家主席习近平在北京同来华进行国事访问并出席新兴市场国家与发展中国家对话会的塔吉克斯坦总统拉赫蒙举行会谈。两国元首一致决定建立中塔全面战略伙伴关系。习近平指出，双方要推进"一带一路"建设同塔吉克斯坦2030年前国家发展战略深度对接，落实好中塔合作规划纲要，加强交通、能源、口岸、网络基础设施建设合作，构建全方位互联互通格局。双方要打造新的合作增长点，做大做强农业合作，深化产能合作，支持科技创新和交流。双方要加强经贸合作，中方支持塔方同中国金融机构、丝路基金、亚洲基础设施投资银行建立合作联系，愿与塔方共同促进贸易和投资便利化。拉赫蒙表示，塔方积极支持丝绸之路经济带建设合作，愿同中方扩大金融、农业、水利、产能、能源、矿业、科技园区、交通运输互联互通等领域合作。同日，国务院总理李克强和全国人大常委会委员长张德江分别会见塔吉克斯坦总统拉赫蒙。

在中塔两国元首见证下，国家发展和改革委员会主任何立峰于北京代表中国政府与塔吉克斯坦政府代表签署了《中塔合作规划纲要》和《关于修改和补充2013年9月12日所签订的〈中华人民共和国政府与塔吉克斯坦共和国政府关于天然气管道建设运营的合作协议〉的补充议定书》。科技部副部长黄卫与塔吉克斯坦共和国科学院院长拉西米在北京签署了《中华人民共和国科学技术部与塔吉克斯坦共和国科学院关于成立中塔科技合作委员会的谅解备忘录》。商务部部长钟山与塔吉克斯坦经济发展与贸易部部长希克玛杜罗佐达在北京签署了《中华人民共和国商务部与塔吉克斯坦共和国经济发展与贸易部关于加强基础设施领域合作的协议》。

[9月3日　俄罗斯　一带一路]　国家主席习近平在厦门会见俄罗斯总统普京。习近平强调，双方要发挥双边合作机制作用，落实能源、航空航天、核电等重点领域合作项目，积极推进"一带一路"建设同欧亚

经济联盟对接合作，加紧开展互联互通等方面项目对接，促进两国毗邻地区共同发展。习近平指出，做强金砖合作，意义重大。中方愿同包括俄方在内金砖国家一道，推动厦门会晤取得丰硕成果，做好会晤成果后续落实，全力推动金砖合作走深走实，开启金砖合作第二个"金色十年"。

[9月4—5日　俄罗斯　投资、能源]　中国国务院副总理、中俄总理定期会晤委员会中方主席汪洋在伏尔加格勒与俄罗斯副总理、委员会俄方主席罗戈津共同主持委员会双方主席会晤。汪洋指出，两国投资合作和互联互通稳步推进，亚马尔液化天然气、宽体客机、同江铁路桥、黑河公路桥等战略性大项目合作取得积极进展，北极开发合作也实现早期收获。希望双方通过此次会晤总结重点领域合作进展，提出新的思路和建议，为下一步务实合作奠定基础。双方就核能、航天、农业、北极、民用航空、数字经济等领域合作深入坦诚地交换了意见。

[9月6—7日　俄罗斯　综合]　俄罗斯总统普京在符拉迪沃斯托克会见应邀出席第三届东方经济论坛的中国国务院副总理汪洋。汪洋表示，此次来俄举行两场机制性会晤、会议并出席东方经济论坛，旨在有效落实两国元首达成的重要共识，筹备即将举行的中俄总理第22次定期会晤，推动中俄务实合作迈上新台阶。

7日，汪洋在俄罗斯符拉迪沃斯托克出席第三届东方经济论坛，与俄副总理特鲁特涅夫共同出席"俄罗斯—中国"商务对话会并致辞。

[9月8日　俄罗斯　能源]　国家发展和改革委员会副主任、国家能源局局长努尔·白克力在乌兹别克斯坦塔什干与乌经济部长萨伊多娃共同主持召开中乌能源合作分委会第四次会议并签署会议纪要。会上，双方表示，两国在油气、煤电、新能源、天然铀贸易和开采等方面已有很好的合作基础，要继续发挥好分委会的平台作用，务实推动各领域、尤其是油气和可再生能源方面合作取得更大进展。

[9月8日　俄罗斯　综合]　中国国务院副总理汪洋在哈巴罗夫斯

克与俄罗斯副总理特鲁特涅夫举行中国东北地区和俄罗斯远东及贝加尔地区政府间合作委员会第一次会议。特鲁特涅夫表示,俄远东及贝加尔地区与中国东北地区的经济合作不断加强,贸易往来和双向投资快速增长,同江铁路桥、黑河公路桥、滨海1号和2号国际交通走廊等互联互通项目稳步推进。双方就双边合作的重点问题深入交换了意见,一致认为要充分利用政府间合作委员会机制平台,进一步加强战略对接和政策协调,推动在经贸、投资、旅游、人文等领域的全方位合作。共同启动编制《中俄远东地区开发合作规划》,为两国企业开展合作提供服务和指导。推进互联互通和基础设施建设,打造一批具有产业集聚能力和示范效应的大项目。不断改善营商环境,完善金融服务,提升贸易投资便利化水平,推动中俄远东开发合作取得更多成果。

[9月11日　哈萨克斯坦　一带一路]　国务院副总理张高丽在广西南宁会见前来出席第十四届中国—东盟博览会和中国—东盟商务与投资峰会的哈萨克斯坦第一副总理马明。张高丽表示,双方要深化经贸合作,择优推动项目,充分发挥产能和投资对话会的作用,促进能源、互联互通和人员便利化等合作,共同推动霍尔果斯国际边境合作中心发展,提升投资贸易便利化水平。马明表示,哈方愿同中方一道,加强"一带一路"建设同哈"光明之路"新经济政策战略对接,拓展两国在地方、经贸、产能、交通等各领域合作。会见后,张高丽同马明共同出席首届中国—哈萨克斯坦地方合作论坛并致辞。

[9月12—13日　俄罗斯　金融]　中俄总理定期会晤委员会金融合作分委会第十八次会议在俄罗斯索契市举行,会议由分委会中方主席、中国人民银行行长助理张晓慧和分委会俄方主席、俄罗斯联邦中央银行副行长斯科别尔金共同主持。会议进一步讨论了推动双边本币结算、深化银行间合作,以及在支付系统、金融市场和保险领域开展合作等议题,并约定第十九次会议于2018年在中国举办。

[9 月 20 日　**蒙古国　一带一路**]　外交部长王毅在纽约出席联合国大会期间会见蒙古国对外关系部长蒙赫奥尔吉勒。王毅表示，中蒙经济结构高度互补，合作潜力巨大，中国乐见蒙古国搭乘中国经济快车，早日实现发展繁荣。蒙赫奥尔吉勒表示，蒙古国支持中方提出的"一带一路"倡议，愿在此框架下与中方深化合作。

[9 月 20 日　**俄罗斯　能源**]　国务院副总理、中俄能源合作委员会中方主席张高丽在北京与俄罗斯副总理、委员会俄方主席德沃尔科维奇举行中俄能源合作委员会第十四次会议。会议期间，双方就天然气、石油、电力、煤炭、核能、新能源、标准互认等领域合作深入交换意见。会后，张高丽与德沃尔科维奇共同签署了《中俄能源合作委员会第十四次会议纪要》。

[9 月 25 日　**俄罗斯　能源**]　国务院副总理张高丽在北京会见俄罗斯天然气工业公司总裁米勒，就中俄天然气领域合作深入交换意见。

[10 月 11 日　**俄罗斯　农业**]　中俄总理定期会晤委员会农业分委会第四次会议在莫斯科举行。农业部副部长屈冬玉与俄罗斯联邦农业部副部长涅波克罗诺夫共同主持会议。会议就农产品和食品双边贸易、农产品和食品市场准入、农工综合体基础设施合作、优化农业领域投资环境、加强农业科技研发和教育领域合作等议题深入交流讨论，并就共同制定中俄在俄罗斯远东地区农业合作战略规划达成了共识。

[10 月 19 日　**格鲁吉亚　科技**]　科技部副部长黄卫在北京会见了格鲁吉亚驻华大使大卫·阿普恰乌利。双方就中格科技创新合作深入交换意见并达成共识。黄卫副部长建议中格双方以共建"一带一路"为契机，进一步完善中格政府间科技合作机制，密切双方科技领域人文交流，加强两国青年科学家之间的互学互访，推动双方务实项目合作及合作平台的建设。

[10 月 23 日　**俄罗斯　能源**]　中俄发展与气候变化联络组第三次

会议在北京举行，国家发展和改革委员会气候司谢极巡视员、陆新明副司长、俄罗斯联邦经济发展部关税管理、基础设施改革和能效司副司长费德洛夫，以及两国相关政府部门、研究机构专家共同出席会议。双方就两国国内气候政策、气候变化国际形势最新进展、气候变化多边进程以及双边气候务实合作等问题交换了意见。

[10月31日　俄罗斯　投资]　为配合做好中俄总理第22次定期会晤有关工作，促进两国企业间交流对接，中俄投资合作委员会在北京举行了中俄企业咨询委员会第三次全体会议。来自两国90家企业和金融机构共200名代表，着重围绕矿业、基础设施、农林牧渔业、互联网、制造业5大重点投资领域进行了深入研讨，共同挖掘投资潜力、对接合作项目。

[10月31日　俄罗斯　环保]　环境保护部部长李干杰在北京会见了俄罗斯联邦自然资源和生态部部长谢尔盖·东斯科伊，双方就加强两国环保政策交流、深化环境领域合作等共同关心的议题交换了意见。李干杰指出，中俄双方环保合作领域正逐步扩大，内容不断深化，成效日渐显著，得到两国领导人高度肯定。希望双方在夯实双边合作的基础上，共同拓展环保合作新领域，为进一步深化中俄全面战略协作伙伴关系作出更大贡献。

[10月31日　俄罗斯　综合]　国务院总理李克强在北京会见来华进行正式访问并出席中俄总理第22次定期会晤的俄罗斯总理梅德韦杰夫。李克强强调，中方愿同俄方巩固互信、拓展合作、扩大交流，通过总理定期会晤和各领域合作机制，推动两国更多合作愿景变成现实，使中俄关系持续健康稳定发展。梅德韦杰夫祝贺中国共产党第十九次全国代表大会胜利闭幕，并表示，俄中全面战略协作伙伴关系是高水平、面向未来的。俄方愿同中方继续共同努力，推动两国关系与合作取得更大发展。

[11月1—2日　俄罗斯　一带一路]　国家主席习近平在北京会见俄罗斯总理梅德韦杰夫。习近平指出，中俄要充分发挥总理定期会晤机制

的统筹协调作用，加强在能源、装备制造、农业、航天等领域合作，提升双方合作中的科技创新含量，将大数据、物联网、智慧城市等数字经济领域作为新的合作增长点。要做好"一带一路"建设同欧亚经济联盟对接，努力推动滨海国际运输走廊等项目落地，共同开展北极航道开发和利用合作，打造"冰上丝绸之路"。

2日，国务院总理李克强在北京与梅德韦杰夫共同主持中俄总理第22次定期会晤。李克强指出，希望双方深挖互补优势与合作潜力，继续扩大相互投资和市场开放，提升贸易便利化水平，优化贸易结构，丰富地方合作。梅德韦杰夫表示，俄方愿同中方更好对接发展战略，深化能源、基础设施建设、产能、航空航天、农业、远东合作等传统领域合作，开拓电子商务、数字经济、中小企业、金融投资等新兴领域合作。

[11月7日　哈萨克斯坦　一带一路]　农业部部长韩长赋会见来华访问的哈萨克斯坦副总理兼农业部部长梅尔扎赫梅托夫，就深化中哈两国农业合作交换意见。韩长赋介绍了中国共产党第十九次全国代表大会盛况和中国农业农村经济发展情况。韩长赋表示，中哈同为农业大国，农业互补性强、合作潜力大，"一带一路"建设积极推进和中国乡村振兴战略全面实施必将为两国农业合作带来新的历史机遇。他建议，中哈双方进一步加强农业科技和投资贸易合作，共同建设好中哈农业合作示范园，全面提升两国农业合作质量和水平。

[11月10日　俄罗斯　一带一路]　国家主席习近平在越南岘港会见俄罗斯总统普京。习近平指出，中俄要同步提升双边贸易规模和质量，落实好能源、投资、高技术、航空航天、基础设施建设等领域大项目，推动"一带一路"建设和欧亚经济联盟对接取得实质成果，规划和实施好新的国家主题年活动。中方愿同俄方加强在亚太经合组织内沟通和协作，推动亚太自由贸易区建设、互联互通、改革创新取得新进展，加快构建开放型经济。

[11 月 27 日　俄罗斯　金融]　　财政部副部长史耀斌在北京会见俄罗斯副财长弗拉基米尔·科雷切夫，就双边财金合作相关事宜深入交换意见。

[11 月 28 日　格鲁吉亚　自贸区、一带一路]　　商务部副部长钱克明出席格鲁吉亚政府主办的第比利斯"一带一路"论坛，并会见了格鲁吉亚第一副总理库姆西什维利，确认双方各自均已完成《中华人民共和国政府和格鲁吉亚政府自由贸易协定》（简称《协定》）的国内审批程序，并宣布《协定》将于 2018 年 1 月 1 日正式生效。格鲁吉亚地处"一带一路"重要节点，营商环境良好，是我国在欧亚地区的重要经贸伙伴，也是该地区第一个与我国商签自贸协定的国家。《协定》是"一带一路"倡议提出后我国启动并达成的首个自贸协定，是推动形成全面开放新格局、发展更高层次开放型经济的具体举措。

钱克明与库姆西什维利签署了《中华人民共和国商务部与格鲁吉亚经济与可持续发展部关于开展经济区建设、推进产能合作的备忘录》。双方将通过加强贸易、投资和产能合作，推动搭建企业合作平台，形成产业集聚，扩大两国的互补优势，进一步发展两国经贸关系。

[11 月 29 日　俄罗斯　一带一路]　　国务院总理李克强在莫斯科会见了俄罗斯总统普京。李克强指出，中方愿将"一带一路"倡议同欧亚经济联盟加强对接，既发挥好传统领域合作的龙头作用，又注重新兴领域的新动能效应，挖掘远东开发潜力，扩大跨境贸易规模。普京表示，当前俄中贸易增长势头良好，能源、交通基础设施、农业、地方等领域合作积极推进。欧亚经济联盟和"一带一路"倡议具有互补性，希望双方对接好发展战略。

[11 月 30 日　乌兹别克斯坦　产能]　　国务院总理李克强在索契会见乌兹别克斯坦总理阿里波夫。李克强表示，双方要加强发展战略对接，推动中乌互联互通和产能合作项目稳步落地，为加强两国企业间合作创造

良好条件。愿同乌方进一步加强在上海合作组织框架内沟通协调。阿里波夫表示，乌方愿同中方加强交通设施、水电等领域合作。乌方愿加强两国在上合组织框架内合作。

[11月30日 塔吉克斯坦 一带一路] 国务院总理李克强在索契会见塔吉克斯坦总理拉苏尔佐达。李克强表示，中方愿将"一带一路"倡议同塔方发展战略更好对接，落实好有关产能合作项目，探讨交通基础设施等合作，同塔方开展现代化农业合作。拉苏尔佐达表示，塔方欢迎中方继续参与塔电力开发、天然气管道、交通设施等重要项目，推进地区互联互通建设，加快化工、冶金、建材等产能合作，扩大农产品加工和贸易合作。塔方愿为中国企业提供优惠政策支持。

[12月4日 蒙古国 自贸区] 外交部长王毅在北京同来华访问的蒙古国对外关系部长朝格特巴特尔举行会谈。中方表示，愿继续支持蒙方克服经济困难，加快对蒙无偿援助和优买贷款项目落实工作，在扩大蒙方矿能产品出口、增加蒙方出口牛羊肉等方面积极考虑蒙方愿望。双方将进一步落实中方"一带一路"倡议同蒙古国"发展之路"倡议战略对接，推动建立跨境经济合作区，启动中蒙自贸协定联合可研。双方将推动矿产开发和基础设施建设等传统领域合作，加强住房改造、农畜牧业等合作，用好中蒙博览会等平台。

[12月1日 吉尔吉斯斯坦 经贸] 国务院总理李克强在索契会见吉尔吉斯斯坦总理伊萨科夫。李克强表示，希望双方继续遵循市场化原则，加快推进有关跨境交通基础设施建设合作，共同促进地区互联互通，便利跨境贸易与货物运输。中方愿继续同吉方加强经贸、农业、能源等合作。伊萨科夫表示，愿同中方保持高层往来，加强交通基础设施、能源、农业、金融、电子政务等领域合作。

[12月1日 俄罗斯 经贸] 国务院总理李克强在索契会见俄罗斯总理梅德韦杰夫。李克强指出，在当前世界经济回暖、贸易回升的背景

下，中俄双方要抓住机遇，促进贸易投资自由化便利化。更好发挥互补优势，继续推进能源、投资、航空、航天等战略性大项目合作，进一步拓展科技创新领域合作，激活中小企业和地方合作潜力。

[12月1日　哈萨克斯坦　产能]　国务院总理李克强在索契会见哈萨克斯坦总理萨金塔耶夫。李克强表示，希望推动双方务实合作，特别是产能合作以更大步伐向前迈进。中方愿在经贸、绿色农业等领域同哈方加强合作。希望哈方进一步努力提升双方人员往来便利化程度，为双方企业间合作创造良好条件。萨金塔耶夫表示，哈中产能合作是两国经济合作的成功范例。首届哈中地方合作论坛在2017年成功举办，开拓了两国合作的新领域。哈方愿为进一步推进产能合作创造良好条件。

[12月11日　俄罗斯　综合]　外交部长王毅在新德里出席中俄印外长会晤期间会见俄罗斯外交部长拉夫罗夫。王毅表示，"一带一路"建设和欧亚经济联盟对接实现早期收获，两国务实合作取得积极进展。中方作为主席国，将于2018年在华举办上海合作组织峰会。中方愿与俄方加强沟通协调，共同做好筹备工作，推动峰会取得丰硕成果，特别要利用上合组织平台推动"一带一路"等合作倡议与各国发展战略深入对接。

（五）西亚北非

[1月15—16日　阿联酋、沙特　能源]　国家发展和改革委员会副主任、国家能源局局长努尔·白克力在阿联酋首都阿布扎比会见阿联酋能源部长苏海勒·穆罕默德·马兹鲁伊。双方就扩大中阿能源合作领域，进一步加强在可再生能源、煤炭清洁高效利用、油气装备与技术服务等领域合作深入交换了意见。

16日，国家发展和改革委员会副主任、国家能源局局长努尔·白克力在阿联酋首都阿布扎比会见了沙特能源、工业和矿产部大臣哈立德·法利赫。双方就进一步加强中沙石油贸易和储备、中国企业参与沙特电力公司私有化以及可再生能源合作等深入交换了意见。同日，努尔·白克力在阿联酋首都阿布扎比应邀出席了第十届世界未来能源峰会开幕式及"扎耶德未来能源奖"颁奖典礼。

[1月16日　埃及　气候]　中国国家发展和改革委员会秘书长李朴民赴阿拉伯埃及共和国访问期间，与埃及环境部首席执行官埃哈迈德·阿·埃尔桑德签署了《关于应对气候变化物资赠送的谅解备忘录的补充协议》，根据该协议，国家发改委将向埃及共和国环境部赠送太阳能 LED 路灯、LED 节能灯、太阳能户用发电系统和节能空调等物资，用于帮助其提高国内应对气候变化能力。

同日，中埃关于加强"网上丝绸之路"建设合作圆桌会在埃及首都开罗召开。中国国家发改委、宁夏发改委、埃及通信和信息技术部，以及中埃两国企业、有关机构代表 50 余人参加了会议。李朴民与埃及通信和信息技术部部长亚西尔·艾尔卡迪联合签署了《关于加强"网上丝绸之路"建设合作促进信息互联互通的谅解备忘录》，双方将在"一带一路"框架下，加强在智慧城市、电子商务、"互联网＋"等领域的交流合作。

[2月18日　沙特　自贸区、投资]　外交部长王毅出席慕尼黑安全会议期间会见沙特外交大臣朱拜尔。王毅表示，中方愿以沙特国王访华为契机，加强两国发展战略对接，加快推进中国—海合会自贸区谈判。中方支持中方企业赴沙扩大投资，开展产业园等合作项目。沙方愿为中海自贸区谈判发挥积极作用，加强两国在双边、地区和全球层面的沟通合作。

[3月1日　以色列　科技]　科技部部长万钢在北京会见了以色列新任驻华大使何泽伟。万钢表示，今年是中以建交 25 周年，也是中以创新合作三年行动计划的收官之年，科技部愿与以方保持密切沟通，共同推进两国在科技创新领域的务实合作。

[3月14日　沙特　一带一路]　外交部副部长张明在北京会见沙特

外交部政治经济事务次大臣米尔达德。张明表示，萨勒曼国王即将对中国进行国事访问，中方愿同沙方在共建"一带一路"框架内对接发展战略。

[3月16—18日　沙特　投资、贸易]　国家主席习近平在北京同沙特阿拉伯王国国王萨勒曼举行会谈。习近平指出，中方支持沙特实现"2030愿景"，欢迎沙特成为共建"一带一路"的全球合作伙伴，也愿做沙特经济多元化的全球合作伙伴。中国是沙特可靠稳定的原油出口市场，双方应共同打造能源领域一体化合作格局，深化通信、航天等领域合作，探讨建立金融和投资合作平台。萨勒曼表示，沙方愿通过沙中高级别联合委员会这一平台，进一步深化两国在经贸、投资、金融、能源领域合作，提升两国全面战略伙伴关系。

同日，在习近平和萨勒曼的见证下，国家发展和改革委员会主任何立峰与沙特代表易卜拉欣·阿萨夫签署了《中华人民共和国国家发展和改革委员会和沙特阿拉伯王国能源、工业和矿产资源部关于共同推动产能与投资合作重点项目的谅解备忘录》。双方将按照"企业主体、市场导向、商业运作、本地实践、国际惯例"原则，务实推进中沙产能与投资合作。此外，国务院总理李克强在人民大会堂会见沙特国王萨勒曼。

同日，商务部部长钟山陪同萨勒曼会见中国企业家，出席在北京举办的沙特—中国投资论坛闭幕式。钟山指出，中沙两国优势互补、合作密切。2016年中沙贸易额达到424亿美元。目前，有100多家中国企业在沙开展投资和工程合作，项目涉及石化、铁路、港口、电站、通信等领域。沙方企业在华投资的石化等领域的项目也取得了良好的经济效益。中国政府将与沙特政府一道，发挥两国高级别委员会、经贸联委会等机制的作用，为两国企业营造良好的合作环境。

18日，中国和沙特发表联合声明，双方强调石油市场稳定对世界经济的重要性，中方赞赏沙特作为世界市场安全、可信赖的石油供应源，为保证世界石油市场稳定发挥的作用；双方愿提升两国在石油领域的合作水平，包括向不断增长的中国市场供应沙特石油。双方还愿共同努力，尽早建立中国—海合会自由贸易区。

[3月21日 以色列 一带一路] 国家主席习近平在北京会见以色列总理内塔尼亚胡，宣布双方建立创新全面伙伴关系。习近平指出，双方要加强发展战略对接，在共建"一带一路"框架内，稳步推进重大合作项目，重点加强科技创新、水资源、农业、医疗卫生、清洁能源等领域合作。内塔尼亚胡表示，以色列愿充分发挥两国科技创新优势，深化双方在清洁能源、农业、投资、金融、医疗服务等领域密切合作。以方愿积极参与"一带一路"框架下基础设施等合作。此前，国务院总理李克强同内塔尼亚胡举行会谈。李克强指出，中方愿同以方就建立中以自贸区抓紧商谈，争取尽早结束谈判。同时加快中国同海合会自贸谈判，推进中国同地区的经贸合作，向世界发出维护自由贸易的明确信号。

同日，国务院副总理刘延东在北京会见内塔尼亚胡，并共同主持中以创新合作联合委员会第三次会议。刘延东表示，中以创新合作联合委员会成立3年来，中以创新中心、中以常州创新园投入运行，双方联合资助近50个科研项目，产业对接全面推进。要把握发展机遇，抓住"一带一路"建设的契机，充分发挥联委会机制作用，不断拓展合作空间，推进各项创新合作共识落地生根。内塔尼亚胡表示，以方愿同中方共同努力，密切合作，推动两国创新合作取得更大发展。会后，双方共同见证了有关领域10个合作协议签署。

[3月21日 以色列 科技] 科技部部长万钢在北京会见了以色列经济部首席科学家、创新署理事会主席阿维·哈松。万钢表示推进中以创新合作中心、中以常州创新园等创新合作平台建设、鼓励技术转移与企业对接活动等方面已取得一系列进展，愿继续推进相关领域务实合作。

[3月21日 以色列 环保] 环境保护部部长陈吉宁在北京会见了以色列环境保护部部长泽埃夫·艾尔金，双方就环境领域的合作深入交换

了意见。艾尔金此次陪同以色列总理内塔尼亚胡访华并出席中以创新合作联合委员会第三次会议。会议期间，环境保护部副部长赵英民与以方签署《中华人民共和国环境保护部与以色列国环境保护部环境合作谅解备忘录》。2017年，环境保护部成为中以创新合作联委会新增成员单位。

[3月21日　以色列　科技]　科技部部长万钢在北京会见了以色列经济部首席科学家、创新署理事会主席阿维·哈松。万钢表示推进中以创新合作中心、中以常州创新园等创新合作平台建设、鼓励技术转移与企业对接活动等方面已取得一系列进展，愿继续推进相关领域务实合作。

[4月7日　科威特　综合]　商务部副部长钱克明与来访的科威特财政部次大臣哈马达共同在北京主持召开中国—科威特第五届经贸联委会，并共同签署了第五届经贸联委会会议纪要。双方强调愿意探讨中方"一带一路"战略和科方"北方五岛开发"、"丝绸城"规划开展对接，加强合作：在能源石化领域，科方愿与中方巩固长期稳定的原油贸易关系；在基础设施领域，中方支持中国企业参与科道路、桥梁、铁路、港口等领域重大项目建设，科方表示愿和中方就此加强合作；在投资领域，科方表示愿意扩大对华投资，加强政府间贷款项目合作，为中国企业赴科投资提供便利；在贸易领域，双方将继续推进贸易便利化，增进贸易团组互访。中方欢迎科方参加广交会和中阿博览会，科方也邀请中方参加2018年举办的第二届科威特国际贸易展。中国贸促会和科威特工商会还将建立联系机制，以解决两国企业间的贸易纠纷。

[4月13日　巴勒斯坦　一带一路]　商务部副部长钱克明会见来访的巴勒斯坦外交部长马立基，双方就共同关心的经贸合作议题深入交换了意见。巴方支持共建"一带一路"倡议，希望成为"一带一路"重要节点国家之一。在基础设施合作方面，巴方表示希重点探讨加强在铁路、医院、道路等领域合作项目。在投资方面，巴方希中方加大对巴投资，欢迎中方企业参与近期在华举行的投资推介会，并与巴方开展工业园区的规

划、建设和投资合作。在贸易方面，双方表示愿继续扩大双边贸易规模，巴方将于8月在广州举行巴勒斯坦产品展览会，推动巴产品对华出口。

[4月18日　土耳其　投资、一带一路]　土耳其总统埃尔多安、总理耶尔德勒姆在安卡拉分别会见国务院副总理刘延东。埃尔多安表示，希望双方进一步深化双边经贸合作，欢迎中国企业赴土投资合作。耶尔德勒姆表示，希望以埃尔多安总统出席"一带一路"国际合作高峰论坛为契机，推动两国在经贸、文化、教育、旅游等领域合作取得积极进展。刘延东表示，希望双方努力深化各领域务实合作，加强各自发展战略对接，推进"一带一路"建设，共同提升区域合作水平。

[4月20日　约旦　一带一路]　约旦代国王费萨尔、首相兼国防大臣穆勒吉在安曼分别会见国务院副总理刘延东。费萨尔表示，约方期待与中方进一步挖掘合作潜力，拓展合作机遇，深化双边经贸合作和人文交流。刘延东表示，中方愿将"一带一路"倡议与约方正在推进的"2025愿景"紧密对接，支持中国企业积极参与约交通、能源和基础设施建设等领域项目，深化科技、卫生、体育、青年、旅游等人文领域交流合作。

[4月22日　伊朗　一带一路]　国务院副总理刘延东在德黑兰与伊朗副总统萨塔里举行会谈。刘延东表示，中方愿同伊方加强诸领域各层级交往，深入对接发展战略，在"一带一路"框架下加强能源等传统领域合作，同时深挖产能、互联互通、产业园区等新兴领域合作潜力。萨塔里表示，伊方期待与中方进一步加强经贸、能源、科技、教育等领域合作，密切人文交流，加快推进"一带一路"建设。

[4月23—24日　约旦　一带一路]　中国贸促会会长姜增伟率中国企业代表团访问约旦，会见了约旦工业、贸易和供给大臣雅鲁布·古达和约旦商会会长卡巴里提，并出席了中国—约旦经贸论坛、中国—约旦企业家招待会等活动。在会见时，姜增伟表示，两国工商界将认真落实习近平主席与阿卜杜拉二世国王达成的重要共识，深化互利经贸合作，为建设

"一带一路"作出贡献。古达表示，约方高度重视发展约中双边经贸关系，愿为中国企业赴约投资给予支持和便利。访问期间，贸促会与约旦商会签署了关于共同建设丝绸之路商务理事会的谅解备忘录。中约双方200余名企业家参加了交流活动，就加强基础设施、信息通信、制造业等领域合作进行了对接洽谈。

[4月23日 阿尔及利亚 农业] 正在阿尔及利亚访问的农业部部长韩长赋在阿总理府会见总理萨拉勒，就中阿农业合作交换意见；韩长赋与阿尔及利亚农业农村发展和渔业部部长阿卜杜斯拉姆举行会谈，并分别代表两国政府签署了农渔业合作谅解备忘录。

[4月27日 埃及 农业] 正在埃及访问的农业部部长韩长赋与埃及副议长赛德·马哈茂德·谢里夫会见，就加强中埃农业合作交换意见。

[5月2日 阿联酋 一带一路] 国务院副总理张高丽在北京会见阿联酋外交与国际合作部长阿卜杜拉。张高丽表示，双方要充分发挥中阿政府间合作委员会对双边合作的统筹规划和协调推动作用。中方愿同阿方共同打造面向未来的战略伙伴关系，用共建"一带一路"来统领中阿友好合作的发展。阿卜杜拉表示，阿中关系对双边各领域合作产生积极推动作用，阿方愿推动两国关系不断向前发展。

同日，外交部长王毅在北京同阿卜杜拉共同主持中阿政府间合作委员会首次会议。王毅指出，成立中阿政府间合作委员会为中阿战略伙伴关系注入新的内涵。双方应充分发挥合委会对双边关系的统筹规划和协调落实作用，在共建"一带一路"的框架下加强发展战略对接，拉紧安全合作纽带，规划好重点领域合作。积极推动互联互通和产业升级合作，打造全方位能源合作格局，加强金融、安全反恐和反腐败追逃追赃等领域合作，促进人文交流。

[5月12日 阿联酋 一带一路] 国家发展和改革委员会副主任宁吉喆在北京与来华出席"一带一路"国际合作高峰论坛的阿联酋国务部

长苏尔坦举行会谈。双方一致同意进一步深化能源和交通物流领域合作，为两国共建"一带一路"不断增添新的成果。

同日，外交部副部长张业遂应约会见苏尔坦，双方就双边关系以及两国务实合作等交换了意见。

[5月13日 土耳其 一带一路] 国家主席习近平在北京同来华出席"一带一路"国际合作高峰论坛的土耳其总统埃尔多安举行会谈。习近平指出，双方要加强战略对接，继续推进"网上丝绸之路"经济合作，促进双方政策沟通、设施共建、产业合作，推动两国贸易平衡发展。中方愿同土方在"一带一路"建设框架内，稳步推进重大合作项目。埃尔多安表示，土方愿同中方在"一带一路"建设框架下加强投资、交通运输网络、基础设施建设等合作，欢迎中国企业赴土耳其投资。

[5月15日 伊朗 金融] 财政部部长肖捷在北京会见来华出席"一带一路"国际合作高峰论坛的伊朗经济事务与财政部长阿里·塔伊布尼亚，双方就中伊关系和财金务实合作问题深入交换意见。

[5月15日 沙特 通信] 工业和信息化部部长苗圩会见来京参加"一带一路"国际合作高峰论坛的沙特能源、工业和矿产资源大臣哈立德·法利赫，双方就开展中沙工业和信息通信等领域合作广泛交换了意见。

[5月16日 科威特 一带一路] 国家副主席李源潮在北京会见了来华出席"一带一路"国际合作高峰论坛的科威特宫廷事务大臣纳赛尔。李源潮说，希望双方以"一带一路"国际合作高峰论坛为契机，加强发展战略对接，深化能源、金融、开发区建设等方面合作，加快中国—海合会自贸区谈判。纳赛尔说，祝贺"一带一路"国际合作高峰论坛圆满成功，科威特愿同中国对接发展战略，深化各领域合作。

[5月23日 埃及 一带一路] 外交部部长助理钱洪山会见来华参加中埃第二轮领事磋商的埃及外交部部长助理哈立德·里兹克一行。双方

就中埃关系、共建"一带一路"和领事合作等交换了意见。

[5月24日　伊朗　一带一路]　外交部长王毅于北京会见来华举行中伊外交部政治磋商的伊朗副外长拉希姆普尔，他表示，愿同伊方深化在"一带一路"框架下各领域合作。拉希姆普尔表示，伊方愿在共建"一带一路"框架下扩大两国各领域交流与合作。

次日，外交部副部长张明在北京同拉希姆普尔举行中伊外交部政治磋商。张明表示，中方愿与伊方以全面落实习近平主席访伊成果为主线，在"一带一路"框架下深化两国各领域合作，推动中伊全面战略伙伴关系取得新发展。

[6月5日　摩洛哥　能源]　中国—摩洛哥能源合作执委会首次会议在摩洛哥首都拉巴特举行，国家发展和改革委员会副主任、国家能源局局长努尔·白克力和摩洛哥能源、矿产与可持续发展部大臣阿齐兹·拉巴赫出席会议。会上，与会双方就两国在电力、可再生能源、油气等能源领域的合作进行了深入交流并达成重要共识。会议结束后，努尔·白克力与阿齐兹·拉巴赫共同签署了会议纪要并见证了中国驻摩洛哥大使孙树忠与摩方签署援摩洛哥太阳能路灯项目交接证书。

[6月8日　伊朗　一带一路]　在阿斯塔纳，外交部长王毅会见伊朗外长扎里夫。王毅表示，中方赞赏伊方很早就支持并积极参与"一带一路"建设，中伊共建"一带一路"合作，有利于两国各自的发展，促进本地区和平、稳定和繁荣。扎里夫感谢中方就德黑兰恐怖袭击事件向伊朗政府和人民表达的慰问和给予的支持。扎里夫表示，伊方对当前两国关系发展感到满意，愿密切两国高层交往，推进双边经贸合作。

[6月22日　约旦　经济]　约旦国王阿卜杜拉二世在安曼会见了正在约旦进行正式访问的外交部长王毅。阿卜杜拉二世说，约方愿同中方加快推进在经贸、投资、基础设施等领域项目合作。王毅说，中方愿以两国建交40周年为契机，借助共建"一带一路"的东风，深化双方各领域务

实合作。同日，外交部长王毅与约旦外交与侨务大臣萨法迪在安曼举行会谈。

[6月23日　黎巴嫩　一带一路]　黎巴嫩总统奥恩在贝鲁特会见了正在黎进行正式访问的外交部长王毅。奥恩说，黎方愿积极参与"一带一路"共建，这有利于推进地区经济和人文交流。王毅说，中黎经贸关系发展势头良好，中方愿在"一带一路"框架下与黎加强互利合作。同日，黎巴嫩总理哈里里在贝鲁特会见王毅，王毅与黎巴嫩外交部长巴西勒在贝鲁特举行会谈。

[7月11—13日　以色列　自贸区]　中国—以色列自贸区第二轮谈判在北京举行。双方就货物贸易、服务贸易和自然人移动、贸易救济、经济技术合作、电子商务、争端解决和其他法律问题等议题展开磋商，并取得积极进展。

[7月18—19日　巴勒斯坦　一带一路]　国家主席习近平在北京同来华进行国事访问的巴勒斯坦国总统阿巴斯举行会谈。习近平强调，中方愿与巴方共建"一带一路"，支持有实力、有条件的企业到巴勒斯坦开展投资合作，实现互利共赢。我们愿同巴方在工业区建设、人才培训和太阳能电站项目等方面合作，帮助巴方提升自主发展能力。习近平就推动解决巴勒斯坦问题提出四点主张。中方倡议启动中巴以三方对话机制，协调推进援助巴方的重点项目。阿巴斯表示，巴方愿积极参与共建"一带一路"，拓展巴中经济、科技、基础设施、工业园区、旅游等合作。19日，国务院总理李克强在人民大会堂会见巴勒斯坦国总统阿巴斯。

[7月19日　阿联酋　一带一路]　外交部长王毅在北京会见来访的阿联酋国务部长苏尔坦，就当前海湾危机阐述了中方立场。双方就双边关系交换了意见，一致同意在共建"一带一路"框架下加强能源、工业园、港口等领域务实合作，并探讨对非三方合作，实现双赢和共赢的目标。

[7月19—20日　突尼斯　一带一路]　外交部长王毅在北京同来华

访问的突尼斯外长朱海纳维举行会谈。王毅表示，中方将鼓励中国企业赴突投资兴业，希望突方为中国企业提供更多优惠政策和安全保障。中方愿把"一带一路"建设同实施"中非十大合作计划"和中阿合作论坛框架下的合作举措结合起来，加强两国战略对接。朱海纳维表示，突方支持"一带一路"倡议，愿积极参与相关建设，欢迎中方企业来突投资兴业，参与突国家发展进程。突方自 2017 年 2 月起对中国公民赴突旅游实施免签政策，欢迎更多中国游客赴突。

20 日，国家副主席李源潮在北京会见了朱海纳维。李源潮说，中国欢迎突尼斯参与"一带一路"建设，希望双方在"一带一路"、中阿合作论坛、中非合作论坛等框架下加强务实合作。朱海纳维说，突方愿同中方加强政治互信和各领域合作，积极参与"一带一路"建设。

[7 月 20 日　**卡塔尔　一带一路**]　外交部长王毅在北京会见来华进行工作访问的卡塔尔外交大臣穆罕默德，就当前海湾危机听取对方看法，并进一步阐述了中方主张。双方还就双边关系交换了意见，一致同意在共建"一带一路"框架下，加强各领域务实合作，采取更多人员往来便利化措施。

[7 月 25 日　**土耳其　能源**]　国家能源局副局长李凡荣在北京会见土耳其能源与自然资源部副次长雅马奇，双方就核能领域合作、土耳其第三核电项目开发、能源合作机制、能源政策与技术交流等议题深入交换了意见。

[8 月 3 日　**土耳其　一带一路**]　外交部长王毅在北京同土耳其外长查武什奥卢举行中土外长磋商后共同会见记者。王毅表示，我同查武什奥卢外长举行了中土外长磋商机制第二次会议。我们一致认为，双方要深入对接"一带一路"和"中间走廊"倡议，创新合作思路，抓紧解决两国合作中遇到的具体问题，切实推进重大战略性项目合作。查武什奥卢表示，土方赞赏中方引领推进共建"一带一路"，愿与中方继续加强安全领

域合作，深化经贸等领域务实合作，扩大旅游、教育、文化等人文领域交流与合作。

[8月18日　沙特　产能、投资]　国务院副总理张高丽在北京会见沙特王储穆罕默德特使，能源、工业和矿产大臣法利赫。张高丽表示，中方支持沙特维护稳定和安全的努力，愿在共建"一带一路"倡议框架下落实好两国产能与投资合作重点项目清单，支持沙特经济多元化进程。

[8月22日　科威特　基础设施]　商务部国际贸易谈判代表兼副部长傅自应与科威特住房大臣亚西尔·哈桑·艾卜勒在科威特签署了《中国商务部与科威特国公共住房福利署关于福利住房基础设施领域合作的谅解备忘录》。根据备忘录，双方将加强新城开发与住房建设等领域合作，包括促进技术与经验分享、人力资源交流，扩大建筑企业与机构间的合作等。

[8月22日　科威特　一带一路、自贸区]　应邀访问科威特的国务院副总理张高丽在科威特城分别会见科威特埃米尔萨巴赫、首相贾比尔和第一副首相兼外交大臣萨巴赫。张高丽表示，埃米尔殿下提出的"2035国家愿景"，与习近平主席提出的共建"一带一路"倡议理念高度契合。中科双方要加强发展战略对接，实现优势互补，促进共同发展。张高丽表示，双方要扩大在能源、金融、交通、工程承包等领域合作。中方愿将科威特"丝绸城和五岛"项目作为两国共建"一带一路"的对接点，支持科威特国家经济转型。要推进中海自贸区谈判，推动双方贸易便利化。科方表示，科方支持并愿积极参与中国"一带一路"建设，支持中国在国际和地区事务中更多发挥建设性作用。

[8月23日　沙特　能源]　国家发展和改革委员会副主任、国家能源局局长努尔·白克力与沙特核能及可再生能源城主席哈希姆·亚马尼在北京共同主持召开中沙核能合作联委会第三次会议。双方回顾了一年来中沙核能合作取得的积极进展，并就进一步深化合作交换了意见。

[8月23日　科威特　一带一路、能源等]　　国务院副总理张高丽在科威特城分别会见科威特埃米尔萨巴赫、首相贾比尔和第一副首相兼外交大臣萨巴赫。张高丽表示，双方要扩大在能源、金融、交通、工程承包等领域合作。中方愿将科威特"丝绸城和五岛"项目作为两国共建"一带一路"的对接点，支持科威特国家经济转型。中方愿同科方建立长期稳定的能源供求关系，深化能源合作，加强投融资合作，支持科方打造海湾地区金融和贸易中心，欢迎科企业赴华投资，并将继续鼓励有实力的中国企业来科开展业务。会谈结束后，双方共同见证了有关"一带一路"建设、住房、文化等领域合作文件的签署。

[8月24日　沙特　投资]　　国务院副总理张高丽在吉达会见沙特国王萨勒曼，并与沙特王储穆罕默德共同主持召开中沙高级别联合委员会第二次会议。会议结束后，双方签署会议纪要，并共同见证有关投资、贸易、能源、邮政、通信、媒体等领域合作文件的签署。双方一致强调，要建立能源领域一揽子合作机制，积极推进高温气冷堆海水淡化项目、吉赞中国产业集聚区等项目进程，开展石化项目合作，支持拉比格电厂项目建设。

同日，中沙产能与投资合作论坛在沙特阿拉伯吉达顺利举行。国家发展和改革委员会副主任宁吉喆与沙特能工矿部部长法利赫、商业与投资部部长卡萨毕共同出席论坛开幕式并致辞。宁吉喆指出，国家发改委和沙特能工矿部在中沙高委会框架下成立了中沙"一带一路"、重大投资合作项目和能源合作分委会，着力推动两国重大领域务实合作。目前，双方共同确定了第一批产能与投资合作30个重点项目，总金额约550亿美元，其中已有8个项目开工建设，22个项目正在开展前期工作。下一步双方将继续深入挖掘两国产能与投资合作潜力，不断丰富两国务实合作的内涵和成果。

[9月5日　埃及　一带一路]　　国家主席习近平在厦门会见埃及总

统塞西。习近平指出，中埃要对接发展战略，利用基础设施建设和产能合作两大抓手，共同将埃及打造成"一带一路"沿线支点国家。中方支持中国企业赴埃及投资兴业，愿同埃方一道，促进贸易和投资便利化。

[9月6日 以色列 环保] 环境保护部部长李干杰在北京会见了以色列环境保护部部长泽埃夫·艾尔金，双方就深化环境领域合作等共同关心的议题交换了意见。李干杰表示，中国高度重视与以色列的环保合作，过去几年，双方政府、企业间的良好合作取得诸多成果。会后，双方共同签署了《2017—2019中国—以色列三年环境合作行动计划》。

[9月6日 埃及 科技] 科技部副部长黄卫在宁夏银川会见了前来参加2017中国—阿拉伯国家技术转移暨创新合作大会的埃及高等教育和科学研究部副部长、科研技术院院长穆罕默德·萨克一行，双方就推进中埃科技合作深入交换意见并达成多项共识。黄卫指出，中埃在政府间科技合作联委会和中阿科技伙伴计划框架下开展了共建可再生能源联合实验室、资助埃及青年科学家参加"杰出青年科学家来华工作计划"、开展联合科研项目等务实工作，成效显著，成为中阿和中非科技合作的典范。

[9月8日 黎巴嫩 一带一路] 国家发展和改革委员会主任何立峰于宁夏会见了黎巴嫩经济和贸易部长扈里，双方就共建"一带一路"、进行规划对接、深化产能与投资、金融、贸易合作以及人文交流等深入交换了意见。会后，何立峰与扈里代表两国政府签署了《关于共同推进丝绸之路经济带与21世纪海上丝绸之路建设的谅解备忘录》。国家发展和改革委员会副秘书长周晓飞及外资司、西部司、经贸司、财金司、国际司负责同志陪同出席上述活动。

[9月11日 以色列 投资] 财政部部长肖捷在北京会见以色列财政部长摩西·卡隆，双方就中以双边政府贷款合作、政府和社会资本合作等问题交换了意见，并签署了中以清洁技术财政合作议定书。

[9月21日 阿尔及利亚 农业] 农业部部长韩长赋会见来华访问

的阿尔及利亚农业农村发展和渔业部部长布阿兹基，就深化中阿农业合作交换意见。韩长赋建议，中阿进一步加强在农业投资贸易、农业科技、水产养殖、农产品加工和人力资源开发等领域的合作，促进两国农业共同发展。

［9月21日　土耳其　农业］　　农业部副部长屈冬玉在北京会见了来华出席第15届中国国际农产品交易会的土耳其食品、农业与畜牧业部副部长丹尼诗，就进一步加强中土农业合作交换意见。屈冬玉指出，发展中土战略合作关系，符合两国和两国人民根本利益。中国一贯秉持市场开放的原则，愿意在确保安全的前提下，从土耳其等国进口优质农产品，为广大消费者提供更多选择。

［9月21日　伊朗　一带一路］　　外交部长王毅在纽约出席联合国大会期间会见伊朗外交部长扎里夫。王毅表示，中方愿与伊方在"一带一路"框架下推动双边合作不断取得新成果。扎里夫表示，伊朗坚定支持"一带一路"倡议，专门成立了对华"一带一路"合作部际协调机制，希望尽快同中方进行对接。伊愿发挥自身地理位置优势，在"一带一路"建设中起到重要作用。

［9月22日　叙利亚　一带一路］　　外交部长王毅在纽约出席联合国大会期间会见叙利亚副总理兼外长穆阿利姆。穆阿利姆表示，叙方欢迎并支持"一带一路"倡议，愿意积极参与共建进程。王毅表示，中方欢迎叙方积极参与"一带一路"建设，愿在此框架下与叙开展合作。

［10月23日　约旦　贸易］　　商务部副部长钱克明与约旦计划和国际合作事务大臣伊马德·法胡里在约旦首都安曼同主持召开中约经济、贸易和技术联委会第七次会议，并签署《2018—2020年两国发展、经济和技术合作谅解备忘录》，明确了中约双方在未来三年的合作方向和优先领域。根据该备忘录，双方将进一步扩大和加强在发展援助机制、人力资源开发、大型项目、贸易和投资、传统能源和可再生能源领域的合作。

[11 月 16 日　**沙特　一带一路**]　国家主席习近平同沙特国王萨勒曼通电话。萨勒曼表示，沙方愿通过沙中高级别联合委员会深入推进两国合作，对接沙特"2030 愿景"同中国"一带一路"倡议，深化能源、金融等领域合作。习近平强调，中方愿同沙方一道，深化战略合作，稳步推进"一带一路"倡议同"2030 愿景"的战略对接，通过两国高级别联合委员会机制落实好各领域合作。

[11 月 17 日　**摩洛哥　一带一路**]　国务委员杨洁篪在北京会见摩洛哥外交与国际合作大臣布里达。杨洁篪表示，双方要继续落实好习近平主席和穆罕默德六世国王达成的各项共识，深化战略伙伴关系，通过共建"一带一路"，推动中摩合作再上新台阶。同日，外交部长王毅同布里达举行会谈。王毅表示，中方愿与摩方不断扩大贸易、投资和工程承包等领域务实合作。布里达表示，希与中方拓展贸易投资、铁路建设等领域互利合作，欢迎中企利用摩独特地缘优势拓展非洲和阿拉伯市场。会谈后，两国外长共同签署《中华人民共和国政府与摩洛哥王国政府关于共同推进丝绸之路经济带和 21 世纪海上丝绸之路的谅解备忘录》。摩洛哥成为首个签署该文件的马格里布国家。

[11 月 28—30 日　**以色列　自贸区**]　中国—以色列自贸区第三轮谈判在以色列举行。商务部副部长王受文与以色列经济产业部副部长罗伊·费舍尔分别率团出席谈判。双方就货物贸易、服务贸易、原产地规则及海关程序、卫生与植物卫生、经济技术合作、电子商务、争端解决等议题展开磋商，并取得积极进展。

[11 月 30 日　**巴勒斯坦　自贸区**]　商务部副部长王受文与巴勒斯坦国民经济部部长欧黛在巴勒斯坦共同签署启动中国—巴勒斯坦自由贸易协定联合可行性研究的谅解备忘录，正式开启双边自贸区建设进程。双方同意尽快就共同关注的领域开展研究，争取早日结束。

[11 月 30 日　**巴勒斯坦　自贸区**]　商务部副部长王受文与巴勒斯

坦国民经济部部长欧黛在巴勒斯坦共同签署启动中国—巴勒斯坦自由贸易协定联合可行性研究的谅解备忘录，正式开启双边自贸区建设进程，巴勒斯坦总理哈姆达拉见证。双方同意尽快就共同关注的领域开展研究，争取早日结束。

[12月6日　利比里亚　一带一路]　外交部长王毅在北京会见来华参加第四届世界互联网大会的利比里亚外长卡马拉。王毅表示，中方将在党的十九大精神指引下，继续秉持正确义利观和真实亲诚理念，不断加强同发展中国家尤其是包括利比里亚在内的非洲国家的团结合作。卡马拉表示，利方期待在"一带一路"倡议和中非合作论坛框架下进一步深化中利、中非合作。

[12月6—7日　阿曼　一带一路]　外交部部长助理陈晓东访问阿曼，分别会见阿曼外交事务主管大臣阿拉维、卡布斯苏丹经济规划顾问祖贝尔，并同阿外交部秘书长巴德尔举行两国外交部第11轮战略磋商。陈晓东表示，中方愿以明年两国建交40周年为契机，加强发展战略、理念、政策等对接，深化各领域务实合作，扩大在地区及国际事务中的协调合作，推动双边关系迈上新台阶。阿方希不断提升两国关系水平，积极参与"一带一路"建设，推动阿中关系取得更大发展。

[12月11日　阿尔及利亚　科技]　国家主席习近平同阿尔及利亚总统布特弗利卡互致贺电，祝贺阿尔及利亚一号通信卫星在西昌发射成功。习近平在贺电中指出，阿尔及利亚一号通信卫星项目是中阿全面战略伙伴关系的重要体现，开创了中国同阿拉伯国家开展航天领域合作的成功先例。布特弗利卡在贺电中表示，阿尔及利亚一号通信卫星成功发射是阿中两国航天合作的重大成就，阿方愿同中方共同推动各领域合作取得更多成果。

[12月15日　土耳其　一带一路]　国务院副总理汪洋在北京会见土耳其副总理希姆谢克。汪洋表示，中方愿同土方一道，推进"一带一

路"和"中间走廊"倡议对接，加强在重大项目、贸易、金融、科技、旅游等领域务实合作。希姆谢克表示，土方将积极参与"一带一路"建设，推进同中方在交通、能源等领域重大项目合作，深挖两国合作潜力，推动双边关系不断发展。

[12月15日　土耳其　金融]　中国人民银行行长周小川会见了来访的土耳其副总理迈赫迈特·西姆谢克。双方就进一步加强中土两国金融领域合作等议题交换了意见。

[12月27日　沙特　金融]　中国人民银行行长周小川会见了来访的沙特财政大臣贾达安，双方就加强中沙金融合作交换了意见。

[12月27日　沙特　一带一路]　国务委员杨洁篪在北京会见沙特能源、工业和矿产大臣法利赫以及财政大臣贾丹。杨洁篪说，中方愿与沙方一道，落实两国高级别联合委员会成果，对接"一带一路"倡议与"2030愿景"，打造惠及两国人民的合作新格局。沙方表示，萨勒曼国王和穆罕默德王储高度重视对华关系，视中国为面向未来的重要合作伙伴，愿同中方加强战略对接，深化两国全面战略伙伴关系。

（六）南亚

[1月5日　马尔代夫　一带一路]　外交部长王毅在北京与正式访华的马尔代夫外交部长阿西姆举行会谈。王毅指出，要深化"一带一路"合作，着力推进中马友谊大桥等重大合作项目和中马自贸谈判。马方期待深度参与"一带一路"倡议。

[1月16—19日　斯里兰卡　自贸区]　中国—斯里兰卡自贸区第五轮谈判在斯里兰卡首都科伦坡举行。在本轮谈判中，中斯双方就货物贸易、服务贸易、投资、经济技术合作、原产地规则、海关程序和贸易便利化、技术性贸易壁垒和卫生与植物卫生措施、贸易救济等议题充分交换意

见，谈判取得积极进展。

[2月13日 印度 反倾销] 商务部发布2017年第4号和第5号公告，决定根据《中华人民共和国反倾销条例》和《中华人民共和国反补贴条例》的规定，即日起对原产于印度的进口邻氯对硝基苯胺进行反倾销和反补贴立案调查。

[3月7—9日 马尔代夫 自贸区] 中国—马尔代夫自贸协定第五轮谈判在马尔代夫首都马累举行。双方在此前谈判基础上，进一步就货物贸易及其相关规则、服务贸易、投资、经济技术合作和法律问题等领域遗留问题深入交换意见，谈判取得积极重大进展，为早日结束谈判奠定了坚实基础。

[3月27日 尼泊尔 一带一路] 国家主席习近平在北京会见尼泊尔总理普拉昌达。习近平指出，中尼稳步推进互联互通、灾后重建、基础设施、人文交流等领域合作，要坚定推进互利合作，以共建"一带一路"为契机，扎实推进互联互通、自由贸易安排、农业、产能、能源、灾后重建等各领域合作，扩大双向投资和贸易，促进双边贸易平衡可持续发展。普拉昌达表示，尼方支持"一带一路"倡议，愿积极拓展同中方在贸易投资、交通运输、基础设施、旅游、航空等领域合作。

[4月5—6日 巴基斯坦 一带一路] 全国政协主席俞正声对巴基斯坦进行正式友好访问，分别会见总统侯赛因、总理谢里夫、国民议会代议长阿巴西，并同参议院主席拉巴尼举行会谈。在会见侯赛因时，俞正声表示双方要继续持续推进各领域、全方位合作，共同建设"一带一路"。侯赛因表示，巴方愿与中方共同努力，不断推动两国全天候战略合作伙伴关系向前发展。在会见谢里夫时，俞正声说，中巴经济走廊建设取得重要进展，一批重大项目进入全面实施阶段，表明"一带一路"国际合作已结出可喜果实。双方要继续扎实推进中巴经济走廊建设，带动电力、交通、港口、加工业等领域合作深入发展。

[4 月 6—8 日　**斯里兰卡　一带一路**]　全国政协主席俞正声对斯里兰卡进行正式友好访问，分别会见总统西里塞纳、总理维克勒马辛哈，并同卡鲁议长举行会谈。在会见西里塞纳时，俞正声说，双方应对接发展战略，共建"一带一路"。西里塞纳表示，斯方期待同中方拓展和深化经贸合作。在会见维克勒马辛哈时，俞正声说，近年来，中斯关系全面发展，双方应发挥各自优势，挖掘合作潜力，共建 21 世纪海上丝绸之路，稳步推进科伦坡港口城、汉班托塔港等大项目合作，加快双边自贸谈判，不断拓展海洋、旅游、产能等合作新领域。维克勒马辛哈表示，斯方期待同中方加强贸易、金融、港口、交通基础设施等领域合作，共同建设"一带一路"，带动斯里兰卡经济加速发展，推进区域经济一体化。

[4 月 17 日　**阿富汗　通信**]　工业和信息化部部长苗圩于北京会见阿富汗通信和信息技术部代理部长萨达特、阿富汗总统首席经济顾问卡尤米，就开展中阿信息技术领域合作等议题交换了意见。

[5 月 3 日　**阿富汗　一带一路**]　外交部长王毅在北京会见来华出席中阿第二轮外交磋商和中阿反恐安全磋商的阿富汗外交部副部长卡尔扎伊。王毅表示，中方愿同阿方保持高层交往，以共建"一带一路"为主线，拓展中阿全方位务实合作，加强反恐安全合作，推动中阿战略合作伙伴关系进一步发展。同日，外交部部长助理孔铉佑和阿富汗外交部副部长卡尔扎伊在北京举行中阿第二轮外交磋商。中方视阿富汗为"一带一路"建设的重要合作伙伴，愿同阿方一道，推进阿国内及地区国家间互联互通建设。卡尔扎伊感谢中方长期以来对阿的宝贵支持，表示阿方高度重视阿中友谊，始终坚持一个中国原则，愿同中方深化在国际地区问题上的合作。阿方支持并愿积极参与"一带一路"建设，推动阿中及本地区互联互通。

[5 月 8 日　**阿富汗　一带一路**]　外交部副部长刘振民在北京会见访华的阿富汗问题伊斯坦布尔进程"一带一路"参访交流团。参访团成

员高度评价中方"一带一路"倡议及其对促进地区合作、和平、发展的重要意义，赞赏中方在伊斯坦布尔进程中的积极作用，表示愿与中方一道，共同促进亚洲中心地区的稳定与发展。

[5月9日　尼泊尔　贸易]　商务部部长钟山与尼泊尔政府副总理兼财政部部长克里希纳·巴哈杜尔·马哈拉在北京正式签署《中国商务部与尼泊尔工业部关于建设中尼跨境经济合作区的谅解备忘录》，成为"一带一路"国际合作高峰论坛成果之一。中尼跨境经济合作区建设开创了中尼两国经贸合作新途径与边境合作新模式，有利于进一步深化中尼经贸合作，推动两国边境地区的繁荣稳定和共同发展。

[5月13日　巴基斯坦　一带一路、能源]　国家主席习近平在北京会见来华出席"一带一路"国际合作高峰论坛的巴基斯坦总理谢里夫。习近平指出，双方要扎实推进中巴经济走廊建设，稳步推进瓜达尔港及周边配套项目，加快研究走廊沿线产业园区建设规划，加紧完成走廊远景规划，推动并实施好交通基础设施建设、能源、民生等合作项目。谢里夫表示，巴方愿积极推动落实巴中经济走廊各项目，稳步推进瓜达尔港项目等基础设施、能源等领域合作。同日，国务院总理李克强在北京会见谢里夫。

同日，国家发展和改革委员会副主任、国家能源局局长努尔·白克力陪同谢里夫听取了中国能源企业和研究机构关于巴沙大坝项目的汇报，中巴双方与会人员就该项目进行了深入交流。会议期间，在谢里夫与努尔·白克力的共同见证下，国家能源局副局长李凡荣与巴基斯坦水电部常秘尤素福共同签署了《中国国家能源局与巴基斯坦水电部关于中巴经济走廊能源项目清单调整的协议》和《中国国家能源局和巴基斯坦水电部关于巴沙项目及巴基斯坦北部水电规划研究路线图的谅解备忘录》。

[5月14日　尼泊尔　一带一路]　国务院副总理汪洋在北京会见来华出席"一带一路"国际合作高峰论坛的尼泊尔副总理兼财政部长马哈

拉。汪洋表示，尼泊尔作为中国的邻邦，是中国推进"一带一路"合作的重要伙伴。中方愿同尼方加强发展战略对接，深化互联互通、贸易投资、灾后重建、能源等领域合作，充实中尼全面合作伙伴关系内涵。

[5月16日　斯里兰卡　一带一路、贸易、投资]　国家主席习近平在北京会见来华出席"一带一路"国际合作高峰论坛的斯里兰卡总理维克勒马辛哈。习近平指出，要以建设中斯自由贸易区为抓手，促进双边贸易平衡和可持续发展，加快投资便利化进程，实现贸易畅通和资金融通。维克勒马辛哈表示，斯里兰卡欢迎中方加大参与斯里兰卡工业化进程、特别是基础设施建设。斯方愿同中方推进汉班托塔港项目和科伦坡港口城项目。同日，国务院总理李克强会见维克勒马辛哈。

同日，商务部国际贸易谈判代表兼副部长傅自应和斯里兰卡发展战略与国际贸易部长萨马拉维克拉马在北京签署了《中华人民共和国商务部和斯里兰卡民主社会主义共和国发展战略与国际贸易部中国—斯里兰卡投资与经济技术合作发展中长期规划纲要》。同日，双方还签署了《中华人民共和国政府和斯里兰卡民主社会主义共和国政府关于促进投资与经济合作框架协议》。

[5月28日　斯里兰卡　援助]　为帮助斯里兰卡抗洪救灾，中国政府决定向斯里兰卡提供价值1500万元人民币的紧急人道主义援助物资，包括帐篷、毯子等斯方急需的救灾物资，将在最短时间内运至斯里兰卡，以应灾区急需。

[6月8日　印度　反倾销]　商务部发布2017年第29号公告，决定即日起对原产于印度的进口间苯氧基苯甲醛进行反倾销立案调查。本次调查通常应在2018年6月8日前结束，特殊情况下可延长至2018年12月8日。

[6月14日　巴基斯坦　一带一路]　外交部长王毅在北京会见来华出席第十二届中巴防务安全磋商的巴基斯坦参谋长联席会议主席祖拜尔。

王毅表示，中方赞赏巴方为打击包括"东伊运"在内的恐怖主义势力以及保护中巴经济走廊建设和中方人员安全所作特殊安排，愿同巴方全力配合，推动中巴经济走廊建设平稳、快速发展。祖拜尔表示，巴方全力支持"一带一路"建设，致力于推动中巴经济走廊建设取得成功，将调动一切必要资源做好中方机构和人员的安保工作。

[6月20日　尼泊尔　一带一路]　外交部部长助理孔铉佑在加德满都同尼泊尔外秘巴拉吉举行中尼第11轮外交磋商。孔铉佑说，中方视尼泊尔为"一带一路"建设的重要伙伴，愿同尼方加强发展战略对接，在共建"一带一路"框架下，深入开展各领域互利合作。同日，孔铉佑拜会尼泊尔总理德乌帕。

[6月24日　阿富汗　一带一路]　阿富汗总统加尼在喀布尔会见正在阿富汗访问的外交部长王毅。加尼说，阿富汗是"一带一路"和中巴经济走廊重要连接点，愿加强双方在经贸、投资、电力、运输等领域合作。王毅说，中国坚定支持阿富汗国内和解和经济重建进程，支持阿富汗在促进地区经济融合和互联互通方面发挥更大作用。中方愿同阿方扩大在"一带一路"框架下的务实合作。同日，王毅还会见了阿富汗首席执行官阿卜杜拉和阿富汗外交部长拉巴尼。

[6月25日　巴基斯坦　贸易]　巴基斯坦总统侯赛因在伊斯兰堡会见正在巴基斯坦访问的外交部长王毅。侯赛因说，感谢王毅部长此次穿梭访问巴阿两国，为改善巴阿关系作出努力。巴阿关系的改善，不仅有利于巴阿双方，也利于地区的和平稳定发展。三方经友好协商，发表了新闻公报。

[7月4日　巴基斯坦　能源]　国家发展和改革委员会副主任、国家能源局局长努尔·白克力拜会了巴基斯坦总理谢里夫。谢里夫表示，巴基斯坦政府感谢习近平主席和李克强总理对中巴经济走廊项目的关注与支持，愿和中方一道共同推动中巴经济走廊建设。努尔·白克力表示，国家

能源局将全面落实两国领导人达成的重要共识，不断深化两国能源务实合作，坚持"共商、共建、共享"的原则，实实在在地推进中巴经济走廊建设，使之惠及两国人民。

同日，努尔·白克力会见巴基斯坦石油部长沙赫德·阿巴斯，双方就两国开展油气领域合作深入交换了意见并达成了重要共识。他还会见了会见巴水电部部长穆罕默德·阿西夫，双方就进一步推进中巴经济走廊能源项目建设深入交换了意见。并且白克力还于同日会见巴基斯坦旁遮普省首席部长夏巴兹·谢里夫，双方就进一步推动旁遮普省内的中巴能源项目建设深入交换了意见。前日，巴基斯坦萨希瓦尔燃煤电站项目竣工仪式在巴举办，努尔·白克力出席仪式并讲话。萨希瓦尔燃煤电站项目是中巴经济走廊能源合作重点项目，总装机容量132万千瓦，位于巴基斯坦旁遮普省。该项目由华能集团和山东如意集团共同投资建设。建成投产后，电站年发电量90亿千瓦时，不仅能解决巴基斯坦旁遮普省工厂和企业频频断电的问题，而且还将为300多万巴基斯坦家庭提供生活用电。

[7月5日　印度　气候]　中国气候变化事务特别代表解振华在北京会见印度人力资源发展部部长、前环境森林与气候变化部部长普拉卡什·贾瓦德卡尔。双方就当前气候变化领域热点问题交换了意见，并表示两国将坚守《巴黎协定》，积极应对气候变化挑战，共同推进气候变化多边进程。

[7月8日　巴基斯坦　科技]　科技部部长万钢在伊斯兰堡拜会了巴基斯坦总统马姆努恩·侯赛因。万钢表示，中方愿与巴就"一带一路"科技创新领域深化合作，为创新共同体建设提供有力支撑，让科技造福人民。侯赛因表示，巴方愿与中方在"一带一路"科技创新领域开展实质性合作，为巴中关系增添新内涵。访巴期间，万钢与拉纳共同为中国—南亚技术转移中心巴基斯坦分中心揭牌，并签署两项合作协议。

[8月1日　印度　投资]　商务部部长钟山在上海会见印度商工部

部长尼尔玛拉·希塔拉曼。

[8 月 13 日 巴基斯坦 一带一路] 巴基斯坦总理阿巴西在伊斯兰堡会见了前来出席巴基斯坦独立 70 周年纪念活动的国务院副总理汪洋。汪洋说，近年来，中巴双边贸易持续增长，自贸协定第二阶段谈判进展顺利，中巴经济走廊建设取得可喜进展，两国人文领域交流合作卓有成效。中巴经济走廊是"一带一路"旗舰项目，双方要加强协调，近期着重抓好早期收获项目。要加快推进瓜达尔港建设。积极推进火电、水电、太阳能、清洁能源等能源合作，实施好公路、铁路、城市轨道等交通基础设施合作项目，深化产业园区合作，加强人员培训。要深入挖掘两国经贸合作潜力，保持双边贸易增长，促进贸易平衡。加强教育、科技、文化、卫生、青年、媒体等领域合作。阿巴西表示，巴方将与中方共同努力，继续推进中巴经济走廊建设，扩大双边贸易规模，深化并拓展各领域务实合作。8 月 14 日，巴基斯坦总统侯赛因在伊斯兰堡会见国务院副总理汪洋。侯赛因表示，巴方将继续在涉及中方核心利益问题上给予中方坚定支持，积极参与"一带一路"建设，推进中巴经济走廊建设，在国际和地区问题上同中方加强合作。汪洋表示，中方愿同巴深化经贸务实合作，扎实推进中巴经济走廊建设，加强反恐、安全合作，促进人文交流。

[8 月 15 日 尼泊尔 一带一路] 正在尼泊尔访问的国务院副总理汪洋同尼泊尔副总理兼联邦事务与地方发展部长加查达尔举行会谈。汪洋表示，中方愿同尼方推动两国在"一带一路"框架下的务实合作取得更多成果。努力扩大双边贸易，加强两国投资合作，支持尼方提高自身产业发展水平，稳步推进铁路、公路、口岸等基础设施项目建设，加强互联互通，拓展油气、电力、清洁能源等合作，帮助尼方增强能源供给能力。加查达尔表示，尼方期待在"一带一路"框架下拓展两国务实合作，不断扩大双边贸易和投资规模，加强互联互通，持续推进交通基础设施、能源、防灾减灾等领域合作。尼方愿为中国企业来尼投资创造更好环境，欢

迎更多中国游客赴尼旅游观光。8 月 16 日，尼泊尔总统班达里和尼泊尔总理德乌帕在加德满都分别会见了到访的国务院副总理汪洋。

[8 月 15 日 尼泊尔 投资] 商务部副部长兼国际贸易谈判副代表俞建华和尼泊尔财政部部秘山塔·瑞·苏贝蒂在加德满都分别代表两国政府签署了《中华人民共和国政府和尼泊尔政府关于促进投资与经济合作框架协议》。协议确定了双边投资合作的原则、领域、方式、便利化和保障措施、执行机构和工作机制等，规定了如何确定和支持优先项目。该协议的签署有助于进一步加强两国政府、企业和其他机构间的交流，推动中尼投资合作健康稳定发展，促进"一带一路"建设，保障在尼中国企业权益。

[8 月 21 日 巴基斯坦 一带一路] 国务委员杨洁篪在北京会见巴基斯坦外交部常秘塔米娜。杨洁篪说，在当前国际地区形势下，中巴增进战略沟通尤为重要。双方应保持高层密切交往，在"一带一路"框架下推进中巴经济走廊建设，深化各领域合作。塔米娜说，巴方致力于推动中巴经济走廊建设。8 月 22 日，外交部长王毅在外交部会见塔米娜。

[9 月 5 日 印度 综合] 国家主席习近平在厦门会见来华出席金砖国家领导人第九次会晤和新兴市场国家与发展中国家对话会的印度总理莫迪。习近平指出，中印双方要加强发展战略对接，扩大在基础设施建设、互联互通等领域合作。

[9 月 7 日 尼泊尔 一带一路] 国务院总理李克强在北京会见尼泊尔副总理兼外交部长马哈拉。李克强指出，中方愿以共建"一带一路"为契机，同尼方加强互联互通，扩大贸易投资，推进中尼自贸协定联合可行性研究和跨境经济合作区建设，开展能源、基础设施等领域产能合作，加强灾后重建、旅游等领域合作。

[9 月 8 日 巴基斯坦 一带一路] 外交部长王毅在北京与来华访问的巴基斯坦外长阿西夫举行会谈。王毅说，中国和巴基斯坦是全天候战

略合作伙伴，中巴友好得到了两国人民发自内心的拥护，具有扎实的民意基础。阿西夫说，巴中经济走廊是"一带一路"旗舰项目，在能源、基建、电力等项目上取得积极进展。巴方愿加快推进走廊建设，充实双方全面经济合作。

[9月10日　**孟加拉国　基础设施**]　中国和孟加拉国两国政府代表在孟加拉国首都达卡签署框架协议，中方将为孟方提供优惠贷款，用于建设孟加拉国网络基础设施项目。

[9月14日　**马尔代夫　一带一路**]　外交部部长助理孔铉佑会见马尔代夫经济发展部长萨伊德。孔铉佑表示，中方愿同马方以共建"一带一路"为契机，推进基础设施等大项目合作，提升互联互通水平，推动中国赴马游客有序增长。萨伊德表示，马方将继续坚定支持和参与"一带一路"建设，在基础设施、民生、旅游等领域同中方进一步深化合作。

[9月28日　**巴基斯坦　一带一路**]　国家发展和改革委员会主任何立峰在北京会见巴基斯坦内政部长兼规划发展和改革部长、中巴经济走廊联委会巴方主席伊克巴尔。双方就共建"一带一路"合作和推动中巴经济走廊建设深入交换意见。

[10月21日　**印度　反倾销**]　商务部发布2017年第56、57号公告，分别公布对原产于印度的进口邻氯对硝基苯胺反倾销、反补贴调查的初步裁定，并决定对原产于印度的进口邻氯对硝基苯胺实施保证金形式的临时反倾销/反补贴措施。根据裁定自2017年10月20日起，进口经营者在进口原产于印度的邻氯对硝基苯胺时，应依据裁定所确定的倾销幅度（31.4%—49.9%）或从价补贴率（20.4%—166.0%）向中华人民共和国海关提供相应的保证金。

[10月29日　**孟加拉国　基础设施**]　中国驻孟加拉国大使马明强与孟加拉国财政部经济关系局常秘阿扎姆代表两国政府签署了一项政府间框架协议，中方将为孟方建设输油管道项目并提供融资。该协议对落实

"一带一路"合作及孟中印缅经济走廊建设具有重要意义。

[10 月 30 日　**斯里兰卡　一带一路**]　外交部长王毅在北京同斯里兰卡外长马拉帕纳举行会谈。王毅说，2017 年是中斯建交 60 周年和《米胶协定》签署 65 周年。双方应围绕习近平主席提出的"一带一路"这一主线，将"中国梦"与"斯里兰卡梦"相结合，重点加强传统友好和政治互信、基础设施大项目、投资与贸易、海洋、人文五大领域合作，打造中斯友好合作关系的"升级版"。欢迎斯方以更积极姿态参与 21 世纪海上丝绸之路建设。马拉帕纳表示，斯方愿以两国建交 60 周年为契机，深化各领域互利合作，实现共同发展。

[11 月 1 日　**斯里兰卡　一带一路**]　国务院副总理汪洋在北京会见斯里兰卡外交部长马拉帕纳。汪洋表示，中方视斯里兰卡为建设"一带一路"的重要合作伙伴。马拉帕纳表示，斯方愿充分发挥地缘优势，积极参与 21 世纪海上丝绸之路建设，不断推进港口、基础设施等领域互利合作。

[11 月 10 日　**巴基斯坦　综合**]　国家发展和改革委员会与巴基斯坦投资委员会在伊斯兰堡召开第二次中巴经济走廊产业合作工作组会议，同意将三个特殊经济区（SEZs）列入优先项目，双方将加强合作，继续推动产业合作和园区建设。三个优先特殊经济区分别是旁遮普省费萨拉巴德 M3 工业城、信德省 Dhabeji 镇中国特殊经济区和开普省哈塔尔特殊经济区。发展特殊经济区是中巴经济走廊长期规划的最重要部分，巴方政府将出台新机制鼓励对这三个优先特殊经济区投资，中方将协助、鼓励中国企业并提供相应便利在经济区开发标志性项目。关于经济区的所有权结构和融资模式等问题将在第七次走廊联委会前一天的高级别官员会议上讨论。

[11 月 13 日　**巴基斯坦　能源**]　国家能源局副局长李凡荣与巴基斯坦能源部电力常秘尤萨福·纳希姆·科霍卡尔通过视频共同主持召开中巴经济走廊能源工作组第五次会议，双方就共同关心的问题交换了意见。

[11 月 18 日　**孟加拉国　一带一路**]　外交部长王毅在达卡与孟加

拉国外长阿里举行会谈。王毅表示，中方愿同孟方加快"一带一路"合作，推动孟中印缅经济走廊建设，并开拓海洋等其他领域的合作。阿里表示，孟方愿在"一带一路"框架下同中方对接发展战略，深化务实合作，推进孟中印缅经济走廊建设，不断丰富两国关系的内涵。

[11 月 20 日　巴基斯坦　综合]　　中国—巴基斯坦第八轮战略对话在伊斯兰堡举行。外交部部长助理孔铉佑同巴基斯坦外交部常秘塔米娜共同主持本轮战略对话。双方高度评价中巴全天候战略合作伙伴关系发展，表示将落实好两国领导人达成的重要共识，加强各层级友好交流，积极推进中巴经济走廊建设，不断深化各领域务实合作，携手打造中巴命运共同体。

[11 月 21 日　巴基斯坦　一带一路]　　中巴经济走廊联合合作委员会第七次会议在巴基斯坦伊斯兰堡召开。会议由走廊联委会中方主席、中国国家发展和改革委员会副主任王晓涛和走廊联委会巴方主席、巴基斯坦内政部长兼规划发展和改革部长伊克巴尔共同主持召开，以"梦想变成现实"为主题，重点就中巴经济走廊各领域务实合作进展及下一步工作重点进行深入沟通交流。本次联委会审议通过了《中巴经济走廊长期规划（2014—2030）》，为两国未来在经济、金融、社会等各方面的合作打下了基础，成为本次联委会最大的成果。伊克巴尔表示，长期规划确认将通过产业园区建设帮助巴基斯坦促进生产部门的发展，此外，农业合作和信息产业合作也在长期规划中被着重关注。会后王晓涛与伊克巴尔签署了《中巴经济走廊远景规划》《第七次中巴经济走廊联合合作委员会会议纪要》，并见证双方代表签署了相关工作组会议纪要。

[11 月 22 日　斯里兰卡　援助]　　斯里兰卡政府首都科伦坡举行仪式接收由中国援助的 1000 吨大米。斯灾难管理部部长阿努拉·亚帕和中国驻斯里兰卡大使易先良出席仪式并在移交证书上签字。亚帕在移交仪式上对中方援助表示感谢。他说，斯里兰卡今年粮食产量严重不足，超过

100 万人受到影响，中方援助的大米有助于缓解斯方此次粮食短缺，"中国总是在我们需要帮助的时候施以援手"。

[11 月 29 日　巴基斯坦　能源]　中巴经济走廊项下又一大型能源项目——巴基斯坦卡西姆港燃煤电站首台机组投产发电。在发电仪式上，巴基斯坦总理阿巴西表示，卡西姆港燃煤电站是中国电建集团用最低的成本建造了全世界最环保、最先进的电站，将极大缓解巴基斯坦电力短缺现状，为巴基斯坦经济发展和改善人民生活提供持续的电力能源供应。中国驻巴基斯坦大使姚敬表示，中巴经济走廊已经进入早期收获阶段，希望该项目成为实现互利共赢的典范。他说，卡塔尔参与了卡西姆港燃煤电站项目，成为中巴经济走廊的建设伙伴，希望更多国家参与到走廊建设中。

[11 月 29 日　马尔代夫　自贸区]　马尔代夫总统亚明 29 日宣布，马尔代夫移民局发布的"护照卡"将被视为合法的身份证明文件。马尔代夫内阁 29 日批准与中国签署《马尔代夫—中国自由贸易协定》。马中自贸协定将大力促进两国多领域经贸往来，加速两国旅游、航空、建筑等多行业合作。根据协定，两国间 95% 以上的货物贸易产品将实现零关税。

[11 月 30 日　巴基斯坦　贸易、一带一路]　国务院总理李克强在索契会见巴基斯坦总理阿巴西。李克强表示，中方愿同巴方落实好重点基础设施建设项目，稳步推进产能合作。中方愿同巴方探讨自贸区建设，促进双方贸易平衡发展，推动两国企业加强合作。希望巴方继续提高安保力度，为两国经济合作营造良好外部环境。阿巴西表示，巴方将继续全力推进走廊建设，采取措施保障项目建设安全。巴方愿同中方加强在上合组织框架内的合作，相信中方作为上海合作组织轮值主席国将进一步推动上合组织发展。

[12 月 1 日　阿富汗　经贸]　国务院总理李克强在索契会见阿富汗首席执行官阿卜杜拉。李克强指出，中阿扩大经贸等务实合作离不开安全稳定的外部环境。中国愿同阿富汗、巴基斯坦一道，加强对话与合作，共

同努力致力于稳定安全的地区环境建设，早日推动实现区域长治久安。阿卜杜拉表示，感谢中方促进阿经济重建、能力建设、民生改善的积极作用以及在多边平台给予的帮助，愿同中方共同努力，将阿中关系提升至新高度。

[12月11日　印度　综合] 印度总统科温德在新德里会见出席中俄印外长会晤的中国外交部长王毅。科温德表示，在双方共同努力下，近年来两国保持高层交往，经贸合作日益深化，围绕国际和地区问题进行沟通协调。印度愿与中方进一步增进相互理解与信任，拓展各领域合作，推动两国战略合作伙伴关系不断取得新的进展。

[12月4日　阿富汗　贸易、一带一路] 中华人民共和国政府和阿富汗伊斯兰共和国政府经济和贸易联合委员会第三次会议在北京举行，商务部副部长高燕与阿富汗财政部部长哈基米共同主持会议。双方围绕推进中阿共建"一带一路"，重点就扩大双边贸易、投资、基础设施、互联互通、民生、人员交流领域合作等议题交换了意见，达成广泛共识。会后，高燕与哈基米签署了有关经贸合作文件。

[12月5日　印度　经贸] 国务院副总理张高丽在北京会见前来出席第三届中国国务院发展研究中心和印度国家转型委员会对话会的印度国家转型委员会副主席库玛尔。库玛尔表示，印方愿同中方一道，共促经济转型发展，积极拓展两国在经贸、投资、基础设施、制造业等各领域合作。

[12月7日　马尔代夫　一带一路、自贸区] 国家主席习近平在北京同来华进行国事访问的马尔代夫总统亚明举行会谈。习近平指出，要以此次签署政府间共同推进"一带一路"建设谅解备忘录和中马自由贸易协定为新平台，激发双边经贸合作活力，共同推动有关重大合作项目顺利完成，促进投资、金融和海洋等领域合作。中方愿同马方共同应对气候变化，希望马方继续支持加强中国同南亚区域合作联盟的合作。会谈后，两

国元首共同见证了《中华人民共和国政府和马尔代夫共和国政府关于共同推进"一带一路"建设的谅解备忘录》《中华人民共和国政府和马尔代夫共和国政府自由贸易协定》以及经济技术、金融等领域双边合作文件的签署。

同日，习近平和阿卜杜拉·亚明·阿卜杜尔·加尧姆共同见证下，商务部国际贸易谈判代表兼副部长傅自应与马尔代夫经济发展部部长穆罕默德·萨伊德分别代表两国政府在人民大会堂签署《中华人民共和国政府和马尔代夫共和国政府自由贸易协定》。中马自贸协定是我国商签的第 16 个自贸协定，也是马尔代夫对外签署的首个双边自贸协定。《协定》涵盖货物贸易、服务贸易、投资、经济技术合作等内容，实现了全面、高水平和互利共赢的谈判目标。

[12 月 25 日　阿富汗　一带一路]　外交部长王毅在北京会见出席首次中国—阿富汗—巴基斯坦三方外长对话的阿富汗外交部长拉巴尼。王毅表示，中方视阿富汗为建设"一带一路"的重要合作伙伴，愿同阿方加强发展战略对接，拓展合作空间，通过自身的发展带动阿富汗的发展。拉巴尼表示，阿方愿积极参与"一带一路"倡议，加强互联互通、基础设施、能源等领域合作，以进一步发挥阿富汗的区位优势。

[12 月 26 日　巴基斯坦　一带一路]　外交部长王毅在北京会见出席首次中国—阿富汗—巴基斯坦三方外长对话的巴基斯坦外交部长阿西夫。王毅表示，中方愿同巴方一道夯实双边关系中政治互信、利益交融、共同安全、民心纽带"四大支柱"，巩固和深化中巴全天候战略合作伙伴关系。中方愿同巴方开展优势互补，充分发挥中巴经济走廊对地区国家的辐射效应，共同推进"一带一路"国际合作。阿西夫表示，巴方愿全力推进中巴经济走廊建设，发挥其作为"一带一路"互联互通的示范作用。

（七）撒哈拉以南非洲

[1月7日　马达加斯加　一带一路]　外交部长王毅在塔那那利佛与马达加斯加外交部长阿塔拉共同会见记者时表示，中国欢迎非洲国家参与"一带一路"建设。在此次访问中，中马双方就马方参与"一带一路"建设问题进行了探讨，达成了重要共识。今后，双方将加强在基础设施、产能等各领域的互利合作，努力把马打造成为"一带一路"同非洲大陆连结的重要桥梁和纽带。

[1月8日　赞比亚　高铁]　外交部长王毅在卢萨卡与赞比亚外交部长卡拉巴举行会谈。王毅表示，中方将秉持大型基础设施建设项目与产业发展同谋划、共推进的集约发展理念，以激活坦赞铁路为重点，充分发挥赞比亚—中国经贸合作区这一在非洲规模最大、发展最为成熟的合作区作用，重点加强产能合作，帮助赞比亚不断提升自主发展能力，打造成为内陆国家交通枢纽和物流中心。赞方将激活坦赞铁路作为政府工作重点，期待与中方密切合作，改造并振兴坦赞铁路。

[1月9日　津巴布韦　综合]　国家主席习近平在北京会见津巴布韦总统穆加贝。习近平强调，在双方共同努力下，两国在基础设施建设、农业等领域的合作正在积极推进。中方愿鼓励有实力的中国企业赴津巴布韦投资兴业。穆加贝表示，非洲国家正在采取积极步骤，推进落实习近平主席在约翰内斯堡峰会上宣布的中非十大合作计划。

[1月9日　坦桑尼亚　一带一路]　外交部长王毅在达累斯萨拉姆与坦桑尼亚外交部长马希加举行会谈。坦期待与中国进一步拓宽合作领域，深化伙伴关系，欢迎更多的中国企业参与坦国内重大项目建设，在坦桑尼亚国家发展进程中发挥更大作用。坦方支持中国提出的"一带一路"倡议，愿成为"一带一路"倡议进入非洲的桥头堡。坦方愿同中方和赞

方一道对坦赞铁路进行升级改造，促进东部非洲的互联互通和一体化进程，带动坦和区域经济的发展。

[1月10日　刚果共和国　经济特区]　外交部长王毅在布拉柴维尔与刚果共和国外交部长加科索举行会谈。王毅表示，建设黑角经济特区是两国元首达成的重要共识，旨在立足刚果共和国国情，利用刚果自然资源优势、政策开放优势和政局稳定优势，探索中非互利合作的新途径。黑角经济特区是借鉴中国改革开放经验的重要实践，是中非合作转型升级的重要体现，也是中国支持非洲实现自主发展的重要尝试。建设黑角经济特区要坚持政府支持、立法保障、企业主体、市场运作、基础设施先行、人力资源支撑。

[1月10日　苏丹　一带一路]　商务部部长高虎城在北京会见来访的苏丹总统助理贾兹。双方就中苏经贸合作深入交换了意见，双方一致同意在共建"一带一路"合作倡议和中非"十大合作计划"框架下，本着"共商、共建、共享"的原则，不断推动双边经贸合作深入发展。

[1月11日　南苏丹　能源]　商务部副部长钱克明在北京会见来访的南苏丹石油部长加特克兹，双方就推动落实"中非十大合作计划"、推进中南石油合作等共同关心的议题交换了意见。

[1月11日　尼日利亚　能源]　外交部长王毅在阿布贾与尼日利亚外交部长奥尼亚马举行会谈。尼日利亚目前正致力于加快工业化进程，提高人民福祉，逐步摆脱对石油的依赖，实现经济发展多元化，希望在这一过程中得到中方大力支持。尼方赞同中方对下一阶段两国合作的五点设想，认为双方在铁路、公路、水电开发、军事安全等领域合作潜力巨大。尼方愿与中方进一步加强在各个领域的交流与合作，希望更多的中国企业参与尼国家建设。

[3月10日　毛里求斯　自贸区]　中国—毛里求斯自由贸易协定联合可行性研究第一次工作组会议以视频会议方式召开。中毛双方就开展自

贸合作的重要性、联合可研工作组职责文件、可研报告框架及主要内容、下一步工作安排等议题进行了交流并达成一致。中毛自贸协定联合可研包括双方经济概况、货物贸易、服务贸易、投资、知识产权、双边经济合作、其他双方感兴趣的议题等内容。2016 年 11 月 4 日，中毛双方共同签署了启动中毛自贸协定联合可研的谅解备忘，宣布正式启动联合可研。

[3 月 15 日　布隆迪　综合] 　外交部长王毅在北京与来华正式访问的布隆迪对外关系与国际合作部长尼亚米特韦举行会谈。王毅表示，中方愿同布方一道以落实中非合作论坛约翰内斯堡峰会成果为抓手，拓展两国农业、基础设施建设、人力资源开发等领域互利合作。尼亚米特韦表示，欢迎中国企业赴布投资，参与布隆迪国家建设。

[3 月 17 日　卢旺达　基础设施] 　国家主席习近平在北京同卢旺达总统卡加梅举行会谈。习近平指出，中方愿为卢方经济特区建设提供支持，同卢方加强产业对接，促进产能合作，提高卢方粮食安全保障能力。双方还要加强基础设施建设合作，中方鼓励更多中国企业赴卢旺达参与交通、能源等重大基础设施项目建设。要挖掘旅游合作潜力，共同将旅游业打造成为两国互利合作新亮点。中方将同非洲友好国家一道，全面落实中非合作论坛约翰内斯堡峰会成果，把中非合作同非洲实现《2063 年议程》紧密结合起来，支持非洲联合自强和实现工业化、农业现代化目标。卡加梅表示，欢迎中国企业加大对卢旺达农业、矿产、旅游、基础设施建设等领域投资。卢方积极致力于在中非合作论坛约翰内斯堡峰会成果框架下深入推进卢中和非中各领域合作。

[3 月 20 日　埃塞俄比亚　投资] 　埃塞俄比亚总理海尔马里亚姆在亚的斯亚贝巴会见国务委员杨洁篪。杨洁篪表示，中方愿与埃方共同努力，进一步落实两国领导人重要共识和中非合作论坛约翰内斯堡峰会成果，积极推动各领域互利合作。海尔马里亚姆表示，埃塞俄比亚作为中非产能合作先行先试示范国家，欢迎更多的中国公司来埃投资兴业，实现双

方互利共赢。当日，杨洁篪还会见了埃塞俄比亚总统穆拉图。

[3月22日　几内亚　投资]　几内亚总统孔戴在科纳克里会见国务委员杨洁篪。杨洁篪表示，此访的主要目的是落实两国领导人共识和中非合作论坛约翰内斯堡峰会成果，促进中几合作发展。中方愿全力推进两国在各个领域的友好互利合作，鼓励和支持中国企业与几方深入探讨互利合作方案，努力将两国政治互信和经济互补优势转化为更多具体成果。孔戴表示，几方希望继续与中方深化在能源、资源、农业、基础设施和人力资源开发等领域的互利合作，欢迎中国企业来几投资，协助几内亚提高可持续发展能力，加速经济社会发展。

[3月22日　科特迪瓦　农业]　农业部副部长屈冬玉在北京会见了科特迪瓦驻华大使多索阿达马一行。屈冬玉表示，中国农业部高度重视对科农业合作，建议成立双边农业合作工作组机制，共同研究商定优先合作领域及重点合作项目，并于今年在科特迪瓦举办中科农业企业家研讨会，促进中科农业领域务实合作。多索阿达马完全赞同中方提出的合作建议，并预祝科中农业合作取得更大进展。

[3月22—30日　毛里塔尼亚、科特迪瓦　贸易]　商务部副部长钱克明率中国政府经贸代表团访问毛里塔尼亚、科特迪瓦。此访旨在落实中非合作论坛第六次部长级会议暨约翰内斯堡峰会成果，就习近平主席在会上宣布"十大合作计划"与两国进行具体对接。访问期间，召开了中毛、中科两国新一届经贸混委会会议，签订了经济技术合作协定，以及关于医疗设施、政府办公楼等援助项目的换文。双方还就"十大合作计划"项目拟重点推动合作领域和合作项目充分交换了意见，并达成了积极的共识。

[3月27日　马达加斯加　一带一路]　国家主席习近平在北京同马达加斯加总统埃里举行会谈。习近平指出，中方欢迎马方积极参与"一带一路"建设，愿支持马达加斯加发挥"一带一路"连接非洲的桥梁和纽

带作用，同马达加斯加建立全面合作伙伴关系，并在中非"十大合作计划"和"一带一路"倡议框架内，同马方加强对接。中方愿结合马方实际需求和中方比较优势，着力支持马方构筑基础设施建设、人力资源开发、投资贸易便利化三大支撑，重点围绕农业、渔业等产业开展互利合作。埃里表示，马方高度赞赏习近平主席在年初达沃斯世界经济论坛年会上的演讲，支持"一带一路"倡议，希望加强两国在能源、航空、交通运输、港口和机场建设等领域合作。会谈后，两国元首见证了《中华人民共和国政府与马达加斯加共和国政府关于共同推进丝绸之路经济带和21世纪海上丝绸之路建设的谅解备忘录》以及经贸、基础设施建设等领域双边合作文件的签署。

[4月6日 **莫桑比克** 综合] 外交部副部长张明访问莫桑比克，分别会见莫总统纽西和外交部长巴洛伊，同外交部副部长蒙德拉内举行会谈，就双边关系及共同关心的国际和地区问题深入交换意见。张明表示，中方愿与莫方共同努力，积极推动中非合作论坛约翰内斯堡峰会成果和两国领导人重要共识在莫更多更快落地。莫方愿以落实论坛约堡峰会成果和两国领导人重要共识为抓手，重点推进同中国在农业、产能合作、经济合作区建设、基础设施建设等领域的友好互利合作。

[4月14日 **圣多美和普林西比** 综合] 国家主席习近平在北京会见圣多美和普林西比总理特罗瓦达。习近平强调，中方愿优先支持圣普完善国家全面发展规划，着力开展旅游业、渔业、农业三大领域互利合作，帮助圣普构筑基础设施建设、人力资源开发和安全能力建设三大支柱保障。特罗瓦达表示，圣普政府愿增进同中方高层交往，加强经贸、基础设施、旅游、安全等领域合作。此前，国务院总理李克强在北京同特罗瓦达举行会谈。李克强指出，愿推进非洲"三网一化"建设，在中非合作论坛等框架下加强合作，提高非洲自主发展能力，实现中非互利共赢。特罗瓦达表示，圣普愿与中方落实好双边合作框架协议，为中方企业投资兴业

创造良好条件，加强旅游、渔业、基础设施、人员培训等领域合作。

[4月18日　厄立特里亚　综合]　外交部长王毅在北京与厄立特里亚外交部长奥斯曼举行会谈。王毅表示，中方愿同厄方一道，加强合作规划，优先开展矿业、农业、渔业、旅游、减贫、基础设施建设、人力资源开发等领域互利合作，扩大人文交流，密切国际和地区事务协调，推动中厄关系再上新台阶。奥斯曼说，厄方希望同中方加强各领域友好合作，在落实中非合作论坛约翰内斯堡峰会成果中更多受益，不断提高两国合作水平。

[4月20日　厄立特里亚　综合]　国务委员杨洁篪在北京会见厄立特里亚外交部长奥斯曼。杨洁篪表示，希望双方积极落实中非合作论坛约翰内斯堡峰会成果，进一步拓展各领域友好互利合作。奥斯曼表示，希望同中方扩大友好互利合作，期待中国在国际和非洲事务中发挥更大作用。

[4月24日　南非　科技]　中国—南非高级别人文交流机制首次会议在南非比勒陀利亚举办，会议由中国国务院副总理刘延东和南非艺术文化部部长姆特特瓦共同主持，中国科技部副部长王志刚出席。王志刚和南非科技部长纳莱迪·潘多共同签署了部门间《关于共建中国—南非联合研究中心的谅解备忘录》和《关于实施中国—南非青年科学家交流计划的谅解备忘录》。

[5月12日　埃塞俄比亚　一带一路]　国家主席习近平在北京会见来华出席"一带一路"国际合作高峰论坛的埃塞俄比亚总理海尔马里亚姆。习近平指出，双方要重点打造互联互通、产能等领域合作项目，中方欢迎两国扩大航空合作，中方支持埃方继续发挥"一带一路"连接非洲的桥梁和纽带作用。海尔马里亚姆表示，埃方愿在落实中非合作论坛约翰内斯堡峰会成果框架内深化埃中合作。埃方将积极参与"一带一路"建设合作。同日，国务院总理李克强和外交部长王毅分别在北京会见海尔马里亚姆。

[5 月 15 日　肯尼亚　一带一路]　　国家主席习近平在北京会见来华出席"一带一路"国际合作高峰论坛的肯尼亚总统肯雅塔。习近平提议将中肯关系定位提升为全面战略合作伙伴关系，认为双方要以蒙内铁路建设为牵引，推进建设路港一体化的产业经济走廊，共同打造蒙内铁路、蒙巴萨港、蒙巴萨经济特区三位一体合作新格局。肯雅塔表示，肯尼亚愿积极参与"一带一路"建设，密切同中国经贸、投资、能源、旅游、基础设施等合作。同日，国务院总理李克强会见肯雅塔，此前，外交部长王毅会见肯尼亚外交部长阿明娜。

[5 月 17 日　毛里求斯　一带一路]　　外交部长王毅在北京会见来华出席"一带一路"国际合作高峰论坛并访华的毛里求斯外交部长卢切米纳赖杜。王毅说，毛里求斯是"一带一路"线路的自然延伸，中毛两国应以共建"一带一路"为契机，开拓互利合作新领域。卢切米纳赖杜表示，毛愿在"一带一路"框架下全面深化两国合作。

[5 月 19 日　毛里塔尼亚　一带一路]　　毛里塔尼亚总统阿齐兹在努瓦克肖特总统府会见外交部长王毅。阿齐兹表示，毛里塔尼亚欢迎中国企业前来投资兴业，特别是在矿业、渔业、加工业等领域同毛方深化合作，毛方支持并愿参与习近平主席所提出的"一带一路"建设。同日，王毅在努瓦克肖特与毛里塔尼亚外长比赫举行会谈。

[5 月 20 日　佛得角　贸易]　　佛得角总统丰塞卡和总理席尔瓦在普拉亚分别会见外交部长王毅。丰塞卡和席尔瓦表示，佛方愿支持并参与"一带一路"建议，进一步深化双方合作，将佛得角打造成为中国的战略合作伙伴。同日，王毅在普拉亚与佛得角外交部长塔瓦雷斯举行会谈。

[5 月 21 日　马里　一带一路]　　马里总理马伊加在巴马科会见外交部长王毅。马伊加表示，马里愿同中方一道积极落实中非合作论坛成果，深化双边务实合作。王毅表示，中方愿着力加强基础设施建设、人力资源开发、和平安全三大优先领域合作，重点支持马提升农业发展水平、逐步

建立工业体系，从而实现自主和可持续发展。同日，王毅在巴马科与马里外交部长迪奥普举行会谈。

[5月22日　科特迪瓦　一带一路]　科特迪瓦总统瓦塔拉在阿比让会见外交部长王毅，科特迪瓦总理库利巴利参加会见。瓦塔拉表示，科高度赞赏习近平主席提出的"一带一路"倡议，认为这是一个能够惠及广大发展中国家和中小国家的倡议，愿意积极参与，并在"一带一路"和中非合作论坛框架下不断开拓两国合作新领域。同日，王毅在阿比让与科特迪瓦非洲一体化和海外侨民部长库利巴利举行会谈。

[5月24日　毛里求斯　自贸区]　商务部副部长钱克明在毛里求斯首都路易港会见毛里求斯外交、地区一体化和国际贸易部部长，双方共同签署结束中国—毛里求斯自由贸易协定联合可行性研究的谅解备忘录，宣布结束双边自贸协定联合可行性研究。

[5月31日　肯尼亚　铁路]　国家主席习近平特使、国务委员王勇在肯尼亚蒙巴萨出席蒙巴萨至内罗毕标准轨铁路通车仪式，以习近平主席名义对铁路建成通车表示热烈祝贺。中方愿同肯方一道，将蒙内铁路打造成为肯尼亚繁荣发展之路和中非合作转型升级新样板。

[6月2日　尼日尔　贸易]　尼日尔总统伊素福在尼亚美会见国务委员王勇。王勇表示中方将秉持真实亲诚的对非政策理念和正确义利观，同尼方共同落实好中非合作论坛约翰内斯堡峰会成果，将两国政治互信、人民友好、经济互补三大优势转化为造福两国人民的互利合作成果，推动中尼关系迈上新台阶。访尼期间，王勇还分别会见了尼日尔总理拉菲尼、议长蒂尼，并同拉菲尼总理共同见证了两国经济技术合作协定等文件的签署，考察了中石油在尼日尔项目和中方援建的尼亚美综合医院。

[6月5日　安哥拉　基础设施]　国务委员王勇在罗安达会见安哥拉副总统维森特。王勇表示，希望通过此访推动落实两国元首达成的一系列重要共识和中非合作论坛约翰内斯堡峰会成果，提升中安互利合作水

平，更好造福两国人民。中方继续鼓励中国企业赴安投资兴业，加强双方在能源、金融、基础设施等方面的合作。维森特表示，安方愿同中方深化各领域合作。访问期间，王勇还会见了安哥拉国务部长科佩利帕，共同见证了两国合作文件的签署，考察了中信建设凯兰巴社会住房项目，并出席中国银行罗安达分行开业仪式。

[6月6日　赞比亚　基础设施]　赞比亚总统伦古在卢萨卡会见前来访问的国务委员王勇。王勇表示，中方愿同赞方一道，以落实两国元首重要共识和中非合作论坛约翰内斯堡峰会成果为契机，深化在基础设施建设、农业、人力资源、产能合作等领域的互利合作。访问期间，王勇还与伦古总统见证了两国政府间合作文件的签署，会见了副总统维纳、赞比亚开国总统卡翁达，出席了姆瓦纳瓦萨综合医院扩建项目开工仪式，考察了部分在赞中资企业。

[6月12—13日　吉布提　基础设施]　外交部副部长张业遂访问吉布提，吉布提总统盖莱和优素福外长分别予以会见和会谈。张业遂表示，中吉各领域友好互利合作发展迅速，亚吉铁路和多哈雷多功能港口等先后投入运营。

[6月13日　马达加斯加　一带一路]　正在马达加斯加访问的中国政府非洲事务特别代表许镜湖会见了马总统埃里。许镜湖说，2017年3月，总统阁下出席博鳌亚洲论坛2017年年会并访华，两国领导人共同将中马关系提升为全面合作伙伴关系，为新时期中马关系发展指明了方向。中方愿同马方一道努力，在"一带一路"和中非合作论坛框架内加强发展战略对接，全面深化各领域合作。

[6月15日　多哥　一带一路]　多哥总统福雷会见到访的中国外交部副部长张业遂。张业遂表示，中方愿同多方在中非"十大合作计划"和"一带一路"合作倡议框架下，充分发挥两国政治互信和经济互补两大优势，助力多哥发展农业、加工制造业和临港经济三大支柱产业。福雷

表示，愿同中方抓住落实中非"十大合作计划"和"一带一路"合作两大机遇，拓展经贸互利合作。

[6月15—16日　贝宁　一带一路]　外交部副部长张业遂访问贝宁，会见了总统府秘书长兼国务部长库帕基，与外长阿贝农西举行会谈。张业遂表示，中国愿同贝宁紧紧抓住落实中非"十大合作计划"和"一带一路"倡议两大机遇，结合贝宁区位优势和发展需求，大力推进各领域互利合作。贝方表示，愿同中方深化两国各领域友好互利合作。

[6月21日　埃塞俄比亚　一带一路]　埃塞俄比亚总理海尔马里亚姆在亚的斯亚贝巴会见了中国外交部长王毅。王毅说，在两国领导人共同引领下，近年来中埃关系全面快速发展，连续迈上了三个台阶：埃塞俄比亚首先成为中非产能合作的先行先试国家，并已取得显著成效，产生良好示范效应；埃塞俄比亚进而成为共建"一带一路"的紧密合作伙伴，双方对接发展战略，互利合作迎来新前景；现在两国关系又提升为全面战略合作伙伴，明确了双方未来共同奋斗的目标。中方愿在六大领域优先深化双方合作。海尔马里亚姆说，埃塞俄比亚愿以共建"一带一路"为契机，推进埃塞俄比亚经济加快转型升级。同日，外交部长王毅与埃塞俄比亚外长沃尔基内在亚的斯亚贝巴举行会谈。

[6月21—22日　科摩罗　贸易]　外交部副部长张明访问科摩罗，会见科代总统穆斯塔德华纳，同科外长杜萨尔举行会谈。张明表示，双方要以落实中非合作论坛约翰内斯堡峰会和中阿合作论坛第七届部长会成果为抓手，积极探讨"一带一路"倡议、中非"十大合作计划"同科摩罗《2030新兴国家发展计划》有效对接。科方赞赏双方在卫生、广电、通信、基建等领域合作取得丰硕成果，愿同中方对接思路，推动两国各领域友好互利合作不断取得新进展。

[6月26—28日　喀麦隆　基础设施]　外交部副部长张明访问喀麦隆，会见喀总统比亚，同喀麦隆外长姆贝拉举行会谈，就双边关系、互利

合作和共同关心的国际和地区问题深入交换意见。张明表示，中方愿与喀方对接合作思路，推动中非合作论坛约翰内斯堡峰会成果在喀更快更多落实，全面提升各领域合作水平，惠及两国人民。喀方表示，喀方愿与中方拓展在工业、农业现代化、基础设施建设等重点领域合作，密切人文交往，推动两国关系不断谱写新篇章。

[7月26—27日　津巴布韦　农业]　农业部党组成员毕美家率团访问津巴布韦，与津农业、机械化与灌溉部部长约瑟夫·马德举行会谈。马德感谢中方一直以来对津农业的积极援助，特别是中方去年援助的1万吨化肥，为津方农业丰收发挥了重要作用。津巴布韦政府高度重视农业发展，当前重点关注农业灌溉设施、土壤肥力、农业机械化和沼气技术，希望中方帮助津方推动农业现代化发展。

[7月29—31日　赞比亚　农业]　农业部党组成员毕美家率团访问赞比亚，与赞农业部部长多拉·西利亚和商业、贸易与工业部部长玛格丽特·姆瓦纳卡特韦分别举行会谈。毕美家表示愿与赞比亚农业部继续推动两国农业领域的务实合作，推动重大农业项目建设和两国贸易发展。多拉·西利亚部长表示，欢迎更多中方农业企业赴赞比亚投资，希望中方继续对赞方提供支持，帮助其实现农业转型升级。

[8月25日　苏丹　能源]　国务院副总理张高丽在喀土穆分别会见苏丹总统巴希尔和第一副总统兼总理巴克里。张高丽表示，双方要巩固油气领域合作，在石油增产、油气资源勘探开发、炼化等领域进一步开展合作。要在共建"一带一路"框架下开拓中苏合作新领域，将习近平主席提出的共建"一带一路"倡议同苏方的发展战略对接好，拓展在农业、矿业、港口建设等新领域合作。中方鼓励中国企业赴苏投资。双方要加快推进喀土穆新国际机场项目。巴希尔表示，苏方期待将两国油气领域的合作经验复制到其他领域，推动苏中战略伙伴关系发展实现新的突破。会谈结束后，张高丽副总理同巴克里第一副总统兼总理共同见证签署了多份合

作协议。

[8月28日　**纳米比亚　综合**]　国务院副总理张高丽在温得和克会见纳米比亚总统根哥布。张高丽表示，双方要深化务实合作，进一步拓宽思路，在农业、基础设施、能源、科技、贸易投资、民生、司法等领域广泛合作。中方高度重视中非合作论坛约翰内斯堡峰会成果落实。根哥布表示，期待中国在纳基础设施建设、农业、卫生、教育、能源等领域继续给予支持，帮助纳实现经济发展和社会进步。会见结束后，双方共同见证了有关经济技术合作、人力资源开发等文件的签署。

[9月4日　**南非　一带一路**]　国家主席习近平在厦门会见来华出席金砖国家领导人第九次会晤和新兴市场国家与发展中国家对话会的南非总统祖马。习近平强调，中方愿同南方一道，积极落实共建"一带一路"合作倡议和中非合作论坛约翰内斯堡峰会成果。协调推进海洋经济、产能等领域合作。要在金砖国家、二十国集团、联合国、非洲联盟等国际和地区组织中加强协调和配合，中方支持非洲加强自主维和能力建设。中方愿同非洲国家一道，将实施共建"一带一路"倡议、中非合作论坛约翰内斯堡峰会确定的中非"十大合作计划"同非洲《2063年议程》更好结合起来，促进中非共同发展。

[9月5日　**几内亚　气候、基础设施等**]　国家主席习近平在厦门会见来华出席新兴市场国家与发展中国家对话会的几内亚总统孔戴。习近平指出，中几要推动基础设施建设、矿产开发、农业等领域合作。孔戴表示，几方愿加强同中方在渔业、矿业等领域和西部非洲发展事业中的合作。此外，在习近平和孔戴的共同见证下，国家发展和改革委员会主任何立峰与几内亚授权代表、几内亚经济和财政部长马拉多·卡芭签署了《关于应对气候变化物资赠送的谅解备忘录》。根据该谅解备忘录，国家发展和改革委员会将向几内亚环境、水域和森林部赠送950套太阳能光伏发电系统、13万盏LED节能灯，用于帮助几方提高国内应对气候变化能力。

[9月6日　乍得　能源]　　正在巴黎出席乍得"2017—2021国家发展规划"筹资国际圆桌会议的中国政府非洲事务特别代表许镜湖会见了乍得总统代比。许镜湖说，中方愿助力乍方实施"2017—2021国家发展规划"，以实现2030愿景目标。代比说，双方合作建设的恩贾梅纳炼油厂帮助乍得实现了能源独立，愿继续致力于深化两国各领域友好合作。

[9月6日　苏丹　科技]　　科技部副部长黄卫在宁夏银川会见了前来参加2017中国—阿拉伯国家技术转移暨创新合作大会的苏丹高等教育和科学研究部部长缇嘉妮·萨利赫一行，双方就推进中苏科技合作深入交换了意见。黄卫向萨利赫介绍了"一带一路"科技创新行动计划，表示愿同苏丹高教科研部共同努力，以"一带一路"倡议为契机，共同规划和推动双方科技合作不断发展。

[9月7日　南苏丹　综合]　　外交部部长助理陈晓东会见到访的南苏丹财政与经济规划部部长德修一行。陈晓东说，中方重视发展两国关系，愿同南方共同努力，推动两国各领域合作取得更多成果。德修说，中方积极推动南苏丹和平进程，帮助南苏丹发展经济、改善民生，南方对此表示感谢。

[9月15日　苏丹　农业]　　农业部副部长屈冬玉会见来华访问的苏丹农业与林业部部长拉加米，就进一步深化中苏农业合作交换意见。屈冬玉表示，中方愿与苏方继续加强农业合作开发区、屠宰厂、水产养殖、农业规划、人力资源开发等重点项目的合作，进一步提升中苏农业合作水平。

[9月19日　纳米比亚　综合]　　外交部长王毅在纽约出席联合国大会期间会见纳米比亚副总理兼外长恩代特瓦。王毅表示，中方愿与纳方落实好中非合作论坛框架下的有关项目，为纳实现农业现代化和工业化提供支持与帮助。

[9月21日　索马里　一带一路]　　外交部长王毅在纽约出席联合国

大会期间会见索马里总理海尔。海尔表示，希望中方企业能赴索投资，帮助索开展基础设施建设，发展经济，创造就业。索方支持"一带一路"倡议，希望发挥自身地理位置优势，在共建"一带一路"过程中发挥独特作用。王毅表示，中方愿通过双边、中非合作论坛、中阿合作论坛三个渠道同索开展各领域合作。

[9月25—27日　塞内加尔　农业]　"第三届对非投资论坛"在塞内加尔首都达喀尔举行，本届论坛以"创新推动非洲跨越式发展"为主题。论坛期间，中国农业部与财政部、世界银行签署了《关于加强农业战略合作的谅解备忘录》，并与塞内加尔农业部、国家开发银行、世界银行签署了《关于实施塞内加尔农业领域合作的谅解备忘录》。

[10月22日　马达加斯加　援助]　中国为帮助马达加斯加政府应对鼠疫疫情而提供的首批紧急人道主义卫生防护物资援助已空运至马达加斯加塔那那利佛伊瓦图国际机场，其余物资将于10月底前全部运抵交付。此外，马达加斯加暴发鼠疫以来，中国政府立即行动，向马方空运了药品及应急储备物资，援马医疗队和中资企业也积极协助、参与马鼠疫防治工作。

[10月24日　莫桑比克　能源]　国家能源局副局长李凡荣在北京会见了来访的莫桑比克矿产资源和能源部部长克莱门斯，双方就两国能源合作深入交换了意见。

[10月30日　毛里塔尼亚　农业]　农业部副部长于康震和毛里塔尼亚渔业及海洋经济部部长纳尼·史鲁卡在北京共同主持召开2017年中国—毛里塔尼亚渔业混委会会议，草签中毛政府间海洋渔业协定修订文本并签署会议纪要。于康震与纳尼部长就毛方完善捕捞配额制度、调整作业渔区、改善合作环境以及开展海洋渔业资源调查以及中方提供水产技术支持、毛水产品对华出口等深入交换了意见并达成了共识。

[11月3日　乌干达　贸易]　商务部副部长钱克明与乌干达财政、

计划与经济发展部部长马蒂亚·卡萨伊贾在北京共同主持召开中乌经贸联委会第二次会议。双方回顾了上一届联委会以来双边经贸合作发展情况，并就贸易、投资和基础设施等领域合作交换了意见。会后，双方共同签署了联委会会议纪要和经济技术合作协定等经贸文件。

[11月6日　佛得角　综合]　外交部长王毅在北京会见佛得角外交兼国防部长塔瓦雷斯。王毅说，中方愿同加强双方在海洋经济、旅游服务、经济特区开发、基础设施建设、人力资源发展5大领域的互利合作。塔瓦雷斯表示，佛方愿诚恳学习借鉴中国的发展经验，同中方全面深化在政治、经济以及国际和地区事务中的合作。

[11月7日　马里　贸易]　商务部副部长钱克明与马里外交和国际合作部长阿卜杜拉耶·迪奥普在北京共同主持召开中马经贸混委会第二次会议，就中非"十大合作计划"落实和深化双边经贸合作等双方关注议题进行磋商。会后，双方共同签署了混委会会议纪要等经贸文件。

[11月15—16日　纳米比亚　综合]　商务部副部长钱克明率中国政府经贸代表团访问纳米比亚并与纳国家计划委员会副主任露西亚·伊普姆布举行会谈，就落实中非合作论坛约堡峰会各项举措和张高丽副总理访纳成果以及推介中国国际进口博览会等议题进行深入交流。会后钱克明与伊普姆布分别代表两国政府签署经济技术合作协定和野生动物保护物资换文等经贸文件。16日，钱克明副部长还率中国政府经贸代表团拜会纳米比亚副总理兼国际关系与合作部长恩代特瓦，双方就进一步加强双边经贸合作、推介首届中国国际进口博览会等议题进行了深入交流。

[11月23日　吉布提　一带一路]　国家主席习近平在北京同来华进行国事访问的总统盖莱举行会谈。习近平指出，中方愿同吉方加紧落实中非合作论坛约翰内斯堡峰会成果，欢迎吉布提参与"一带一路"建设，使铁路、港口、供水、液化天然气管道等基础设施项目和自由贸易区建设、农业合作等取得良好经济社会效益。盖莱表示，吉布提地理位置独

特，愿积极参与共建"一带一路"，加强同中国在基础设施、民生等领域合作。

[12月5日　乍得　经贸]　商务部副部长钱克明与乍得外交、非洲一体化和国际合作部部长侯赛因·卜拉欣·塔哈在北京共同主持召开中乍经贸混委会第二次会议，就中非"十大合作计划"在乍落实和继续推进双边经贸合作等双方关注议题进行磋商。此外，钱克明向乍方介绍了首届中国国际进口博览会相关情况，并诚挚邀请乍方派团参加。会后，双方共同签署了混委会会议纪要和经济技术合作协定等经贸文件。

[12月6日　乍得　一带一路]　外交部长王毅在北京会见乍得外长塔哈。王毅表示，中方将以中国共产党的十九大精神为指引，继续践行习近平主席提出的正确义利观和真实亲诚理念，同乍方一道，落实好两国元首就双边关系达成的重要共识，助力乍得实现经济社会可持续发展。塔哈表示，期待在"一带一路"和中非合作论坛框架下进一步加强两国合作。塔哈此次来华是应邀出席第二届中乍经贸混委会会议。

[12月6日　利比里亚　一带一路]　外交部长王毅在北京会见来华参加第四届世界互联网大会的利比里亚外长卡马拉。王毅表示，中方将在中国共产党的十九大精神指引下，继续秉持正确义利观和真实亲诚理念，不断加强同发展中国家尤其是包括利比里亚在内的非洲国家的团结合作。卡马拉热烈祝贺中国共产党第十九次全国代表大会胜利召开，感谢中方长期以来在利比里亚和平与发展进程中给予的巨大支持。利方期待在"一带一路"倡议和中非合作论坛框架下进一步深化中利、中非合作。

[12月6日　津巴布韦　援助、投资]　中国与津巴布韦两国政府代表在津首都哈拉雷签订协议，中国将向津巴布韦提供优惠贷款和无偿援助，用于津哈拉雷机场的扩建升级项目、津巴布韦新议会大厦项目和津巴布韦大学高性能计算中心二期项目的建设。中国驻津巴布韦大使黄屏在协议签字仪式上表示，中国政府一直致力于帮助津巴布韦在发展道路上取得

更多成就。津巴布韦财政部长帕特里克·奇纳马萨说，这些资金支持对津巴布韦意义重大，将大大提升津基础设施水平，为民众创造大量就业机会，并促进当地服务供应商的发展。他还表示，中国在经济发展上有很多经验值得津巴布韦学习，津方将加强同中国在各领域的合作，期待更多合作项目尽快落地。

[12月8—9日　布隆迪　综合]　外交部部长助理陈晓东访问布隆迪，拜会恩库伦齐扎总统，与恩塔希拉贾外长助理举行两国外交部首轮政治磋商。陈晓东表示，中方将继续秉持正确义利观和真实亲诚理念，与布方加强发展理念和合作思路对接，推进中非合作论坛约翰内斯堡峰会成果在布落地。布方表示，愿同中方扩大各领域务实合作，密切在国际和地区事务中的协调配合，推动两国关系不断迈上新台阶。

[12月10—12日　马拉维　综合]　外交部部长助理陈晓东访问马拉维，拜会穆塔里卡总统，与法比亚诺外长举行会谈。陈晓东并同贡德韦财长、法比亚诺外长等共同出席了庆祝中马建交10周年招待会。陈晓东表示，中方愿同马方促进中非合作论坛约翰内斯堡峰会成果在马更多更快落地。马方表示，马方将继续坚持一个中国原则，同中方深化各领域交往与合作，推动两国关系取得更大发展。

[12月12日　毛里求斯　自贸区]　商务部副部长王受文与毛里求斯常驻联合国日内瓦办事处特命全权大使达拉多在世贸组织第十一届部长级会议期间签署《中华人民共和国商务部和毛里求斯共和国外交、地区一体化和国际贸易部关于启动中国—毛里求斯自由贸易协定谈判的谅解备忘录》，宣布正式启动中毛自贸协定谈判。此前的2016年11月，中毛宣布启动自贸协定谈判联合可行性研究，这是我国与非洲国家开展的第一个自贸协定联合可行性研究。研究表明，商签自由贸易协定符合中毛两国利益，有利于进一步深化中毛双边经济贸易关系。

[12月16日　冈比亚　能源]　商务部副部长钱克明在北京会见来

访的冈比亚财政与经济事务部长萨内、石油与能源部长萨尼扬，双方就落实巴罗总统访华期间两国元首达成的共识，进一步加强两国能源、农业等领域合作交换了意见。

[12月19日　毛里求斯　援助]　中国援助毛里求斯30辆公交车项目交接仪式在毛里求斯晋非合作区诺亚财富中心举行。毛基础设施和内陆交通部长博达，中国驻毛里求斯大使孙功谊出席仪式并致辞。中国政府曾于2016年初援赠毛方20辆公交车，该批车辆具有较高的技术标准和环保标准，性能优越，设施齐备，舒适性强，受到毛方政府和民众一致好评，并带动毛政府采购100辆中国制造公交车。此次援赠的30辆低底盘公交车也将为进一步改善当地百姓出行条件、缓解道路拥堵、提高民众生活质量作出积极贡献。

[12月19日　坦桑尼亚　经贸]　商务部副部长钱克明在京会见坦桑尼亚外交与东非合作部部长马希加，就双边经贸合作有关事宜交换了意见。

次日，外交部长王毅在北京与马希加举行会谈。王毅表示，中方愿同坦方共同推进"一带一路"建设，全面落实中非合作论坛约翰内斯堡峰会成果，深化基础设施建设、能源矿业、加工制造业等领域互利合作。马希加表示，坦方愿积极参与"一带一路"建设，同中方在中非合作论坛框架下加强基础设施、能源、港口、航空等领域的合作。坦方期待2018年在华举办的中非合作论坛新一届会议进一步促进中非关系发展和中非全面合作。同日，国务委员杨洁篪在北京会见了马希加。

[12月21—22日　冈比亚　综合]　国家主席习近平在北京同来华访问的冈比亚总统巴罗举行会谈。习近平指出，2016年3月，中国同冈比亚实现复交，两国关系开启了新的篇章。中方重视双方在农业、电力、基础设施等领域合作，中方愿同冈方一道推进落实论坛约翰内斯堡峰会成果。巴罗表示，冈比亚将坚定奉行一个中国政策，愿加强两国经贸、农

业、电力、基础设施、教育、旅游等各领域务实合作和人文交流，并继续在国际事务中密切沟通协调。

22 日，国务院总理李克强在北京会见冈比亚总统巴罗。李克强指出，中方愿结合冈方国情和特点，充分挖掘互补优势，推进两国在农业技术、渔业加工、基础设施建设、旅游等领域的务实合作，更好实现互利共赢。中方愿继续为冈比亚经济社会发展提供力所能及的支持和帮助。

[12 月 21 日　冈比亚　经贸] 　商务部部长钟山与冈比亚外交、国际合作和侨民事务部部长达博在北京正式签署《中华人民共和国政府和冈比亚共和国政府经济、贸易、投资和技术合作谅解备忘录》（以下简称《备忘录》），中国国家主席习近平和冈比亚总统巴罗共同见证。根据备忘录，中冈正式建立双边经贸联委会机制。

（八）拉丁美洲

[1 月 17 日　智利　科技] 　科技部部长万钢与智利国家科委主任马里奥·海姆于圣地亚哥共同主持中智政府间科技合作混委会第九次会议。会后，双方签署了《中华人民共和国科学技术部与智利共和国国家科学技术研究委员会 2017—2019 年度行动计划》以及《中华人民共和国科学技术部与智利共和国国家科学技术研究委员会关于共建中智联合实验室的谅解备忘录》。

[2 月 15 日　牙买加　财政] 　财政部部长肖捷在北京会见了牙买加财政和公共服务部部长奥德利·肖一行，双方就共同关心的议题交换了意见。

[2 月 13 日　委内瑞拉　综合] 　中国—委内瑞拉高级混合委员会第十五次会议在委内瑞拉首都加拉加斯召开。委内瑞拉总统马杜罗出席会议并致辞，国家发展和改革委员会副主任宁吉喆与委内瑞拉部长会议副主席

兼计划部长梅嫩德斯共同主持会议并作工作报告。当天，双方有关部门、企业和机构召开了经贸合作分委会、文化合作分委会和融资联席会议。之前，双边关系、能源矿产合作、科技工业与航天合作、农业合作、社会事务五个分委会已分别召开会议。宁吉喆在讲话中强调，中方将巩固石油领域上中下游一体化合作，推动产能与投资合作项目落地，发挥好融资机制引擎作用，开拓文化、教育、旅游等合作领域，在开放发展中解决前进道路上遇到的问题。两国有关单位在闭幕式上签署了产能与投资合作、石油、融资、矿业、制造业等方面22项合作协议。

[2月17日　墨西哥　综合]　正在德国波恩出席二十国集团外长会的外交部长王毅会见墨西哥外交部长比德加赖。王毅表示，中方愿同墨方落实两国元首共识，拓展投资、贸易、直航等领域合作，开辟中墨全面战略伙伴关系新前景。比德加赖表示，乐见中国在墨投资日益扩大，双边贸易不断增长。

[4月1日　哥伦比亚　援助]　哥伦比亚普图马约省莫科亚市发生强降雨，引发洪水、泥石流灾害。中国政府启动了紧急人道主义救援机制，向哥方提供了紧急人道主义援助，帮助哥伦比亚政府开展抢险救灾和灾后重建工作。

[4月18日　阿根廷　综合]　第三次中阿（根廷）经济合作与协调战略对话在北京召开，国家发展和改革委员会副主任王晓涛与阿根廷外交部雷依瑟国务秘书共同主持对话。中方参会代表主要来自国家发展和改革委员会外资司、基础司、国际司，外交部拉美司，国家能源局核电司、国际司，中方相关企业及金融机构等。阿方参会代表主要来自外交部、金融部、交通部、内政部、驻华使馆等。

[5月3日　墨西哥　贸易]　外交部长王毅在北京会见来华访问的墨西哥第一副外长德伊卡萨。同日，外交部副部长李保东会见墨西哥第一副外长德伊卡萨，就两国在联合国、二十国集团等多边领域合作交换了看

法。同日，外交部部长助理秦刚同墨西哥第一副外长德伊卡萨在北京举行中墨外交部间第 16 次政治磋商暨第 5 次战略对话。双方就中墨关系及共同关心的国际和地区问题深入交换了意见。

[5 月 9 日 乌拉圭 农业] 农业部副部长屈冬玉在北京会见了乌拉圭牧农渔业部部长塔瓦雷·阿格雷。屈冬玉积极评价中乌农业合作，表示中乌农业互补性较强，未来合作潜力大。

[5 月 12 日 古巴 通信] 工业和信息化部副部长刘利华在北京会见来华出席"一带一路"国际合作高峰论坛的古巴通信部第一副部长皮尔多莫、古巴工业部副部长阿瓦尔雷兹一行，就深化中古工业、信息通信领域合作交换意见。

[5 月 13—14 日 智利 一带一路、自贸区] 国家主席习近平在北京同智利总统巴切莱特举行会谈。习近平指出，要以双边自贸协定升级为主线，构建多元合作格局，在"一带一路"建设框架内对接发展战略，促进相互投资，推进两国在基础设施建设、地区互联互通、清洁能源、信息通信等领域重大合作项目。中方愿同智方加强在亚太经合组织框架内协调和配合。巴切莱特表示，智方愿发挥好两国政府间对话机制功效，加强政治、经济、投资、农业、能矿、金融、环境、文化、旅游、电子商务、信息通信、基础设施、南极科考等领域合作，尽早完成自贸协定升级谈判。14 日，国务院总理李克强在北京会见智利总统巴切莱特。

[5 月 16 日 智利 科技] 科技部部长万钢会见了来访的智利国家科委主任马里奥·海姆博士一行。万钢回顾了双方于 2017 年 1 月在智利召开的中智科技合作混委会第九次会议取得的成果及现阶段落实情况。

[5 月 17 日 阿根廷 一带一路] 国家主席习近平在北京同来华出席"一带一路"国际合作高峰论坛的阿根廷总统马克里举行会谈。习近平强调，要深化两国利益融合，推动"一带一路"倡议同阿国内发展规划实现对接，扩大基础设施建设、能源、农业、矿业、制造业等领域合

作，落实好水电、铁路等现有重大合作项目，扩大市场开放，优化贸易结构。中方赞赏阿方明确承诺将履行《中国加入世界贸易组织议定书》第十五条义务。马克里表示，阿方愿同中方推动贸易平衡发展，加强投资、金融、农业、科技、基础设施、旅游、人文、足球合作。同日，国务院总理李克强会见马克里。

同日，外交部长王毅同阿根廷外交部长马尔科拉在北京共同主持中阿政府间常设委员会（两国委员会）第二次会议。会议听取了两国委员会政治、农业、防务、林业及森林资源与生态保护、科技、卫生与医学科学、文化、核能、航天9个分委会的工作汇报。

[5月22日　智利　科技]　科技部副部长黄卫在北京会见了来访的智利副参议长、参议院未来挑战与科技创新委员会主席吉多·希拉尔迪。他表示，智利在清洁能源、生物技术、天文观测等科技领域具备一定的优势，中智合作前景广阔，双方应进一步加强各领域科学家的交流与合作。

[6月8日　墨西哥　能源]　科技部副部长李萌在北京会见了来华参加第八届清洁能源部长级会议和第二届创新使命部长级会议的墨西哥能源部副部长雷奥纳多·贝尔特兰·罗德里格斯一行。李萌表示，希望两部门进一步增进各层级往来，积极为两国机构和企业间开展能源技术合作畅通渠道、搭建平台，共同支持两国科研人员开展学术交流和实施联合研发项目。

[6月8—16日　墨西哥、巴西　贸易]　国家发展和改革委员会价监局局长张汉东率团访问墨西哥和巴西反垄断执法机构。在墨西哥，与OECD竞争评估项目组负责人萨勒、墨西哥经济部竞争局局长何塞及联邦竞争委员会委员法亚进行了深入交流，重点了解墨西哥竞争评估和市场调查制度、OECD竞争评估制度在墨西哥试点项目执行情况并探讨建立双边反垄断合作机制。在巴西，与经济保护和行政委员会主席阿罗约就政策法规审查制度、反垄断机构改革经验进行了深入交流，并签署了反垄断合作

谅解备忘录。

[6月13—14日　巴拿马　金融]　外交部长王毅在北京与巴拿马副总统兼外交部长德圣马洛举行会谈。会谈后，两国外长签署了《中华人民共和国和巴拿马共和国关于建立外交关系的联合公报》。王毅表示，中巴建交是双方为谋求两国人民的长久福祉，遵从两国人民的普遍意愿，共同迈出的历史性一步。中方愿同巴方全面加强各领域交流与合作。德圣马洛表示，巴方坚持一个中国原则，不再同台湾发生任何官方关系。巴方将同中方在相互尊重的基础上，做相互信赖的伙伴，扩大在政治、经济、海事、旅游、投资、教育等各领域的合作，携手促进发展中国家的合作。同日，国务委员杨洁篪在北京会见德圣马洛。14日，巴拿马贸易工业部长奥古斯托·阿罗塞梅纳表示，巴拿马寻求同中国签署自由贸易协定，以增进两国交流，促进双方贸易往来。

[6月16日　巴西　贸易]　外交部长王毅在北京同巴西外交部长努内斯举行中巴第二次外长级全面战略对话。王毅说，巴西很早就承认中国市场经济地位，又明确表示将履行《中国加入世界贸易组织议定书》第15条义务，在反倾销调查中不再使用"替代国"做法，体现了巴方遵守国际规则的负责任态度，中方对此表示赞赏。努内斯说，巴方愿同中方扩大经贸、基础设施、投融资以及科技创新等领域合作。巴方高度重视金砖国家合作，愿为推进金砖合作作出贡献。巴方将全力支持中方办好金砖国家领导人厦门会晤，并愿为促进中国同拉美和加勒比国家合作发挥积极作用。

[6月16日　巴西　贸易]　商务部部长钟山在北京与巴西外交部长努内斯举行工作会谈，共同梳理中巴高层协调与合作委员会工作，并就中巴经贸合作交换意见。

[6月18日　巴西　金融]　第七次中巴财金分委会会议在上海举行。中国财政部副部长史耀斌与巴西财政部副部长马赛罗·埃斯特旺共同

主持会议。会议期间，中巴双方就当前全球背景下的中巴宏观经济形势与政策、结构性改革措施、中巴在二十国集团和金砖国家等多边框架下的合作、在新老多边开发银行的合作、双边税收政策协调与合作、投融资合作、会计和审计监管合作等议题进行了深入讨论，达成多项重要共识，有力地推动了两国在财金领域的政策交流与务实合作。

[6月22日　**巴西**　**基础设施**]　工业和信息化部副部长辛国斌在巴西首都巴西利亚与巴工业、外贸和服务部常务副部长马尔库斯·利马共同主持召开中—巴西高层协调与合作委员会工业和信息产业分委会第五次会议。会上双方就巴西"工业4.0""中国制造2025"等两国工业发展战略进行交流，就能源与可持续发展、装备制造、巴西出口加工区、物联网等议题及中巴产业合作进行深入探讨。

[7月7日　**阿根廷**　**一带一路**]　外交部长王毅在德国汉堡会见阿根廷外交部长福列。王毅说，中方愿同阿方推进双方贸易、农业合作，办好能源、基础设施等领域重大项目，促进人文、科技交流合作，共同推进"一带一路"建设，推动两国全面战略伙伴关系及中拉关系取得更大发展。双方应密切沟通协调，落实好二十国集团杭州峰会成果，推动本次汉堡峰会取得成功，为促进开放型世界经济、完善全球经济治理作出更大贡献。中方支持阿方办好2018年峰会。福列说，阿方愿积极参与"一带一路"建设，深化两国各领域务实合作，加强双方在区域及国际合作中的协调配合，推动阿中关系及拉中关系取得进一步发展。

[7月12—14日　**智利**　**自贸区**]　中国—智利自由贸易协定第二轮升级谈判在北京举行。中智双方就货物贸易、服务贸易、经济技术合作、原产地规则、海关程序和贸易便利化以及竞争政策、环境、电子商务、政府采购等规则议题进行了深入磋商，谈判取得积极进展。

[7月18日　**阿根廷**　**货币**]　中国人民银行与阿根廷央行续签了中阿（根廷）双边本币互换协议，旨在促进两国经济和贸易发展。协议规

模为 700 亿元人民币/1750 亿阿根廷比索，协议有效期三年，经双方同意可以展期。

[8月1日　巴西　贸易]　金砖国家第七次经贸部长会议期间，商务部副部长王受文与巴西工业外贸和服务部副部长马塞洛·马亚在上海签署了《中华人民共和国商务部与巴西工业外贸和服务部关于服务贸易合作的谅解备忘录（两年行动计划）》。该《两年行动计划》是落实中巴服务贸易合作谅解备忘录的具体举措，明确双方将在全面战略伙伴关系的背景下，基于平等互利原则，致力于加强、推动和发展两国在建筑、工程咨询、工程建设、信息技术、电子商务和银行自动化、旅游、文化、中医药等领域的服务贸易合作。双方将轮流召开服务贸易促进工作组会议，就相关合作内容加强沟通和互动。

[8月1—3日　苏里南　一带一路]　外交部部长助理秦刚访问苏里南，会见苏里南总统鲍特瑟，同外交部长拜赫勒举行会谈，并集体会见国会外委会主要成员。秦刚表示，中方愿进一步加强同苏方的政策沟通，探讨在"一带一路"框架内深化各领域务实合作，实现共同发展。苏方感谢中方长期以来在经济社会发展各领域给予的大力支持和慷慨援助，表示苏方始终视中国为最重要的合作伙伴，愿积极参与"一带一路"倡议，不断深化双边友好合作关系，为大小国家之间建立平等互利关系作出良好示范。

[8月25日　阿根廷　农业]　农业部副部长屈冬玉在北京会见了阿根廷农业产业部农业产业市场国务秘书玛丽莎·比尔切尔。屈冬玉回顾了中阿农业合作进展，对双方农业领域已取得的成绩表示肯定，并就推动落实《中阿农业部关于农业合作的战略行动计划（2017—2022年）》，加强各领域合作与阿方进行了深入交流。屈冬玉指出，中阿应发挥双方优势，在五年行动计划的指导下，加强科技、贸易、投资等各领域合作，推动两国农业合作深入全面发展。

[8月28—30日 智利 自贸区] 中国—智利自由贸易协定第三轮升级谈判在智利首都圣地亚哥举行。中智双方就货物贸易、服务贸易、经济技术合作、原产地规则、海关程序和贸易便利化以及竞争政策、环境、电子商务、政府采购等议题进行深入磋商，谈判取得积极进展。

[8月29日 智利 通信] 工业和信息化部副部长刘利华在北京会见智利交通通信部长帕拉·塔皮亚一行，就进一步加强中智信息通信领域合作交换意见。刘利华表示，工业和信息化部愿同智方在数字连接、光纤网络建设等领域加强政策经验交流，鼓励支持两国企业开展互利合作。塔皮亚表示希望加强两国在信息通信和公共电动汽车等领域合作，进一步提升战略合作水平。

[8月30日 智利 农业] 农业部副部长屈冬玉在北京会见了智利前总统、亚太地区特命全权大使弗雷，双方就进一步加强中智农业合作交换了意见。屈冬玉表示，中国农业部愿意与智利共同分享中国农业发展成就，并帮助智利提高玉米、蔬菜、中草药等领域生产水平。关于下一步合作，屈冬玉提出四点建议：一是充分发挥中国—智利农业联委会的作用；二是深化中智农业科技交流与合作；三是推进渔业领域合作；四是加强农业投资与贸易合作。

[8月31日 智利 一带一路] 第二次中智（利）经济合作与协调战略对话在北京召开，国家发展和改革委员会副主任王晓涛与智利外交部副部长纳萨见、外国投资促进局局长阿尔佩雷斯共同主持对话。双方就推进中智矿业、基础设施、能源、高技术等领域合作坦诚、深入交换了意见，并就进一步落实中方"一带一路"倡议与智利发展战略对接达成共识。会前，王晓涛副主任会见了率团来华参加"智利周"的智利前总统、亚太地区特命全权大使弗雷，就双方共同关心的议题交换了意见。

[8月31日 巴西 能源] 国家能源局副局长李凡荣在北京会见巴西矿业与能源部部长费尔南多·科尔霍·费洛，双方就两国在能源领域合

作等进行了会谈。

[9月1日　巴西　综合]　　国家主席习近平在北京同来华进行国事访问并出席金砖国家领导人厦门会晤和新兴市场国家与发展中国家对话会的巴西总统特梅尔举行会谈。习近平指出，中巴双方要发挥中国—巴西高层协调与合作委员会等机制作用，统筹推进各领域交流合作，积极探讨"一带一路"倡议同巴西"投资伙伴计划""前进计划"对接，促进地区互联互通和联动发展。双方要促进贸易畅通，推动双边贸易持续稳定增长。要深化中巴基础设施建设、制造业、农业、矿业、能源、产能和科技创新合作。中方愿同巴方推动金砖国家经济合作、政治安全、人文交流"三个轮子"一起转，开启金砖合作第二个"金色十年"。中方愿提升中国与南方共同市场合作水平。特梅尔表示，巴方加强同中方贸易、投资、金融、农业等全方位互利合作。同日，国务院总理李克强、全国政协主席俞正声会见特梅尔。

[9月2日　巴西　投资、产能]　　国务院副总理汪洋与巴西总统特梅尔在北京共同出席巴西投资机会研讨会闭幕式并发表主旨演讲。汪洋表示，中巴要抓住世界经济复苏加快的机遇，做大做优双边贸易，中方重视巴方优化贸易结构的关切，愿继续进口巴方各类产品，希望巴方为中国产品对巴出口提供更多便利。要深化投资合作，中方鼓励各类企业赴巴投资办厂或建立产业园区。双方企业可探讨开展农产品生产、收购、仓储、运输、贸易、加工等全产业链合作。欢迎更多巴西企业来华投资兴业。要拓展产能合作，中方支持企业参与巴西能源、铁路、公路、港口、通信等基础设施建设和运营，支持中巴扩大产能合作基金为中巴重大合作项目提供融资支持。中巴企业家代表200多人参加闭幕式。闭幕式前，汪洋与特梅尔举行了双边会见。

[9月4日　乌拉圭　科技]　　中乌（拉圭）政府间科技合作混委会第二次会议在蒙得维的亚召开。中国科技部副部长徐南平与乌拉圭教育文

化部副部长埃迪丝·莫拉斯共同主持此次会议。徐南平副部长表示中国政府坚持把创新作为引领发展的第一动力，正深入推进创新驱动发展战略，并高度重视国际科技合作。

[9月4日　墨西哥　一带一路]　国家主席习近平在厦门会见来华出席新兴市场国家与发展中国家对话会的墨西哥总统培尼亚。习近平强调，近年来，双方油气、电信、金融等领域合作形成一些大项目，清洁能源、加工制造、民航直航等领域合作出现亮点。双方要加强战略对接，构建贯穿中墨、辐射地区的供应链。中方欢迎墨方深入参与"一带一路"建设框架内合作。双方要加强区域合作，积极倡导和推动亚太自由贸易区建设。双方要坚定不移推动贸易和投资自由化便利化，坚持多边主义。双方要加强南南合作。

同日，外交部长王毅在厦门会见陪同墨西哥总统培尼亚来华出席新兴市场国家与发展中国家对话会的墨西哥外交部长比德加赖。王毅表示，双方在能源、电信、汽车制造、工业园区等领域启动一批大型合作项目。中方期待同墨方保持良好合作势头，对接发展战略。

[9月5日　巴西　科技]　中巴高层协调与合作委员会科技创新分委会第四次会议在巴西利亚召开。中国科技部副部长徐南平与巴西外交部副部长若泽·德卡瓦略、巴西科技创新与通信部副部长阿尔瓦罗·普拉塔共同主持此次会议。徐南平表示，近年来中国在科技创新领域取得了一系列突破性进展，中方高度重视国际科技创新合作，愿与巴方继续拓展双边科技合作内涵。

[9月8日　乌拉圭　能源]　国家能源局副局长李凡荣在蒙得维的亚会见了乌拉圭工业、能源和矿业部副部长吉尔列莫·蒙西奇，双方就两国在能源领域的合作深入交换了意见，并见证了中国水电水利规划设计总院与乌拉圭国家能源司签署《中乌可再生能源合作行动计划》。

[9月11—12日　墨西哥　能源]　国家能源局副局长李凡荣访问墨

西哥，会见墨西哥能源部副部长贝尔特兰，并参加墨西哥能源对话。在会见贝尔特兰时，双方就墨西哥能源改革以及两国在油气、电力、可再生能源等领域的合作深入交换了意见。

[9月11日　牙买加　一带一路]　牙买加总督艾伦和总理霍尔尼斯在金斯顿分别会见到访的国务委员杨洁篪。杨洁篪表示，中方愿与牙方扎实推进经贸互利合作和人文交流，共建"一带一路"。中方致力于同加勒比国家建设"相互尊重、平等互利、共同发展"的全面合作伙伴关系，愿深化双方各领域交流合作。

[9月15日　哥斯达黎加　一带一路]　哥斯达黎加总统索利斯在圣何塞会见外交部长王毅。索利斯表示，哥方希望中方继续积极参与哥方基础设施建设项目。双方应落实好双边自由贸易协定，将贸易潜力转化为实实在在的贸易增长。王毅表示，双方要深化在基础设施建设、贸易、新能源、公共安全、人文交流以及地区事务六大领域的务实合作。同日，王毅与哥斯达黎加外交部长冈萨雷斯举行会谈。王毅表示，中方欢迎哥方积极参与"一带一路"建设。

[9月16—17日　巴拿马　一带一路]　巴拿马总统巴雷拉在巴拿马城总统府会见外交部长王毅。巴雷拉表示，巴方积极支持习近平主席提出的"一带一路"倡议。王毅表示，双方可着重在产业投资、贸易、航空、海运、金融、质检、旅游、文化和司法九大领域拓展合作。17日，王毅与巴拿马副总统兼外长德圣马洛举行两国外交部间首次政治磋商。王毅表示，中方欢迎巴雷拉总统年内访问中国，为促进两国经贸、投资、产能、海运、航空、旅游、文化等一系列领域的合作注入强劲动力。

[9月19日　厄瓜多尔　一带一路]　外交部长王毅在纽约出席联合国大会期间会见厄瓜多尔外长埃斯皮诺萨。王毅表示，中方愿将"一带一路"倡议同厄方国家发展规划对接，深化基础设施、能矿、产能、灾后重建等领域合作。埃斯皮诺萨表示，2016年习近平主席对厄瓜多尔进行了

历史性的国事访问，双方建立了全面战略伙伴关系。

[10月13日　智利　通信]　工业和信息化部副部长刘利华率团访问智利，与智利交通通信部副部长罗德里格·皮诺举行工作会谈，就第四代通信技术、第五代通信技术、中智海缆等电信基础设施建设、无线电频谱管理等议题交换意见。会谈后，双方签署了《中华人民共和国工业和信息化部与智利共和国交通通信部关于信息通信领域合作的谅解备忘录》。

[10月27日　古巴　农业]　农业部副部长屈冬玉在北京会见了古巴农业科学院院长玛丽亚·佩雷斯等组成的蚕桑辣木高级代表团。屈冬玉指出，中古两国农业部高度重视双边农业合作，应继续发挥双方优势，推动蚕桑领域全产业链合作，中方支持企业赴古投资蚕丝产业；加强辣木科研和人才培养，中方将向古援助辣木科研设备，帮助古方提高科研水平；拓展合作领域，帮助古巴发展水稻、玉米等粮食作物生产，开展柑橘、甘蔗等热带作物的种质资源交换和联合育种研究。

[11月10—11日　秘鲁　一带一路]　国家主席习近平在出席亚太经合组织工商领导人峰会并发表主旨演讲后，与专程前来聆听演讲的秘鲁总统库琴斯基简短会面。

11日，外交部长王毅在越南岘港会见秘鲁外交部长卢纳。王毅表示，欢迎秘方共同推动亚太自由贸易区进程，欢迎拉丁美洲积极参与"一带一路"建设。卢纳表示，愿同中方努力落实好双边系列合作机制，深化在联合国等多边框架下及"一带一路"建设方面的协调合作。

[11月11日　智利　自贸区]　在国家主席习近平和智利总统巴切莱特的共同见证下，商务部部长钟山与智利外交部长埃拉尔多·穆尼奥斯分别代表两国政府，在越南岘港正式签署中国—智利自贸区升级谈判成果文件——《中华人民共和国政府与智利共和国政府关于修订〈自由贸易协定〉及〈自由贸易协定关于服务贸易的补充协定〉的议定书》。习近平强调，这是中国同拉美国家第一个完成自由贸易协定升级。升级后的中智

自由贸易协定将为中智务实合作注入新动力。智利是第一个同中国签订自由贸易协定的拉美国家。2016 年 11 月习近平对智利进行国事访问期间，同巴切莱特一起宣布启动两国自由贸易协定升级谈判。双方经过一年谈判，顺利达成自由贸易协定升级议定书。

[11 月 17 日　巴拿马　一带一路]　国家主席习近平在北京同来华进行国事访问的巴拿马总统巴雷拉举行会谈。习近平表示，中方把拉美看作"一带一路"建设不可或缺的重要参与方，巴拿马可以成为 21 世纪海上丝绸之路向拉美自然延伸的重要承接地。双方要以共建"一带一路"为统领，加强发展战略对接，要在海事、基础设施建设、贸易、投资、金融等领域拿出一批合作早期收获成果。巴雷拉表示，巴方支持"一带一路"倡议，愿参与海上丝绸之路建设，同中方加强港口、海事、航运、铁路、物流等领域合作。在两国领导人见证下，国家发展和改革委员会主任何立峰与巴拿马副总统兼外长德圣马洛在北京分别代表两国政府签署中巴政府间《关于共同推进丝绸之路经济带和 21 世纪海上丝绸之路建设的谅解备忘录》《关于铁路交通系统领域合作的谅解备忘录》，同时代表国家发改委和巴经济财政部签署了《关于开展产能与投资合作的框架协议》。

[11 月 21 日　阿根廷　科技]　环境保护部副部长、国家核安全局局长刘华在北京会见了阿根廷核监管局局长内斯特·马斯里拉。双方就核电安全与发展、中阿核电领域的合作等共同关心的问题进行了交流。刘华对内斯特·马斯里拉一行的来访表示欢迎，并简要介绍了中国核电发展现状。中国政府确定了两条技术路线，一是中国自主研发的"华龙一号"技术，二是引进美国 AP1000 堆型以及在此基础上开发形成 CAP1400 技术。

[11 月 24 日　巴拿马　金融]　中国人民银行副行长殷勇会见了来访的巴拿马经济财政部部长德拉瓜尔迪亚，双方就加强中巴金融合作交换了意见。

[11月29日 多米尼克 经济技术合作] 多米尼克政府在首都罗索举行签约仪式，驻多米尼克大使卢坤与多米尼克总理罗斯福·斯凯里特分别代表中、多两国政府签署《中华人民共和国政府与多米尼克国政府经济技术合作协定》，同时卢坤大使与多农业部长约翰逊·德莱格分别代表中多两国政府签署第七期"援多米尼克农业和技术合作项目换文"。外交及加勒比事务部长巴伦代表多政府向第六期中国援多农业专家组颁发"杰出成就奖"，衷心感谢中国农业专家为多农业发展作出的突出贡献，卢坤大使代表中国援多农业专家组接受了奖牌。

[12月7日 苏里南 一带一路] 外交部长王毅在北京会见来华出席首届"南南人权论坛"的苏里南外交部长拜赫勒。王毅表示，中方欢迎苏方积极参与"一带一路"建设，愿继续为苏经济社会发展提供力所能及的帮助，推动中苏友好合作关系取得长足发展。拜赫勒表示，苏方感谢中方在经济、教育、医疗、基础设施等各领域帮助。苏里南期望参与"一带一路"建设，支持共同构建人类命运共同体。

[12月7—8日 巴拿马 一带一路] 商务部部长钟山访问巴拿马。期间，会见了巴拿马总统巴雷拉，并与工商部长阿罗塞梅纳、运河事务部长罗伊、代外交部长因卡别等举行工作会谈。钟山表示，此访的主要任务是落实两国元首共识，加强中巴经贸合作，以"一带一路"为统领，实现规划对接，务实推进项目。钟山指出，双方应积极推进"一带一路"合作倡议与巴拿马发展规划对接，加快推进中巴自贸协定可行性研究，尽快召开首届中巴混委会，积极开展经贸园区合作，加大人才开发力度。中方支持更多中国企业在巴投资和参与巴拿马基础设施建设。中方欢迎巴方扩大对华出口，邀请巴方参加2018年11月在上海举办的首届中国国际进口博览会。在巴雷拉见证下，钟山与因卡别签署了关于开展巴拿马铁路项目可行性研究的合作协议和关于落实两国经济技术合作协定的换文。

[12月11日 阿根廷 贸易] 商务部部长钟山在阿根廷首都布宜

诺斯艾利斯出席世贸组织第11届部长级会议期间，应约与阿根廷总统马克里会见。钟山表示，中方愿与阿方共同推进更高层次、更高水平、更宽领域的经贸合作，赞赏阿根廷政府履行《中国加入世界贸易组织议定书》第15条义务，弃用"替代国"做法。双方应加强"一带一路"倡议与阿发展战略对接；加强重大项目合作，推动能源、交通基础设施、农业、通信、金融、旅游等领域的项目取得新进展；扩大双边贸易，优化贸易结构，增加高附加值贸易产品和服务贸易。中方愿进口更多阿根廷有竞争力的商品，为阿根廷代表团参加2018年11月在上海举行的首届中国国际进口博览会提供必要便利；加强多边合作，共同努力推动世贸组织第11届部长级会议取得积极成果，支持阿根廷办好2018年二十国集团峰会。马克里表示，阿方重视发展对华经贸合作，并信守承诺，继续落实上届政府与中方签署的大项目合同；认真履行中国加入世贸组织议定书第15条义务，弃用"替代国"做法；希望中方进一步扩大自阿进口，推动双边贸易更为平衡发展。

[12月14日　古巴　农业]　农业部部长韩长赋在北京会见古巴新任驻华大使米格尔·安吉尔·拉米雷斯。韩长赋就中古农业合作提出四点建议：一是尽快商讨并制定下一步中古农业合作计划。二是推进实施中方对古农业技术援助项目。三是挖掘农产品贸易和农业投资合作潜力。四是鼓励与支持中古地方、企业间合作。

[12月14日　阿根廷　农业]　农业部副部长屈冬玉在阿根廷布宜诺斯艾利斯会见阿根廷新任农业产业部部长埃切韦雷。双方就深化中阿畜牧业合作、渔业合作、扩大阿农产品对华出口、促进中国对阿农业投资等坦诚交换了意见。屈冬玉表示，双方应着眼长远，积极推动落实习近平主席和马克里总统在"一带一路"高峰论坛期间就双方农业合作达成的共识。

[12月22日　委内瑞拉　一带一路]　外交部长王毅在北京与委内

瑞拉外交部长阿雷亚萨举行会谈。王毅表示，拉美是 21 世纪海上丝绸之路的自然延伸，很多拉美国家表示愿意参与"一带一路"国际合作，中方愿意在"一带一路"框架内，同委内瑞拉及拉美各国加强发展战略对接。阿雷亚萨表示，委方将积极与各方共建"一带一路"，期待中委务实合作产出更多成果。委方愿同拉美各国一道积极参与中拉论坛第二届部长级会议，推动拉中关系深入发展。此前的 12 月 20 日，国务委员杨洁篪在北京会见了委内瑞拉外长阿雷亚萨。

（九）国际组织

[1 月 4 日　亚开行　投资]　财政部部长肖捷在北京会见亚洲开发银行行长中尾武彦，双方就中国经济发展、中国与亚行合作、亚洲区域合作等问题交换了意见。会后，肖捷还与中尾武彦共同签署了续设中国减贫与区域合作基金的谅解备忘录。

[1 月 14—16 日　国际可再生能源署　能源]　国家能源局副局长李仰哲率团出席在阿联酋阿布扎比召开的国际可再生能源署第七次全体大会及系列会议，并在全体大会上围绕我国可再生能源发展成就、国际合作和能源变革前景发表讲话。会议期间，李仰哲还会见了国际可再生能源署总干事阿德南·阿明，以及德国、丹麦、美国、摩洛哥等国代表。

[1 月 16 日　国际能源署　能源]　国家发展和改革委员会副主任、国家能源局局长努尔·白克力在阿联酋首都阿布扎比会见了国际能源署署长法蒂·比罗尔。双方就国际能源形势以及商签三年合作方案等深入交换了意见。

[1 月 17 日　世界经济论坛　综合]　国家主席习近平在达沃斯会见世界经济论坛主席施瓦布。习近平指出，当前，中国同世界经济论坛合作的内容越来越充实，成果越来越丰硕。夏季达沃斯论坛已经在中国成功举

办 10 届，国际影响力不断扩大。相信在施瓦布主席关心和推动下，中国同世界经济论坛的合作前景会越来越美好。会见后，习近平和施瓦布共同见证《中国国家发展和改革委员会与世界经济论坛关于全面深化战略合作的谅解备忘录》的签署。

[1 月 18 日　**世界经济论坛　能源**]　国家发展和改革委员会副主任、国家能源局局长努尔·白克力在瑞士达沃斯会见了世界经济论坛创始人兼执行主席克劳斯·施瓦布。双方就世界经济论坛与国家能源局加强合作，并就"塑造能源未来倡议"开展合作交换了意见。

[1 月 18 日　**联合国　一带一路**]　国家主席习近平在日内瓦会见第 71 届联合国大会主席汤姆森和联合国秘书长古特雷斯。习近平强调，经济全球化是生产力发展的必然结果和客观需要，是历史前进的大势。全球治理是经济全球化的必然要求。各国利益与共，命运相连，必须摒弃逐利争霸的旧模式，走以制度、规则来协调关系和利益的新道路。中国提出"一带一路"倡议就是为了同各国分享发展机遇和成果。希望联合国在落实《2030 年可持续发展议程》方面有更大作为。

[1 月 18 日　**世界卫生组织　援助**]　在习近平主席见证下，商务部部长高虎城与世界卫生组织总干事陈冯富珍在日内瓦签署了中国政府向世界卫生组织提供难民救援现汇援助协议，用于向叙利亚难民及流离失所者提供人道主义医疗卫生援助。

[1 月 24 日　**亚开行　投资**]　财政部副部长史耀斌会见了亚洲开发银行副行长张文才，双方就中国与亚行合作、亚洲区域合作等议题交换了意见。

[2 月 13 日　**联合国　援助**]　商务部部长高虎城分别与联合国儿童基金会、联合国难民署代表签署了中国政府向上述国际组织提供难民救援现汇援助的协议，用于向叙利亚难民儿童和阿富汗难民及流离失所者提供过冬衣物、毛毯等人道主义物资援助。为积极落实中国政府人道主义援助

承诺，商务部正在与上述国际组织协商安排具体援助项目实施工作，积极应对全球难民危机挑战。

[2月16日　欧盟　贸易]　　正在德国波恩出席二十国集团外长会的外交部长王毅会见了与会的欧盟外交与安全政策高级代表莫盖里尼。王毅表示，中国愿意对外发出中欧携手促进开放型世界经济，维护以 WTO 为核心的世界贸易体制的积极信息。希望欧盟早日履行《中国加入世界贸易组织议定书》第 15 条所作承诺。莫盖里尼表示，近年来，欧中关系发展很好，合作基础牢固，合作潜力巨大。欧盟高度重视习近平主席在达沃斯世界经济论坛上发表的重要演讲，认为这为欧中合作带来新的机遇。欧盟愿为解决履行《中国加入世界贸易组织议定书》第 15 条所作承诺问题继续作出努力。

[2月16日　国际能源署　能源]　　国家发展和改革委员会副主任、国家能源局局长努尔·白克力与国际能源署署长法蒂·比洛尔在北京签署《中国国家能源局——国际能源署三年合作方案》。未来三年，双方将主要在清洁低碳化能源政策研究、培训和能力建设领域开展合作。

[2月17日　国际能源署　气候]　　科技部部长万钢在北京会见了国际能源署署长法提赫·比罗尔博士一行。比罗尔署长表示，中国签署《巴黎协定》具有重要的意义，为世界展现了中国在积极推进全球气候治理进程中的负责任大国形象。

[2月17日　欧盟　金融]　　第十一次中欧财金对话在布鲁塞尔举行。财政部副部长史耀斌与欧盟委员会经济与金融事务总司长布提，金融稳定、金融服务与资本市场联盟总司长葛逊共同主持对话。中国财政部、外交部、中国人民银行、银监会、证监会、保监会、中国驻欧盟使团以及欧盟委员会经济与金融事务总司，金融稳定、金融服务与资本市场联盟总司、欧央行、欧盟单一清算委员会、欧洲银行业管理局、欧洲证券和市场管理局、欧洲保险和职业养老金管理局、欧盟驻华代表团高级官员出席了

对话。中欧双方就全球和中欧宏观经济形势与政策，国际经济金融合作，金融发展、稳定和监管合作，中欧审计监管合作等议题进行了深入讨论，达成多项重要共识，有力地促进了中欧在财金领域的交流与合作，对进一步推进中欧全面战略伙伴关系具有重要意义。

[2月18—20日　**亚太经合组织　科技**]　亚太经合组织科技创新政策伙伴关系机制第9次会议在越南芽庄举行。中国科学技术部国际合作司陈霖豪副司长率中方代表团参加了此次会议。与会代表们通过了"科技创新政策伙伴关系机制2017年度工作计划"。

[3月1日　**亚洲开发银行　投资**]　财政部副部长史耀斌会见了亚洲开发银行副行长古普塔，双方就中国与亚行合作等议题交换了意见。

[3月3日　**中亚学院　教育**]　财政部副部长史耀斌会见了中亚学院院长乌姆佐科夫。中亚学院是由阿富汗、阿塞拜疆、哈萨克斯坦、吉尔吉斯斯坦、中国、蒙古国、巴基斯坦、塔吉克斯坦、土库曼斯坦、乌兹别克斯坦10个"中亚区域经济合作机制"（CAREC）成员国共同发起成立的知识合作机构，于2008年开始依托亚行虚拟运行。2013年10月24日，CAREC第十二次部长级会议同意将中亚学院实体化并落户中国新疆乌鲁木齐。

[3月3日　**联合国　农业**]　农业部副部长屈冬玉在北京会见了联合国系统驻华协调员兼联合国开发计划署驻华代表罗世礼，双方就加强中国与联合国在农业领域的合作交换了意见。屈冬玉表示希望今后联合国机构在国际粮农事务中发挥更大的作用，并为"一带一路"发展战略的实施提供有力支持。

[3月14日　**亚洲证券业和金融市场协会　金融**]　财政部副部长朱光耀在北京会见了亚洲证券业和金融市场协会董事会成员，双方就共同关心的议题交换了意见。

[3月17日　**经合组织　金融**]　中国人民银行行长周小川在德国巴

登巴登出席二十国集团财长和央行行长会议期间会见了经合组织秘书长古里亚，双方就中国与经合组织的合作、结构改革、公司治理，以及经合组织对其资本流动自由化通则的审议等问题交换了意见。

[3月17日　国际货币基金组织　金融]　中国人民银行行长周小川在德国巴登巴登出席二十国集团财长和央行行长会议期间会见了国际货币基金组织总裁拉加德，双方就全球及中国经济形势、中国与国际货币基金组织的合作等问题交换了意见。

[3月20日　国际能源署　能源]　国家发展和改革委员会副主任、国家能源局局长努尔·白克力在德国首都柏林会见了国际能源署署长法蒂·比罗尔。努尔·白克力表示，希望国际能源署能够客观、公正地评价和宣传中国在能源转型方面取得的成就。法蒂·比罗尔表示赞同，并感谢中国政府邀请其出席"一带一路"国际合作高峰论坛，国际能源署愿意为推动"一带一路"能源国际合作作出积极贡献。

同日，努尔·白克力在德国首都柏林会见了国际可再生能源署总干事阿德南·阿明。双方就加快推动国际能源转型联盟正式成立等深入交换了意见。此外，阿德南·阿明感谢中国政府邀请其出席"一带一路"国际合作高峰论坛，并表示国际可再生能源署愿为推动"一带一路"能源国际合作作出积极贡献。

[3月20日　亚开行　金融]　财政部部长肖捷会见了亚洲开发银行行长中尾武彦，双方就中国经济形势、中国与亚洲开发银行合作等问题交换了看法。

[3月21日　太平洋岛国论坛　一带一路]　外交部长王毅在北京会见来华出席博鳌亚洲论坛年会的太平洋岛国论坛秘书长泰勒。泰勒高度评价中国的国际影响力和"一带一路"倡议，表示论坛珍视同中国的伙伴关系，愿与中方共同努力，推动双方各领域交流与合作不断走向深入。

[3月20—22日　世贸组织　投资]　世贸组织第五届"中国项目"

最不发达国家加入圆桌会在柬埔寨暹粒举行，商务部副部长王受文代表部长钟山率团出席会议。会议围绕最不发达国家加入世贸组织的最佳实践进行了讨论。王受文发表开幕式致辞并与世贸组织副总干事夏克共同签署第六期"中国项目"谅解备忘录。柬埔寨首相洪森、利比里亚商工部长安迪、萨摩亚商工部长普塞尔、也门工贸部长穆罕默德等50余位部长或代表参加。洪森在会前会见了中方代表团一行。

[3月21—25日　欧洲投资银行　金融]　欧洲投资银行副行长乔纳森·泰勒一行对中国进行了为期五天的访问。此行欧洲投资银行主要希望落实欧洲投资银行行长霍耶尔2016年访华项目，并在此基础上继续加强与中国在绿色可持续项目上的合作，尤其是开拓与亚洲基础设施投资银行间的合作。访问期间欧洲投资银行与中国人民银行共同主办了"绿色债券—发展绿色金融的综合途径研讨会"，中国人民银行副行长殷勇出席会议并致辞，中国和欧盟多家金融机构的80多位代表和专家学者参加了会议。会议重点探讨了中欧绿色债券市场的发展经验、面临挑战和解决方案，双方同意将就推进中欧绿色债券标准趋同化展开合作研究。另外，泰勒还会见了财政部副部长史耀斌，并就进一步加强合作等议题交换了意见。

[3月27日　世界自然基金会　气候]　中国气候变化事务特别代表解振华在北京会见了世界自然基金会气候与能源项目全球总监曼努埃尔·比达尔。双方就应对气候变化多边进程、气候变化南南合作以及世界自然基金会在气候变化问题上的作用等议题交换了意见。

[3月29日　国际可持续发展研究院　气候]　中国气候变化事务特别代表解振华在北京会见了国际可持续发展研究院副院长、报告部主任高利。双方就应对气候变化多边进程、中国国内应对气候变化行动以及国际可持续发展研究院在气候变化问题上的作用等议题交换了意见。

[3月29日　欧盟　科技]　中欧科技合作指导委员会第13次会议

于布鲁塞尔欧盟总部召开。中国科技部副部长黄卫、欧盟科研与创新总司长罗伯特·斯密茨共同主持会议。中欧双方共同签署《中欧科技合作指导委员会第 13 次会议会议纪要》《中国—欧盟食品、农业和生物技术工作组工作准则（修订）》《中欧航空研究工作组工作准则》《第六届中欧食品、农业和生物技术工作组会议会议纪要》等一系列工作文件。双方决定在中欧科研创新共同资助机制下，先期选择食品、交通、航空、农业与生物技术、可持续城镇化等双方共同感兴趣的领域，启动"2018—2020 年科技创新旗舰合作项目"。

［3 月 30 日　国际能源署　能源］　中国与国际能源署科技合作工作研讨会在北京召开，来自国内参与国际能源署各实施协议的国内科研机构代表共计 50 余人参会。会上，各有关单位、中国与国际能源署合作联络办公室分别就 2016 年工作进展及 2017 年工作计划进行了汇报与交流。与会代表并就如何利用已加入和准备加入的 TCP 合作平台，进一步探索在科技计划项目管理改革框架下开展国际科技合作项目、与国际能源署开展更富成效的科技合作进行了深入探讨。

［3 月 30 日　欧盟　能源］　科技部部长万钢在北京会见欧盟气候行动和能源事务委员米格尔·亚利亚斯·卡涅特一行，双方就 2017 年 6 月6—8 日将于北京举行的第八届清洁能源部长级会议和第二届创新使命部长级会议以及中欧在清洁能源和应对气候变化方面的合作进行了深入讨论。

［3 月 31 日—4 月 1 日　欧盟　气候］　中国气候变化事务特别代表解振华陪同欧盟委员会气候行动与能源委员卡涅特前往张家口市张北镇、宁波市等地调研，考察了国家风光储输示范工程、中国电科院风电检测中心、舟山港绿色港口等低碳项目，并与宁波市政府就低碳城市建设、碳排放达峰进展等问题举行座谈。

［4 月 6 日　国际原子能机构　核能］　国务院副总理马凯在北京会

见国际原子能机构总干事天野之弥一行。双方就核能发展、核技术应用、核安全、核安保等领域交流与合作交换了意见。

[4月12日　世贸组织　贸易]　　中国新任常驻世界贸易组织代表、特命全权大使张向晨在日内瓦向世贸组织总干事阿泽维多递交全权证书。阿泽维多欢迎张大使履新，积极评价中国在推动全球治理和维护多边贸易体制中发挥的重要作用，希望中方继续为加强多边贸易体制和反对贸易保护主义作出贡献。张向晨表示以世贸组织为核心的多边贸易体制是贸易自由化便利化的基础，有助于反对各种形式的保护主义，推动成员经济社会发展、扩大就业、减少贫困，中国将一如既往发挥重要作用，积极参与和推动多边贸易体制建设。双方还就世贸组织第十一届部长级会议等问题交换了意见。

[4月15日　世界银行　金融]　　中国人民银行副行长、国家外汇管理局局长潘功胜在北京会见了世界银行副行长阿鲁玛·奥茨一行。双方就当前国际经济金融形势以及世界银行发行特别提款权债券、绿色债券和熊猫债券等相关问题进行了沟通交流。

[4月18日　欧盟　自贸区]　　国务院总理李克强在北京会见欧盟委员会副主席、外交与安全政策高级代表莫盖里尼。李克强表示，中方愿同欧方推进包括双边投资协定谈判、自贸可行性研究等在内的广泛领域务实合作。

[4月18日　联合国　发展筹资]　　中国常驻联合国代表刘结一代表金砖国家在联大"可持续发展目标筹资问题高级别讨论会"上做共同发言。刘结一表示，当前，世界经济复苏势头脆弱。动能不足、治理滞后、发展失衡三大矛盾突出。全球贸易和投资低迷，多边贸易体制受到冲击，发展筹资问题愈加突出。金砖国家希望此次会议帮助各方凝聚发展筹资共识，提升政治意愿，调动国际资源，推动发展筹资国际合作迈上新台阶，为全球落实《2030年可持续发展议程》提供强劲动能。这是2006年金砖

国家合作机制成立以来，金砖国家首次就重大国际问题在联合国场合共同发声。

[4月19日　欧盟　综合]　第七轮中欧高级别战略对话在北京举行。国务委员杨洁篪与欧盟外交与安全政策高级代表兼欧盟委员会副主席莫盖里尼共同主持。欧盟表示支持并积极参与中方举办的"一带一路"国际合作高峰论坛。双方表示将以建设性态度加紧准备，确保第十九次中国—欧盟领导人会晤取得成功。双方同意深化经贸投资、科技创新、人文等领域合作。关于《中国加入世界贸易组织议定书》第15条问题，欧盟表示重视中方关切，将遵守世贸规则，已启动有关修法程序。中方表示重视欧方表态，希望欧盟尽快履行有关规定，发出维护自由开放的多边贸易体系的积极信号。双方就推动二十国集团领导人汉堡峰会在去年杭州峰会基础上取得新进展、推动落实气候变化《巴黎协定》、推进落实2030年可持续发展议程等议题达成共识。

[4月21—22日　世界银行、国际货币基金组织　金融]　世界银行集团和国际货币基金组织在美国华盛顿举行了第95届发展委员会部长级会议。财政部部长肖捷出席会议并发言。会议指出，全球经济增长势头加强但仍存在下行风险，世行集团与国际货币基金组织应与成员国共同努力，促进包容和可持续增长，降低金融脆弱性，创造更多就业岗位和经济机会；同时大力促进消除贫困和减少不平等，确保经济全球化的收益得到广泛分享。21日，中国人民银行行长周小川会见了国际货币基金组织总裁拉加德，双方就中国与国际货币基金组织的合作等问题交换了意见。副行长易纲和基金组织第一副总裁利普顿参加了会见。

[4月28日　联合国　一带一路]　外交部长王毅在纽约出席联合国安理会朝鲜半岛核问题部长级公开会期间会见了联合国秘书长古特雷斯。王毅说，"一带一路"倡议就是促进经济全球化进程再平衡、推动共建人类命运共同体的有益实践，已得到国际社会的广泛支持。中方欢迎秘书长

先生赴华出席"一带一路"国际合作高峰论坛，希望通过此次论坛向国际社会传递开放包容、合作共赢的积极信号。古特雷斯表示，他期待赴华出席"一带一路"国际合作高峰论坛。中国坚定支持联合国和多边主义，积极倡导全球化和自由贸易。中方提出的"一带一路"倡议、建立亚投行等一系列建议举措，同落实《2030年可持续发展议程》、气候变化协议高度契合。

[5月4—7日　亚开行　金融]　亚洲开发银行理事会第50届年会在日本横滨举行，中国财政部部长兼亚行理事肖捷出席会议并发言。会议期间，肖捷还会见了亚行行长中尾武彦，就亚行支持"一带一路"建设、中国与亚行合作等议题交换了意见。

[5月8日　联合国　科技]　在瑞士日内瓦举行的联合国科技促进发展委员会第20届会议的开幕式当天，中国政府推荐的候选人、科技部科技评估中心主任王瑞军成功当选为本届主席。中国代表团团长科技部国际合作司副巡视员徐捷宣布了一系列中国政府将加强与联合国科技促进发展委员会合作的举措。

[5月9—10日　欧洲复兴开发银行　金融]　欧洲复兴开发银行第26届理事会年会在塞浦路斯首都尼科西亚举行。会议总结了2016年欧洲复兴开发银行的运作情况，讨论了欧洲复兴开发银行下一步业务规划、促进包容性经济增长等议题。中国人民银行行长周小川率团出席了会议。

[5月11日　国际能源论坛　能源]　国家发展和改革委员会副主任、国家能源局局长努尔·白克力在北京会见国际能源论坛秘书长孙贤胜，双方就进一步加强合作、共同推进全球能源治理等深入交换了意见。

[5月12日　联合国　气候]　中国气候变化事务特别代表解振华在北京会见了联合国秘书长南南合作特使兼联合国南南合作办公室主任霍尔赫·切蒂克。双方就应对气候变化南南合作以及国家发展改革委与联合国南南合作办公室未来合作方向等议题交换了意见。

[5 月 13 日　**联合国　一带一路**]　外交部长王毅在北京会见来华出席"一带一路"国际合作高峰论坛的第 71 届联大主席汤姆森。王毅表示，中方希望与联大加强在共建"一带一路"方面的合作。汤姆森表示，中方共建"一带一路"倡议与联合国 2030 年可持续发展议程目标一致，愿加强与中方合作，为推进"一带一路"建设发挥积极作用。

[5 月 13 日　**联合国　农业**]　农业部部长韩长赋在北京会见了来华参加"一带一路"国际合作高峰论坛的联合国粮农组织总干事格拉齐亚诺一行，双方就加强合作交换了意见。双方还就加强南南合作、全球重要农业文化遗产、人力资源、中文语言服务等领域的务实合作交换了意见。

[5 月 13 日　**世界经济论坛　科技**]　科技部部长万钢在北京会见了世界经济论坛执行主席施瓦布教授一行。施瓦布就未来将开展的合作提出了两点建议：一是世界经济论坛在美国旧金山设立了第四次工业革命中心，希望与科技部在中国共建"创新中心"，与第四次工业革命中心相呼应，与国内机构和专家开展联合研究；二是世界经济论坛正在筹建全球网络安全研究中心，拟组成连通国际企业、政府之间的网络安全交流合作平台，希望得到科技部的支持。

[5 月 14 日　**世界银行　一带一路**]　国务院总理李克强在北京会见来华出席"一带一路"国际合作高峰论坛的世界银行行长金墉。李克强表示，希望世界银行作为全球重要的多边开发机构，引领国际社会共同推动经济全球化，加强发展合作，促进共享繁荣。中国愿同世界银行加强合作，围绕培育新动能等问题开展共同研究，助力中国经济加快实现转型升级。金墉表示，世行对中方深化改革、加强科技创新、培育发展新动能的前景充满信心，愿同中方继续加强合作。

[5 月 14—15 日　**联合国　一带一路**]　"一带一路"国际合作高峰论坛期间，国家发展和改革委员会主任何立峰与联合国欧洲经济委员会秘书长巴赫就"一带一路"PPP 合作签署了谅解备忘录。这是对国家主席习

近平讲话精神的具体落实，也是高峰论坛取得的重要成果。

[5月14—15日 联合国 一带一路] "一带一路"国际合作高峰论坛中，中国国际城市发展联盟与联合国人类住区规划署、世界卫生组织、世界城市和地方政府组织亚太区三家国际组织分别签署的合作意向书纳入官方成果清单第五类第二十项。同时，中国政府与联合国人类住区规划署在此次会议期间也签署了"一带一路"合作文件，合作文件由国家发展和改革委员会主任何立峰与联合国副秘书长、人居署署长卡洛斯博士签署。

[5月14日 联合国 一带一路] "一带一路"国际合作高峰论坛期间，商务部部长钟山代表中国政府与出席论坛的联合国儿童基金会雷克执行主任、联合国人口基金奥索提迈辛执行主任、联合国贸易与发展会议基图伊秘书长分别签署了关于在"一带一路"倡议下加强合作的谅解备忘录。上述谅解备忘录将推动中方与有关国际组织围绕"一带一路"倡议加强合作，促进沿线国家妇女儿童、人口、卫生事业进步，提高沿线国家参与国际贸易的能力，维护全球自由贸易体系和开放型世界经济，帮助其他发展中国家落实联合国《2030年可持续发展议程》。

[5月14日 国际货币基金组织 金融] 在"一带一路"国际合作高峰论坛期间中国人民银行行长周小川与国际货币基金组织总裁拉加德签署了《中国人民银行与国际货币基金组织关于建立中国—基金组织联合能力建设中心谅解备忘录》，旨在进一步加强双方在能力建设方面的合作，更好地服务中国宏观经济金融发展，并满足"一带一路"沿线国家的能力建设需求。

[5月14日 世贸组织 一带一路] 国务院副总理汪洋在北京会见来华出席"一带一路"国际合作高峰论坛的世贸组织总干事阿泽维多。汪洋表示，坚持多边主义、支持多边贸易体制是中国政府的一贯立场。中方将继续旗帜鲜明反对保护主义，坚决维护世贸组织权威性和有效性，全

力支持世贸组织在全球经济治理和国际经贸规则制定中发挥更大作用。

[5月15日　联合国　一带一路]　国务院总理李克强在北京会见来华出席"一带一路"国际合作高峰论坛的联合国秘书长古特雷斯。李克强指出，中国支持全球化进程和贸易投资自由化便利化。古特雷斯表示，联合国愿同中国加强合作，将《2030年可持续发展议程》落实工作同中国发展战略和倡议更好对接，在可持续发展中促进世界的和平与稳定。同日，国务委员杨洁篪在北京会见古特雷斯。此前，外交部长王毅在北京会见古特雷斯。

[5月15日　欧盟　一带一路]　国务院副总理马凯在北京分别会见来华出席"一带一路"国际合作高峰论坛的欧盟委员会副主席卡泰宁，就推动"一带一路"框架下的双边务实合作等交换了意见。

[5月15—19日　联合国　一带一路]　联合国亚太经社会第73届会议在泰国曼谷举行。外交部部长助理钱洪山率中国政府代表团与会。会议期间，各方积极评价"一带一路"倡议，并通过了中国代表团提出的"加强全面无缝互联互通促进亚太可持续发展"决议。决议赞赏中国举办"一带一路"国际合作高峰论坛，决定以共商、共建、共享的方式推进区域互联互通倡议，促进政策沟通以及在基础设施、贸易、资金、人文交流等领域的合作，要求亚太经社会秘书处继续为落实"一带一路"等倡议提供支持。

[5月15日　国际贸易中心　贸易]　商务部副部长王受文在北京会见联合国助理秘书长、国际贸易中心执行主任冈萨雷斯，双方共同签署《中国商务部与国际贸易中心关于在"一带一路"倡议下加强合作的谅解备忘录》。

[5月15日　联合国等　一带一路]　为落实国家主席习近平在"一带一路"国际合作高峰论坛开幕式上宣布的系列援助举措，商务部副部长兼国际贸易谈判副代表俞建华在北京会见出席高峰论坛的联合国开发计划

署等 14 个国际组织的负责人，并代表中国政府与上述国际组织签署系列合作协议。此次签署协议并共同开展项目合作，将有助于"一带一路"沿线国家实现 2030 年可持续发展目标。

[5 月 15 日　欧盟　金融]　第十三轮中欧投资协定谈判在北京举行，本轮谈判为期五天。双方将加紧工作，努力推进谈判取得积极进展。

[5 月 16 日　国际电联　通信]　工业和信息化部副部长刘利华在瑞士日内瓦出席国际电信联盟 2017 年理事会并致辞。

[5 月 16 日　美洲开发银行　一带一路]　国务院副总理马凯在北京会见前来出席"一带一路"国际合作高峰论坛的美洲开发银行行长莫雷诺，双方就在"一带一路"框架下深化双边合作等交换了意见。

[5 月 16 日　国际货币基金组织　货币]　财政部部长肖捷在北京会见了来华出席"一带一路"国际合作高峰论坛的国际货币基金组织总裁拉加德，就"一带一路"高峰论坛、中国财税改革、双方合作等共同关心的议题交换了意见。

[5 月 18 日　欧盟　贸易]　商务部副部长兼国际贸易谈判代表傅自应与欧委会贸易总司德玛迪总司长共同主持召开中欧钢铁贸易机制筹备会及第九次中欧贸易与投资政策对话。

[5 月 18 日　清洁能源部长级会议　能源]　国家能源局副局长李凡荣在北京会见清洁能源部长级会议秘书处秘书长克里斯蒂安·辛格勒森，双方就进一步加强合作及第八届清洁能源部长级会议等深入交换了意见。

[5 月 26 日　新开发银行　金融]　财政部副部长史耀斌赴上海访问新开发银行总部，与卡马特行长就推进新开发银行业务运营及深化中国与新开发银行合作交换了意见。

[6 月 1 日　欧盟　投资]　中欧互联互通平台第二次主席会议在比利时布鲁塞尔召开。受中方主席、国家发展和改革委员会主任何立峰委托，国家发展和改革委员会副主任胡祖才与欧盟交通委员维尔勒塔·布尔

茨共同主持并致辞，中方国家发展和改革委员会、交通运输部、海关总署、国家铁路局、民航局、铁路总公司、国家开发银行、驻欧盟使团，欧盟方欧盟委员会交通总司、欧洲对外行动署、欧洲投资银行及欧洲复兴开发银行等有关人员参加了会议。

[6月1日　欧盟　贸易]　商务部部长钟山与欧盟委员会贸易委员马尔姆斯特伦在布鲁塞尔举行工作会谈，就欧盟履行《中国加入世界贸易组织议定书》第15条义务、中欧投资协定谈判、世贸组织第11届部长级会议等共同关心的多双边经贸议题深入交换了意见。次日，钟山与马尔姆斯特伦共同签署了《中华人民共和国商务部与欧盟委员会关于知识产权合作项目"IP Key中国"的行政安排》和《中华人民共和国商务部和欧盟委员会农业与农村发展总司关于地理标志合作与保护协定谈判的备忘录》，国务院总理李克强和欧洲理事会主席图斯克、欧盟委员会主席容克见证了协议的签署。

[6月2日　欧盟　综合]　国务院总理李克强在布鲁塞尔欧洲理事会总部同欧洲理事会主席图斯克、欧盟委员会主席容克共同主持第十九次中国—欧盟领导人会晤。李克强指出，中欧应加强发展战略对接，推进中欧投资协定谈判，努力提升中欧贸易投资合作水平。加强基础设施建设、航空、信息和网络安全等领域合作，推动中欧互联互通。拓展中小企业、金融、海洋、可再生能源等领域合作，办好今年"中国—欧盟蓝色年"。同日，李克强与容克共同出席中欧工商峰会并发表演讲。

[6月2日　欧盟　能源]　为配合第十九次中欧领导人会晤，第七次中欧能源对话在布鲁塞尔召开。国家发展和改革委员会副主任、国家能源局局长努尔·白克力与欧盟气候行动和能源委员卡内特共同主持对话并发言。双方商定，2018年在中国召开第八次中欧能源对话。会后，在双方领导人的见证下，努尔·白克力与卡内特共同签署了《中欧能源合作路线图2017—2018年度工作计划》。

[6月6日　国际货币基金组织　金融]　财政部副部长朱光耀在北京会见了国际货币基金组织亚太区主任詹姆斯·丹尼尔一行，双方就共同关心的议题交换了意见。

[6月8日　世界可持续发展工商理事会　气候]　中国气候变化事务特别代表解振华在北京会见了世界可持续发展工商理事会会长兼首席执行官贝德凯。双方就应对气候变化最新形势、中国应对气候变化立场与行动、在第二十三届联合国气候会议期间开展合作等议题交换意见。

[6月13日　国际货币基金组织　金融]　国务院副总理马凯在北京会见国际货币基金组织第一副总裁戴维·利普顿。双方就世界和中国经济形势、中国金融改革等交换了意见。

此前的6月12日，财政部部长肖捷在北京会见了利普顿，双方就中国财税体制改革、地方政府债务管理及双方合作等共同关心的议题交换了意见。

[6月19日　金砖国家　农业]　第七届金砖国家农业部长会议在江苏南京举行。会议由中国农业部长韩长赋主持，来自中国、巴西、俄罗斯、印度、南非五个金砖国家农业部和联合国粮农组织、世界粮食计划署、国际农发基金和新开发银行等国际组织的9个代表团出席了此次会议。会议围绕"创新与共享，共同培育农业发展新动能"的主题进行深入交流，通过了《第七届金砖国家农业部长会议共同宣言》和《金砖国家农业合作行动计划（2017—2020）》等成果文件，就密切金砖国家农业合作、推动世界农业持续发展达成广泛的共识。

[6月21日　非盟　贸易]　外交部长王毅与非盟委员会主席法基在亚的斯亚贝巴举行会谈。王毅说，中方愿与非盟协调推进中非"十大合作计划"同非盟《2063年议程》更好对接。下一步，中方愿在五个优先领域深化同非盟合作，不断为中非关系注入新动力。非方愿推进习近平主席提出的"十大合作计划"同非盟《2063年议程》对接，积极开展"三网

一化"合作。

[6月29日　**世界银行　金融**]　财政部副部长史耀斌在北京会见世界银行集团常务副行长兼首席财务官莱维，就深化中国与世界银行集团全方位合作交换了意见。

[6月30日　**世界卫生组织　卫生**]　商务部副部长兼国际贸易谈判副代表俞建华代表中国政府与世界卫生组织代表签署了紧急人道主义援助协议，将向世界卫生组织提供200万美元用于向也门提供霍乱检测和诊疗物资、加强当地疾控体系建设等，降低也门受霍乱影响人口的发病率和死亡率。商务部正与世界卫生组织抓紧协商安排具体援助项目实施工作。

[7月11日　**欧盟　通信**]　工业和信息化部副部长陈肇雄在比利时布鲁塞尔与欧盟委员会通信网络、内容和技术总司副总司长鲁哈纳共同主持召开了第八次中欧信息技术、电信和信息化对话会议。双方就ICT政策与数字经济、ICT监管、5G研发、物联网与工业数字化等议题交换了意见，达成了诸多共识。

[7月11日　**欧盟　贸易**]　第十四轮中欧投资协定谈判在比利时布鲁塞尔举行，本轮谈判为期4天。双方将继续围绕文本展开谈判，力争取得尽可能多的进展。

[7月13日　**联合国　一带一路**]　国务委员杨洁篪在北京会见第72届联合国大会主席莱恰克。杨洁篪表示，中国将积极支持联大推进落实《2030年可持续发展议程》，为联合国和平与发展事业作出新贡献。14日，外交部长王毅同莱恰克举行会谈。王毅说，"一带一路"倡议同落实《2030年可持续发展议程》的理念和大方向是一致的，都致力于推动基础设施互联互通，致力于开展更广阔的区域合作，致力于实现共同、绿色和可持续发展。两者完全可以相辅相成，相互促进。中国将继续本着共商、共建、共享原则，同国际社会一道，推进"一带一路"建设。莱恰克表示，推动落实《2030年可持续发展议程》是联大的核心工作之一。中国

提出的"一带一路"倡议不但为全球可持续发展提供了强劲动力，而且为各国和各地区间的合作树立了典范。

[7月17日　全球环境基金　贸易]　财政部副部长史耀斌会见了全球环境基金首席执行官兼主席石井菜穗子，就加强中国与全球环境基金合作、全球环境基金第七期增资等议题深入交换了意见。

[7月20日　国际能源署　能源]　国家能源局副局长李凡荣在北京会见国际能源署副署长保罗·西蒙斯，双方就进一步落实三年合作方案、筹备国际能源署2017年部长级会议等议题深入交换了意见。

[7月25日　东盟　贸易]　商务部副部长钱克明和东盟互联互通协调委员会轮值主席、菲律宾常驻东盟代表伊丽莎白在印尼雅加达共同主持召开中国—东盟互联互通合作委员会第三次会议。双方一致认为，中方"一带一路"倡议与《东盟互联互通总体规划2025》战略契合、领域相通，协同发展潜力巨大。双方将继续就此做好规划对接，就未来合作的优先领域和项目进行具体商谈，鼓励企业开展务实合作，支持东盟方落实好《总体规划2025》，使得双方在互联互通领域合作持续向前发展，为本地区人民带来更多实实在在的利益，推动中国—东盟关系再上新台阶。

[7月25日　欧洲复兴开发银行　一带一路]　国务院副总理马凯在北京会见欧洲复兴开发银行行长查克拉巴蒂。双方就加强"一带一路"框架下合作等交换了意见。

[7月27日　欧洲复兴开发银行　金融]　财政部副部长史耀斌在北京会见了欧洲复兴开发银行行长查克拉巴蒂。双方就加强在"一带一路"倡议下的合作等议题交换了意见。

[8月11日　联合国　农业]　农业部副部长余欣荣访问联合国粮农组织罗马总部，与联合国粮农组织副总干事古斯塔夫森就深化双方合作举行了会谈。余欣荣表示，中方高度重视与联合国粮农组织的友好合作，愿意乘"一带一路"倡议的东风，积极推动与联合国粮农组织的全面战略

合作。特别是进一步强化南南合作，希望联合国粮农组织在组织和资金方面加大对南南合作的支持。之后，余欣荣与世界粮食计划署副执行干事阿卜杜拉就进一步加强和拓展合作进行了会谈。余欣荣表示，中国的"一带一路"倡议与世界粮食计划署的宗旨高度契合。中方愿与世界粮食计划署加强减贫、农业等领域的合作，与其他发展中国家分享成功经验，贡献中方的智慧和力量。双方可共同探讨通过农业项目援助，推动"一带一路"沿线国家农业农村发展；并探讨将中国与其他国家所开展的双边农业合作拓展深化到三方合作，进而推动南南合作朝着路子更广、渠道更多、层次更高的方向发展。

[8 月 22 日　**联合国　气候**]　中国气候变化事务特别代表解振华在北京会见了联合国秘书长南南合作特使兼联合国南南合作办公室主任霍尔赫·切蒂克。双方就加强中国与联合国应对气候变化南南合作等议题交换了意见。同日，解振华会见了联合国助理秘书长兼环境规划署副执行主任易卜拉辛·塞奥。双方就绿色"一带一路"建设合作和国家发改委与联合国环境规划署未来合作等议题交换了意见。

[8 月 23 日　**联合国　农业**]　农业部副部长屈冬玉在北京会见了联合国世界粮食计划署助理执行干事朱内贾一行，双方就加强合作交换了意见。屈冬玉表示，中方愿加强与联合国世界粮食计划署的南南合作工作，为提高世界粮食安全贡献中方智慧。朱内贾表示，愿与中方继续加强交流合作，更好利用中国经验和优势解决全球粮食安全问题。

[8 月 25 日　**世界银行　金融**]　财政部副部长史耀斌在北京会见世界银行发展融资副行长托森伯格，就深化中国与世界银行合作交换了意见。

[8 月 28 日　**国际农业发展基金　金融**]　国务院副总理汪洋在北京会见国际农业发展基金总裁吉尔贝·洪博。双方就加强互利合作、推进可持续发展议程和减贫事业等问题交换了意见。

同日，财政部部长肖捷在北京会见洪博，双方就中国与农发基金合作、"一带一路"倡议等问题交换了意见。会后，肖捷还与洪博共同签署了关于建立国际农发基金中国代表处的东道国协议。次日，财政部副部长史耀斌在北京出席第八届中国—国际农发基金南南合作研讨班暨第九届中非共享发展经验高级研讨班并致辞。国际农业发展基金是联合国系统专门向发展中成员国提供粮食和农业发展贷款的金融机构。该机构于1975年成立，目前有成员国142个，总部设在意大利罗马。其宗旨是筹集资金，以优惠条件向发展中成员国发放农业贷款，扶持农业发展。

[8月28—30日　联合国　气候]　　中国气候变化事务特别代表解振华在北京会见《联合国气候变化框架公约》秘书处执行秘书埃斯皮诺萨，并一同赴江苏镇江就应对气候变化工作和绿色低碳发展情况进行考察。会见期间，解振华与埃斯皮诺萨就气候变化国际谈判相关重大问题、我国应对气候变化政策与行动等问题交换了意见。外交部、环保部、林业局、中石化、国家电网，及国家发改委气候司、国际司相关负责同志陪同会见。

[8月29日　国际农业发展基金　农业]　　农业部副部长叶贞琴在北京会见了国际农业发展基金总裁吉尔贝·洪博，双方就加强农村减贫和"一带一路"农业合作交换了意见。叶贞琴表示，农业部愿继续加强与国际农业发展基金在小农发展、价值链与合作社建设等方面的合作，促进中国与世界的农村减贫和农业发展。

[9月10—11日　国际清算银行　货币]　　国际清算银行在瑞士巴塞尔召开会议，中国人民银行行长周小川出席了董事会、经济顾问委员会、全球经济形势会等会议。与会央行行长们在多场会议上就全球经济金融形势以及宏观政策应对等问题进行了交流和研讨。

[9月11日　经合组织　财政]　　财政部部长肖捷在北京会见了来华出席第二次"1+6"圆桌对话会的经合组织秘书长古里亚，双方就中国与经合组织合作、"促进中国制造业可持续发展"研究、税收领域合作、

化解过剩产能等议题交换了意见。同日，王毅会见经合组织秘书长古里亚，就中国同经合组织合作等问题交换看法。王毅表示，中方期待并相信经合组织将继续支持中国发展，做中国发展进程中的合作伙伴。

[9月12日　世界银行等　金融、贸易等]　国务院总理李克强在北京同世界银行行长金墉、国际货币基金组织总裁拉加德、世界贸易组织总干事阿泽维多、国际劳工组织总干事赖德、经济合作与发展组织秘书长古里亚、金融稳定理事会主席卡尼举行第二次"1+6"圆桌对话会。会议第一阶段围绕"全球经济形势与经济全球化的未来"主题，主要就全球经济增长、可持续发展、维护多边贸易体制、经济全球化、劳动力市场政策、国际金融监管改革等问题深入交流。会议第二阶段围绕"推动中国经济转型升级"主题深入交流。

[9月18日　联合国　发展]　外交部长王毅在纽约出席联合国大会期间会见联合国秘书长古特雷斯。王毅表示，联合国和秘书长本人高度认同习近平主席倡导的构建人类命运共同体、构建开放型世界经济、实现经济全球化再平衡等一系列重要倡议主张，中方对此表示赞赏。中方愿与联合国进一步加强合作，维护多边主义进程，加大对发展问题投入。

同日，王毅会见第72届联大主席莱恰克。王毅表示，本届联大将发展问题放在工作突出位置，并围绕"以人为本"主题举行一般性辩论，符合2030年可持续发展议程，中方表示赞赏。莱恰克表示，国际社会欢迎中国在国际事务中发挥越来越重要的作用，希望中国在预防冲突、解决热点问题、开展维和行动、落实《2030年可持续发展议程》等方面能够展现全球领导力。

[9月19日　联合国　气候]　外交部长王毅在纽约联合国总部出席气候变化问题高级别非正式对话会。王毅在发言中表示，伴随着2016年11月《巴黎协定》正式生效，国际社会合作应对气候变化的努力进入到关键阶段。有效应对气候变化，全面落实可持续发展目标，离不开全球能

源生产和消费的转型。

[9月19日 联合国 环保] 外交部长王毅在纽约联合国总部出席《世界环境公约》主题峰会。王毅在发言中表示，推进国际环境治理合作，包括讨论制订《世界环境公约》进程中，应统筹考虑各方利益，做到"四个坚持"。一是要坚持在可持续发展框架下讨论环境问题，以利实现环境保护与经济、社会发展的协调统一。二是要坚持"共同但有区别的责任"原则，帮助发展中国家稳步提高环境治理水平和可持续发展能力。三是要坚持环境资源国家主权原则。这是国际环境领域合作的前提，是《联合国宪章》和一般国际法原则赋予国家的权利。四是要坚持发展中国家的充分参与。发展中国家在面临发展经济和改善民生重任的同时，有加强环境保护和治理的现实需求，应当成为国际环境治理不可或缺的重要参与方。

[9月19—20日 欧盟 能源] 国家能源局与欧盟能源总司在京联合主办中欧能源政策研讨会。国家能源局副局长李凡荣、欧盟驻华大使史伟出席会议并在开幕式上致辞。李凡荣指出，中国和欧盟是世界重要的能源消费方和生产方，是维护全球能源安全的两支重要力量。近年来，中欧双方坚持政策对话与务实合作并重，有力推动了双方在可再生能源、核电、能效、化石能源清洁利用、智能电网、电力系统优化管理和运行等领域的务实合作，取得了互利共赢的成果。

[9月20日 联合国 一带一路] 外交部长王毅在纽约联合国总部与南非外交部长马沙巴内共同主持中非外长第四次联大政治磋商，近50个非洲国家外长或代表参加。王毅表示，中非要加强发展战略对接，要全面落实好中非合作论坛约堡峰会成果，全面推进"十大合作计划"，推动"一带一路"建设在非洲落地。

[9月20日 中非合作论坛 综合] 根据2006年中非合作论坛北京峰会建立的中非外长级定期政治对话机制，中国和48个非洲国家外长

或代表以及非洲联盟委员会代表于 2017 年 9 月 20 日在纽约举行第四次政治磋商。会议由中非合作论坛共同主席国中国外长王毅和南非外长马沙巴内共同主持。中非双方围绕"推进落实中非合作论坛约翰内斯堡峰会成果，支持非洲落实《2063 年议程》和《2030 年可持续发展议程》"的主题，就中非关系和中非各领域务实合作，以及共同关心的国际和地区问题深入交换了意见。

[9 月 20 日　**大湄公河次区域经济合作　投资**] 大湄公河次区域经济合作第 22 次部长级会议在越南河内举行。大湄公河次区域经济合作成员国的部长级政府官员、亚洲开发银行（亚行）副行长史蒂芬·格罗夫、有关国际组织代表出席了会议。财政部部长助理许宏才率财政部、国家发展和改革委员会、商务部等有关部门组成的中国代表团出席会议。本次会议的主题为"加强务实合作，推动大湄公河次区域经济合作取得更大成果"。会议通报了大湄公河次区域经济合作各领域合作进展，审议了《河内行动计划》框架、区域投资框架以及旅游、交通等领域成果，并发表了联合声明。本次会议期间还背靠背举行了大湄公河次区域经济合作第九届经济走廊论坛，各国代表围绕大湄公河次区域经济合作次区域交通、能源、电子商务等领域合作，就加强大湄公河次区域经济合作经济走廊互联互通等议题交换了看法。

[9 月 20—27 日　**多个国际组织　农业**] 国家粮食局局长张务锋率代表团应邀先后访问了世界贸易组织、联合国粮农组织、联合国粮食计划署、瑞士联邦经济事务教育与研究部农业局、意大利农业食品与林业政策部；拜访了中国驻瑞士大使馆、中国驻意大利大使馆大使和中国常驻世界贸易组织代表团、中国常驻联合国粮农机构代表处代表。

[9 月 21 日　**阿盟　一带一路**] 外交部长王毅在纽约出席联合国大会期间会见阿盟秘书长盖特。王毅表示，中方愿意积极分享发展经验，更好地支持阿拉伯国家经济多元化战略。盖特表示，阿方高度重视对华关

系，愿积极参与"一带一路"建设。阿方愿与中方一道，开好第八届中阿合作论坛，阿盟秘书处愿积极发挥协调作用。

[9月22日　联合国　一带一路]　外交部长王毅和联合国秘书长古特雷斯共同出席在纽约联合国总部举行的《中华人民共和国外交部和联合国经济和社会事务部关于"一带一路"倡议的谅解备忘录》签署仪式。备忘录涵盖务实合作、能力建设、经验分享、政策分析等领域，旨在推动双方加强合作，帮助"一带一路"沿线发展中国家提高发展能力，推动"一带一路"建设和落实《2030年可持续发展议程》。

[9月27日　联合国教科文组织　一带一路]　科技部副部长黄卫在北京会见了来访的联合国教科文组织自然科学助理总干事弗莱维娅·施莱格尔，双方就推进科技部与联合国教科文组织在科技创新合作领域合作坦诚交换意见并达成了相关共识。黄卫副部长表示，要积极落实在"一带一路"国际合作高峰论坛期间中国政府与联合国教科文组织签署的《合作谅解备忘录》（2017—2020）。

[10月1日　欧亚经济委员会　贸易]　商务部部长钟山在杭州与欧亚经济委员会贸易委员尼基申娜举行会谈，并共同签署《关于实质性结束中国与欧亚经济联盟经贸合作协议谈判的联合声明》。这是我国与欧亚经济联盟首次达成的重要经贸方面制度性安排，是落实习近平主席与普京总统2015年5月签署的《关于丝绸之路经济带建设和欧亚经济联盟建设对接合作的联合声明》的重要成果。

[10月9—10日　世贸组织　贸易]　世界贸易组织小型部长级会议在摩洛哥马拉喀什召开，商务部副部长王受文率团参会，中国常驻世贸组织大使张向晨也参加了此次会议。王受文在会议中强调了中国支持多边贸易体制的坚定立场，呼吁各方坚守世贸组织的核心价值和基本原则，并阐明了中国对于各议题的具体立场。本次会议旨在为今年底在阿根廷举行的世贸组织第11届部长级会议预作准备。会议评估了当前谈判形势及各议

题，讨论了世贸组织第 11 届部长级会议可能的成果及下一步谈判推进方式，为未来两个月的谈判提供指导。会议期间，王受文还参加了投资便利化早餐会，并与世贸组织总干事和部分成员部长举行了双边会谈。

[10 月 11 日　**世贸组织　贸易**]　世界贸易组织在日内瓦召开贸易救济规则谈判会议，专题讨论中方近期提出的《关于在反倾销和反补贴调查中给予中小企业特殊考虑和待遇的后续提案》，贸易救济局副局长刘丹阳率团参会。会上，中方阐述了在当前形势下帮助中小企业参与贸易救济调查、减轻应诉负担的重要性和必要性，介绍了中方提案的基本考虑、主要内容和下一步工作构想，并回答有关问题。与会成员普遍肯定中小企业在经济发展中的重要作用，赞赏中方为推动贸易救济规则发展作出的努力，愿在此基础上继续深入开展讨论。

[10 月 12 日　**联合国等　金融**]　中国人民银行行长周小川在国际货币基金组织/世界银行年会期间出席了由保尔森基金会、联合国环境规划署、国际金融协会以及证券业和金融市场协会联合举办的"绿色金融体系：探索未来之路"圆桌会并致辞。在致辞中，周小川指出中国在任二十国集团主席国期间大力倡导绿色金融理念，中国政府也将绿色金融视为国家绿色发展战略的重要内容。

[10 月 12 日　**联合国粮农组织　农业**]　世界农场动物福利大会暨第五届中国动物福利与畜禽产品质量安全论坛在浙江杭州举办，本届大会主题是"倡导农场动物福利·推动可持续性发展·引导公众责任消费"。农业部副部长于康震、联合国粮农组织畜牧兽医司司长 Berhe Tekola 及动物福利国际组织代表出席会议并致辞。于康震指出，当今中国，致力于推动农业绿色发展，以提高动物健康和养殖产品的质量安全水平为核心，对促进动物福利作了系统安排和考虑，在生产发展和相关政策法律中充分体现和落实了动物福利理念。

[10 月 14 日　**欧洲复兴开发银行　金融**]　中国人民银行行长周小

川在华盛顿会见了欧洲复兴开发银行行长查克拉巴蒂，就加强双方合作等议题交换了意见。

[10月15日　泛美开发银行　金融]　中国人民银行行长周小川在华盛顿会见了泛美开发银行行长莫雷诺，就加强双方合作等议题交换了意见。

[10月24日　国际原子能机构　农业]　农业部副部长屈冬玉在北京会见了国际原子能机构副总干事艾尔多·马拉瓦西一行，双方就加强核农学领域合作交换了意见。屈冬玉表示，中方愿进一步深化与国际原子能机构在利用核技术促进农业育种、虫害防治、农产品加工等核农学领域的合作，加强对其他发展中国家的技术支持，共同致力于保障全球粮食安全。

[10月26日　世贸组织　农业]　农业部副部长屈冬玉在北京会见了世贸组织第11届部长级会议主席、阿根廷部长苏珊娜·马尔科拉，双方就世贸组织第11届部长级会议筹备情况及有关农业议题交换了意见。屈冬玉表示，2017年以来，国家主席习近平在多个场合阐述了中国作为多边贸易体制坚定的支持者、维护者和推动者的立场，农业部将积极推动年底在阿根廷举行的世贸组织第11届部长级会议取得成功。

[10月31日　国际民航组织　一带一路]　为落实国家主席习近平在"一带一路"国际合作高峰论坛上宣布的向有关国际组织提供10亿美元资金支持有关承诺，2017年10月2日，商务部副部长兼国际贸易谈判副代表俞建华与国际民航组织秘书长柳芳分别代表中国政府与国际民航组织签署合作协议。中国政府将在南南合作援助基金项下向国际民航组织提供200万美元指定用途资金，用于开展发展中国家民航部门中高级管理人员培训。目前，商务部正在与国际民航组织抓紧组织安排具体援助项目实施工作，帮助有关国家提高航空管理水平。

[11月3日　联合国　援助]　商务部副部长兼国际贸易谈判副代表

俞建华代表中国政府与联合国世界粮食计划署、联合国难民署分别签署合作协议。这是为了落实国家主席习近平在"一带一路"国际合作高峰论坛上宣布的向有关国际组织提供 10 亿美元资金支持有关承诺，帮助刚果（布）、中非共和国应对粮食短缺等问题。中国政府将在南南合作援助基金项下向联合国世界粮食计划署提供 500 万美元指定用途资金，用于向刚果（布）、中非共和国提供紧急粮食援助；向联合国难民署提供 300 万美元指定用途资金，用于向刚果（布）境内流离失所者提供生活物资援助。

［11 月 12—13 日　**国际清算银行　金融**］　国际清算银行在瑞士巴塞尔召开行长例会，中国人民银行副行长易纲出席会议，与会央行行长就全球经济金融形势和热点问题进行了交流和研讨。

［11 月 13 日　**欧盟　综合**］　国务院总理李克强在马尼拉会见欧洲理事会主席图斯克。李克强表示，希望双方落实好中国—欧盟领导人会晤共识，推进中欧投资协定谈判。希望欧方全面履行中国入世议定书第 15 条义务，确保有关贸易投资立法符合世贸组织规则，支持贸易自由化和投资便利化。图斯克表示，欧方愿进一步优化双方经贸关系，密切人文交流，加强在地区和国际事务中的合作。欧盟乐见中国—中东欧国家合作，认为其有利于欧洲一体化进程。

［11 月 14 日　**亚洲开发银行　金融**］　财政部部长肖捷在菲律宾马尼拉亚洲开发银行总部会见亚行行长中尾武彦，双方就中国与亚行合作、财政在金融监管中的作用、中国国有企业改革等议题交换了看法。

［11 月 15 日　**欧盟　综合**］　商务部部长钟山在京会见欧盟委员会竞争委员维斯塔格，就中欧竞争领域合作等问题交换意见，并主持召开由商务部、国家发改委、工商总局与欧盟委员会竞争总司举行的第 11 次中欧竞争政策对话。

［11 月 21 日　**欧盟　贸易**］　财政部副部长刘伟在北京会见欧盟内部市场、工业、创业和中小企业总司埃文斯总司长一行。双方就中国加入

世界贸易组织《政府采购协定》交换了意见。

[11月20日　**联合国　农业**]　农业部部长韩长赋在京会见了来访的世界粮食计划署新任执行干事大卫·比斯利一行，就进一步加强与拓展双方的合作交换了意见。韩长赋高度评价世界粮食计划署在消除全球饥饿和营养不良等方面的杰出成就，感谢世界粮食计划署为中国贫困地区的农业发展和扶贫工作作出的积极贡献。

[11月22日　**东南非贸易与开发银行　一带一路**]　中国人民银行副行长殷勇会见了来访的东南非贸易与开发银行行长塔德西，双方就在"一带一路"倡议下中国同东南非贸易与开发银行以及非洲国家加强合作等议题交换了意见。

[11月28日　**欧盟　科技**]　工业和信息化部副部长辛国斌在比利时布鲁塞尔与欧委会内部市场、工业、创新和中小企业总司总司长楼芮·埃文斯共同主持召开了中欧工业对话磋商机制第七次全体会议。双方回顾了中小企业、工业能效、汽车、原材料和船舶五个工作组工作进展情况，并就中欧工业政策以及未来合作重点和方向等进行了深入交流。

[11月29日　**世界银行　能源**]　国家能源局副局长刘宝华在北京会见世界银行分管非洲区业务的副行长马克塔·迪奥普，双方就落实国家能源局和世界银行《关于加强在非能源合作谅解备忘录》及明确下一步工作方案深入交换了意见。

[11月30日　**世界银行　农业**]　农业部副部长屈冬玉会见来访的世界银行副行长（非洲区）迪奥普，就加强中国与世界银行在农业领域的合作交换了意见。屈冬玉赞赏世界银行为推动发展中国家经济发展作出的贡献，感谢世界银行对中国农业发展的支持，希望其继续为推动中国实施乡村振兴战略和农业农村优先发展提供帮助，并表示中国愿意积极与世界银行探索在非洲地区开展农业领域的三方合作，将中国农业的发展理念、经验、技术传播到更多国家。

[12 月 4 日　联合国　科技]　科技部副部长徐南平在上海会见了联合国经济和社会理事会主席玛丽·哈塔多娃女士，双方就进一步推动科技创新和促进《2030 年可持续发展议程》落实进行了深入交流。徐南平指出，中国落实《2030 年可持续发展议程国别方案》中提出了两个重要举措，一是建设国家可持续发展议程创新示范区；另一个是建设绿色技术银行。徐南平与联合国刘振民副秘书长签署《中华人民共和国科技部与联合国科技创新促进可持续发展目标的谅解备忘录》。

[12 月 7 日　欧盟　农业]　农业部副部长于康震在京会见了欧盟委员会环境、海洋事务和渔业委员卡梅奴·维拉，就进一步加强中欧渔业合作交换了意见。于康震强调，中国渔业将走绿色发展的道路，坚持健康养殖、适度捕捞、保护资源、做强产业。于康震表示中欧渔业合作潜力较大，前景广阔，建议双方充分利用包括中欧打击非法，不报告和不管制（IUU）事务工作组在内的交流平台，继续开展打击非法捕鱼合作、共同加强国际渔业治理，增进互信、深化合作，共谋发展。

[12 月 8 日　国际能源署　能源]　国务院副总理张高丽在北京会见国际能源署执行干事比罗尔。张高丽表示，中国始终高度重视能源转型发展，壮大清洁能源产业，推进能源生产和消费革命，构建清洁低碳、安全高效的能源体系。中国愿与国际能源署加强合作，共同推进中国能源绿色发展和能源国际合作。比罗尔表示，中国在推动全球能源绿色低碳转型中发挥了极其重要的作用，国际能源署期待与中方进一步加强各领域合作，共同推动世界能源发展和转型。

[12 月 8 日　国际能源署　能源]　科技部部长万钢在北京会见来访的国际能源署（IEA）署长法提赫·比罗尔博士一行。双方就清洁能源部长级会议（CEM）、电动汽车倡议以及碳捕获利用与封存等领域的合作深入交换了意见。万钢部长感谢 IEA 作为 CEM 秘书处以及电动汽车倡议秘书处提供的出色服务；中方致力于推动清洁能源作为主要能源，同时加强

研究煤炭的减量化清洁高效利用以及碳捕获利用与封存技术。

[12月9—11日　联合国　环境]　中国环境与发展国际合作委员会在北京召开，环境保护部部长李干杰会议期间分别会见联合国开发计划署署长施泰纳、挪威气候与环境大臣赫尔格森和瑞典原副首相兼气候与环境大臣罗姆松。李干杰表示中国政府高度重视生态环境保护，积极参与全球环境治理，在学习借鉴和引进国际经验及技术设备，推动中国环境质量改善的同时，分享中国的理念和方案，在区域和全球环保合作中发挥中国作用。

[12月11日　联合国　科技]　科技部部长万钢在京会见了联合国开发计划署（UNDP）署长阿奇姆·施泰纳一行。双方签署了《科技部与联合国开发计划署谅解备忘录》。根据谅解备忘录，科技部与联合国开发计划署将在"一带一路"沿线知识、技术与创新分享、创新技术的国际交流与转移、《2030年可持续发展议程》创新示范区和可持续发展南南合作平台等领域开展合作。

[12月12日　石油输出国组织　能源]　国家发展和改革委员会副主任、国家能源局局长努尔·白克力在北京会见石油输出国组织（OPEC）秘书长巴尔金都。国家能源局副局长李凡荣参加会见。双方就中国—欧佩克能源及石油领域合作进行了坦诚友好的会谈，并就国际油气发展趋势、面临的机遇和挑战等内容进行了深入沟通和交流。双方一致同意，将共同利用好中国—石油输出国组织高级别对话这个平台，不断深化务实合作。

同日，第二次中国—石油输出国组织高级别对话在北京召开，国家能源局副局长李凡荣与OPEC秘书长巴尔金都共同主持会议。会议期间，OPEC组织代表详细介绍了最新出版的《世界石油展望2017》，尤其是关于亚洲及中国石油供需的展望。中方代表介绍了中国能源政策、油气"十三五"规划及油气发展现状等。

[12 月 10—13 日　**世贸组织　农业**]　世界贸易组织（WTO）第十一届部长级会议在阿根廷首都布宜诺斯艾利斯召开。农业部副部长屈冬玉出席农业议题和渔业议题部长级磋商、农业谈判三十三方协调组（G33）全体成员部长会议、中小微企业部长会议等系列活动。屈冬玉表示，中国对多哈谈判始终持积极态度，希望本次部长会能够取得体现多哈回合发展授权的成果。本次部长级会议就渔业补贴规则谈判达成了一份部长决议，争取 2019 年部长级会议前达成全面协议，承诺履行世贸组织《补贴与反补贴措施协定》。

◇◇ 二　中国区域经济外交

[1 月 9—11 日　**中日韩　自贸区**]　中日韩自贸区第 11 轮谈判在北京举行。商务部副部长王受文与日本外务省外务审议官片上庆一、韩国产业通商资源部部长助理李相珍分别率代表团出席。三方就货物贸易、服务贸易、投资等重要议题进行讨论，深入交换了意见。三方表示，建立中日韩自贸区有助于充分发挥三国间的产业互补性，促进区域价值链的融合，将共同推进中日韩自贸区取得进展。

[1 月 11—13 日　**欧亚经济联盟　贸易**]　中国与欧亚经济联盟经贸合作协议第二轮谈判在北京举行。中方代表团由商务部、国家发展和改革委员会、财政部、海关总署、工商总局、质检总局、国家知识产权局、版权局等单位组成，联盟方代表团由欧亚经济联盟委员会贸易政策司、国内市场保护司等部门以及俄罗斯、白俄罗斯、哈萨克斯坦、吉尔吉斯斯坦、亚美尼亚 5 个成员国的代表组成。双方就海关程序和贸易便利化、技术性贸易壁垒、卫生与植物卫生措施、贸易救济、竞争、知识产权、政府采购、法律与机制条款以部门合作议题进行了深入磋商，取得实质性进展。

[1 月 13 日　**亚太贸易协定　贸易**]　　《亚太贸易协定》第四届部长级理事会在泰国曼谷举行。《协定》成员中国、印度、韩国、斯里兰卡、孟加拉国、老挝以及准备加入《协定》的蒙古国均派高级别代表团与会。在此次会议上,《协定》6 个成员国代表共同签署了第四轮关税减让谈判成果文件《亚太贸易协定第二修正案》,并同意力争于 2017 年 7 月 1 日正式实施。会议发布了《部长宣言》,宣布启动《协定》项下贸易便利化、投资和服务贸易领域实质性谈判,并力争于 2017 年内启动第五轮关税减让谈判。会议还决定成立《协定》工商协会,推动进一步提高区内贸易投资自由化和便利化水平。此前,1 月 11—12 日,《亚太贸易协定》第 50 次常委会举行并为第四届部长级理事会的召开做准备。

[1 月 24 日　**亚太　自贸区**]　　外交部发言人华春莹在回应中国对美国退出跨太平洋伙伴关系协定的看法时表示,中国一直主张建设开放透明、互利共赢的区域自由贸易安排。亚太地区经济发展存在着多样性和差异性的特点,各方应该秉承开放、包容和透明的精神,继续致力于推进亚太地区经济一体化进程,推进区域全面经济伙伴关系谈判和亚太自由贸易区建设,努力为亚太和全球经济的发展注入新动力。此前,澳大利亚贸易部长席奥博表示,期盼中国等亚洲国家加入并挽救 TPP,但中国并未对此有明确回应。

[3 月 1 日　**经济合作组织　一带一路**]　　中国政府代表、外交部副部长张业遂作为特邀嘉宾出席在巴基斯坦伊斯兰堡举行的第 13 次经济合作组织峰会并致辞。张业遂表示,"一带一路"沿线国家包括经济合作组织成员国积极支持和参与"丝绸之路经济带"和"海上丝绸之路"的倡议,一批重大合作项目落地并初见成效,今年 5 月,中国将在北京举办"一带一路"国际合作高峰论坛。经济合作组织是由西亚、南亚、中亚 10 国组成的区域合作组织。本次峰会主题为"联通促进地区繁荣",由该组织现任主席国巴基斯坦总理谢里夫主持,各成员国领导人或高级代表

与会。

[3月3日　**区域全面经济伙伴关系　自贸区**]　始于2月21日的《区域全面经济伙伴关系协定》（RCEP）第17轮谈判在日本神户结束。东盟10国、中国、日本、韩国、澳大利亚、新西兰、印度和东盟秘书处共派700余名代表与会。本轮谈判是2017年RCEP首轮谈判，平行举行了货物、服务、投资、知识产权、电子商务、法律与机制问题工作组会议。各方进一步努力，加紧推进货物、服务、投资三大核心领域市场准入问题和各领域案文磋商，推动谈判进入更加实质性的阶段。各方还讨论了2017年RCEP谈判计划，努力加速谈判进程。经商定，第18轮谈判将于5月2—12日在菲律宾举行。

[3月7—8日　**欧亚经济联盟　贸易**]　中国与欧亚经济联盟经贸合作协议谈判工作组磋商在北京举行。中方代表团由商务部、交通运输部、海关总署、工商总局、知识产权局、版权局等单位的代表组成，联盟方代表团由欧亚经济委员会贸易政策司及部分成员国代表组成。双方就知识产权、法律与机制条款章节文本进行了磋商。

[3月7日　**环印度洋　一带一路**]　环印度洋联盟（环印联盟）首次领导人峰会在印度尼西亚首都雅加达举行。外交部部长助理钱洪山率中方代表团出席并发言。钱洪山说，环印联盟成立20年来为促进地区发展与合作发挥了积极作用，此次峰会召开标志着环印联盟已站在了新的历史起点上，中方欢迎环印联盟及其成员国积极参与或对接"一带一路"建设，促进优势互补，实现共同发展。与会期间，钱洪山还分别会见了环印联盟秘书长巴吉拉特和印尼外交部亚太非总司长戴斯拉。各方积极评价中方为环印联盟发展提供重要支持，欢迎中国继续在环印度洋事务中发挥积极作用。

[3月10日　**澜湄国家　投资**]　澜湄合作中国秘书处正式成立。外交部长王毅在成立仪式上致辞表示，澜湄合作2016年3月由李克强总理

同湄公河五国领导人在海南三亚共同启动,目前已建立了领导人会议、外长会、高官会、工作组会一整套立体式的推进格局,确定了"3＋5"合作架构,选定了45个早期收获项目,目前已经有大半完成或正在推进当中,在五个优先领域成立了四个联合工作组。短短一年来,澜湄合作取得了多项重要进展:一是完善机制建设,构建合作框架。二是推进务实合作,夯实合作基础。三是打造联动网络,注入强劲动力。四是提供金融支撑,保障合作开展。五是深耕民心交流,厚植澜湄文化。

[3月14—15日 亚太 自贸区] 亚太区域经济一体化高级别对话会在智利举行。中国政府拉美事务特别代表殷恒民大使将率团出席对话会。此次会议讨论如何通过现有的一些倡议和协议,如区域全面经济伙伴关系(RCEP)、跨太平洋伙伴关系协定(TPP)以及亚太自由贸易区(FTAAP)等,推进亚太区域经济一体化。

[3月23日 非洲联盟 投资] 国务委员杨洁篪在非洲访问期间同非盟委员会主席法基通电话。杨洁篪表示,中方愿同非盟委员会一道积极落实习近平主席宣布的中非"十大合作计划",共同探讨在中非合作论坛框架下建立更紧密的全面战略合作伙伴关系。中方将积极推动联合国、二十国集团等国际组织为非洲国家维护和平与安全、落实《2063年议程》提供支持与帮助。法基表示,非洲国家希望能借鉴中国发展经验,进一步深化同中方在各领域友好互利合作,实现中非合作共赢、共同发展。

[3月25日 亚洲论坛 贸易] 国家主席习近平向博鳌亚洲论坛2017年年会开幕式致贺信。习近平指出,今年,博鳌亚洲论坛年会以"直面全球化与自由贸易的未来"为主题,体现了国际社会特别是亚洲国家对经济全球化问题的关注。希望与会嘉宾为解决世界和区域经济面临的突出问题贡献智慧,共同推动更有活力、更加包容、更可持续的经济全球化进程。当日,国务院副总理张高丽在海南博鳌出席博鳌亚洲论坛2017年年会开幕式,并发表题为《携手推进经济全球化共同开创亚洲和世界美

好未来》的主旨演讲，强调要牢牢把握世界大势，携手推动经济全球化与自由贸易。此外，张高丽还分别会见了马达加斯加总统埃里、密克罗尼西亚联邦总统克里斯琴、尼泊尔总理普拉昌达、阿富汗议会长老院主席穆斯利姆亚尔、缅甸副总统吴敏瑞，张高丽表示愿与各方加强合作，推进"一带一路"建设。同日，张高丽还会见了博鳌亚洲论坛理事长福田康夫、副理事长曾培炎和理事会部分成员。张高丽表示，希望论坛在重大地区和国际问题上发出亚洲声音，积极建设更广泛伙伴关系，进一步提升国际和地区影响力。

外交部副部长刘振民在海南博鳌出席 21 世纪海上丝绸之路岛屿经济论坛并致辞。他表示，中国愿与岛屿经济体重点在维护海上和平与安全、推进海上互联互通、加强海洋产业对接等三方面开展合作。此外，刘振民副部长还应邀出席博鳌亚洲论坛 2017 年年会亚洲区域合作组织圆桌会并发表演讲，就全球化进程受挫背景下亚洲如何进一步加强区域合作、推进区域一体化建设阐述了看法和主张。

[4 月 1—2 日　美洲开发银行　金融]　中国人民银行行长助理张晓慧率团在巴拉圭首都亚松森出席了美洲开发银行第 58 届理事会年会。会议重点讨论了拉美和加勒比地区经济形势、2017 年泛美开发银行集团的运营和发展、积极撬动资金促进当地私人部门发展，以及研究设立第三期多边投资基金等议题。会议期间，张晓慧还会见了泛美开发银行行长莫雷诺，就促进双方合作交换了意见。

[4 月 2—4 日　中亚、黑海及巴尔干地区　金融]　中国人民银行副行长陈雨露出席了在土耳其安塔利亚举行的中亚、黑海及巴尔干地区央行行长会议组织第 37 届行长会。会议就货币政策与金融稳定的权衡、经济发展韧性等问题和地区经济形势进行了深入讨论。

[4 月 10—13 日　中日韩　自贸区]　中日韩自贸区第十二轮谈判在日本东京举行。商务部、外交部、国家发展和改革委员会、工信部、财政

部等部门派员组成中方代表团参会。三方首先举行了服务贸易、电信、金融服务、自然人移动、投资、竞争政策、知识产权、电子商务等工作组会议，并就服务贸易管理措施进行了全面细致的政策交流。13日，商务部副部长王受文与日本外务省外务审议官片上庆一、韩国产业通商资源部部长助理李相珍举行首席谈判会议，就货物贸易、服务贸易、投资等重要议题深入交换了意见，为下一步谈判向前推进打下了基础。

[4月19—21日　欧亚经济联盟　贸易]　中国与欧亚经济联盟经贸合作协议第三轮谈判在俄罗斯首都莫斯科举行。双方就贸易便利化和海关程序、技术性贸易壁垒和卫生与植物卫生措施、贸易救济、竞争、知识产权、电子商务、法律与机制条款、政府采购和部门合作9个议题文本进行了深入磋商，进一步交换信息，并就部分条款达成共识，取得了阶段性成果。中方代表团由商务部、国家发展和改革委员会、财政部、海关总署、工商总局、质检总局、国家知识产权局、版权局等单位代表组成。联盟代表团由欧亚经济委员会贸易政策司、国内市场保护司及部分成员国代表组成。

[4月20—21日　上海合作组织　一带一路]　上海合作组织成员国外交部长理事会例行会议在阿斯塔纳举行。中国外交部长王毅等成员国外交部长出席会议。外长们指出，在当前世界经济形势下进一步发展和扩大上合组织框架内经贸合作十分重要。鉴此，外长们支持中方于2017年5月14—15日在北京举办"一带一路"国际合作高峰论坛。会议期间，哈萨克斯坦总统纳扎尔巴耶夫与王毅举行会谈，王毅还先后会见了乌兹别克斯坦外交部长卡米洛夫、吉尔吉斯斯坦外交部长阿布德尔达耶夫、哈萨克斯坦外交部长阿布德拉赫曼诺夫、俄罗斯外交部长拉夫罗夫，重点讨论"一带一路"合作及加强战略对接等问题。

[4月21日　南亚、东南亚　通信]　中国面向南亚东南亚辐射中心——国际信息通信枢纽发展论坛在云南昆明召开，工业和信息化部副部

长刘利华、云南省副省长董华出席论坛并致辞。

[4月25—26日　**孟中印缅　综合**]　孟中印缅经济走廊联合研究工作组第三次会议在印度加尔各答召开，孟加拉国、中国、印度、缅甸四个成员国有关政府部门、研究机构、金融机构和行业协会代表共计50余人出席了会议。中国国家发展和改革委员会副主任王晓涛率由国家发展和改革委员会、外交部、交通部、商务部、国家开发银行、云南省、中国驻印度使馆和驻加尔各答总领馆的代表组成的中国代表团出席了会议。会议讨论了四国联合编制的研究报告，在互联互通、能源、投融资、货物与服务贸易及投资便利化、可持续发展与人文交流等重点领域的交流与合作达成了诸多共识。会议还研究讨论了下一步工作安排，签署了会议纪要。为推进四国联合研究报告早日定稿，四方欢迎中方在2017年6月中旬在中国昆明举行专家层面磋商，修改完善研究报告。

[5月2—12日　**区域全面经济伙伴关系　自贸区**]　《区域全面经济伙伴关系协定》（RCEP）第18轮谈判在菲律宾马尼拉举行。菲律宾贸工部长洛佩兹出席开幕式并致辞。来自东盟十国、中国、日本、韩国、澳大利亚、新西兰和印度共计700余名代表参加本轮谈判。本轮谈判各方继续深入推动货物、服务和投资市场准入谈判，并加速知识产权、电子商务、法律机制等各领域的规则案文磋商。各方还讨论了即将举行的RCEP部长级会议的准备情况。

[5月5日　**东盟、中日韩　金融**]　第20届东盟与中日韩（10＋3）财长和央行行长会议在日本横滨举行。财政部副部长史耀斌率团出席了会议。会议主要讨论了全球和区域宏观经济形势、10＋3区域财金合作等议题，并发表了联合声明。史耀斌在会上指出，各方应共同采取政策行动：一是要继续深化结构改革，提高潜在增长率；二是要加大区域基础设施投资和互联互通，坚定维护多边贸易体制；三是继续加强区域金融安全网建设，有效防范金融风险。

[5月14日 "一带一路"国际合作高峰论坛 一带一路] 财政部部长肖捷在出席"一带一路"国际合作高峰论坛高级别会议"促进资金融通"平行主题会议期间，代表中国财政部与有关国家财长或财政部授权代表共同签署了《"一带一路"融资指导原则》。

[5月14—16日 亚太 金融] 中国人民银行副行长殷勇率团赴新西兰出席东亚及太平洋中央银行行长会议组织（EMEAP）第22届行长会以及第6次东亚及太平洋中央银行行长会议组织行长与监管当局负责人非正式会议。

[5月19日 东盟 一带一路] 第23次中国—东盟高官磋商在贵阳举行。外交部副部长刘振民和新加坡外交部常秘池伟强共同主持，东盟其他各国高官或高官代表和东盟副秘书长出席了会议。会议全面回顾了中国和东盟"2+7合作框架"落实情况，特别是去年中国—东盟建立对话关系25周年纪念峰会成果落实进展，以及今年中国—东盟旅游合作年各项活动推进情况。

[5月20—21日 亚太 贸易] 第二十三届亚太经合组织贸易部长会议在越南河内举行。商务部部长钟山率中国政府代表团出席会议。钟山在发言时指出了中方支持经济全球化，维护多边贸易体制，促进贸易投资自由化便利化的坚定立场。会议通过了《第23届贸易部长会议共同行动》。

[5月21—22日 区域全面经济伙伴关系 自贸区] 《区域全面经济伙伴关系协定》部长级会议在越南河内举行。东盟10国、中国、澳大利亚、印度、日本、韩国、新西兰16方经贸部长出席会议。商务部部长钟山率中国政府代表团与会。

[5月22—23日 阿拉伯国家 一带一路] 中国—阿拉伯国家合作论坛第十四次高官会在北京举行。外交部副部长张明出席会议开幕式并致辞。会议回顾总结了论坛第七届部长级会议以来各项工作进展情况，评估

论坛《2016 年至 2018 年行动执行计划》执行情况，就论坛第八届部长级会议筹备工作交换意见，并审议通过会议成果文件。会前，中阿双方还举行了第三次高官级战略政治对话。

同日，国务委员杨洁篪在北京会见此次高官会的阿拉伯国家及阿盟代表团团长。杨洁篪表示，中方愿通过"一带一路"建设促进中阿共同发展。阿方表示，"一带一路"是阿拉伯国家建设和经济发展的重要机遇，所有阿拉伯成员都愿积极参与。阿方重视对华战略合作，欢迎中方在中东发挥更大作用。

[5 月 23—24 日　东盟、中日韩　贸易]　东盟与中日韩（10 + 3）高官会、东亚峰会（EAS）高官会和东盟地区论坛（ARF）高官会在菲律宾马尼拉举行，为下半年举行的东亚合作领导人系列会议和系列外长会预做准备。

[5 月 24 日　阿拉伯国家　通信]　由中国卫星导航系统管理办公室、中阿合作论坛中方秘书处、阿拉伯国家联盟秘书处、阿拉伯信息通信技术组织联合举办的首届中阿北斗合作论坛在上海举行。

[6 月 1 日　拉美国家　基础设施]　第三届中国—拉美和加勒比国家基础设施合作论坛在澳门开幕，商务部副部长兼国际贸易谈判副代表俞建华出席开幕式并致辞。俞建华指出，中拉基础设施合作论坛作为中拉论坛的分论坛，是中国与拉美国家在基础设施领域开展合作的首个专业论坛，也是推动双方在基础设施领域开展务实合作的重要平台。

[6 月 3 日　一带一路沿线国家　综合]　国务院副总理汪洋在西安出席 2017 丝绸之路国际博览会暨丝绸之路经济带国际合作论坛并发表主旨演讲。汪洋强调，中国愿与丝绸之路经济带沿线国家进一步相互扩大市场开放，商签各种形式的区域优惠贸易安排，深化海关、质检等合作，加快"网上丝绸之路"建设；聚焦关键通道、关键城市、关键项目，联结公路、铁路、港口、航空、能源、通信等设施网络；扩大投资和产能合

作，带动当地产业发展；给予更多沿线国家中国公民出境旅游目的地待遇，简化签证和出入境手续，打造旅游合作新亮点。汪洋还于当日会见了来西安出席丝绸之路国际博览会的塞尔维亚副总理拉西姆·利亚伊奇。

[6月7—9日　上海合作组织　一带一路]　国家主席习近平对哈萨克斯坦共和国进行国事访问并出席上海合作组织成员国元首理事会第十七次会议和阿斯塔纳专项世博会开幕式。习近平在会上发表题为《团结协作开放包容建设安全稳定、发展繁荣的共同家园》的重要讲话，强调上海合作组织成员国要强化命运共同体意识，巩固团结协作，携手应对挑战，深化务实合作，拉紧人文纽带，坚持开放包容，携手创造本组织更加光明的未来。会议期间，习近平先后同哈萨克斯坦总统纳扎尔巴耶夫、阿富汗总统加尼、俄罗斯总统普京、塔吉克斯坦总统拉赫蒙、印度总理莫迪、西班牙国王费利佩六世、土库曼斯坦总统别尔德穆哈梅多夫举行双边会晤，强调在"一带一路"框架下加强双边合作。

[6月8日　中日韩　气候]　第二轮中日韩北极事务高级别对话在日本东京举行。中国外交部北极事务特别代表高风、日本外务省北极事务大使白石和子、韩国外交部北极事务大使金英俊分别作为各自国家代表团团长出席本轮对话。会后，三国发表联合声明，强调北极变化带来的影响是全球性的，中日韩三国有必要继续加强在北极理事会等国际机制下的合作。本轮对话有关情况将通过适当渠道向北极理事会通报。中日韩北极事务高级别对话系落实2015年第六次中日韩领导人会议成果，首轮对话去年在韩国首尔举行。中国将于明年主办第三轮对话。

[6月9日　中东欧　贸易]　在第三届中国—中东欧国家投资贸易博览会期间，由商务部、浙江省人民政府共同举办的第二届中国—中东欧国家合作发展论坛在宁波举行。商务部副部长兼国际贸易谈判代表傅自应，浙江省委副书记、代省长袁家军，浙江省委副书记、宁波市委书记唐一军分别在会上致辞，斯洛文尼亚基础设施部部长、捷克工贸部副部长等

7 个中东欧国家政要分别在论坛上发言。合作发展论坛系博览会的重要组成部分，本次论坛主题为"深化16＋1 经贸合作，推进'一带一路'建设成果"。

[6 月 13 日　澜湄国家　基础设施]　国家发展和改革委员会和柬埔寨公共工程与运输部共同在云南昆明牵头召开澜沧江—湄公河国家互联互通联合工作组会议，柬公共工程与交通部索昆国务秘书出席会议。各国就联合工作组概念文件和下一步工作安排达成共识，将共同推动澜湄国家互联互通合作取得更多务实成果。

[6 月 14 日　上海合作组织　一带一路]　外交部长王毅应邀出席上海合作组织秘书长阿利莫夫举行的"上海合作组织日"招待会。王毅在致辞中表示，阿斯塔纳峰会取得丰硕成果，延伸扩大了"一带一路"国际合作高峰论坛效应，完成了上合组织首次扩员，签署了《上合组织反极端主义公约》等重要文件。中方将本着"上海精神"，认真履行主席国职责，计划举行 58 项大型活动及数百场配套活动，推动商签近 20 份合作文件，与各成员国共同努力，促进本组织政治、安全、经济、人文、对外交往、机制建设六大领域合作取得新成就。

[6 月 19 日　欧亚　科技]　国务院副总理汪洋在青岛出席亚欧数字互联互通高级别论坛开幕式并发表主旨演讲。汪洋指出，举办亚欧数字互联互通高级别论坛，是去年亚欧首脑会议达成的重要共识。中方愿与亚欧会议各方一道，以本次论坛为契机，推进跨境光缆等信息基础设施建设，畅通亚欧信息之路，让更多国家搭上数字经济快车，缩小"数字鸿沟"。全面深化通关、物流、电子支付、电子认证等领域合作，推动跨境无纸贸易，促进跨境电子商务健康发展。鼓励相互投资，促进亚欧信息技术、产业、市场、人才有机结合，推动数字经济与传统产业融合发展。来自亚欧会议各成员方和有关国际组织的 600 多名代表参加了论坛。汪洋还于当日会见了前来出席论坛的柬埔寨副首相因蔡利。

[6月19—21日　澜湄国家　能源]　大湄公河次区域电力贸易合作委员会第22次会议在四川成都召开，国家能源局副局长李凡荣出席会议并致辞。来自中国、泰国、缅甸、越南、老挝、柬埔寨6个大湄公河次区域国家和亚洲开发银行、世界银行等机构的50余位政府、企业和金融机构代表参加会议。会议主要围绕区域电力贸易、监管机制、电网标准等展开交流和讨论。

[6月30日　东盟与中日韩　金融]　第15届东亚论坛在湖南长沙举行。论坛主题为"10＋3合作20年：迈向东亚经济共同体"，来自东盟国家与中日韩三国官方、产业界和学术界的代表以及东盟秘书处代表近100人出席。外交部副部长刘振民率中方代表团与会，并在开幕式上发表主旨演讲。

[7月3—4日　东亚峰会　能源]　第三届东亚峰会清洁能源论坛在云南省昆明市召开，国家能源局副局长李凡荣出席论坛开幕式并致辞。李凡荣指出，近年来，东亚及东盟国家是世界经济发展最具有活力、人口最为稠密的地区之一，也是"一带一路"倡议的重点地区，工业化和城镇化进程快速推进，能源需求快速增长，各国日益关注能源安全、能源可及性和环境保护等问题，发展清洁能源，实现绿色低碳发展成为共同选择。由于资源禀赋和经济发展程度的差异，各国在清洁能源领域的发展还很不均衡，亟须进一步深化合作，在互利共赢基础上共同推进区域清洁能源协调发展。

[7月11日　中东欧　投资]　外交部副部长、中国—中东欧国家合作秘书处秘书长王超在北京出席第九次中国—中东欧国家合作国家协调员会议并做主旨发言。中东欧16国国家协调员或代表、驻华使节出席会议。欧盟、奥地利、白俄罗斯驻华使馆代表作为观察员与会。王超表示，截至目前《里加纲要》举措已落实60%以上。中东欧国家领导人踊跃出席"一带一路"国际合作高峰论坛，为此次活动的成功举办作出突出贡献。匈塞

铁路、贝尔格莱德环城路等大型基础设施项目有序推进，16＋1 金融公司运行良好，16＋1 银联体筹建工作顺利开展。"16＋1 合作"已进入全面深化、多出成果的关键阶段。今年恰逢"16＋1 合作"创立五周年，中方愿与中东欧 16 国一道，共同努力，积极筹备下半年举行的第六次中国—中东欧国家领导人会晤，推动"16＋1 合作"继续蓬勃发展。积极将"16＋1 合作"与中欧关系、"一带一路"建设以及各国发展战略有效对接。

[7 月 17 日　拉美　金融]　财政部副部长史耀斌会见了来访的拉美开发银行行长卡兰萨一行。双方就进一步加强未来合作交换了意见。

[7 月 17—23 日　拉美　金融]　由中国财政部、商务部主办，拉美开发银行、中国进出口银行协办的首届对拉美投资合作研讨班在华成功举办。来自巴西、墨西哥、厄瓜多尔、巴拿马等 9 个拉美地区国家的副部长级官员和企业代表，多双边开发机构驻华代表，中方政府机构、金融机构、研究机构及中资企业代表共 80 多人参加了在京的研讨活动。中国财政部国际财金合作司司长陈诗新、拉美开发银行行长卡兰萨、巴西财政部副部长赫阿巴契以及中国商务部国际研修学院、中国进出口银行的代表出席研讨会开幕式并致辞。

[7 月 17—28 日　区域全面经济伙伴关系　自贸区]　《区域全面经济伙伴关系协定》（RCEP）第 19 轮谈判在印度海德拉巴举行。各方继续就货物、服务、投资和规则领域展开深入磋商。经商定，RCEP 第 5 次部长级会议将于 9 月 10 日在菲律宾马尼拉举行。第 20 轮谈判将于 10 月 17—28 日在韩国仁川举行。

[7 月 24 日　亚洲　金融]　国务院副总理马凯在北京出席亚洲金融合作协会成立大会。马凯指出，成立亚洲金融合作协会，是落实习近平主席在 2015 年博鳌亚洲论坛年会倡议的具体成果，也是继亚洲基础设施投资银行之后，中方倡议成立的又一区域性金融组织，是中方为亚洲乃至国际金融界提供公共产品的积极探索，具有重要的意义。全国政协副主席陈

元及亚洲金融合作协会会员单位代表、相关国际组织和境外监管机构代表、有关部委和北京市政府负责人共300多人出席仪式。亚洲金融合作协会（AFCA）立足亚洲、开放包容，以"联通合作、共治共享"为宗旨，致力于搭建亚洲金融机构交流合作平台，促进地区金融机构经验分享和业务交流，共同维护区域经济金融稳定。

[7月26日　**东盟　一带一路**]　外交部长王毅集体会见东盟十国驻华使节，在东亚合作系列外长会议召开之前，与使节们就中国—东盟关系和东亚合作交换意见。王毅说，2017年是东盟成立50周年，明年是中国—东盟建立战略伙伴关系15周年，中方愿与东盟国家一道，立足当前，着眼长远，加强"一带一路"倡议和东盟发展规划对接，推进双方各领域合作提质升级，构建更为紧密的中国—东盟命运共同体。积极探讨和开展海上合作，维护南海地区来之不易的稳定局面。共同引领东亚区域合作，为地区一体化和经济全球化注入正能量。

[7月26日　**澜湄国家　金融**]　澜湄合作跨境经济合作联合工作组首次会议在云南昆明举行。中国、柬埔寨、老挝、缅甸、泰国、越南六国工作组与会。本次会议标志着澜湄合作框架下跨境经济合作联合工作组机制正式成立并实质性运作。

[8月3—5日　**东盟与中日韩　宏观经济**]　财政部副部长史耀斌赴新加坡出席了东盟与中日韩宏观经济研究办公室（AMRO）主管行政事务副主任的选聘面试，并听取了AMRO高级管理层的工作汇报。期间，史副部长还分别会见了日本副财长浅川雅嗣和韩国副财长宋寅昌。

[8月6日　**东盟　一带一路、自贸区**]　外交部长王毅出席在菲律宾马尼拉举行的中国—东盟（10＋1）外长会议。王毅祝贺东盟成立50周年，表示东盟作为东南亚重要的区域性组织，不断成长壮大，成为促进区域一体化和维护地区和平稳定的代表性力量。中方建议重点做好七方面工作：一是制订"中国—东盟战略伙伴关系2030年愿景"，共同规划双

方关系蓝图。二是加强"一带一路"倡议同东盟互联互通规划的对接，扎实推进基础设施互联互通建设，进一步拓展双方合作的领域和空间。三是将 2018 年确定为"中国—东盟创新年"，启动中国创新驱动发展和东盟创新驱动型增长的相互促进和中国—东盟关系的提质升级。四是加快中国—东盟自贸区升级成果落地，维护全球自由贸易体制。五是全面落实去年领导人会议发表的《中国—东盟产能合作联合声明》，助推彼此工业化进程。六是打造人文交流合作新支柱，办好中国—东盟旅游合作年和教育交流周，加强文化、青年、媒体等领域交流合作，夯实双方关系发展的民意和社会基础。七是共同引领区域一体化进程，加快推进区域全面伙伴关系协定谈判，通过澜湄合作和东盟东部增长区机制，推动次区域合作取得新的实质性成果。王毅在菲律宾马尼拉出席东亚合作系列外长会期间，分别会见了美国国务卿蒂勒森、俄罗斯外交部长拉夫罗夫、韩国外交部长康京和、印尼外交部长蕾特诺、马来西亚外交部长阿尼法、澳大利亚外交部长毕晓普、柬埔寨外交国际合作部大臣布拉索昆、新西兰外交部长布朗利、日本外相河野太郎、新加坡外交部长维文、老挝外交部长沙伦赛、文莱外交与贸易部第二部长林玉成。

[**8 月 7 日　东盟与中日韩　投资、自贸区**]　外交部长王毅出席在菲律宾马尼拉举行的东盟与中日韩（10＋3）外长会。王毅表示，去年以来，在各方积极推动下，10＋3 务实合作取得新的进展。今年是 10＋3 合作启动 20 周年。20 年来，10＋3 合作历经两次金融危机洗礼，成为东亚合作的主渠道，并发展为亚洲地区机制最完善、成果最显著的合作机制之一，为推动东亚国家对话合作、促进地区发展繁荣作出了重要贡献。不忘初心，方得始终。从 10＋3 合作 20 年发展历程可以得出三点重要启示：一是完善机制建设是保障，二是加强务实合作是动力，三是促进区域一体化是方向。王毅表示，中方始终是东亚合作的积极参与者和推动者。在当前贸易保护主义思潮抬头背景下，10＋3 应担当起东亚合作主渠道的重

任，在六个方面深化务实合作，推动 10 + 3 合作向更高层次、更高水平迈进：一是加强规划指导，为 10 + 3 的可持续发展指引方向，可借鉴东盟成功经验，将东盟共同体蓝图延伸至东亚合作平台。二是推动加强粮食安全合作，支持加强 10 + 3 农业交流合作。三是加强可持续发展合作，加强在减贫、中小企业等领域合作，缩小地区发展差距。四是深化财经合作，发挥亚洲金融合作协会作用，争取尽早达成区域全面经济伙伴关系（RCEP）。五是创新产业合作模式，发挥各自优势，开展国际产能合作。六是加强人文交流，促进整个地区的文化和地方交流。

［8 月 7 日　东亚峰会　一带一路］　外交部长王毅出席在菲律宾马尼拉举行的第七届东亚峰会外长会。王毅就东亚峰会发展谈了四点看法：一是坚持东亚峰会"领导人引领的战略论坛"定位，坚持经济发展与政治安全合作"两轮驱动"。二是突出经济发展合作。中国倡议共建"一带一路"，成功举办"一带一路"国际合作高峰论坛，为各国共享机遇、共谋发展提供重要机遇。中方积极推动澜沧江—湄公河合作，助力东盟共同体建设和区域经济一体化进程。三是加强非传统安全合作。中方愿与各方加强反恐交流合作，共同维护地区和平安全。四是完善区域安全架构建设，探讨提升现有安全架构的有效性。

［8 月 25 日　中东欧　贸易］　中国—中东欧国家（16 + 1）农业部长会议在斯洛文尼亚布尔多召开。中国农业部部长韩长赋率团出席会议，斯洛文尼亚和爱沙尼亚等中东欧十六国农业部长参加会议。会议通过了《中国—中东欧国家农业部长会议布尔多共同宣言》，阐明了中国与中东欧国家对构建公平的农产品贸易体系，以及保障农民在全球价值链中的利益的高度关切。《共同宣言》明确提出，将积极推进"16 + 1"农业合作与"一带一路"建设对接。

［9 月 7 日　中亚学院　综合］　财政部部长肖捷在新疆乌鲁木齐出席中亚学院开业仪式系列活动期间会见中亚学院院长孙博雅、亚洲开发银

行行长中尾武彦、乌兹别克斯坦财政部长霍贾耶夫、阿富汗财政部长哈基米、巴基斯坦财政部长达尔。

[9月7日　太平洋岛国　一带一路]　中国—太平洋岛国论坛对话会特使杜起文作为中国政府代表出席在萨摩亚首都阿皮亚举行的第29届太平洋岛国论坛对话活动。杜起文特使围绕海洋治理、气候变化等议题阐明中方的立场和主张，并重点介绍了中国在帮助岛国发展海洋经济、保护海洋环境、提升应对气候变化能力等方面所作巨大努力和取得的成果，还介绍了中国同太平洋岛国关系发展情况、中国对岛国政策以及"一带一路"倡议。与会各方表示愿积极参加"一带一路"合作。

[9月11日　东盟　一带一路]　国务院副总理张高丽在广西南宁分别会见前来出席第十四届中国—东盟博览会和中国—东盟商务与投资峰会的文莱苏丹哈桑纳尔、柬埔寨首相洪森、越南政府常务副总理张和平和老挝副总理宋赛。

在会见哈桑纳尔时，张高丽表示，中方愿与文方一道，抓住共建"一带一路"的重要机遇，推动两国发展战略对接，深化各领域务实合作，巩固民间友好，造福两国人民。

在会见洪森时，张高丽表示，当前中柬关系发展势头良好，中方愿同柬方合作，推动双方经贸合作不断取得新进展。中方愿以明年中国—东盟建立战略伙伴关系15周年为契机，与东盟建设更为紧密的中国—东盟命运共同体。中方愿与柬方密切配合，推动澜湄合作取得新的更大发展。

在会见张和平时，张高丽表示，中方高度重视中越关系，愿同越方共同努力，规划好双边高层交往，推进好务实合作，实施好人文交流，维护好海上和平稳定，推动双边关系持续健康稳定发展。

在会见宋赛时，张高丽表示，双方要共同抓好落实，持续推进发展战略有效对接，实施好已签署的共建"一带一路"和加强产能投资合作协议。

[9月12日　**东盟　贸易、投资**]　第十四届中国—东盟博览会和中国—东盟商务与投资峰会在广西南宁开幕。国务院副总理张高丽出席开幕式，并发表主旨演讲。张高丽表示，中国愿与东盟携手共同谱写21世纪海上丝绸之路建设新篇章。主要举措有：一是深化双方政治互信。二是深化国际产能合作。三是深化经贸合作。四是深化互联互通合作。五是深化创新合作。六是深化人文交流合作。

[9月13日　**东盟、中日韩　环保**]　第15次东盟—中日韩环境部长会议在文莱首都斯里巴加湾市召开。中国代表团团长、环境保护部副部长黄润秋在会上发表讲话说，中国—东盟环境合作发展态势良好，已成为南南合作的典范。

[9月13—14日　**中日韩　金融**]　中国人民银行行长周小川出席了在韩国松岛举行的第九届中日韩央行行长会议，与日本央行行长黑田东彦、韩国央行行长李柱烈就近期经济金融形势等议题交换了意见。第十届中日韩央行行长会议将于2018年由中国人民银行主办。

[9月21日　**拉共体　一带一路**]　外交部长王毅在纽约出席联合国大会期间集体会见拉共体"四驾马车"外长。王毅表示，拉美和加勒比地区历史上是"海上丝绸之路"的自然延伸，现在是"一带一路"建设的重要参与方。中方欢迎更多拉美和加勒比国家参与共建"一带一路"，愿同拉方推动互联互通和发展战略对接。王毅指出，2015年初，中拉论坛首届部长级会议成功举行。两年多来，中拉推动中拉论坛合作取得重要收获。

[9月21日　**欧亚国家　一带一路**]　2017欧亚经济论坛在西安开幕，国务院副总理汪洋出席开幕式并发表主旨演讲。汪洋指出，欧亚经济论坛是中国与欧亚国家共建"一带一路"的重要平台。中方愿意发挥好论坛的作用，弘扬丝路精神，促进中国与欧亚各国加深了解、增强互信、扩大合作，把潜在优势转变为更多务实合作成果，增强区域经济发展活

力，造福各国人民。欧亚经济论坛是国务院批准成立的，以上海合作组织国家为主体，面向广大欧亚地区的高层次、开放性国际会议。论坛自2005年创办以来，已成功举办五届，对于增进欧亚各国相互了解、深化各领域务实合作，加快内陆地区"向西开放"进程，提升陕西外向型经济发展水平发挥了重要推动作用。全国政协副主席、论坛组委会名誉主任陈元出席开幕式。在西安期间，汪洋还会见了与会的尼泊尔议长昂萨莉、阿富汗议会下院议长易卜拉希米。

[9月20日　上海合作组织　一带一路]　外交部长王毅在纽约联合国总部主持上海合作组织成员国外长非例行会议。王毅表示，上合组织各国要深化"一带一路"与欧亚经济联盟以及各国发展战略对接合作，构建区域融合发展新格局。坚持开放、透明、不针对第三方的原则，不断扩大"朋友圈"。与会外长欢迎印度、巴基斯坦加入上合组织，表示愿秉承"上海精神"，加强团结，深化政治、经济、安全等领域合作。

[9月22日　欧盟　贸易、投资]　国务院副总理马凯在北京会见法国前总理多米尼克·德维尔潘等参加首届中国—欧盟工商领袖和前高官对话的欧方代表，随后会见巴基斯坦前总理肖卡特·阿齐兹等中投公司国际咨询委员会委员。双方分别就世界和中国经济形势与中欧经贸合作、中投公司发展等问题交换了意见。

[9月22—23日　欧盟　贸易]　由中国国际经济交流中心与欧洲企业协会联合举办的"首轮中国—欧盟工商领袖和前高官对话"在北京举行。中国国际经济交流中心理事长曾培炎、法国前总理德维尔潘、欧洲企业协会首席执行官布莱耶以及中欧双方政府前高官、企业家、学者约80人参加对话。9月22日下午，国家发展和改革委员会主任何立峰应邀出席对话圆桌会议，并以"结构持续优化 动能有序转换 中国经济稳中向好态势不断巩固"为题发表主旨演讲。

[9月29日　东盟、中日韩　农业]　农业部副部长屈冬玉在泰国清

迈出席第 17 届东盟与中日韩（10 + 3）农林部长会议。屈冬玉指出，中方愿与东盟在"一带一路"倡议下继续深化农业合作，提供力所能及的支持，并提出三点建议：进一步加强粮食安全领域合作，推动在 11 月召开的东亚领导人峰会上宣布《东盟与中日韩粮食安全合作声明》；进一步健全中国与东盟农业合作机制；积极推进与东盟在农业领域全方位合作。

[9 月 29—30 日　中亚黑海与巴尔干地区　金融]　中国人民银行行长周小川出席了在俄罗斯莫斯科举行的中亚、黑海及巴尔干地区央行行长会议组织第 38 届行长会。来自 22 个中央银行的与会代表就金融科技、地区经济金融形势等问题进行了深入讨论。其间，周小川还与俄罗斯联邦中央银行行长纳比乌琳娜及其他央行行长举行了双边会谈。

[10 月 9 日　亚太经合组织　综合]　2017 减贫与发展高层论坛在北京召开，国务院副总理汪洋出席论坛并致辞。本次论坛以"精准扶贫与2030 年可持续发展议程"为主题，联合国秘书长古特雷斯向论坛致贺信。来自 13 个国家的政要、16 个国际机构的代表以及专家学者共 200 余人参加了论坛。

[10 月 18 日　环印度洋　一带一路]　中国政府非洲事务特别代表许镜湖代表中方出席在南非德班举行的环印度洋联盟（环印联盟）第 17届部长理事会会议。许镜湖在会上发言，表示中国愿进一步深化同环印联盟及其成员国在贸易投资、海洋经济、人力资源开发、旅游、传统医药等方面合作。中方欢迎联盟及其成员国积极参与或对接"一带一路"建设。此次会议由南非政府和环印联盟秘书处共同主办，就促进蓝色经济、妇女经济赋权、海上安全合作，加强联盟能力和机制建设，加大对话伙伴国对联盟事务参与度等议题进行广泛交流，并通过了《德班公报》。

[10 月 20—21 日　亚太经合组织　财政、金融]　第 24 届亚太经合组织（APEC）财长会在越南会安举行。会议重点讨论了全球和区域经济金融形势、基础设施长期投资、税基侵蚀和利润转移、灾害风险融资与保

险、普惠金融、落实《宿务行动计划》等议题，并发表了联合声明。财政部部长助理赵鸣骥率团出席了会议。

[10月24—28日　区域全面经济伙伴关系　自贸区]　《区域全面经济伙伴关系协定》（RCEP）第20轮谈判在韩国仁川举行。各方按照9月部长会议通过的关键要素文件，继续就货物、服务、投资和规则领域展开深入磋商，讨论并形成了拟向领导人提交的联合评估报告草案。

[10月25日　中东欧　交通]　主题为"多式联运——为经济提供有效运输保障"的第二届"中国—中东欧国家（16＋1）交通部长会议暨商务论坛"在波兰首都华沙开幕。波兰总理希德沃在开幕式上致辞时表示，中东欧国家和中国"16＋1"合作机制不仅能够促进各方关系的发展，也为国家间的合作提供平台，这种机遇前所未有。中国交通运输部副部长何建中说，中方愿同与会各国及各方代表共同努力，按照17国领导人关于对接"一带一路"倡议和泛欧交通网络等欧盟有关倡议，推进欧亚大陆交通一体化的共识，在交通运输和物流领域加快推进设施互联互通，加强政策协调，坚持合作共赢，共同开启中国—中东欧交通运输和物流合作的新篇章。

[10月27日　中亚　综合]　中亚区域经济合作（CAREC）第16次部长级会议在塔吉克斯坦杜尚别举行。财政部部长助理赵鸣骥率由财政部、外交部、国家发展和改革委员会、商务部、国家能源局及内蒙古自治区、新疆维吾尔自治区组成的中国代表团出席会议。本次部长级会议的主题是"加强中亚区域经济合作区域合作，落实《2030年可持续发展议程》和《巴黎协定》目标"。会议通过了中亚区域经济合作战略，探讨了中亚区域经济合作机制如何帮助成员国采取一致行动落实2030年可持续发展战略和《巴黎协定》目标，发表了《杜尚别宣言》。

[10月30日　中东欧　一带一路]　第十次中国—中东欧国家合作（简称"16＋1合作"）国家协调员会议在匈牙利首都布达佩斯举行，

"16＋1 合作"中国国家协调员、外交部副部长王超率团出席并作主旨发言。会议重点就第六次 16＋1 领导人会晤筹备工作及进一步促进"16＋1合作"发展充分交换意见,达成重要共识。在匈期间,王超还会见了匈外交和对外经济部部长西雅尔多,就中匈关系、"一带一路"建设、"16＋1合作"等问题交换意见。

[10 月 31 日—11 月 2 日　美洲　一带一路]　国家发展和改革委员会秘书长李朴民率团赴加拿大参加美洲国际经济论坛第 11 届多伦多全球峰会。在 31 日召开的全体会议上,李朴民秘书长就"'一带一路'与中国—美洲国家基础设施合作新机遇"作了主题发言。国家发改委政研室、国际合作中心相关同志陪同参会。

[11 月 8 日　中东欧　能源]　中国—中东欧能源博览会暨论坛在罗马尼亚首都布加勒斯特开幕,中国国家发展和改革委员会副主任、国家能源局局长努尔·白克力出席博览会暨论坛并作开幕致辞和主题发言。罗马尼亚外交部长梅莱什卡努、能源部长佩特库在会议上表示,罗方愿利用共建"一带一路"的契机,加强与中方在能源领域的全方位务实合作。与会代表就中国—中东欧加强能源合作,共同构建现代、高效、可持续的全球能源架构等议题展开讨论,并通过了《中国—中东欧能源合作联合研究部长声明》和《中国—中东欧能源合作白皮书》。

[11 月 8—9 日　亚太　经贸]　亚太经合组织第 29 届外交和贸易部长级会议在越南岘港举行,外交部副部长李保东出席会议。李保东表示,作为本地区最重要的经济合作机制,亚太经合组织坚持推进区域经济一体化,不断开辟新的合作领域,拓展新的发展空间,在亚太合作中发挥了引领作用。李保东就推进亚太未来合作提出四点建议:一是共同构建开放型亚太经济,深入推进贸易和投资自由化便利化,早日建成亚太自由贸易区;二是共同推动互联互通建设,深入落实互联互通十年期蓝图,构建综合全面的亚太互联互通网络;三是共同促进创新和包容增长,深入开展政

策对话、经验交流和能力建设，不断培育增长新动能；四是共同规划未来合作愿景，以亚太伙伴关系为指引，持续推进重要合作议程。

[11 月 10 日　亚太　综合]　　国家主席习近平出席在越南岘港举行的亚太经合组织领导人与东盟领导人对话会。与会领导人围绕"合作挖掘新动力，构建全面联通和一体化亚太"议题进行讨论，共商亚太经合组织同东盟合作。习近平就亚太经合组织同东盟合作提出几点建议：第一，共同推进区域经济一体化。第二，共同推进互联互通建设。第三，共同推进包容、可持续发展。

同日，习近平出席在岘港举行的亚太经合组织工商领导人峰会并发表题为《抓住世界经济转型机遇谋求亚太更大发展》的主旨演讲，强调世界正处在快速变化的历史进程之中，世界经济正在发生更深层次的变化。习主席提出几点建议：第一，继续坚持建设开放型经济，努力实现互利共赢。第二，继续谋求创新增长，挖掘发展新动能。第三，继续加强互联互通，实现联动发展。第四，继续增强经济发展包容性，让民众共享发展成果。

[11 月 12 日　东盟　自贸区]　　东南亚国家联盟（东盟）和中国香港特别行政区在马尼拉第 31 次东盟峰会系列会议期间签署了东盟—香港自由贸易协定和东盟—香港投资协定。菲贸工部长拉蒙·洛佩兹表示，自由贸易协定和投资协定的签署会使东盟拥有更大的市场以及稳定的外部投资，给东盟带来更多机会，同时也会促进东盟地区的就业发展，尤其促进中小微企业的发展。东盟—香港自由贸易协定是东盟对外签署的第 6 个自由贸易协定，前 5 个分别是中国、韩国、日本、印度、澳大利亚和新西兰。

[11 月 13 日　10 + 1　一带一路]　　国务院总理李克强在菲律宾出席第 20 次中国—东盟（10 + 1）领导人会议。李克强在发言中表示，中方坚定支持东盟共同体建设，支持东盟在区域合作中的中心地位，支持东盟

在国际地区事务中发挥更大作用，始终把东盟作为周边外交的优先方向。李克强就面向未来推动中国—东盟关系更上层楼提出五点建议：第一，共同规划中国—东盟关系发展愿景。第二，促进"一带一路"倡议同东盟发展规划对接。第三，稳步加强双方政治安全合作。第四，进一步拉紧经贸合作纽带。第五，不断提升人文交流合作水平。会议通过《中国—东盟关于进一步深化基础设施互联互通合作的联合声明》《中国—东盟关于全面加强有效反腐败合作联合声明》《中国—东盟旅游合作联合声明》和《未来十年南海海岸和海洋环保宣言（2017—2027）》等成果文件。

[11月14日　东盟　综合]　国务院总理李克强在菲律宾出席第20次东盟与中日韩（10＋3）领导人会议。李克强在发言中表示，20年来10＋3合作机制不断完善、合作领域逐步拓展，成为亚洲地区架构最完善、成果最显著的合作机制之一，为促进东亚地区和平稳定、发展繁荣做出了积极贡献。中方主张，东亚经济共同体建设要秉持"一个宗旨"，即促进地区经济一体化，实现融合发展和共同发展；坚持"两个原则"，即坚持东盟的中心地位，坚持协商一致、开放包容、照顾各方舒适度的"东盟方式"；推进"三个层面合作"，即以10＋3合作为主渠道，以东盟与中、日、韩三组10＋1合作为基础，以中日韩、澜沧江—湄公河、东盟东部增长区等次区域合作为有益补充。李克强就此提出六点建议：第一，大力推进贸易自由化便利化，逐步向单一市场迈进。第二，扩大产能和投资合作，打造互利共赢的产业链。第三，加强基础设施合作，构建互联互通网络。第四，深化金融合作，维护地区金融稳定。第五，加强可持续发展合作，打造均衡包容普惠的地区发展格局。第六，扩大人文交流合作，凝聚共同体意识。会议通过成果文件《10＋3领导人关于粮食安全合作的声明》和《关于10＋3合作20周年的马尼拉宣言》。

[11月14日　东亚峰会　综合]　国务院总理李克强在菲律宾出席第12届东亚峰会。李克强在讲话中表示，东亚峰会成立12年来，致力于

促进地区发展、维护安全稳定，已成为域内外国家共同参与的重要对话合作平台。中方愿对下一步合作提出六点建议：一是加快区域一体化建设。二是推动可持续发展。三是促进社会发展。四是共同应对非传统安全威胁。五是创新安全理念。六是完善区域安全架构。会议通过《东亚峰会领导人关于减贫合作的声明》《东亚峰会领导人关于化学武器的声明》《东亚峰会领导人关于预防和应对恐怖主义意识形态扩散的声明》和《东亚峰会领导人关于打击洗钱和恐怖融资的宣言》等成果文件。

　　[11月14日　区域全面经济伙伴关系　自贸区]　李克强与东盟十国以及韩国、日本、印度、澳大利亚、新西兰领导人共同出席了区域全面经济伙伴关系领导人会议。此次会议是自2012年RCEP谈判机制启动以来，有关各国就此项议题举行的首次领导人会议，表明相关各国推动区域经济合作的热切愿望。与会各国领导人在会后发表共同声明重申，RCEP具有巨大潜力，能够创造就业、驱动可持续增长和包容性发展，支持创新，进而改善民众的生活水平。与会领导人表示，RCEP需要整合现有自贸协定，在相互间没有协定的伙伴之间创建新的经济联系。与此同时，RCEP应考虑到参与方不同的发展水平，在符合现有自贸协定的情况下，加入一定形式的灵活性，包括特殊化和差异化对待等。虽然接下来的磋商依然是一项复杂和具有挑战性的任务，但各国将致力于达成一个现代、全面、高质和互惠互利的经济伙伴协定，以支持一个开放和具有促进作用的区域贸易和投资环境。

　　[11月20日　亚欧外长会议　综合]　外交部长王毅出席在缅甸内比都举行的第十三届亚欧外长会议，并在会上作了题为《共同构建新时代的亚欧新型伙伴关系》的引导性发言。王毅表示，亚欧国家共同参与和推动经济全球化进程，扩大贸易投资，促进了亚欧整体发展。中方立足亚欧文明多样性，开展文明对话与交流，拉近了人民之间的距离。中方坚持多边主义理念，致力于全球治理体系的改善和变革，以合作应对挑战。王毅

就未来亚欧合作重点方向提出三点建议：第一，要共同维护地区和平稳定。第二，要共同挖掘新的增长动力。第三，要共同探索可持续治理模式。会议期间，王毅还同与会的柬埔寨国务兼外交大臣布拉索昆、新加坡外交部长维文、泰国外交部长敦、德国副总理兼外交部长加布里尔、欧盟外交与安全政策高级代表莫盖里尼、马耳他外交部长阿贝拉、挪威外交大臣瑟雷德和卢森堡外交大臣阿瑟伯恩等分别举行了双边会见。

[11月24日 中非合作论坛 一带一路] 中非合作论坛第十二届高官会在北京举行。论坛中方后续行动委员会两主席、外交部部长助理陈晓东和商务部副部长钱克明分别出席会议开、闭幕式并致辞。会议听取并审议了中方关于中非合作论坛约翰内斯堡峰会成果落实进展情况的报告，并就2018年新一届论坛会议筹备工作交换了意见。非洲各国表示，愿与中方继续密切配合，全面、深入落实好中非合作论坛约翰内斯堡峰会成果，进一步加强双方在农业、产业产能、基础设施建设、贸易投资、人才培训、技术转让、和平与安全等方面的合作，积极参与"一带一路"建设。非洲各国一致建议将2018年在华举办的中非合作论坛新一届会议升格为峰会，以保持中非全面战略伙伴关系高水平发展。

[11月27日 中东欧 综合] 国务院总理李克强在布达佩斯出席第六次中国—中东欧国家领导人会晤。李克强围绕"深化经贸金融合作，促进互利共赢发展"的会晤主题提出以下建议：第一，做大经贸规模。大力促进贸易和投资自由化便利化。第二，做好互联互通。第三，做强创新合作。第四，做实金融支撑。第五，做深人文交流。与会中东欧国家表示，愿加强互联互通、金融、电子商务、农业、物流、中小企业、旅游、人文等各领域务实合作。会晤后，中国同中东欧16国共同发表《中国—中东欧国家合作布达佩斯纲要》。

[11月27日 中东欧 一带一路] 国务院总理李克强在布达佩斯出席第七届中国—中东欧国家经贸论坛开幕式并致辞。李克强强调，要促

进共建"一带一路"倡议同中东欧国家发展战略对接。加快推进匈塞铁路等互联互通项目建设，促进中欧班列持续健康发展。扩大国际产能合作，共建一批经贸合作区，打造融合度更深、带动力更强、受益面更广的产业链、价值链和物流链。要大力推进贸易和投资自由化便利化；要进一步拓宽融资渠道；要推动中小企业加强合作；要搭建更多合作机制和服务平台。匈牙利总理欧尔班表示，中东欧 16 国愿积极参与"一带一路"倡议，为中国企业投资兴业创造更好环境。

[12 月 1 日　**上海合作组织　综合**]　　国务院总理李克强在索契出席上海合作组织成员国政府首脑（总理）理事会第十六次会议。李克强就各成员国一道努力，夯实团结互信，深化务实合作，同心协力打造地区国家命运共同体提出以下建议：第一，塑造安全稳定的地区环境。第二，加快发展战略对接合作。第三，提升贸易自由化便利化水平。第四，构建快捷便利的联通格局。第五，推进产能与创新合作深入发展。第六，系牢人文交流合作纽带。与会领导人表示，上合组织合作应秉持"上海精神"，加强发展战略对接，推进互联互通和区域贸易一体化建设，深化能源、农业、金融、投资、科技创新、数字经济、地方等领域合作，支持各国企业参与区域经济合作。

[12 月 11—12 日　**东盟、中日韩　金融**]　　东盟与中日韩（10 + 3）财政和央行副手会在日本旭川举行。财政部副部长史耀斌、中国人民银行副行长殷勇出席会议。会议主要就全球和区域宏观经济形势，以及东盟与中日韩宏观经济研究办公室、清迈倡议多边化、亚洲债券市场倡议等区域财金合作重点议题进行了讨论。期间，史副部长还出席了东盟与中日韩宏观经济研究办公室主办的第二届 10 + 3 金融论坛并发言。

[12 月 15 日　**澜湄国家　综合**]　　澜沧江—湄公河合作第三次外长会在云南大理举行。中国外交部长王毅、柬埔寨国务兼外交国际合作部大臣布拉索昆、泰国外交部长敦、老挝外交部长沙伦赛、缅甸国际合作部长

觉丁、越南副总理兼外交部长范平明出席。王毅表示，我们将合力建设澜湄流域经济发展带，携手迈向澜湄合作国家命运共同体。各方赞同中方对澜湄未来发展的规划和建议，支持"3＋5＋X"的合作框架，推进更多务实合作项目。会议讨论了第二次领导人会议成果文件，并达成原则共识。会议发表了"澜湄合作第三次外长会联合新闻公报"，宣布了"澜湄合作专项基金首批支持项目清单"，宣布建立"澜湄合作热线信息平台"，散发了"首次领导人会议和第二次外长会成果落实清单"。会议期间，王毅分别与各成员国外长举行双边会谈。

[12月26日 中阿巴三方对话 一带一路] 首次中国—阿富汗—巴基斯坦三方外长对话在北京举行。外交部长王毅主持对话，阿富汗外交部长拉巴尼、巴基斯坦外交部长阿西夫出席。王毅表示，中国正在积极推进"一带一路"建设，视阿、巴为重要合作伙伴，愿为阿、巴和地区稳定、安全和发展作出积极努力。中阿巴三方外长对话致力于实现的目标之一是促进"一带一路"国际合作，探讨三国互联互通和经济融合的有效途径。拉巴尼和阿西夫表示，同意在此机制下围绕"政治互信与和解""发展合作与联通""安全合作与反恐"三大主题推进三方合作。愿以此次对话为契机，推进三国在"一带一路"框架下的互联互通和务实合作。对话发表了《首次中国—阿富汗—巴基斯坦三方外长对话联合新闻公报》。会后，外交部长王毅在同阿富汗外交部长拉巴尼、巴基斯坦外交部长阿西夫共见记者时表示，通过这次对话，三方形成一系列重要共识：其中包括阿巴两国重申支持中方提出的共建"一带一路"倡议，愿意将各自发展战略与"一带一路"建设对接，同时积极探讨"一带一路"框架下的三方合作；中巴将在医疗卫生、人力资源、农业等民生领域联合开展援阿项目。三方同意，2018年在喀布尔举行第二次中阿巴三方外长对话。

◇◇ 三　中国全球经济外交

[1月1日　金砖国家　综合]　　国家主席习近平就中国正式接任金砖国家主席国致信俄罗斯总统普京、南非总统祖马、巴西总统特梅尔、印度总理莫迪，向四国领导人介绍中方担任主席国期间推进金砖国家合作进程的设想。习近平指出，希望厦门会晤重点在以下方面取得进展：一是深化务实合作，促进共同发展；二是加强全球治理，共同应对挑战；三是开展人文交流，夯实民意基础；四是推进机制建设，构建更广泛伙伴关系。

[1月17日　世界经济论坛　综合]　　国家主席习近平在瑞士达沃斯国际会议中心出席世界经济论坛2017年年会开幕式，并发表题为《共担时代责任　共促全球发展》的主旨演讲，强调要坚定不移推动经济全球化，引导好经济全球化走向，打造富有活力的增长模式、开放共赢的合作模式、公正合理的治理模式、平衡普惠的发展模式，牢固树立人类命运共同体意识，共同担当，同舟共济，共促全球发展。

[1月17—18日　世界经济论坛　能源]　　国家发展和改革委员会副主任、国家能源局局长努尔·白克力在达沃斯参加世界经济论坛达沃斯年会期间，出席"能源系统游戏规则改变者"晚餐会并作主旨发言。努尔·白克力指出，全球能源供需格局深刻变化，天然气和非化石能源利用规模快速增长，能源科技创新日新月异，能源生产消费新模式不断涌现。同时，由于世界发展的不均衡性，能源转型与能源可及性问题交织，发展中国家的能源转型参与程度亟待提高，可再生能源的稳定性、经济性问题亟待解决。努尔·白克力建议，世界各国共同努力，增进技术成果共享、促进能源产能合作、强化能源设施联通、完善全球能源治理体系，推动建设互利共赢、开放包容、公平有序的新型能源治理体系。

次日，努尔·白克力出席能源清洁化转型公共会议，与俄铝总裁杰里帕斯卡、瑞士 2020 使命负责人菲格雷斯、法国道达尔董事长潘彦磊、西班牙 Iberdrola 集团主席嘉兰等人就能源清洁化转型进行辩论。他简要介绍了中国能源发展基本情况，表示中国能源发展将落实创新、协调、绿色、开放、共享的发展理念，以能源供给侧结构性改革为主线，全面推进能源革命，努力构建清洁低碳、安全高效的现代能源体系，为全面建成小康社会提供坚实的能源保障。发言代表重点就煤炭在未来能源体系的作用、可再生能源发展、碳市场建立等问题进行了讨论。

[1 月 16—17 日　二十国集团　绿色金融]　由中国人民银行和英格兰银行共同主持的二十国集团（G20）绿色金融研究小组会议在德国法兰克福举行了会议。这是德国接任 G20 主席国后主办的第一次绿色金融研究小组会议。会议研究了如何推进金融业环境风险分析和改善环境数据的可获得性等议题。会议决定研究小组第二次会议于 3 月 30 日在瑞士巴塞尔举行。

[2 月 14—15 日　全球　农业、投资]　国际农业发展基金第四十届理事会在意大利罗马召开。财政部副部长史耀斌率团出席会议并做大会发言，就农发基金发展及加强中国与农发基金合作提出了意见和主张。会议期间，史耀斌还分别会见了农发基金总裁内旺泽和本次会议选举产生的候任总裁洪博。

[2 月 16—17 日　二十国集团　综合]　二十国集团外长会在德国波恩举行，此次会议以“塑造全球秩序——超越危机管理的外交政策”为主题，分两阶段重点讨论落实《2030 年可持续发展议程》、在复杂世界中维持和平、对非伙伴关系等问题。外交部长王毅就《2030 年可持续发展议程》发言，我们应携手合作，建设以互利共赢为核心的新型国际关系；积极创建创新、联动、开放、包容的世界经济，不断筑牢全球可持续发展的基础；倡导共享发展的理念，努力缩小贫富差距，推动实现全球化进程

的再平衡，让全球化释放更多正面效应；建设以联合国为主导、南北合作为主渠道、南南合作为补充的国际合作格局，建立新型全球发展伙伴关系，形成发展合力。王毅表示，中方正以实际行动践行习近平主席提出的"真实亲诚"对非政策理念，积极参与联合国在非洲维和行动，支持非洲国家和地区组织自主解决问题的努力。

[2月17日　全球　一带一路]　外交部长王毅在第53届慕尼黑安全会议上发表主旨演讲中表示，中国一直是区域合作的坚定倡导者和推动者。2013年，国家主席习近平正式提出共建"一带一路"的重大倡议。这是中国迄今为国际社会提供的最大公共产品，也是目前世界上最受欢迎的国际合作倡议。目的就是要通过政策沟通、设施联通、贸易畅通、资金融通、民心相通，实现各国优势互补，缩小地区发展差距，加快区域一体化进程，带动亚欧大陆国家以及其他相关地区实现共同发展和共同繁荣。"一带一路"倡议提出3年多来，建设进度和成果都超出预期，已有100多个国家和国际组织积极响应和支持。2017年5月，中国将在北京主办"一带一路"国际合作高峰论坛，这将是中国为全球合作与全球治理作出的又一次重要贡献，我们相信这次论坛一定会取得圆满成功，让"一带一路"更好地造福世界。

[2月23—24日　金砖国家　综合]　2017年金砖国家协调人第一次会议在江苏省南京市举行。国务委员杨洁篪出席开幕式并讲话。中方金砖国家事务协调人、外交部副部长李保东主持会议。各国金砖国家事务协调人、副协调人、驻华使节和新开发银行代表等百余人与会。2017年1月1日，我国正式接任金砖国家主席国，将于9月3日至5日在福建省厦门市主办金砖国家领导人第九次会晤。

[3月17日　金砖国家　财政、金融]　全年首次金砖国家财长和央行行长会在德国巴登巴登举行。会议围绕今年领导人会晤关于"深化金砖伙伴关系，开辟更加光明未来"的主题，就宏观经济形势和政策、G20财

金议程协调以及务实财金合作等议题进行了讨论，并通过了全年工作安排。财政部部长肖捷表示，金砖国家应加强宏观经济政策协调，共同促进经济增长。同时，坚定不移支持自由贸易和投资，旗帜鲜明反对保护主义。金砖国家应继续加强在 G20 框架下的合作，共同推动 G20 各方积极落实 G20 杭州峰会成果，引导 G20 进程朝着有利于新兴市场国家方向发展。中国人民银行行长周小川强调，在 G20 框架下重点加强国际金融架构、普惠金融和绿色金融领域的合作，并且指出，各方可以积极探讨如何推动金砖国家本币债券市场的发展、推动金融机构和金融服务的网络化布局，加强货币互换和本币结算领域的货币合作，以及加强反洗钱与反恐融资合作。

[3 月 17—18 日　二十国集团　财政、金融]　　二十国集团财长和央行行长会议在德国巴登巴登举行。财政部部长肖捷和中国人民银行行长周小川率中国代表团出席了会议。会议主要讨论了当前全球经济形势和增长框架、促进对非洲投资、国际金融架构、国际税收、金融部门发展和监管以及其他全球治理议题，并发表了联合公报。会议认为，全球经济继续复苏，但经济增速不尽理想，下行风险犹存。会议重申将各自以及共同使用所有政策工具，包括货币、财政和结构性改革政策，以实现强劲、可持续、平衡和包容性增长的目标，同时增强经济和金融韧性。会议重申此前的汇率承诺，包括将避免竞争性贬值和不以竞争性目的来盯住汇率，承诺将仔细制定、清晰沟通宏观经济和结构性改革政策措施，减少政策不确定性，将负面溢出效应降至最低，并增加透明度。肖捷指出，各国应认真落实 G20 杭州峰会有关成果，加强各国间宏观经济政策协调，继续促进全球贸易和投资增长，反对各种形式的贸易保护主义，确保全球经济持续实现复苏。周小川表示，国际货币基金组织（IMF）是全球金融安全网的核心，未来应进一步加强清迈倡议多边化等区域金融安全网与 IMF 的合作；各国应采取一系列措施防范金融科技发展所带来的潜在金融稳定风险；

G20 杭州峰会在绿色金融和气候变化领域达成的共识应继续推进并定期评估执行情况。

[3 月 19—20 日　**全球　贸易**]　中国发展高层论坛 2017 年年会在北京开幕。国务院副总理张高丽出席开幕式并致辞。张高丽表示，要坚定不移推动经济全球化，反对各种形式的贸易投资保护主义。20 日，外交部长王毅应邀出席中国发展高层论坛年会，并发表了题为"共建伙伴关系，共谋和平发展"的演讲。王毅表示中方有信心通过与美方加强对话协作，避免出现"金德尔伯格陷阱"。同时强调维护全球自由贸易体制，致力于引导全球治理体系向更加公正合理方向发展。

[3 月 20 日　**全球　能源**]　国家发展和改革委员会副主任、国家能源局局长努尔·白克力赴德国首都柏林出席 2017 年柏林能源转型对话开幕式，并在"能源转型的市场准备"分论坛上发表讲话。努尔·白克力详细介绍了中国"四个革命、一个合作"能源发展战略思想，以及坚持走中国特色能源转型道路。与会代表高度评价中国在能源转型方面取得的成绩，以及务实高效的做法，详细询问了中国推进能源转型的体制机制以及融资安排。

应国际可再生能源署和德国联邦经济事务和能源部邀请，努尔·白克力在德国首都柏林出席国际能源转型联盟第二次非正式筹备会。努尔·白克力积极评价了国际能源转型联盟倡议的意义和重要性，表示愿意对联盟的建设与发展提供大力支持，提出了中方在联盟机制下的工作构想，并希望联盟建立后，坚持目标导向、问题导向、行动导向，在推动全球能源转型方面发挥应有的作用。会议由国际可再生能源署总干事阿德南·阿明主持，智利、丹麦、德国、印尼、墨西哥、摩洛哥和阿联酋等国能源部长及有关代表出席会议。

[3 月 20—21 日　**金砖　贸易**]　金砖国家经贸联络组中国年首次会议（总第十四次会议）在北京召开。巴西、俄罗斯、印度、中国和南非

等五个金砖国家成员，世贸组织、联合国贸发会议、联合国工发组织、国际贸易中心等国际组织以及金砖国家工商理事会代表与会。会议重点围绕贸易便利化、投资便利化、服务贸易、电子商务、知识产权、经济技术合作和支持多边贸易体制等议题进行了深入讨论，取得了积极进展。

[3月23—24日　二十国集团　综合]　2017年二十国集团（G20）峰会第二次协调人会议在德国法兰克福举行，中方G20事务协调人、外交部副部长李保东率团与会。李保东强调，G20要旗帜鲜明地支持开放型世界经济，加强政策协调，创新增长方式，推进结构改革，呼吁各方积极落实"杭州共识"和各领域重要成果，切实增强G20在全球经济治理中的作用。会上，各方围绕世界经济形势、数字化、贸易投资、发展、气候变化、能源、反腐败、难民和移民等议题进行深入讨论。会议期间，李保东副部长还出席了"三驾马车"协调人会议和新兴市场国家协调会，并同有关国家G20事务协调人举行双边会见。

[4月1日　新开发银行　金融]　新开发银行第二届理事会年会在印度新德里举行。新开发银行各成员国理事和代表，以及有关国际组织代表出席。财政部部长肖捷作为新开发银行中国理事出席会议。会议选举肖捷为第三届理事会主席，并决定第三届理事会年会将于2018年3月在中国上海举行。财政部副部长、新开发银行中国副理事史耀斌参加上述活动。

[4月6—7日　二十国集团　通信]　工业和信息化部部长苗圩出席在德国杜塞尔多夫举行的二十国集团（G20）数字化部长会议。

[4月10—11日　基础四国　气候]　第二十四次"基础四国"气候变化部长级会议在北京举行，中国、印度、巴西、南非等国代表出席会议。

[4月20日　金砖国家　财政、金融]　金砖国家财政和央行副手会议在美国华盛顿举行，会议由中国人民银行副行长易纲和财政部副部长史

耀斌共同主持。根据 2017 年 3 月召开的首次金砖国家财长和央行行长会议共识，此次会议主要就中方提出的推进金砖国家务实财金合作相关倡议进行了讨论，包括推动新开发银行（NDB）业务发展和应急储备安排（CRA）机制建设、推动政府与社会资本合作（PPP）、探讨促进金砖国家本币债券市场发展、推进会计准则趋同和审计监管等效合作、推动金融机构和金融服务网络化布局、加强货币合作、推进国际税收合作、加强反洗钱与反恐融资合作等。

[4 月 20 日　欧亚　高铁]　中国、白俄罗斯、德国、哈萨克斯坦、蒙古国、波兰、俄罗斯七国铁路部门正式签署《关于深化中欧班列合作协议》。这是中国铁路第一次与"一带一路"沿线主要国家铁路签署有关中欧班列开行方面的合作协议，标志着中国与沿线主要国家铁路的合作关系更加紧密，既为中欧班列的开行提供了更加有力的机制保障，也对进一步密切中国与上述六国的经贸交流合作，助推"一带一路"建设，具有重要意义。

[4 月 20—21 日　二十国集团　金融]　二十国集团（G20）财长和央行行长会议在美国华盛顿举行。会议主要讨论了当前全球经济形势和增长框架、国际金融架构及全球金融治理、促进对非洲投资倡议、金融部门发展和监管等议题。财政部部长肖捷和中国人民银行行长周小川率中国代表团出席了会议。

[4 月 21—23 日　国际货币基金组织　金融]　国际货币基金组织第35 届国际货币与金融委员会（IMFC）系列会议在美国华盛顿召开，会议主要讨论了全球经济金融形势与风险、全球政策议程和基金组织改革等问题。中国人民银行行长周小川率团出席会议并发言，副行长易纲参加了会议。会议呼吁各成员国继续使用包括货币、财政和结构性改革在内的政策工具，促进经济实现强劲、可持续、平衡、包容和高就业增长。会议还呼吁进一步完善全球金融安全网，包括加强基金组织与区域金融安排的合

作，以及探索扩大 SDR 的作用。

［4 月 24 日　欧亚非　一带一路］　"文明古国论坛"部长级会议在希腊雅典召开，包括中国外交部长王毅在内的 10 国外长将与会。会议期间，王毅分别与希腊总理齐普拉斯、伊朗外交部长扎里夫、伊拉克外交部长贾法里、埃及外交部长舒克里进行会晤，讨论了在"一带一路"框架下加强双边合作、加快发展战略对接等问题。

［4 月 24—25 日　全球　金融］　中国人民银行和国际清算银行在成都共同举办第十届亚洲研究网络年度会议。中国人民银行副行长陈雨露出席会议并致辞，总结了本轮国际金融危机以来宏观政策研究的重大变化，介绍了人民银行当前的重点研究工作。来自国际清算银行和亚太经济体货币当局的专家学者围绕货币政策、宏观审慎等领域的研究成果和下一步研究工作进行了深入交流。

［5 月 9 日　日本、美国和欧盟　反倾销］　商务部发布 2017 年第 19 号公告，决定自 2017 年 5 月 10 日起，对原产于日本、美国和欧盟的进口氯丁橡胶继续征收反倾销税，实施期限 5 年。

［5 月 14 日　全球　一带一路］　"一带一路"国际合作高峰论坛期间，国家发展和改革委员会主任何立峰在北京代表中国政府与有关国家政府及国际组织代表签署了 12 份共同推进"一带一路"合作文件。

［5 月 14 日　全球　金融］　财政部部长肖捷代表中国财政部与世界银行行长金墉、亚洲基础设施投资银行行长金立群、新开发银行行长卡马特、亚洲开发银行副行长格罗夫、欧洲投资银行总局长拉卢、欧洲复兴开发银行秘书长恩佐在北京共同签署《关于加强在"一带一路"倡议下相关领域合作的谅解备忘录》。

［5 月 15 日　全球　一带一路］　"一带一路"国际合作高峰论坛在北京举行。国家主席习近平、俄罗斯总统普京、土耳其总统埃尔多安、联合国秘书长古特雷斯出席开幕式并致辞。习近平指出，要将"一带一路"

建成和平之路、繁荣之路、开放之路、创新之路、文明之路，"一带一路"建设植根于丝绸之路的历史土壤，重点面向亚欧非大陆，同时向世界开放。本次高峰论坛围绕"加强国际合作，共建'一带一路'，实现共赢发展"的主题，就对接发展战略、推动互联互通、促进人文交流等议题交换意见，达成广泛共识，并通过了联合公报。在高峰论坛期间及前夕，各国政府、地方、企业等达成一系列合作共识、重要举措及务实成果，高峰论坛成果主要涵盖政策沟通、设施联通、贸易畅通、资金融通、民心相通5大类，共76大项、270多项具体成果。

[5月21—25日　**全球　气候**]　中国气候变化事务特别代表解振华率团赴德国出席第八次彼得斯堡气候对话会。会议主题为"共寻解决方案"，与会各方围绕提振全球应对气候变化信心、推动《巴黎协定》后续实施细则谈判、应对气候变化与可持续发展、气候变化促进经济可持续发展等方面开展了深入讨论。

[5月22日　**全球　反倾销**]　商务部发布2017年第26号公告，公布对进口食糖保障措施调查的终裁决定，认定在调查期内被调查产品进口数量增加，中国国内食糖产业受到了严重损害，且进口产品数量增加与严重损害之间存在因果关系。根据商务部建议，国务院关税税则委员会决定自2017年5月22日起对进口食糖产品实施保障措施。保障措施采取对关税配额外进口食糖征收保障措施关税的方式，实施期限为3年且实施期间措施逐步放宽，自2017年5月22日至2018年5月21日税率为45%，2018年5月22日至2019年5月21日税率为40%，2019年5月22日至2020年5月21日税率为35%。

[5月23日　**全球　能源**]　国家能源局副局长李凡荣率团赴阿布扎比出席国际可再生能源署第十三次理事会会议，并作为大会主席主持会议。

[5月23日　**全球　极地治理**]　第40届南极条约协商会议在北京

开幕。本届南极条约协商会议是中国 1983 年加入《南极条约》、1985 年成为南极条约协商国以来，首次担任东道国。会议主要议题是讨论南极条约体系运行、南极视察、南极旅游、南极生态、环境影响评估、气候变化影响、南极特别保护区和管理区以及未来工作等。

[5 月 23—25 日　**全球　环保**]　全球环境基金（GEF）理事会第 52 次会议在美国华盛顿举行。国际财金合作司副司长王忠晶作为全球环境基金中国理事率团出席会议。会议讨论了《全球环境基金 2020 战略》、全球环境基金第七期增资有关进展情况，审议了新项目规划、2018 年全球环境基金业务计划和预算等议题，并听取了全球环境基金科学技术顾问委员会和独立评估办公室的工作报告。

[5 月 23—25 日　**全球　贸易**]　金砖国家经贸联络组中国年第二次会议（总第十五次会议）在北京召开。会议就今年金砖国家经贸合作总体成果方向达成广泛共识，取得了积极进展。

[6 月 1—2 日　**全球　基础设施**]　第八届国际基础设施投资与建设高峰论坛在澳门举办，商务部副部长兼国际贸易谈判副代表俞建华出席论坛开幕式并发表主旨演讲。俞建华表示，中国一直秉承共商共建共享的原则和可持续发展的理念，坚持企业主体、政府引导、市场运作，积极参与全球基础设施建设合作，为东道国带去了资金和技术，增加了就业和税收，增强了自主发展能力。俞建华强调，随着"一带一路"建设的推进，中国与世界各国在基础设施领域的合作必将面临更加广阔的前景。要着眼政策沟通、设施联通、贸易畅通、资金融通和民心相通，加强基础设施国际合作，促进世界经济持续发展。主要举措包括：一是加强政府间合作，营造良好环境。二是加强融资模式创新，解决资金缺口。三是加强工程技术、规范和标准等领域的合作。出席论坛的包括 57 名部长级官员和世界银行、亚洲基础设施投资银行等 32 家国际金融机构高管，以及国际基础设施合作相关产业链的 630 多家企业代表。

[6月5日 金砖国家 投资] 国家发展和改革委员会在北京召开了2017年金砖国家能效工作组会议。国家发展和改革委员会副主任张勇、俄罗斯能源部副部长安东·伊纽钦出席会议并致辞，金砖国家政府部门、研究机构和企业相关代表参加了会议。会上，金砖国家回顾交流了各国节能工作进展和政策实施情况，讨论了重点能效合作项目，分享了各国最佳节能技术和实践，就建立金砖国家节能技术数据库进行了深入研究。此次会议活动是2017年金砖国家合作系列会议之一。按照金砖国家能效合作谅解备忘录要求，金砖国家能效工作组会议每年一次，由金砖国家轮值主席国举办，是金砖国家能效合作的重要交流平台。

[6月6—8日 清洁能源部长级会议 能源] 第八届清洁能源部长级会议和第二届创新使命部长级会议在北京召开。国家主席习近平致贺信，国务院副总理张高丽出席开幕式并致辞，科技部部长万钢主持开幕式。本次峰会就加速全球清洁能源创新和转型，提升清洁能源全球共享领导力；鼓励世界主要公私部门投资和分享知识，建立公私合作机制，合力推动清洁能源变革等多项重要议题达成共识，并发布了CEM8和MI-2主席总结，发布了《MI行动计划》，重点在5年内通过国家活动、成员之间的合作、与企业、行业和投资者开展合作。CEM的成员国、MI-2的成员国，国际能源署、国际可再生能源署、国际能效合作伙伴关系等多个国际组织的代表，以及私营部门领袖和企业家出席了会议。万钢还会见了出席会议的欧盟委员会副主席马洛斯·舍普科维奇一行，以及瑞典环境与能源部大臣易卜拉欣·贝兰。在会见期间，各方就发展清洁能源、保障能源安全、应对气候变化挑战等议题深入交换意见。

会议召开期间，国家发展和改革委员会副主任、国家能源局局长努尔·白克力出席会议开幕式并在会议期间发表讲话。会议期间，国家发展和改革委员会副主任、国家能源局局长努尔·白克力在北京分别会见来华参加第八届清洁能源部长级会议的美国、加拿大、荷兰、挪威、丹麦、瑞典、南非、印度尼西亚等国能源主管部门负责人。

[6月7日 金砖国家 能源] 第二届金砖国家能源部长会在北京召开，来自金砖国家能源主管部门的政府官员和能源行业的智库专家等共50余人出席会议。国家发展和改革委员会副主任、国家能源局局长努尔·白克力主持会议并致辞。国家能源局副局长李凡荣参加会议。

[6月14—15日 金砖国家 金融] 金砖国家协调人第二次会议在山东省青岛市举行。中方金砖国家事务协调人、外交部副部长李保东主持会议。各国金砖国家事务协调人、副协调人和新开发银行代表等出席会议。会议系统梳理了今年以来金砖国家在政治安全、经贸财金、人文交流、机制建设等重点领域合作进展，重点讨论了金砖国家领导人厦门会晤、汉堡非正式会晤以及新兴市场国家与发展中国家对话会预期成果、金砖国家安全事务高级代表会议、外长会晤筹备工作等问题。

[6月16日 金砖国家 农业] 第七届金砖国家农业部长会议在江苏南京成功召开，来自中国、巴西、俄罗斯、印度、南非等金砖国家农业部和联合国粮农组织、世界粮食计划署、国际农发基金和新开发银行等国际组织的9个代表团出席了此次会议。会议由中国农业部长韩长赋主持。会议通过了《第七届金砖国家农业部长会议共同宣言》和《金砖国家农业合作行动计划（2017—2020）》等成果文件，就密切金砖国家农业合作、推动世界农业持续发展达成广泛的共识。

在本次金砖国家农业部长会议期间，农业部副部长屈冬玉在南京分别会见俄罗斯联邦农业部副部长叶甫根尼，印度农业与农民福利部常务副部长帕特奈克，联合国粮农组织助理总干事、亚太区域代表卡迪雷森和国际农发基金助理副总裁梅农。屈冬玉与叶甫根尼就促进双边农产品贸易和农业投资深入交换了意见，决定各自梳理在双边合作方面存在的关切，尽快排除可能存在的限制因素，携手推动中俄农业合作加快发展。

[6月19日 金砖国家 金融] 中国担任金砖国家主席国期间的第

二次金砖国家财长和央行行长会议在上海成功举行。会议由财政部部长肖捷和中国人民银行副行长陈雨露共同主持，其他金砖国家财政和央行高级官员以及新开发银行行长出席会议。会议对全球和金砖各国宏观经济形势、二十国集团财金议题协调以及务实财金合作等议题进行了讨论，并就财金合作成果文件达成共识，为金砖国家领导人厦门会晤做好了财金领域政策和成果准备。会上，各方强调应进一步加强宏观经济政策协调，促进金砖国家和世界经济增长，并承诺深化二十国集团财金渠道下合作，力争形成共同声音。

[6月19日　金砖国家　综合]　金砖国家外长会晤在北京举行。外交部长王毅主持会晤，南非国际关系与合作部长马沙巴内、巴西外交部长努内斯、俄罗斯外交部长拉夫罗夫、印度外交国务部长辛格出席。王毅表示，五国应深化务实合作，促进共同发展；加强全球治理，共同应对挑战；开展人文交流，夯实民意基础；推进机制建设，构建更广泛伙伴关系。同日，国家主席习近平集体会见来华出席本次会晤的各国外长。

[6月23日　韩国和美国　反倾销]　商务部发布2017年第31号公告，决定即日起对原产于韩国和美国的进口苯乙烯进行反倾销立案调查。本次调查通常应在2018年6月23日前结束，特殊情况下可延长至2018年12月23日。

[6月26日　全球　投资]　国务院总理李克强在大连会见来华出席2017年夏季达沃斯论坛的世界经济论坛主席施瓦布等与会嘉宾代表。李克强指出，推动世界经济复苏需要各国共同应对挑战，加强宏观政策协调，推进贸易和投资自由化便利化，构建更加公平、公正、开放的国际经济体系。中国将继续深入推进新一轮高水平对外开放，为内外资企业营造一视同仁、公平竞争的营商环境，实现互利共赢、共同发展。施瓦布高度赞赏中国政府有关政策，表示世界经济论坛愿加强对华合作，共同发出稳定发展合作的积极信号，为促进世界经济强劲可持续平衡复苏贡献助力。

[6 月 27—29 日　全球　一带一路]　2017 年夏季达沃斯论坛在大连举行，本届论坛的主题是："在第四次工业革命中实现包容性增长"。国务院总理李克强 27 日上午出席论坛开幕式并发表特别致辞。李克强表示，新一轮工业革命在经济全球化背景下孕育兴起，为各国经济增长提供了强劲动力，也带来更多平等参与的机会，有利于实现包容性增长，增强社会公平性和发展普惠性。本次论坛"在第四次工业革命中实现包容性增长"的主题，具有很强的现实针对性。中方"一带一路"倡议立足于共商共建共享，是一个包容发展的大平台，有利于各方在互利合作中实现联动发展、共赢发展。

[7 月 6 日　一带一路沿线国家　贸易]　第二十三届中国兰州投资贸易洽谈会（简称"兰洽会"）在兰州市开幕。兰洽会是甘肃和西北地区开展经济合作和扩大开放的重要平台。本届兰洽会旨在进一步融入和服务"一带一路"建设，发挥甘肃区位和通道优势，以培育战略新兴产业发展和开展国际产能合作、创业创新发展等为重点，推动国际合作，实现互利共赢。来自主宾国马来西亚、尼泊尔等 36 个国家和地区的政府代表，白俄罗斯、亚美尼亚、哈萨克斯坦、吉尔吉斯斯坦、土库曼斯坦、巴基斯坦、也门、索马里、莱索托王国等国驻华大使，国际组织，国内外投资促进机构，世界 500 强及中外知名企业，专家学者等出席大会。

[7 月 4 日　二十国集团　金融]　财政部副部长朱光耀在德国汉堡参加二十国集团汉堡峰会财金成果磋商期间，出席经济全球化问题国际研讨会，并就"包容性增长与全球化"议题发言并答问。

[7 月 7—8 日　二十国集团　综合]　二十国集团领导人第十二次峰会在德国汉堡举行。国家主席习近平出席并发表题为《坚持开放包容推动联动增长》的重要讲话，强调二十国集团要坚持建设开放型世界经济大方向，为世界经济增长发掘新动力，使世界经济增长更加包容，完善全球经济治理，推动联动增长，促进共同繁荣，向着构建人类命运共同体的目标

迈进。

[**7月7日　金砖国家　贸易**]　国家主席习近平在汉堡主持金砖国家领导人非正式会晤，发表引导性讲话和总结讲话。南非总统祖马、巴西总统特梅尔、俄罗斯总统普京、印度总理莫迪出席。5国领导人围绕世界政治经济形势和二十国集团重点议题深入交换意见，就金砖国家加强团结协作、合力构建开放型世界经济、完善全球经济治理、促进可持续发展达成重要共识。

[**7月18日　金砖国家　科技**]　第五届金砖国家科技创新部长级会议在中国杭州成功举行。中国科技部部长万钢、副部长黄卫、南非科技部部长纳莱蒂·潘多尔、巴西科技创新与通信部副部长阿尔瓦罗·普拉塔、俄罗斯教科部副部长特鲁布尼科夫·格里戈里、印度代表团团长印度国家先进研究院院长拜德威·拉杰出席了本次会议，会议的主题是"创新引领，深化合作"。会后，金砖国家科技创新部长们共同召开了新闻发布会，并发表了《杭州宣言》《金砖国家创新合作行动计划》和《金砖国家2017—2018年科技创新工作计划》。

[**7月27日　金砖国家　通信**]　第三届金砖国家通信部长会议在浙江杭州成功举行。中国工业和信息化部副部长刘利华，巴西科技、创新与通信部副部长宝格斯，俄罗斯通信与大众传媒部部长尼基福罗夫，印度通信部部长辛哈，南非通信与邮政服务部部长奎莱和国际电信联盟秘书长赵厚麟以及来自金砖五国政府和企业界的160余名代表出席会议。会议围绕"数字经济时代的信息通信技术创新与融合发展"这一主题，就金砖国家信息通信创新发展、信息基础设施建设与互联互通等各国共同关注的议题进行深入探讨，会议通过了《第三届金砖国家通信部长会议宣言》，形成广泛共识。

[**7月28日　金砖国家　综合**]　第七次金砖国家安全事务高级代表会议在北京举行。国务委员杨洁篪主持会议，南非国家安全部长马洛博、

巴西总统府机构安全办公室主任埃切戈延、俄罗斯联邦安全会议秘书帕特鲁舍夫、印度国家安全顾问多瓦尔出席。

同日，国家主席习近平在北京集体会见来华出席第七次金砖国家安全事务高级代表会议的高级代表。习近平指出，加强金砖国家合作，不仅维护和拓展了我们五国的利益，也为建立新型国际关系进行了有意义探索，经济金融合作、人文交流互鉴、安全沟通协调三者都要往前推进，金砖前进道路才能越走越宽，才能行稳致远。只要我们秉持开放、包容、合作、共赢的金砖精神，携手建设更紧密的金砖伙伴关系，就一定会迎来金砖合作第二个金色 10 年。

[7 月 29 日　金砖国家　工业]　　第二届金砖国家工业部长会议在杭州举行。会议通过并发布了《金砖国家深化工业领域合作行动计划》。参会各方在产能合作、产业政策和发展战略协调对接、基础设施和技术创新合作、中小企业合作、标准领域合作、与联合国工业发展组织合作六方面达成了广泛共识。

[7 月 30 日　金砖国家　贸易]　　金砖国家经贸联络组中国年第三次会议（总第十六次会议）在上海召开。巴西、俄罗斯、印度、中国和南非五个金砖国家成员，以及联合国贸发会议、联合国工发组织、国际贸易中心等国际组织代表与会。商务部副部长王受文出席会议开幕式并致辞。王受文在致辞中指出，今年以来，各方围绕贸易便利化、投资便利化、服务贸易、电子商务、知识产权、经济技术合作和支持多边贸易体制等议题进行了深入讨论，取得了实质性进展。中方期待与各方共同努力，在上述领域实现积极务实成果，提交即将于 8 月 1—2 日在上海召开的金砖国家经贸部长会议，为厦门领导人会晤做好经贸准备工作。

[8 月 1—2 日　金砖国家　贸易]　　2017 年金砖国家经贸部长会议在上海举行。商务部部长钟山指出，本次会议是 9 月份领导人厦门会晤在经贸领域的一次重要准备会议，也是金砖合作步入第二个"黄金十年"后

的首次经贸部长会议。在各方的共同努力下，会议通过了《金砖国家第七次经贸部长会议声明》，就促进贸易发展、加强投资便利化合作、深化经济技术合作及支持多边贸易体制等达成了一系列重要共识。本次会议主要有八项重要经贸合作成果：一是批准建立金砖国家示范电子口岸网络；二是批准《金砖国家服务贸易合作路线图》；三是批准《金砖国家电子商务合作倡议》；四是批准《金砖国家知识产权合作指导原则》；五是批准《金砖国家投资便利化合作纲要》；六是批准《金砖国家经济技术合作框架》；七是达成支持多边贸易体制、反对保护主义的行动共识；八是各方热烈欢迎中国 2018 年举办中国国际进口博览会。

[8 月 2 日　金砖国家　贸易]　　国务院副总理汪洋在上海集体会见出席金砖国家第七次经贸部长会议的外方代表团团长和相关国际组织主要负责人。汪洋指出，经贸合作是金砖国家合作的压舱石和推进器。我们要共同努力，抓住全球经贸回暖向好机遇，充分发挥各自产业和资源禀赋优势，做大贸易规模；增强政策透明度，提高投资便利化水平，扩大相互投资；共同维护多边贸易体制权威，推动今年底世贸组织第十一届部长级会议取得积极成果。汪洋强调，中方愿与金砖国家其他成员一道，推动本次经贸部长会议取得更多合作成果，为 9 月份领导人厦门会晤做好铺垫。外方代表一致认为，在中方精心组织下，本次经贸部长会议达成广泛共识，取得积极务实成果，不仅有助于深化金砖国家合作，也向世界发出了反对贸易保护主义、支持多边贸易体制的声音，将有效促进全球包容共赢发展。

[8 月 29 日　金砖国家　贸易]　　"2017 年金砖国家贸易救济国际研讨会"在北京召开。商务部副部长王受文出席会议并发表主旨演讲，金砖国家贸易救济机构负责人和世贸组织规则司负责人进行了专题发言。王受文在演讲中指出，金砖国家贸易救济调查机构的交流合作不断扩大，在支持多边贸易体制，反对各种形式的保护主义等方面的共识不断加深，共

同努力构建既有利于自由贸易又能妥善处理国内产业面临的国际竞争压力的贸易救济制度体系。

[8月29日 孟加拉国、柬埔寨 贸易] 中国新任驻泰国大使吕健与孟加拉国、柬埔寨两国商务部长在曼谷联合国会议中心签署《亚太跨境无纸贸易便利化框架协定》，希望借此推动贸易数据文件交换电子化，提高国际贸易的效率和透明度。《协定》于2016年在亚太经社会第72届年会上正式获得通过，同年10月向亚太经社会正式成员开放签署。根据约定，《协定》将在至少5个国家加入后生效。

[9月3日 金砖国家 工商业] 国家主席习近平在厦门出席金砖国家工商论坛开幕式，并发表题为《共同开创金砖合作第二个"金色十年"》的主旨演讲，强调金砖国家要共同开创金砖合作第二个"金色十年"：第一，深化金砖合作，助推五国经济增加动力。第二，勇担金砖责任，维护世界和平安宁。第三，发挥金砖作用，完善全球经济治理。第四，拓展金砖影响，构建广泛伙伴关系。

[9月4日 金砖国家 综合] 国家主席习近平在厦门出席金砖国家领导人同工商理事会对话会并发表讲话，巴西总统特梅尔、俄罗斯总统普京、印度总理莫迪、南非总统祖马共同出席。习近平指出，工商理事会在电子商务、技能发展、标准制定、数字经济经验分享等领域开展了大量工作，收到良好成效。习近平强调，金砖国家领导人在会晤中一致同意打造下一个"金色十年"，将金砖合作推向新的高度：一是促进金砖国家互利共赢。二是助力金砖国家经济发展。三是推动金砖国家民心相通。

[9月4日 金砖国家 综合] 金砖国家领导人第九次会晤在厦门国际会议中心举行。国家主席习近平主持会晤。南非总统祖马、巴西总统特梅尔、俄罗斯总统普京、印度总理莫迪出席。五国领导人围绕"深化金砖伙伴关系，开辟更加光明未来"的主题，就当前国际形势、全球经济治理、金砖合作、国际和地区热点问题等深入交换看法，回顾金砖合作10

年历程，重申开放包容、合作共赢的金砖精神，达成一系列共识，为金砖合作未来发展规划了蓝图、指明了方向。在大范围会议上，习近平发表题为《深化金砖伙伴关系开辟更加光明未来》的重要讲话，积极评价金砖合作走过的 10 年光辉历程，强调要开启金砖合作第二个"金色十年"，使金砖合作造福五国人民，惠及各国人民：第一，致力于推进经济务实合作。第二，致力于加强发展战略对接。第三，致力于推动国际秩序朝更加公正合理方向发展。第四，致力于促进人文民间交流。会晤发表《金砖国家领导人厦门宣言》。

[9 月 5 日　**发展中国家　综合**]　　国家主席习近平在厦门国际会议中心主持新兴市场国家与发展中国家对话会并发表题为"深化互利合作促进共同发展"的重要讲话，强调各方要加强团结协作，共同构建开放型世界经济，共同落实《2030 年可持续发展议程》，共同把握世界经济结构调整的历史机遇，共同建设广泛的发展伙伴关系，携手开辟公平、开放、全面、创新的发展之路，为世界经济增长作出更大贡献。金砖国家领导人巴西总统特梅尔、俄罗斯总统普京、印度总理莫迪、南非总统祖马和对话会受邀国领导人埃及总统塞西、几内亚总统孔戴、墨西哥总统培尼亚、塔吉克斯坦总统拉赫蒙、泰国总理巴育出席对话会。各国领导人围绕"深化互利合作，促进共同发展"的主题，以落实《2030 年可持续发展议程》为主线，就"落实可持续发展议程""建设广泛的发展伙伴关系"深入交流，共商国际发展合作和南南合作大计，达成重要共识。

[9 月 5 日　**发展中国家　综合**]　　由中国金融学会绿色金融专业委员会与联合国环境规划署等五家机构共同主办的绿色金融国际研讨会在北京举行。中国人民银行副行长殷勇出席会议并致辞。殷勇表示，中国是首个建立了比较完整的绿色金融政策体系的经济体。未来，中国将继续大力推动绿色金融领域的国际合作，推动"一带一路"投资绿色化。会上发布了《中国对外投资环境风险管理倡议》。

[9月15—16日　欧盟、加拿大等　气候]　　加拿大、中国、欧盟共同发起的第一次气候行动部长级会议在加拿大蒙特利尔召开，来自34个主要经济体政府和其他气候变化重要参与方的代表出席了本次会议。会议主要就《巴黎协定》后续实施细则、气候行动实施等重点问题进行了讨论。中国气候变化事务特别代表解振华率团与会并致开幕辞，呼吁进一步凝聚各方共识，保持积极应对气候变化的强劲势头，加速落实2020年前承诺和行动，加速完成《巴黎协定》实施细则制定，加速推进全球绿色低碳转型，并就中国应对气候变化的政策和行动作了引导性发言。

[9月21日　金砖国家　货币、基础设施、投资]　　外交部长王毅在纽约联大期间出席金砖国家外长会晤。俄罗斯、巴西、印度和南非外长与会。王毅指出，当前首要任务是落实好厦门会晤成果，把领导人的政治共识转化为实际行动，向贸易投资大市场、货币金融大流通、基础设施大联通、人文交流大发展的目标迈进。"金砖+"模式是金砖合作在总结迄今有益做法基础上的重大创新，要继续予以推进，搭建开放、稳定、多元的发展伙伴网络。

[9月21日　金砖国家　国有企业]　　第二届金砖国家国有企业改革治理论坛在北京举行，国务委员王勇出席开幕式并致辞。王勇表示，金砖国家国有企业领域合作有着广阔空间和潜力，要在务实合作上主动作为，充分发挥各国产业结构和资源禀赋互补优势，推动合作机制化、实心化，提升合作含金量；在深化国企改革、完善公司治理上主动作为，积极探索体现本国特点、务实管用的国有企业公司治理结构和监管模式；在创造公平市场竞争环境上主动作为，使国有企业在推动金砖国家和世界经济持续健康发展中发挥更大作用，为共创金砖合作第二个"金色十年"增添更大动力。

[9月21日　牙买加、加纳、赞比亚、津巴布韦　一带一路]　　"一带一路"国际产能合作产业园区建设论坛在甘肃敦煌举办。国家发展和改

革委员会副主任宁吉喆、甘肃省人民政府省长唐仁健、常务副省长黄强以及来自牙买加、加纳、赞比亚、津巴布韦等国有关部长出席论坛并发表演讲。宁吉喆在主旨演讲中，介绍了以"一带一路"倡议为引领开展国际产能合作在重点项目和产业园区等方面取得的积极进展，阐明了下一步国家发改委按照"一带一路"倡议要求积极推进国际产能合作的有关工作设想，包括深化政策沟通对接、加强供求平衡衔接、优化企业综合服务、改进投资合规监管等方面。

[10 月 12 日　世界银行　一带一路]　财政部与世界银行在美国华盛顿共同举办"一带一路"高级别研讨会。本次会议是中方与世界银行在今年 5 月"一带一路"国际合作高峰论坛后商议的合作计划，是世界银行与国际货币基金组织年会首次聚焦"一带一路"倡议。世界银行行长金墉、中国财政部副部长史耀斌出席研讨会并担任讨论嘉宾，哈萨克斯坦副总理杜萨耶夫、印度尼西亚财长英卓华、亚投行行长金立群等嘉宾参与讨论。

[10 月 13—14 日　国际货币与金融委员会会议　金融]　第 36 届国际货币与金融委员会会议在美国华盛顿召开，会议主要讨论了全球经济金融形势与风险、全球政策议程和基金组织改革等问题。中国人民银行行长周小川出席会议并发言。

[10 月 13—14 日　世行、国际货币基金组织　综合]　世界银行和国际货币基金组织在美国华盛顿举行了第 96 届发展委员会部长级会议。财政部副部长史耀斌出席会议并发言。史耀斌指出，世行应坚持多边主义，坚定不移地支持经济全球化进程。世行应积极创新融资工具，探索政府和社会资本合作（PPP）等多种模式；推动在基础设施领域"递进投资方式"试点形成早期收获，并将其扩展到更多国家地区和行业领域。推进世行增资和投票权改革符合全球经济治理改革的大趋势。帮助借款国平稳推进结构改革、支持脆弱和受冲突暴力影响国家、在危机来临时提供"反

周期"支持等，是世行面临的艰巨任务。中方支持世行加快股权审议并就增强世行资金实力尽快达成一揽子协议，为世行进一步增强资金动员能力、扩大业务规模夯实基础。

［10月14日　金砖国家　综合］　2017年金砖国家议会论坛在俄罗斯圣彼得堡举行，主题为"加强议会间交流合作，推动落实金砖国家领导人厦门会晤成果"。全国人民代表大会常委会副委员长张平主持论坛，南非全国省级事务委员会主席莫迪塞，巴西参议长奥利维拉，俄罗斯国家杜马主席沃洛金、联邦委员会第一副主席费德罗夫，印度人民院议长马哈詹出席。张平指出，五国立法机构应以厦门会晤共识为指引，推动全球治理体系改革，加强治国理政经验交流，为金砖合作创造良好的法治环境。各方祝贺中国成功举办厦门会晤，支持深化立法机构合作，共同开创金砖合作第二个"金色十年"。

［10月16日　日本、美国　反倾销］　商务部发布2017年第62号公告，决定即日起对原产于美国和日本的进口氢碘酸进行反倾销立案调查。本次调查通常应在2018年10月16日前结束，特殊情况下可延长至2019年4月16日。

［10月21日　美国、欧盟　反倾销］　商务部发布2017年第53号公告，公布对原产于欧盟和美国的进口己内酰胺反倾销措施的期终复审调查结果，决定自2017年10月22日起继续实施上述反倾销措施，为期5年。

［10月23—27日　地球观测组织　科技］　地球观测组织（Group on Earth Observations，GEO）第14届全体会议在美国华盛顿特区举行。GEO中国联合主席、科技部黄卫副部长率团出席此次GEO全会相关会议及活动。本届全会主题是"地球观测洞察正在变化的世界"，旨在进一步加强地球观测领域乃至社会各界在GEO中的参与度，号召各成员国支持联合国可持续发展目标、加强区域GEOSS建设、提升GEO服务全球的能力。

[10月30日　**马来西亚等国　反倾销**]　商务部发布2017年第67号公告，决定即日起对原产于美国、沙特阿拉伯、马来西亚和泰国的进口乙醇胺产品进行反倾销立案调查。本次调查通常应在2018年10月30日前结束，特殊情况下可延长至2019年4月30日。

[11月6—18日　**全球　气候**]　联合国气候变化大会在波恩举行。11月13日，"基础四国"第二十五次气候变化部长级会议在德国波恩《联合国气候变化框架公约》（下简称《公约》）秘书处总部举行，巴西环境部长何塞·萨尼·菲略、中国气候变化事务特别代表解振华、南非环境部副部长芭芭拉·汤姆森、印度环境、森林和气候变化部秘书长兼副部长C. K. 米什拉出席本次会议。会议再次就《巴黎协定》后续谈判、强化2020年前行动、敦促发达国家兑现扩大气候资金规模等方面交换了意见，并发表了"基础四国"气候变化部长级会议联合声明。

18日清晨，经过为期两周的密集磋商，《联合国气候变化框架公约》第23次缔约方会议（COP23）、《京都议定书》第13次缔约方会议（CMP13）及《巴黎协定》第1次缔约方会议第二阶段会议（CMA1－2）在波恩闭幕。

[11月7—8日　**国际能源署　能源**]　2017年国际能源署（IEA）能源部长会议在法国巴黎召开，国家能源局副局长李凡荣出席会议，向各方介绍了我国在清洁能源转型方面的发展目标、发展理念以及取得的成就，并表达了中国愿与各国携手合作的愿望。会议期间，李凡荣还出席了中国—IEA高层政策对话会，就世界能源发展形势与有关专家进行了交流，会见了国际能源署署长法蒂·比罗尔，双方就进一步深化合作深入交换了意见。

[11月9—10日　**金砖国家　贸易**]　商务部副部长钱克明率团出席在巴西利亚举办的第五届金砖国家国际竞争大会并作了"加强竞争政策协调，迈向成功合作的第二个十年"主题发言。会议期间，钱克明与其他金

砖国家竞争机构负责人共同签署了《巴西利亚联合声明》，并与巴西经济保护行政委员会主席亚历山大·巴瑞拓·苏扎共同签署了《中国商务部与巴西经济保护行政委员会反垄断合作谅解备忘录》。

[11 月 20 日　韩国、日本、南非　反倾销]　商务部发布 2017 年第 70 号公告，公布对原产于韩国、日本和南非的进口甲基异丁基（甲）酮反倾销调查的初步裁定，决定采用保证金形式实施临时反倾销措施。

[11 月 27 日　金砖国家　综合]　金砖国家协调人第五次会议在湖南省长沙市举行。中方金砖国家事务协调人、外交部副部长李保东主持会议。会议全面回顾 2017 年金砖合作进程，系统梳理经贸财金、政治安全、人文交流等领域合作成果，围绕厦门会晤成果落实工作进行深入讨论，一致同意制定具体工作规划，共同打造金砖合作第二个"金色十年"。各方并就金砖合作机制发展交换看法，达成诸多共识。

[11 月 27 日　联合国　工业]　联合国工业发展组织第十七届大会在奥地利维也纳举行。商务部副部长王受文出席大会一般性辩论和包容与可持续工业发展论坛并作主旨发言。本届大会以"建立伙伴关系以扩大影响　实现可持续发展目标"为主题，来自工发组织成员国政府、学术机构、私营部门等近千名代表出席会议。王受文在大会一般性辩论上表示，未来，中国将按照中国共产党第十九届全国代表大会部署，加快提升工业化水平：一是继续走开放发展道路，让中国工业体系更深、更广融入世界；二是加快工业结构升级，促进产业迈向全球价值链中高端；三是拓展全球伙伴关系，举办中国国际进口博览会，搭建国际合作平台。在第六届包容与可持续发展论坛上，王受文积极肯定了工发组织实施国别伙伴关系方案三年来取得的成绩，同时阐述了对于实现包容与可持续工业发展的看法和观点。王受文指出，发展工业化是减贫的重要手段，要坚持走新型工业化道路，积极融入全球价值链，引导多种资本积极参与，从而落实 2030 年可持续发展议程。

[11月30日　二十国集团　产能]　　钢铁产能过剩全球论坛部长级会议在德国柏林召开。商务部部长助理李成钢应论坛主席国德国政府邀请参加会议。中方希望，今后各成员能进一步加强信息分享与合作，引导钢铁行业形成良性发展趋势，为全球钢铁产业健康发展作出贡献。钢铁产能过剩全球论坛系根据G20领导人杭州峰会共识于2016年12月成立，包括G20成员和感兴趣的OECD成员共33个成员。按照G20汉堡峰会公报要求，论坛应于2017年11月前形成一份包含具体政策措施建议的实质性报告，以作为采取实际和迅速政策行动的基础。

[11月30日　"2017从都国际论坛"　一带一路]　　国家主席习近平在北京会见来华出席"2017从都国际论坛"的世界领袖联盟成员。习近平着重介绍了中国发展道路以及中国参与全球治理的原则和主张。习近平强调，中国将以更积极的姿态参与全球治理，坚持主权平等、公平正义，坚持共商共建共享、合作共赢，坚持多边主义、维护稳定，坚持循序渐进，改革创新。中国深入推进"一带一路"倡议，就是秉持共商共建共享原则，为各国合作搭建新平台，实现优势互补、促进合作共赢。中方努力劝和促谈，推动国际热点难点问题的政治解决进程，积极参加联合国维和行动，致力于落实气候变化《巴黎协定》和联合国《2030年可持续发展议程》。"从都国际论坛"由中国人民对外友好协会和澳大利亚中国友好交流协会于2014年共同创办，邀请多国前政要、知名专家学者、商界领袖等各界人士参加。"2017从都国际论坛"于11月28日至30日在广州举行，论坛主题为"全球治理与中国主张"。

[12月1—2日　二十国集团　金融]　　中国人民银行副行长殷勇出席在阿根廷巴里洛切举行的二十国集团（G20）财政和央行副手会。此次会议是阿根廷接任G20主席国后的首次财政和央行副手会。会议主要讨论了当前全球经济形势、增长框架、未来的工作、基础设施融资、国际金融架构、金融监管、普惠金融、可持续金融、加强与非洲合作和国际税收

合作等议题。

[12月5日 联合国 环境] 第三届联合国环境大会高级别会议在肯尼亚首都内罗毕联合国环境署总部开幕。环境保护部部长李干杰率领由环境保护部、外交部、国家林业局和中国常驻联合国环境署代表处人员组成的中国政府代表团与会。李干杰在大会上作了题为"携手迈向无污染星球，努力建设清洁美丽的世界"发言。会后，李干杰分别会见了联合国环境署执行主任索尔海姆，以及与会的肯尼亚环境部长瓦克洪古，哥斯达黎加环境部长兼大会主席古特雷斯和芬兰环境部长蒂卡宁。李干杰与对方就深化双边环境合作进行了深入交流，达成广泛共识。李干杰与索尔海姆、瓦克洪古共同签署了《中华人民共和国环境保护部、肯尼亚环境与自然资源部和联合国环境署关于设立中非环境合作中心项目合作意向书》。李干杰与索尔海姆还签署了《中华人民共和国环境保护部与联合国环境署战略合作框架协议》。

[12月9日 世贸组织 经贸] 商务部部长钟山率团出席第六届世贸组织"中国项目"最不发达国家加入圆桌会并致开幕词。钟山同与会代表分享了四点看法：一是消除贫困是人类社会的共同使命；二是多边贸易体制是共同繁荣的重要保障；三是最不发达国家加入世贸组织需要全方位支持；四是中方愿意为最不发达国家提供帮助。2018年11月，中国将在上海举办首届中国国际进口博览会。中方将为最不发达国家参展提供必要支持，欢迎各国积极参加。会议期间，钟山还与世贸组织总干事阿泽维多共同签署了世贸组织第七期"中国项目"谅解备忘录和世贸组织贸易便利化协定基金合作捐款备忘录。

[12月10日 世贸组织 投资] 世贸组织第十一届部长级会议期间，商务部部长钟山在阿根廷首都布宜诺斯艾利斯出席由中国主办的投资便利化部长早餐会并致开幕词。世贸组织总干事阿泽维多以及66个世贸组织成员代表应邀出席本次活动并发言。钟山指出，跨境投资是经济增长

的重要动力。中国倡导加强"一带一路"国际合作，积极鼓励中国企业对外投资，也将进一步扩大中国开放大门，呼吁世贸组织成员各方共同努力推动全球投资更加便利。钟山强调，中方于 2017 年 4 月在世贸组织发起成立"投资便利化之友"，率先提出投资便利化议题，旨在积极响应业界诉求，提升全球投资便利化水平。目前已有包括中国、阿根廷、巴西等 16 个世贸组织成员加入"投资便利化之友"。与会部长通过《关于投资便利化的联合部长声明》。

[**12 月 10—13 日　世贸组织　农业**]　世界贸易组织（WTO）第十一届部长级会议在阿根廷首都布宜诺斯艾利斯召开。农业部副部长屈冬玉出席农业议题和渔业议题部长级磋商、农业谈判三十三方协调组（G33）全体成员部长会议、中小微企业部长会议等系列活动。屈冬玉表示，中国对多哈谈判始终持积极态度，希望本次部长会能够取得体现多哈回合发展授权的成果。本次部长级会议就渔业补贴规则谈判达成了一份部长决议，争取 2019 年部长级会议前达成全面协议，承诺履行世贸组织《补贴与反补贴措施协定》。

[**12 月 11 日　世贸组织　经贸**]　商务部部长钟山率中国政府代表团在阿根廷首都布宜诺斯艾利斯出席世贸组织第十一届部长级会议全体会议并发言。钟山在发言中指出，中国支持多边贸易体制，推动建设开放型世界经济，并表示，世贸组织规则是经济全球化的重要制度保障，符合各国的共同利益。面对新形势新挑战，中方愿同世贸组织成员共同努力，推动经济全球化向更加开放、包容、普惠、平衡、共赢的方向发展。农业部副部长屈冬玉、商务部副部长王受文、中国驻世贸组织代表张向晨大使一并参会。

[**12 月 11 日　世贸组织　贸易**]　在世贸组织第十一届部长级会议（MC11）期间，"电子商务发展之友"第二次部长级会议在阿根廷布宜诺斯艾利斯举行。商务部副部长王受文代表钟山部长出席会议并发言。王受

文强调，"电子商务发展之友"应继续推动在世贸组织的交流讨论，用好世贸组织现有技术援助和能力建设安排，加强与相关国际组织合作，推动实现电子商务促进发展。"电子商务发展之友"是由巴基斯坦和哥斯达黎加等成员发起、强调电子商务发展内涵的发展中成员小组，中国于2017年9月加入。

[12月11日　中俄印　综合]　外交部长王毅在印度新德里出席中俄印外长第十五次会晤。王毅表示，中俄印要展现大国担当，发挥引领作用，共同构建开放性世界经济，推动实现全球化的再平衡，推进全球经济治理改革，维护多边贸易体制，推动落实《2030年可持续发展议程》，致力于欧亚大陆的互联互通。俄罗斯外交部长拉夫罗夫和印度外交部长斯瓦拉吉表示，中俄印三国应借助联合国、二十国集团、金砖合作、上海合作组织等多边机制，进一步加强在地区冲突、经济发展、反恐、气候变化、落实《2030年可持续发展议程》等热点问题和全球事务上的协调与合作。

会晤后，王毅同拉夫罗夫、斯瓦拉吉共同会见记者时表示，三方就国际政治、经济、安全事务形成一系列共同点。其中包括推动构建开放型世界经济，形成创新、联动、包容和可持续发展、推动经济全球化朝着更加开放、包容、普惠、平衡、共赢方向不断完善，实现全球化的再平衡、推进全球经济治理体系改革，增加新兴市场国家和发展中国家应有的代表性和发言权、维护全球多边贸易体制，反对各种形式保护主义，支持世贸组织发挥应有作用、推动落实《2030年可持续发展议程》，形成以联合国为核心、南北合作为主渠道、南南合作为补充的全球发展合作格局、推动欧亚大陆的互联互通。

[12月14日　世贸组织　贸易]　中国常驻世界贸易组织代表张向晨日前在世贸组织上诉机构举行的会议上，敦促欧盟和其他成员兑现承诺，停止对华"替代国"做法，遵守世贸规则。

第四部分

中国经济外交相关事件

[1月5日　美国　反倾销]　美国商务部对进口自中国的双向土工格栅产品发布反倾销反补贴调查终裁备忘录，认定中国所有涉案企业的反倾销税率为372.81%，反补贴税率为15.61%—152.5%。商务部贸易救济调查局局长王贺军表示，中方对美商务部对华涉案产品裁定高额税率的决定表示失望和质疑。

[1月9日　美国　贸易、中小企业]　美国当选总统特朗普与阿里巴巴集团董事会主席马云在纽约特朗普大厦进行了会面，马云承诺，将帮助100万个美国中小企业将商品通过阿里巴巴平台销往亚洲。此次会谈的主题是全球贸易下的中小企业和消费者的未来发展和机会。因此，马云与特朗普的交谈离不开"中小企业"这一关键词。在阿里巴巴的海外扩张计划中，预计未来5年内会为美国带来100万个就业岗位。

[1月10日　英国　能源]　英国政府发布声明，与中国核电企业签署史上最贵的核电项目最终投资协议几个月后，正式受理中国广核集团与法国电力集团（EDF）联合提交的华龙一号"通用设计审查（GDA）"申请。消息称，通用设计审查是中国自主三代核电技术华龙一号落地英国的技术前提，也是该技术走向世界的关键性一步。华龙一号通用设计审查的启动，意味着华龙一号走向英国乃至世界核电市场迈出关键一步。

[1月12日　美国　反倾销]　美国就中国对原铝（电解铝）提供的相关补贴措施提起世贸组织争端解决机制下的磋商请求，指称中方对原铝（电解铝）提供贷款以及低价煤炭、氧化铝、电力等形式的补贴，严重损害美相关产业利益，与世贸组织规则不符。商务部条约法律司负责人表示，中国铝业市场是一个高度竞争与市场化的行业，相关贷款和购买原材料均已充分市场化和商业化，不存在美方所指称的补贴问题。

[2月5日　欧盟　反倾销]　欧盟贸易专员塞西莉亚·马姆斯特罗姆致信中国商务部部长高虎城，表示将对中国三种钢铁产品展开反倾销调查，并敦促中国削减钢铁产能。另外，欧盟委员会正对授予中国市场经济

地位进行影响评估，并且，面对欧盟内部生产商的反对，欧盟已把授予中国市场经济地位认可的提议推迟到夏季。对授予中国市场经济地位这一提议，英国表示支持，而意大利强烈反对，美国也表示反对。欧盟贸易专员马姆斯特罗姆称，欧中贸易仍有许多壁垒和摩擦，欧中经济关系远未平衡。对此，外交部发言人陆慷7日表示，希望欧方以历史和长远的眼光客观看待中国的改革开放进程。中国致力于进一步扩大对外开放，将继续为外资企业提供更多的投资机会，营造宽松有序的投资环境和公平的竞争环境。

[2月15日　德国、法国、意大利　投资、科技]　德国、法国和意大利呼吁布鲁塞尔方面授予它们对中资高科技收购交易的否决权。这表明随着中国在欧收购、特别是对高科技企业的收购迅速增多，中国在欧洲最敏感行业的投资正遭遇越来越大的保护主义反弹。德国经济部表示，三国政府已致信欧盟贸易专员塞西莉亚·马姆斯特罗姆，希望开启围绕该问题的辩论。

[2月22日　美国　反倾销]　美国国际贸易委员会发布公告，认定自中国进口的卡客车轮胎并未对美国内产业构成实质损害或损害威胁。据此，美国海关将不对自中国进口的卡客车轮胎征收反倾销和反补贴税。商务部贸易救济调查局局长王贺军就此发表评论，美国国际贸易委员会的无损害裁决符合客观事实。

[2月23日　美国　货币]　美国总统特朗普在接受路透社专访时称中国为"汇率操纵总冠军"，他表示虽然他并未兑现就任总统首日宣布中国为汇率操纵国的竞选承诺，但他对中国操纵本币汇率的认定没有"退缩"。同日，美国新任财政部长姆努钦在接受另一家知名财经媒体采访时却表示，没必要急于把中国列为汇率操纵国。

[2月24日　全球　贸易]　据商务部网站消息，2016年，我国服务贸易保持了较好发展势头，全年服务进出口额超过五万亿元人民币，增速

达 14.2%，实现了服务贸易"十三五"的良好开局。服务贸易正成为我国对外贸易发展和对外开放深化的新引擎。

[2 月 28 日　欧盟　反倾销]　欧盟委员会对原产于中国的中厚板产品作出反倾销调查终裁，并决定实施为期 5 年的反倾销措施，反倾销税率为 65.1%—73.7%。商务部贸易救济调查局局长王贺军就此发表谈话，对欧盟委员会裁定高税率的方法和决定表示严重质疑，对欧盟在钢铁领域表现出的贸易保护主义倾向表示高度关注。

[3 月 1 日　欧洲　反倾销]　欧盟委员会宣布将对华光伏反倾销反补贴措施延长实施 18 个月，同时主动发起期中复审调查以逐步降低措施水平。商务部贸易救济调查局王贺军局长表示中方注意到，欧盟委员会将措施延长期限由过去建议的 24 个月缩短为 18 个月，并将逐步减缓至最终取消措施。但遗憾的是，欧盟委员会不顾欧盟内部多个成员国和业界以及中国业界的反对，仍决定继续延长该措施。王贺军指出，光伏价格承诺是中欧双方通过磋商成功解决贸易摩擦的典范。在双方共同努力下，价格承诺运行平稳，有效地平衡了双方利益。希望欧盟委员会以实际行动妥善处理后续事宜，及早彻底终止光伏双反措施，避免对恢复光伏正常国际贸易设置障碍，避免对中欧经贸关系的发展造成负面影响。

[3 月 3 日　美国　反倾销]　美国国际贸易委员会发布公告，认定自中国进口的不锈钢板带材和碳合金钢板对美国内产业造成实质损害。据此，美国海关将对自中国进口的上述产品征收反倾销税和反补贴税。商务部贸易救济调查局局长王贺军表示，美方裁决没有充分考虑中国业界提交的大量证据材料，与事实不符。中方敦促美方作出客观公正裁决，避免对中美两国正常的经贸往来造成负面影响。

[3 月 7 日　美国　科技]　中国电信巨头中兴通讯股份有限公司同意向美国支付 8.92 亿美元，结束一起加剧美中贸易紧张关系的长达五年的调查。

[3月9日　美国　反倾销]　　美国铝业协会贸易执法工作组及其成员向美国商务部提出申请，要求对自中国进口的铝箔发起反倾销和反补贴调查。商务部贸易救济调查局局长王贺军表示，中美两国铝业有着良好的合作基础，两国的铝箔产品互补性较强。中国铝箔企业一方面向美国出口优质产品，满足美国内消费者的需要，另一方面也从美国进口所需要的铝箔。中方希望美方不要动辄诉诸贸易救济措施，希望美国商务部谨慎行事，拒绝对有损双方互利共赢的指控立案调查。

[3月9日　印度　一带一路]　　在印度外交部发言人巴格莱主持上任后的首场例行记者会中，巴格莱表示，对于"一带一路"，印度支持区域联动，但"所谓的中巴经济走廊"途经印度领土、影响主权，这是印度面临的难处。至于有印媒炒作中国将在本届金砖峰会邀请"亲中"国家、降低印度影响力一事，巴格莱对此予以否认，并强调每一个金砖轮值主席国都会在峰会或其他活动上向外延伸，比如印度曾邀请环孟加拉国湾多领域经济技术合作倡议。

[3月14日　柬埔寨　基础设施]　　使用中国优惠贷款的柬埔寨51号国家公路复建项目开工仪式14日在柬埔寨磅士卑省三隆栋县举行。柬埔寨副首相兼内政大臣萨肯、公共工程与运输大臣孙占托等柬方官员，中国驻柬大使熊波、中企代表以及当地群众5000余人参加了开工仪式。萨肯在仪式上说，对于柬埔寨的减贫和经济发展而言，交通基础设施必不可少，中国的帮助对柬交通基础设施的重建和发展贡献巨大。51号公路的开工，将最终使磅士卑省内公路形成一个环形网络，极大提升交通运输效率，促进柬运输业和旅游业的发展，助力经济增长，给当地民众带来实实在在的利益。

[3月16日　俄罗斯　货币]　　俄罗斯中央银行在北京成立了代表处，这是俄央行在海外设立的首个代表处。俄央行是俄罗斯的综合监管机构，负责出台并执行俄罗斯国内统一的货币信贷政策，保障价格和金融稳

定性。俄罗斯央行副行长德米特里·斯科别尔金在俄罗斯央行北京代表处的开业庆典上表示，将于 3 月 22 日在莫斯科正式启动人民币清算中心，这让该国朝着发行人民币计价债券更近了一步。目前，俄罗斯财政部计划一到两个月发行 10 亿美元的人民币计价债券。

[3 月 17 日　美国　投资]　中国互联网公司腾讯以 17.8 亿美元（约合人民币 123 亿元）购买了美国电动车公司特斯拉 5% 的被动股权，跃升为该公司第五大股东。

[3 月 21 日　美国　反倾销]　美国商务部就对华羟基乙叉二磷酸（HEDP）反倾销和反补贴调查作出终裁，裁定我强制应诉企业反补贴税率分别为 0% 与 2.4%，反倾销税率分别为 167.58% 与 184.01%。商务部贸易救济调查局局长王贺军就此发表谈话。王贺军表示，本次反补贴调查的裁决结果值得肯定，基本反映了中国企业实际情况。但是，中方对美商务部裁定高额反倾销税率的决定和做法强烈不满。美方不顾《中国加入世界贸易组织议定书》第 15 条有关条款已到期的事实，继续拒绝接受中国企业提交的大量证据材料，坚持使用替代国做法，拒绝纠正有关计算错误，裁出的反倾销税率严重脱离客观事实。美方做法违反了其在世贸组织下的有关义务，严重损害了中国企业利益。王贺军指出，中方敦促美方恪守世贸组织相关规则，审慎、克制采取贸易救济措施，避免对中美经贸关系产生负面影响。

[3 月 21 日　加拿大　投资]　管理资产超过 3000 亿加元的加拿大养老金计划投资委员会（CPPIB）总裁兼 CEO 马克·梅钦表示，该基金计划未来大幅提高中国资产在其投资组合中的比例。

[3 月 21 日　巴基斯坦　能源]　中国电力国际有限公司参与投资建设的胡布燃煤电站项目在巴基斯坦俾路支省胡布地区举行开工仪式。这标志着中巴经济走廊又一大型能源项目正式破土动工。

[3 月 22 日　英国　金融]　上海清算所伦敦办事处宣告成立，地处

伦敦最繁华的金融城中心腹地，毗邻英国央行。上海清算所在伦敦设立代表处是双方加强金融服务合作的成果之一。作为上清所在海外设立的第一家办事机构，伦敦办事处将面向伦敦和欧盟国际金融市场，宣布和推介上海清算所各项业务，同时立足伦敦和欧盟，了解相关国际金融市场监管政策与业务规则等特点，以期建立与英国和欧盟金融市场参与者和同业机构的直接联系和沟通机制，探索业务合作的可能性，促进国际金融合作。

[3月23日　亚投行　投资]　亚洲基础设施投资银行宣布正式批准13个新成员的申请，这是2016年1月正式开业运作的亚投行在57个创始成员基础上首次扩容，成员总规模达到70个。此次扩容新批准的13个意向成员包括5个域内成员和8个非域内成员。域内成员分别是阿富汗、亚美尼亚、斐济、中国香港和东帝汶；非域内成员分别是比利时、加拿大、埃塞俄比亚、匈牙利、爱尔兰、秘鲁、苏丹和委内瑞拉。

[3月28日　美国　反倾销]　美国商务部发布公告，决定对自中国进口的铝箔发起反倾销反补贴调查。商务部贸易救济局王贺军局长就此发表谈话。王贺军指出，中美两国铝业具有很强的互补性，美国铝业早在20多年前就陆续退出增值较低的铝箔生产，而集中精力生产并出口高端铝材。美国铝箔生产的下降并非中国铝箔对美出口导致的。中方认为，不合理地使用贸易救济措施，不仅损害中国铝箔企业出口利益，也会削弱美国下游产业的竞争力，不利于美国国内就业，还会影响广大美国消费者的福利，最终导致中美相关产业两败俱伤。中方敦促美方严格按照世贸组织规则公正调查，善意执行世贸组织专家组和上诉机构有关裁决，给予中国应诉企业公平抗辩权。希望中美双方共同努力促成产业间的对话，通过对话与磋商妥善解决贸易纠纷，谋求两国铝业的共同发展。

[3月28日　亚投行　基础设施、投资]　亚洲基础设施投资银行董事会近期批准了三笔贷款总额达2.85亿美元，使得银行的贷款总额超过20亿美元，为印尼和孟加拉国的三个项目提供融资。这些贷款将有助于

印度尼西亚大型水库的供水安全和功能化，改善了印度尼西亚地区政府获得基础设施融资的机会，并提高了孟加拉国天然气输送网络的运作灵活性和完整性。

[3月29日　美国　科技、投资]　中国泛海在北京宣布，已完成对美国国际数据集团（下称IDG）主要资产的收购，包括IDG集团旗下的国际数据公司、IDG Communications。至此，中国泛海成为IDG运营业务（含IDC数据业务和IDG Communications媒体业务）的控股股东。

[3月30日　塞尔维亚　高铁]　由中国土木工程集团有限公司承建的塞尔维亚"铁路线汇合点G—拉科维察—雷斯尼克"段铁路修复改造项目举行开工仪式，标志着中国公司使用欧盟资金在塞实施的第一个铁路项目进入施工阶段。"铁路线汇合点G—拉科维察—雷斯尼克"段全长约7.5公里，项目总金额约2380万欧元，由欧洲复兴开发银行提供贷款。

[4月12—15日　美国　货币]　特朗普当天接受采访时说，中国不是"汇率操纵国"。他指出，近几个月来中国并未"操纵汇率"。特朗普专访过后，美元尾盘"闪崩"，美元兑日元跌破109关口，刷新2016年11月17日以来低点，离岸人民币尾盘飙涨创下一周新高，期金收报逾五个月新高，十年期美债价格也急剧上涨。15日，美国财政部发布针对主要贸易对象的《国际经济和汇率政策报告》，认定包括中国在内没有一个美国的主要贸易伙伴通过操纵货币汇率获取不公平贸易优势，即未给任何一个贸易伙伴贴上"汇率操纵国"标签，但日本、韩国、德国、瑞士都满足其中两项，中国只满足一个"汇率操纵国"的条件。美国财政部还将中国、日本、韩国、德国等六个经济体列入汇率政策监测名单，即双边贸易顺差规模大。

[4月18日　美国　投资]　中国美国商会18日发布的《2017年美国企业在华白皮书》中提到，中美两国政府应争取及时达成一个高标准的双边投资协定（BIT）。《白皮书》称，希望两国政府在双边投资协定中列

出简短的负面清单，只对真正敏感的安全领域作出明确界定以限制投资，并利用双边对话机制，为两国投资者创造为对方经济发展和就业作出更大贡献的机会。

[4月21日　澳大利亚　能源]　澳大利亚外国投资审核委员会宣布，批准长江基建集团有限公司牵头的财团收购澳大利亚能源巨头DUET集团所有股权。DUET在一份声明中证实，澳大利亚国库部长斯科特·莫里森不反对该收购要约，也没有提出让财团无法接受的条件，交易将按此前的安排和信托计划进行。DUET集团董事会主席道格·哈利表示，此次收购的关键条件已经满足。长江基建财团的收购方案充分认可DUET经营业务及其平台未来发展的价值。集团股东将在当天晚些时候就收购进行投票。

[4月21日　美国　反倾销]　美国商务部宣布，对从中国进口的封箱钉发起反倾销调查。美国商务部当天发表声明说，发起这项调查是对美国公司申诉的回应，申诉称中国出口到美国市场的封箱钉存在倾销，倾销幅度为13.76%—263.43%。根据程序，美国国际贸易委员会将于5月15日前后对此项调查作出初裁。

[4月21日　美国　反倾销]　美国国际贸易委员会作出终裁，美国将对从中国进口的化工原料羟基乙叉二膦酸征收反倾销和反补贴（"双反"）关税。根据美国商务部终裁确定的幅度，美方将对向美出口羟基乙叉二膦酸的中国厂商征收167.58%—184.01%的反倾销税、2.4%—54.11%的反补贴税。同日，美国商务部宣布，对从中国进口的封箱钉发起反倾销调查。

[4月27日　尼日利亚　铁路]　尼日利亚总统穆罕默杜·布哈里请求参议院批准两笔来自中国进出口银行的贷款，总计近60亿美元的资金将用于3个铁路现代化改造项目。目前，他领导的政府试图通过大规模基建项目开支，重振受到衰退影响的经济。

［4月27日　日本　一带一路］　将代表日本首相安倍晋三出席"一带一路"峰会的自民党干事长二阶俊博接受采访时表示，日本对"一带一路"的进展感到震惊，未来日本也有可能加入亚投行，并将对"一带一路"峰会尽全力提供合作。

［4月28日　古巴、英国　能源］　由古巴、中国和英国三方合资的Biopower公司投资的首个生物燃料发电厂27日在古巴中部小镇西罗雷东多破土动工。中国驻古巴大使陈曦表示，这一项目将为古巴创造更多就业机会，还能通过清洁能源的使用保护当地环境，减少二氧化碳排放。

［4月29日　缅甸　能源］　在缅中资企业中国石油集团东南亚管道有限公司日前在缅甸第二大城市曼德勒举办主题为"缅甸中资企业"的周末圆桌会，以增进中缅双方企业界相互了解并促进合作。中国石油集团东南亚管道公司总经理姜昌亮在这次会议上介绍了中缅油气管道有关的经济效益、安全设施、环保处理、管理模式、公益活动以及对缅甸经济社会的影响等。与会代表对即将在北京举行的"一带一路"国际合作高峰论坛等话题十分关注。

［4月29日　菲律宾　一带一路］　菲律宾总统杜特尔特在第30届东盟峰会闭幕后的新闻发布会上表示，"一带一路"倡议对东盟国家有益，扩大了这一地区的市场规模，"一带一路"对东盟十分重要，因为其始于亚洲。杜特尔特再次确认他将出席5月在北京举行的"一带一路"国际合作高峰论坛。他同时提到了中国对菲律宾的投资援助项目，并对此表示感谢。

［4月29日　欧洲　基础设施］　一列从英国伦敦始发的中欧班列顺利抵达浙江义乌，这是继今年1月1日义乌至伦敦中欧班列成功开行后，从伦敦返程的首列中欧班列。至此，中欧班列（义乌—伦敦）实现双向对开。

［5月5日　缅甸　高铁］　经过4年半的紧张施工，中缅国际铁路

通道新建广大铁路已完成总投资的八成以上，为 2018 年全线开通运营奠定良好基础。据了解，广大铁路全长 175 公里，设计时速 200 公里，桥隧比达 63%，为国家一级双线电气化铁路。该铁路东接成昆铁路，西连在建大（理）瑞（丽）铁路和大（理）至临（沧）铁路，是中缅国际铁路的重要组成部分。

[5 月 10 日　美国　反倾销]　美国商务部长罗斯宣布，对中国、德国、意大利、印度、韩国和瑞士出口美国的冷拔钢管展开新的反倾销调查，同时对中国和印度出口的这类产品展开反补贴调查。在今年 6 月 4 日以前发布初步调查裁定。继钢铁和铝后，这是两周来美国对"中国制造"为首的国外产品第三次展开调查，也是中国对美出口商品首次遭遇特朗普政府的"双反"调查。

[5 月 13 日　亚投行　成员]　亚洲基础设施投资银行在北京宣布其理事会已批准新一批 7 个意向成员加入，成员总数扩大到 77 个。据亚投行行长金立群介绍，此次新增的 7 个成员包括巴林、塞浦路斯、萨摩亚 3 个域内成员，和玻利维亚、智利、希腊、罗马尼亚 4 个非域内成员。7 个意向成员加入获批后，还需走完国内法定程序并将首笔资本金缴存银行后，才能成为正式成员。2017 年 3 月，亚投行自 2016 年 1 月正式开张以来首次宣布接纳 13 个新成员，成员总数从 57 个扩大到 70 个。目前这 13 个成员正在完成相关程序。

[5 月 16 日　缅甸　基础设施]　中缅原油管道原油正式由云南瑞丽进入中国。随后，这批原油将以每天约 50 公里的速度继续向内地推进，再经过约 650 公里长途旅行，最终抵达位于云南省安宁市的云南石化。作为"一带一路"倡议在缅甸实施的先导项目——中缅油气管道项目的一部分，中缅原油管道工程今年 4 月正式投入运行，此次境内外投产管道全长 1420 公里。投产后，将能为缅甸带来可观的经济和社会收益，同时，将有力带动中国西南地区经济发展。

[5月31日　**肯尼亚　高铁**]　由中国企业承建的肯尼亚蒙巴萨—内罗毕标轨铁路（蒙内铁路）首班列车发车。这标志着蒙内铁路正式建成通车，也见证了东非铁路网和地区一体化建设迈出重要一步。

[6月4日　**尼泊尔　基础设施**]　中国葛洲坝集团和尼泊尔政府在尼泊尔总理官邸签署合作备忘录，为双方进一步合作开发、建设装机容量达1200兆瓦的布迪甘达基水电站项目打下了基础。

[6月5日　**日本　一带一路**]　日本首相安倍晋三在东京都举行的国际会议上发表演讲，关于中国"一带一路"倡议表示，如果条件成熟将进行合作。他同时展望道，"一带一路"与跨太平洋伙伴关系协定所代表的自由且公平的经济圈"以良好的形式融合"。

[6月6日　**美国　投资**]　美国财政部长姆努钦在美中贸易全国委员会年会上称，与中国达成双边投资协定是特朗普政府的议程之一，但并非首要议程。姆努钦称，特朗普政府计划重启中美双边投资协定谈判，将令美国公司进入更大范围的中国市场，但前提是华盛顿在其他贸易问题上取得进展。

[6月7日　**联合国　投资**]　联合国贸易和发展会议发布了《2017年世界投资报告》。报告显示，中国2016年对外投资飙升44%，达到1830亿美元，这是中国在该报告中首次成为全球第二大对外投资国，比吸引外资多36%。同时，中国还一跃成为最不发达国家的最大投资国，投资额是排名第二位的国家的3倍。而由于全球经济增长乏力，经济政策及地缘政治存在重大风险，2016年全球外国直接投资（FDI）流量下降2%，降至1.75万亿美元；其中，各国对新兴经济体的FDI投资更是下滑了14%，至6460亿美元。

[6月14日　**美国　农业**]　中国批准了两种新的转基因作物的进口，为美国农业公司向农民销售新的生物技术种子铺平了道路。此次获批进口的是陶氏化学公司和孟山都公司开发的转基因玉米和大豆品种。根据

中美上个月达成贸易协议，中国政府同意加快对生物技术方面申请的审批。对美国农业领域而言，这意味着中国终于开始清理待批的生物技术种子的申请，期中部分申请已等待了数年时间。

[6月15日　亚投行　基础设施]　亚洲基础设施投资银行批准总额约3.24亿美元的三个新项目，其中包括向印度基础设施基金提供1.5亿美元的股权投资，这也是亚投行首个股权投资项目。

[6月15日　孟加拉国　投资]　中国港湾工程有限责任公司在达卡与孟加拉国孟加拉经济区管理局签署联营公司股东协议，共同开发经营孟加拉国吉大港地区（中国）经济工业园区。

[6月16日　欧洲　贸易]　首列长沙至布达佩斯国际货运班列抵达布达佩斯多式联运物流中心。这是全国首列途经乌克兰进入欧盟国家的中欧班列。这趟班列5月27日从长沙出发，载着41个集装箱的电子产品、鞋服、光缆、五金、机械零配件等，全程1万公里，途经蒙古国、俄罗斯、乌克兰、斯洛伐克。这是继汉堡、华沙、莫斯科、塔什干以及明斯克后，从湖南开出的第6条中欧班列线路。

[6月20日　美国　农业]　国家质量监督检验检疫总局发布了《质检总局关于进口美国牛肉检验检疫要求的公告》。公告称允许美国牛肉输华，自公布之日起实施。2003年美国出现疯牛病病例后，中国下令禁止进口美国牛肉。2016年9月，中国农业部宣布有条件地取消与疯牛病有关的美国牛肉进口禁令。

[6月20日　俄罗斯　能源]　中国和俄罗斯合资建设的华电捷宁斯卡娅燃气蒸汽联合循环供热电站项目投产仪式在俄雅罗斯拉夫尔市举行。该项目额定总装机容量483兆瓦，工程总投资约5.7亿美元，设计年发电量30.2亿千瓦时，年供热量81.4万吉卡，是目前中国在俄罗斯最大电力能源类投资项目。

[6月20—21日　美国、加拿大等　中小企业]　阿里巴巴集团在底

特律举办的美国中小企业论坛吸引了来自美国、加拿大等国的 3000 多名中小企业代表与会。举办该活动意在显示，阿里巴巴集团董事会主席马云正在兑现他向特朗普作出的在美国创造 100 万个就业机会的承诺。据悉，后续阿里巴巴将与密歇根州及美国其他州共同成立培训中心，并扩大当地团队，以更好地帮助美国中小企业。

[6 月 21 日 **美国 贸易**] 美国贸易代表莱特希泽参加参院财政委员会听证会，阐述特朗普政府 7 月 17 日之前一系列工作计划，涉及中国市场经济地位问题、"百日计划"、贸易执法、世贸组织争端解决机制改革以及 NAFTA 和双边自贸谈判等议题。莱特希泽称，承认中国的市场经济地位，对 WTO 将是"灾难性的"；百日计划是中美贸易谈判的一个方面，许多艰难的谈判还在推进，目前美国正在关注科技公司在华遇到的新壁垒。美国贸易代表办公室正在考虑发起更多诉讼，新政府将会继续在世贸组织与中国进行由上届政府提起诉讼的两场官司，一个是涉及中国对农产品补贴的农业政策问题，另一个则是中国对这些农产品的关税配额政策。特朗普政府将在 7 月 17 日发布 NAFTA 重谈的详细目标，之后将探讨与 TPP 成员国启动双边自贸协定谈判的可能。

[6 月 21 日 **希腊 能源**] 中国国家电网公司完成与希腊国家电网公司的股权交割，以 3.2 亿欧元收购了希腊国家电网公司 24% 的股权。这是国网公司继入股葡萄牙国家能源网、意大利能源网存贷款公司后，在欧洲的又一项重大投资。

[6 月 29 日 **美国 军售**] 特朗普政府通知国会已批准对台湾 14.2 亿美元的军售。这是总统特朗普上任以来美国拟进行的首次对台军售。一位美国官员称，出售的武器包括雷达、导弹和鱼雷，主要是对现有防务能力的升级，目的在于将当前系统从模拟系统转变为数字系统。根据国会决议，美国在法律上有义务向台湾出售防务武器，最近一次对台军售是在 2015 年奥巴马执政时期。美国国务院发言人称，周四公布的对台军售获

批不会改变美国坚持一个中国政策的立场。

[6月29日　哈萨克斯坦　贸易]　　第十五届哈萨克斯坦—中国商品展览会在哈南部城市阿拉木图开幕。本次展会由中国商务部、新疆维吾尔自治区人民政府和新疆生产建设兵团共同主办，来自新疆、甘肃、陕西、江苏等10余个省市自治区的200多家企业参展。展会将持续至7月2日。

[6月30日　科特迪瓦　能源]　　中企承建的科特迪瓦最大规模的水电站——苏布雷水电站首台机组正式发电仪式在科西部苏布雷举行。中国驻科特迪瓦大使唐卫斌表示，苏布雷水电站的建成为科经济社会的长远发展注入强劲动力，该项目是中科两国合作的标志性成果之一，为促进两国持续、深入合作奠定了坚实基础。

[7月3日　联合国、非洲　一带一路]　　联合国常务副秘书长阿明娜·穆罕默德3日呼吁非洲国家把握好中国提出的"一带一路"倡议这一机遇，并以此带动非洲大陆的一体化进程。当天，第29届非盟峰会在位于埃塞俄比亚首都亚的斯亚贝巴的非盟总部召开。阿明娜在开幕式上作主旨发言时谈到，"一带一路"倡议是当今世界范围内最为宏大的基础设施建设倡议，该倡议也在号召全球的合作伙伴来加强对非洲的投资。

[7月7日　肯尼亚　经济特区]　　由中国和肯尼亚两国企业合建的珠江经济特区在肯西部城市埃尔多雷特举行奠基仪式，这将是肯尼亚首个经济特区。肯尼亚副总统鲁托当天在奠基仪式上说，中国改革开放积累了丰富的工业化经验，两国企业合建经济特区，有助于肯尼亚学习、借鉴中国经验，推动肯尼亚工业化进程。珠江经济特区由中国广东新南方集团与肯尼亚非洲经济特区有限公司合作建设，预计投资约20亿美元，一期项目预计两年内完工。

[7月7日　加拿大　自贸区]　　加拿大知名智库亚太基金会公布报告建议加拿大政府尽快与中国签署自由贸易协定。报告建议加政府从过往与中国签署的协定中吸取经验教训，以跨太平洋伙伴关系协定、加拿大与

欧盟自贸协定、中澳自贸协定、中新自贸协定等为借鉴，与中国签署开展谈判。这份报告已作为对加拿大政府就是否与中国开展自贸协定谈判征求公众意见的反馈上报加环球事务部。

[7月24日　巴拿马　贸易、投资]　中国—巴拿马贸易和投资论坛在巴拿马城举行。这是2017年6月中国和巴拿马建交以来举行的首个高级别企业间论坛。中国贸促会会长姜增伟在致辞中表示，中巴两国经贸合作潜力巨大，将巴拿马作为区域发展中心，已经成为许多中资企业的共识。他为中巴经贸关系发展提出三点建议，即加强投资合作、深挖贸易发展潜力和加强双方在商事法律方面的协调。

[7月24日　美国　投资]　知情人士透露，美国政府正在加强对中资企业收购的审查力度，对多桩备受瞩目的交易提出质疑，致使数宗计划迟迟未获批准。其中包括蚂蚁金服以12亿美元收购达拉斯支付服务公司速汇金的交易，以及去年中国泛海控股集团以27亿美元收购美国保险公司的交易。

[7月24日　马来西亚　金融]　支付宝将与马来西亚第二大银行的子公司成立合资企业。马来西亚资产规模排名第二的银行CIMB Group Holdings表示，其持有52.22%股权的子公司Touch n Go已与中国的支付宝达成投资协议，将在马来西亚成立一家合资企业实体。CIMB表示，Touch n Go将持有该合资企业的多数股份，支付宝将持有少数股份，在马来西亚推出一个新的支付及相关金融服务移动平台。按资产计算，CIMB是东南亚第五大银行。

[7月27日　印度　投资]　华尔街日报中文网报道，据印度《经济时报》援引四位知情人士的话报道，腾讯正就向印度第一大叫车应用Ola投资4亿美元进行谈判，此一潜在投资将推动Ola估值突破40亿美元。此外，这笔投资还将使总部位于班加罗尔的Ola获得更多资金来与优步在当地市场展开竞争。据称，到目前为止Ola已从投资者筹集了17亿美元

资金，包括来自日本软银集团股份有限公司的 2.5 亿美元资金，以及来自 Ratan Tata 的 RNT Capital Advisors 和美国基金公司 Falcon Edge 和 Tekne Capital Management 等基金的投资。

[7 月 27 日　美国　投资]　中国企业集团海航集团拟斥资 4.16 亿美元收购一家洛杉矶机上娱乐公司部分股权的交易破裂，因为两家公司无法在最初投资协议设定的截止日期前获得美国海外投资委员会的批准。美国海外投资委员会出于对国家安全的担忧对外商投资进行审查。两家公司 2016 年 11 月表示，将成立合资公司，专注机上娱乐，喜乐航初期将投资约 1.03 亿美元，持 9.9% 股权，之后将增持至 34.9%。

[7 月 28 日　澳大利亚　农业]　中国已暂停从六家澳大利亚肉制品工厂进口牛肉，称担忧产品标签标识不规范。澳大利亚贸易、旅游和投资部长乔博表示，问题很严重，这六家工厂在澳大利亚对中国牛肉出口中占比达到 50%；有数千万澳元，甚至超过 1 亿澳元的贸易可能受到影响。乔博表示，相关问题涉及包装盒外面的标签与里面产品上的标签不一致。这些公司被限定在 45 天之内解决上述问题。这六家工厂包括两家由巴西肉类包装巨头 JBS SA 所有的工厂，以及一家由中国公司新希望集团部分所有的工厂。

[7 月 29 日　斯里兰卡　投资]　中国招商局港口控股有限公司与斯里兰卡港务局在科伦坡正式签署了汉班托塔港特许经营协议。斯内阁、议会将于 8 月初审议这份协议。斯中将成立两家合资公司——汉班托塔国际港口集团有限公司和汉班托塔国际港口服务有限责任公司，负责汉班托塔港的商业管理运营和行政管理运营。中国招商局港口控股有限公司将在这两家公司中分别占股 85% 和 49.3%，斯里兰卡港务局分别占股 15% 和 50.7%，中资在两家合资公司中的总占股比例将达到 70%。汉班托塔港位于斯里兰卡最南端，地理位置优越，是"21 世纪海上丝绸之路"框架下中斯互利合作的重点区域。

[8 月 4 日　**老挝　金融**]　中国老挝合资银行老中银行首家分支机构——磨丁分行在老中边境的老挝南塔省磨丁开业，助益磨丁经济发展并推动两国金融合作。

[8 月 8 日　**美国　反倾销**]　美国商务部公布的初步调查结果显示，中国铝箔生产商获得了幅度为 16.56%—80.97% 的补贴。美国商务部将"基于这些初步比率"，指示海关向进口中国铝箔的进口商征收保证金。该部计划于 10 月 24 日公布这项调查的最终结果，并指出，本案独立于针对进口铝产品的"232 调查"，后者是由特朗普 2017 年 4 月 27 日的一项行政令发起的，旨在判定铝产能过剩、倾销、非法补贴等因素是否威胁到了美国的国家安全。

[8 月 11 日　**美国　投资**]　美国证券交易委员会推迟批准中资牵头的收购芝加哥证券交易所的交易，这是中资对美国资产的收购受美国立法者大量阻力影响而遇到的最新挫折。

[8 月 14 日　**美国　贸易调查**]　美国总统特朗普在白宫签署一项行政备忘录，授权美国贸易代表罗伯特·莱特希泽针对所谓的"中国不公平贸易行为"发起调查，以确保美国的知识产权和技术得到保护。18 日，美国贸易代表莱特希泽宣布，美国正式对中国发起"301 调查"，将调查中国政府在技术转让、知识产权、创新等领域的实践、政策和做法是否不合理或具歧视性，以及是否对美国商业造成负担或限制。白宫助理说，调查可能需要一年时间，才会就是否实施贸易制裁作出任何决定。

[8 月 16 日　**美国　金融**]　根据美国财政部国际资本流动报告，6 月份中国持有美国国债较前一个月增加逾 440 亿美元，至 1.147 万亿美元；日本持有美债减少 205 亿美元，至 1.09 万亿美元。中国取代日本成为美国国债最大持有国。

[8 月 18 日　**全球　投资**]　国务院发文引导和规范境外投资方向：限制房地产、酒店、影城、娱乐业、体育俱乐部等境外投资；限制在境外

设立无具体实业项目的股权投资基金或投资平台；重点推进"一带一路"基础设施境外投资；稳妥参与境外油气、矿产等能源资源勘探和开发；有序推进商贸、文化、物流等服务领域境外投资。

[8月22日　美国　制裁]　美国将一批被指"帮助朝鲜"的中国和俄罗斯公司及相关个人列为制裁目标，加大力度掐断对朝鲜核武项目至为重要的资金来源。

[8月22日　泰国　高铁]　泰国内阁批准了泰中铁路合作项目一期工程（曼谷—呵叻段）的设计合同，为泰中双方尽快落实签署创造了条件。29日，内阁会议批准了项目监理合同。中泰铁路合作项目是泰国第一条标准轨高速铁路。一期工程全长253公里，设计最高时速250公里，二期工程则将把这条铁路延伸至与老挝首都万象一河之隔的廊开府，并实现与中老铁路磨丁至万象段的连接。该项目将进一步提升泰国在中南半岛的交通枢纽地位，为泰国经济发展注入新活力，并将惠及沿线各国。

[8月28日　美国　投资]　重庆财信牵头收购芝加哥证交所的交易已经获得了美国外资投资委员会批准，但还是在最后时刻收到美国证券交易委员会的冻结命令，被无限期搁置。这凸显美国越来越抵制中国公司发起的收购交易，尤其是当交易涉及深入美国金融体系的公司时。

[8月30日　尼日利亚　能源]　尼日利亚政府批准了塔拉巴州北部3050兆瓦Mambilla水电项目合约，价值57.92亿美元。这份合约被授予三家中资企业：中国水电建设集团国际工程有限公司、中国葛洲坝集团股份有限公司和中地海外集团。尼日利亚总统发言人加尔尼表示，对这一发电项目的初步研究于1972年完成，但实施方面直到尼日利亚总统布哈里于2016年4月访华时才取得突破性进展。Mambilla发电厂将是非洲最大的水坝项目之一，预计将于六年内完工。

[9月1日　金砖国家　投资]　金砖国家新开发银行行长卡马特在上海与金砖国家工商理事会代表会面时表示，即将在2018年开启对私有

领域的投资，预计到2018年下半年其份额将达到三成。

[9月2日　泰国　基础设施]　中建泰国公司与泰国PLE公司组成的PCS联营体以142.35亿泰铢（约合28.73亿人民币）的价格中标曼谷素万那普机场1号候机楼（2—4层）和南端连接通道项目。中建泰国公司曾先后承建泰国清迈湄光水坝、曼谷拉玛八桥、南外环公路、WATER-MARK高层公寓、曼谷市政府新办公楼和曼谷中国文化中心等一批在当地有影响的工程。

[9月3日　尼泊尔　投资]　尼泊尔投资局与中国红狮控股集团签署项目投资协议，以保障后者在尼投资项目顺利实施。尼财政部长贾南德拉·巴哈杜尔·卡尔基和中国驻尼大使于红出席了当天的签字仪式。

[9月3日　墨西哥　贸易]　墨西哥农业委员会主席博斯科·德拉韦加表示，在北美自贸协定重谈的同时，墨西哥希望扩大农产品进入中国市场，寻求农业贸易多元化。目前，中国是墨西哥第二大贸易伙伴、重要进口来源国和出口目的国；墨西哥是中国在拉美地区的重要贸易伙伴，也是中国游客赴拉美旅游的主要目的地。

[9月3日　金砖国家　能源]　金砖国家新开发银行在厦门与中国福建、湖南、江西三省分别签署总规模达8亿美元的贷款协议，以支持这三个省有关绿色发展项目建设。金砖国家新开发银行行长卡马特表示，在2015年至2016年，中国在可再生能源方面累计投资了大约1000亿美元，超过了欧洲和美国的总和。随着巨大规模的投资不断落地，中国正在全球绿色发展领域发挥着重要引领作用。

[9月4日　美国　投资]　由中国政府支持的Canyon Bridge Capital Partners收购美国芯片制造商莱迪思的交易双方请求总统特朗普批准该交易，尽管其他高级美国官员持相反意见，此举将令特朗普陷入美中对半导体行业的主导权之争。美国海外投资委员会已建议阻止或终止该交易，两家公司声明称打算请求有最终话语权的特朗普作出决定。

[9月12日 **联合国 环保**] 联合国环境规划署与中国节能环保集团公司在北京节能大厦签署了合作谅解备忘录。中国节能与联合国环境署将在提升中国城市能效、为"一带一路"建设提供最佳环保技术和实践、积极参与国际环境治理等方面开展实质性合作。这也是环境署首次与中国节能环保企业签署战略合作备忘录,对于中国环保企业有着非常重要的示范作用。

[9月15日 **泰国 投资**] 京东、京东金融和泰国尚泰集团宣布,将投资5亿美元成立两家合资公司,在泰国开展电商和金融科技业务。这是京东在国际化战略方面作出的最新努力。京东将为电商合资公司提供其在专业技术、电商和物流领域的支持。

[9月25日 **英国、美国 投资**] 有中资背景的投资公司 Canyon Bridge Capital Partners LLC 达成了以5.5亿英镑(合7.422亿美元)收购一家英国芯片设计公司的协议。本月初 Canyon Bridge 曾试图收购一家美国半导体公司,但因遭到总统特朗普阻止而以失败告终。

[10月3日 **菲律宾 一带一路**] 菲律宾财政部发表声明说,亚洲基础设施投资银行和"一带一路"倡议将促进本地区贸易更加全面均衡,为各国带来长久利益,菲政府将全力支持亚投行和"一带一路"。菲律宾财政部长多明格斯在这份声明中表示,菲律宾和中国在经贸领域有很大合作与互补空间,菲律宾十分期待继续加强与中国在贸易和投资上的合作。

[10月4日 **国际能源署 能源**] 国际能源署发布《2017年可再生能源市场报告》称,2016年全球太阳能光伏产能新增50%,其中中国贡献过半。未来5年,中国仍将是全球可再生能源增长无可争辩的领导者。

[10月5日 **非洲 投资**] 国家开发银行上半年累计向43个非洲国家提供投融资超过500亿美元,贷款余额达368亿美元,重点支持农业、制造业、基础设施、社会民生等领域发展。国开行目前已与非洲地区

18 个国家签订规划咨询合作协议；并借助长期、大额的资金优势，在融资推动具体项目实施的过程中逐步建立市场信用；发起设立中非发展基金，独家承办非洲中小企业发展专项贷款，形成了支持非洲发展的综合金融格局。

[10 月 17 日　美国　货币]　美国财政部发布半年度国际汇率报告，再次未将中国列为汇率操纵国，但继续对中国的大规模贸易顺差以及对海外投资者的限制提出批评。这已经是特朗普执政以来第二份未给中国贴上这一标签的报告。

[10 月 19 日　美国　贸易]　美国国务卿蒂勒森向中国发出警告，称美国拥有为数众多的经济武器，能够迫使中国解决贸易不平衡问题以及南中国海（中国称南海）持续的领土争端。蒂勒森称，解决上述问题有两种方式，一种是美中合作，另外一种是美国采取行动，然后中方作出回应。蒂勒森反复表示，中国在南中国海的资源主张方面走得太远了。

[10 月 19 日　美国　反倾销]　美国商务部宣布，对从中国和印度进口的聚四氟乙烯树脂发起反倾销调查，同时对从印度进口的此类产品发起反补贴调查。中国商务部多次表示，希望美国政府恪守反对贸易保护主义承诺，共同维护自由、开放、公正的国际贸易环境，以更加理性的方法妥善处理贸易摩擦。

[10 月 24 日　埃及　投资]　埃及中国投资贸易博览会在开罗开幕。埃及投资总局局长莫娜·祖巴在开幕式上表示，埃及希望吸引更多中国资金对埃投资，目前中埃两国正积极合作改善投资环境，扩大投资领域，创造投资机会。

[10 月 25 日　柬埔寨　货币]　人民币与瑞尔（柬埔寨货币）跨境贸易与投资论坛 24 日在金边举行。柬埔寨国家银行副行长妮占塔娜表示，柬政府鼓励使用人民币以促进柬中两国之间的贸易和投资。

[10 月 27 日　美国　反倾销]　美国商务部公布初裁结果，认定从

中国进口的铝箔产品存在倾销行为。根据美方程序，美国商务部和国际贸易委员会将于 2018 年初作出终裁。此前，美国商务部已于 8 月 8 日公布初裁结果，认定从中国进口的铝箔产品存在补贴行为。

［10 月 30 日　美国　反倾销］　美国商务部公布初裁结果，认定从中国进口的封箱钉存在倾销行为。根据美方程序，美国商务部和国际贸易委员会将于 2018 年初作出终裁。针对美商务部近日对华反倾销调查中继续认定中国为"非市场经济国家"一事，商务部新闻发言人 10 月 31 日发表谈话指出，这是对中国实际情况的严重歪曲，同时敦促美方采取实际行动纠正错误做法。

［10 月 31 日　全球　气候］　国务院新闻办举行新闻发布会，中国气候变化事务特别代表解振华介绍当日发布的《中国应对气候变化的政策与行动 2017 年度报告》有关情况，并答记者问。解振华说，"中国政府积极参与《联合国气候变化框架公约》下谈判进程，坚定维护公约的原则和框架，坚持公平、共同但有区别的责任和各自能力原则，遵循缔约方主导、公开透明、广泛参与和协商一致的多边谈判规则，不断加强公约的全面、有效和持续实施。中国愿继续与国际社会一道，发挥积极建设性作用，不断推动全球气候治理进程。"

［11 月 1 日　美国　反倾销］　美国商务部公布初裁结果，认定从中国和印度进口的涤纶短纤维产品存在补贴行为。此前，因美国三家涤纶短纤维产品制造商提出申诉，美国商务部于 6 月 21 日对从中国、印度、韩国及越南四国进口的涤纶短纤维产品发起反倾销和反补贴（"双反"）调查。

［11 月 1 日　吉尔吉斯斯坦、乌兹别克斯坦　基础设施］　俄罗斯《独立报》发表题为《比什凯克寻找替代欧亚经济联盟的选择——吉乌两国开辟通往中国的新货运路线》的文章称，吉尔吉斯斯坦和乌兹别克斯坦开辟了通往中国的新货运路线：塔什干—奥什—喀什，由 9 辆大卡车组成

的首个车队 10 月 31 日沿塔什干—安集延—奥什—伊尔克施塔姆—喀什的路线启程。该路线全长 900 公里。目前这是连通三国的最短路径。下一步就是修建中国—吉尔吉斯斯坦—乌兹别克斯坦铁路干线。

[11 月 2 日 科特迪瓦 基础设施] 中国企业承建的科特迪瓦格里博·波波利水电站项目在科西部苏布雷举行奠基仪式。科特迪瓦总统瓦塔拉为水电站奠基。瓦塔拉致辞说,格里博·波波利水电站的建设将增强科特迪瓦能源安全保障,有效缓解科特迪瓦电力紧张局面,满足日益增长的供电需求,并促进地方经济社会发展。科特迪瓦总理阿马杜·戈恩·库利巴利和中国驻科特迪瓦大使馆临时代办王军等出席仪式。当天,中国水利水电第五工程局有限公司承建的科特迪瓦最大规模水电站——苏布雷水电站竣工并交付科方使用。

[11 月 3 日 赞比亚、坦桑尼亚 基础设施] 坦赞铁路 40 周年纪念展在赞比亚首都卢萨卡国际博物馆隆重开幕。赞比亚开国总统肯尼思·卡翁达、中国驻赞比亚大使杨优明、赞政府代表、华侨华人代表等出席并观看展览。杨优明在致辞中表示,坦赞铁路精神在新时期注入了新内容、新活力,中赞两国开展全面合作面临巨大机遇。相信在坦赞铁路精神指引下,中赞、中坦和中非互利友好合作必将取得更大发展。卡翁达在致辞中称中国经济高速发展,非洲各国,尤其是赞比亚,从中国的发展中受益匪浅。坦赞铁路是中国最大援外成套项目之一,于 1970 年 10 月开工,1975 年 6 月全线铺通并投入试运行,1976 年 7 月正式移交坦、赞两国政府。

[11 月 4 日 老挝 基础设施] 老挝政府总理通伦·西苏里视察了位于老挝北部乌多姆赛省的中老铁路项目建设工地,对项目施工成果给予高度赞赏。通伦在参观后表示,中老铁路是老中两国的战略合作项目,是两国合作共赢、共同发展的纽带,中老铁路的建成将成为整个老挝经济发展的强劲动力,也将给两国人民带来更多实惠,希望将中老铁路建成一条绿色环保、优质高效和具有划时代意义的铁路。

[11月4日　斯里兰卡　工业园]　　中国—斯里兰卡物流与工业园办公室在斯里兰卡南部汉班托塔成立并举行揭牌仪式。未来中斯两国工作人员将在办公室内联合办公，为园区内企业服务。斯里兰卡总理维克勒马辛哈在揭牌仪式上说，斯方愿同中方在"一带一路"倡议下深化互利合作，助力斯里兰卡经济社会发展。中国驻斯里兰卡大使易先良致辞说，中斯双方高度重视通过产业合作提升斯工业化水平。办公室挂牌运营将推动工业园的招商工作，未来工业园内将包含尽可能多的工业种类。

[11月6日　巴基斯坦　一带一路]　　中国银行在巴基斯坦正式开业，第一家分行设立在卡拉奇。巴基斯坦总统马姆努恩·侯赛因、央行行长塔里克·巴杰瓦、财政部常秘沙希德·穆哈默德、中国驻巴基斯坦大使馆赵立坚临时代办、中国银行董事长陈四清，以及中巴两国政界、工商界、金融界代表近两百人出席了此次开业典礼。中国银行卡拉奇分行是经巴基斯坦央行批准具有全银行业牌照的金融机构，将对"一带一路"伟大构想以及"中巴经济走廊"建设提供有力支持。中国银行卡拉奇分行开业后将积极拓展存款、贷款、汇款、国际结算、贸易融资、金融市场等业务，开展中巴两国跨境担保融资，为两国企业和客户提供全面、高效的金融服务。

[11月7日　德国　贸易]　　商务部发布公告，以附加限制性条件的形式批准了马士基航运公司收购汉堡南美船务集团股权案。马士基航运和汉堡南美均为国际航运企业，在集装箱班轮运输行业处于领先地位。经审查，此项集中将对远东—南美西海岸航线、远东—南美东海岸航线的普通和冷藏集装箱班轮运输服务市场产生排除、限制竞争的效果，商务部决定附加限制条件批准此项集中。

[11月8日　美国　农业、贸易]　　蒙大拿家畜饲养者协会执行副会长埃罗尔·赖斯8日与京东在北京签署意向性协议。根据协议内容，京东计划未来3年从蒙大拿家畜饲养者协会的会员企业采购不低于2亿美元的

牛肉，同时计划在蒙大拿投资约 1 亿美元建立新的育肥厂和屠宰加工厂支持当地牛肉生产，最早将于 2018 年初开始动工建设。美国蒙大拿州联邦参议员史蒂夫·戴恩斯和蒙大拿家畜饲养者协会 8 日发表声明，欢迎蒙大拿家畜饲养者协会与中国电商巨头京东签署上亿美元牛肉采购和投资意向性协议。

[11 月 8 日　马来西亚　能源]　　清洁电力开发运营商中盛能源联合其合作伙伴中电工程西北电力设计院与马来西亚玛拉工艺大学控股公司旗下的太阳能光伏项目开发商玛拉工艺大学太阳能公司在吉隆坡签署工程总承包合同，为后者的 61MW 地面光伏电站提供工程、采购、施工建设及运维服务，项目完工后将成为迄今为止马来西亚单体规模最大的地面光伏电站之一。

[11 月 10 日　马来西亚　科技]　　中国科技巨头华为宣布了与马来西亚的合作备忘录，将支持该国实现跨国网络安全、中小企业发展和大学教育的数字化转型，并在当地建立 OpenLab，旨在携手共同为马来西亚创造"更安全稳定的网络空间"。根据合作备忘录，华为与马来西亚网络安全机构将共同建立督导委员会，每年召开两次会议，审议技术标准问题和科技创新，制定识别和管理网络安全威胁的方法。具体工作将交由联合工作组来执行。华为还将通过"马来西亚网络安全合作伙伴计划"为当地企业开展培训课程。

[11 月 13 日　美国　反倾销]　　美国商务部公布终裁结果，认定从中国进口的硬木胶合板存在倾销和补贴行为。根据美方程序，美国国际贸易委员会将于 12 月作出终裁。同日，美国商务部公布初裁结果，认定从中国和越南进口的工具箱和工具柜产品存在倾销行为。中国商务部 14 日发表谈话表示强烈不满，指责美方继续适用歧视性的"替代国"做法，望美方落实两国元首共识，通过对话协商妥善管控分歧。

[11 月 28 日　美国　反倾销]　　特朗普政府采取新的行动，在贸易

问题上加大向北京施压,试图抵御中国低价铝的进口。美国商务部长罗斯对美国一些工业公司高管说,商务部将自发展开调查,调查这些公司的中国竞争对手是否以低于成本的价格非法出售某些产品。这是 25 年来美国政府首次主动展开而并非由私营部门发起的这类调查。此举旨在加快对倾销进口产品征收保护性关税的流程,并将节省相关行业高昂的法律费用。此举还帮助避免了一些公司因为担心报复而不愿率先对中国提出挑战。

[11 月 28 日　塞尔维亚　高铁]　由中国铁路总公司组成的中国企业联合体承建的匈塞铁路塞尔维亚境内贝尔格莱德至旧帕佐瓦段正式开工。与此同时,匈牙利也在此次"16 + 1"领导人会晤期间宣布,对匈塞铁路匈牙利段进行公开招标。

[11 月 29 日　秘鲁　基础设施]　中国国家开发银行与三峡集团环球水电投资秘鲁公司在秘鲁首都利马签订了总金额 3.65 亿美元长期贷款提款协议,助力秘鲁圣加旺 3 级水电站项目的实施。圣加旺 3 级水电站项目是中国公司在秘鲁投资的第一个电力项目。秘鲁总统库琴斯基在签字仪式上表示,外资对秘鲁的经济发展具有重要意义。这次圣加旺 3 级水电站项目的启动,将进一步提振投资者对秘鲁经济发展的信心,带动更多企业来秘鲁投资。

[11 月 30 日　美国　综合]　特朗普政府正式拒绝中国在全球贸易规则下获得"市场经济"待遇的要求,此举可能加剧全球两大经济体的紧张关系。这场交锋干系重大。如果一国被贴上"非市场经济"标签,将意味着其他贸易伙伴可以更自由地对这个国家征收高额关税,依据则是这个国家的政府干预行为会造成市场扭曲,给自己国家的生产商带来不公平的竞争优势。经济学家估算,美国和欧盟将中国视为"非市场经济"国家已经让中国制造商在出口方面损失几十亿美元,他们的部分商品要缴纳远高于 100% 的关税。

[11 月 30 日—12 月 2 日　中拉企业家峰会　经贸]　第十一届中拉

企业家峰会在乌拉圭东角市成功举行，来自中国和拉美地区共 2500 名企业家与会。古方参会代表古巴国家商会副会长奥达莉斯·赛伊霍在会议期间与中国贸易促进委员会代表签署了两项新的合作协议。至此，古巴国家商会与中国贸促总会及其分会共签署协议达 60 个。她表示上述协议将有助于古中两国在发掘商机、举办经贸会展、企业家论坛及开展商务咨询等领域加强合作。此外，古巴《2017—2018 版外商投资项目目录》亦在会议期间进行推介。

[12 月 1 日　环球银行金融电信协会　货币]　环球银行金融电信协会（SWIFT）全球银行支付信息网络的数据显示，人民币在国际交易中的份额从 9 月份的 1.85% 下降到 10 月的 1.46%，为 2014 年 4 月以来的最低水平，这意味着人民币所占份额自 2015 年见顶以来几乎减半，人民币在国际交易中的份额降至逾三年半以来最低水平。

[12 月 4 日　马来西亚　金融]　马来西亚旅游与文化部与中国工商银行马来西亚有限公司（以下简称"工银马来西亚"）在吉隆坡联合举办了"马来西亚—我的第二家园计划合作备忘录"（MM2H）签署仪式，工银马来西亚正式成为"马来西亚—我的第二家园计划"官方合作银行。"马来西亚—我的第二家园计划"是马来西亚政府为吸引外国资金、促进旅游、发展经济而出台的一项政策，通过让符合特定条件的外籍人士获得多次入境签证，使其长期居留在马来西亚。工银马来西亚成立于 2010 年，是中国工商银行股份有限公司的全资子公司，目前拥有 5 家分行。

[12 月 4 日　马尔代夫　基础设施]　马尔代夫政府在胡鲁马累岛举行仪式接收由中国企业承建的 1500 套惠民住房。该国住房和基建部长穆罕默德·穆伊祖和中国驻马尔代夫政务参赞杨寅出席了交接仪式。穆伊祖对中方在马尔代夫住房项目中提供的帮助表示感谢。他说，这 1500 套住房将进一步改善马尔代夫拥挤的居住环境，政府将尽快将这些住房分配给民众。

[12 月 5 日　日本　贸易、投资等]　第三轮中日企业家和前高官对话在日本东京闭幕。双方代表围绕中日经贸合作新思路展开了坦诚对话，重点就贸易、投资和金融合作，推进数字经济、节能环保、健康养老、跨境电商、现代物流、旅游产业合作，共同开发第三方市场等议题取得共识。中国国际经济交流中心理事长曾培炎和日本前首相福田康夫及两国工商领袖、政府前高官及专家学者参加了对话。会后，双方发表了联合声明，表达了抓住机遇深化互利合作的意愿。

[12 月 6 日　印尼　货币]　印尼央行行长阿古斯日前表示，由于人民币已正式成为国际通用货币，且印尼与中国在经贸投资等方面的关系日益密切，印尼央行决定把人民币作为其离岸经营货币之一，各方可选择人民币套期保值。这项央行条例于 12 月 6 日生效。此前，央行分别于今年 7 月 12 日和 10 月 25 日将日元、欧元列为可套期保值的离岸经营货币。就人民币而言，印尼央行提供的套期保值的每项服务面额为 100 万人民币，申请方最低交易限额为 1000 万人民币。掉期交易的时间为每周一次，账期分为 3 个月和 6 个月两种。

[12 月 7 日　马来西亚　基础设施]　中国铁建国际集团副总经理、马来西亚公司董事长赵光明与马来西亚 M101 实体有限公司首席执行官叶廷浩正式签约吉隆坡 M101 摩天轮酒店和写字楼项目。中国铁建国际集团董事长卓磊表示中国铁建将精心组织、认真实施，安全、优质、高效地完成项目，并将其建成吉隆坡乃至整个亚洲的又一标志性的建筑。

[12 月 7 日　国际货币基金组织、世界银行　金融]　国际货币基金组织和世界银行公布了中国"金融部门评估规划"更新评估核心成果报告——《中国金融体系稳定评估报告》《中国金融部门评估报告》《关于中国遵守〈有效银行监管核心原则〉详细评估报告》《关于中国遵守〈证券监管目标与原则〉详细评估报告》和《关于中国遵守〈保险核心原则〉详细评估报告》。

[12 月 8 日　亚投行　基础设施]　　亚投行董事会已批准向阿曼发放 2.392 亿美元高级贷款，用于发展通信基础设施，这将有助于改善阿曼过于依赖油气行业的经济发展现状。贷款具体用途为投资阿曼境内光纤宽带网络建设运营。该项目是阿曼宽带公司推出的宽带基础设施项目，旨在巩固国家宽带战略，该战略重点是建设便利电信公司和个体用户的通信基础设施。这是亚投行首个非主权担保类有限追索型贷款，是亚投行以创新投资方式来提高自主融资能力的一个极佳案例；此外，这笔贷款有部分为银团贷款，展示出亚投行将私人资本引入新市场和新项目的能力，以支持国家重要基础设施发展。新建宽带基础设施不仅能便利阿曼居民和企业，也将增加阿曼制造业和物流业市场吸引力。

[12 月 8 日　国际能源署　能源]　　国家能源局副局长刘宝华在北京出席国际能源署（IEA）《世界能源展望 2017》中国特别报告发布会并致辞，IEA 署长法蒂·毕罗尔与会并致辞。发布会由 IEA、电力规划设计总院和中国石油天然气集团联合举办，IEA 成员国驻华使馆、中国及国外能源企业、研究机构、行业协会、媒体代表共 200 余人出席会议。《世界能源展望》报告是 IEA 的年度旗舰出版物，自 1977 年首次发布以来，该报告在同类出版物中持续占据着举足轻重的地位。今年，在中国成为 IEA 联盟国两周年之际，IEA 选择中国作为《世界能源展望》报告的重点对象进行研究，着重对中国的经济与能源发展现状进行了分析，结合当前能源政策与形式发展，对中国未来能源发展提出展望。

[12 月 8 日　马来西亚　一带一路]　　天津市港航管理局与马来西亚巴生港务局签署了《建立友好港关系谅解备忘录》。双方将在港口研究、员工培训、信息交流、技术协助和交通运输、提高服务水平方面开展互助与合作，进一步提升两港贸易往来及运输与服务水平，进一步增进双方共同利益，促进友谊，增加互信。近年来，天津港积极把握国家战略机遇，加强与"一带一路"沿线国家及港口的对接，目前已经与世界上不同国

家的 13 个港口建立了友好港关系。

[12 月 8 日 印度尼西亚 电商] 中国阿里巴巴集团日前首次在印尼为中小企业开设国际商务课程，上千家印尼中小企业参加。阿里巴巴集团副总裁黄明威表示，希望通过这次课程向印尼的中小企业家分享电子商务领域知识与经验，探讨未来电子商务的发展趋势，为开辟印尼电子商务市场和建立高效运作系统作出贡献。印尼创意经济与中小微企业竞争力统筹事务副部长鲁迪表示，印尼政府对电子商务发展已经制定了一系列政策，包括创建国家电子商务系统、建设相关基础设施、培养技术人才等，企业家们务必要把握发展趋势和和抓住历史机遇

[12 月 8 日 加拿大 投资] 加拿大建筑公司 Aecon 公司表示，中国公司以 15.1 亿加元的收购案获得了两国监管机构的批准。中国中交国际控股有限公司获得中国国家发展和改革委员会的批准，加拿大监管机构对这一批准进行了仔细审查，也批准了该项目。总理特鲁多曾在十月份表示，他的国家将审查与交易有关的可能的安全问题。

[12 月 8 日 俄罗斯 能源] 中俄能源合作重大项目——亚马尔液化天然气项目正式投产，这一项目是中国提出"一带一路"倡议后实施的首个海外特大型项目。亚马尔液化天然气项目由俄罗斯诺瓦泰克公司、中国石油天然气集团公司、法国道达尔公司和中国丝路基金共同合作开发。天然气可采储量达到 1.3 万亿立方米，凝析油可采储量 6000 万吨；项目将建成 3 条年产量 550 万吨液化天然气生产线，全部建成后每年可生产液化天然气 1650 万吨，凝析油 100 万吨。项目建设中，中国企业承揽了全部模块建造的 85%，30 多艘运输船中 7 艘船的建造、15 艘液化天然气运输船中 14 艘船的运营等，工程建设合同额达 78 亿美元，船运合同额达 85 亿美元。共有 45 家中国厂商为项目提供百余种产品，项目带动和促进了国内钢铁、电缆等众多产业技术创新和转型升级。

[12 月 9 日 柬埔寨 经贸] 柬埔寨最大水电工程华能桑河二级水

电站首台机组顺利通过72小时试运行，正式投产发电。桑河二级水电站于2013年10月开工，于2017年9月25日下闸蓄水，预计2018年10月机组全部投产发电。该电站实行"本土化"管理，将吸纳和培养柬埔寨籍员工参与电站运行管理，为当地人民提供更多的就业机会。电站主要机电设备均由中国国内进口，以中国标准"走出去"带动"中国技术＋中国设备＋中国管理"的"走出去"，提升了"中国制造"在柬埔寨及东南亚的影响力。

[12月9日　摩洛哥　经贸]　　中国比亚迪公司同摩政府在卡萨布兰卡王宫签署合作备忘录，摩洛哥国王穆罕默德六世见证。根据备忘录，比亚迪将在摩建设名为"云轨"的高空轨道交通项目，并投资生产电动客车、卡车和乘用车，成为继法国雷诺、标致—雪铁龙之后第三家在摩落户的汽车制造企业。摩政府近年来积极推进工业化战略，特别是在百万人口的丹吉尔已建立多个工业园区。比亚迪在摩洛哥开展投资合作将助力摩可再生能源战略和可持续发展，也将充实中摩两国共建"一带一路"合作。

[12月9日　斯里兰卡　基础设施]　　斯里兰卡政府在科伦坡举行仪式，正式启动中斯汉班托塔港合作项目，并宣布通过合资方式将汉班托塔港交由中国招商局港口控股有限公司运营。斯里兰卡总理维克勒马辛哈在当天的仪式上对中方长期以来给予汉班托塔地区的帮助表示感谢。维克勒马辛哈说，汉班托塔港的发展建设是斯中在"一带一路"倡议下合作的重点领域，相信未来在斯中双方的合作下，汉班托塔港将焕发新的活力。招商局集团副总经理胡建华表示，未来将与斯方进一步加强合作，将汉班托塔港打造成南亚地区的航运中心。

[12月10日　白俄罗斯　工业]　　由中工国际工程股份有限公司总承包建设的白俄罗斯大型纸浆厂已经开始连续生产，标志着该项目正式投产。这是继中白工业园项目之后，该公司在白俄罗斯建设的又一重要项目。该纸浆厂位于戈梅利州斯维特洛戈尔斯克市，设计年产40万吨纸浆。

项目总规模超过 8 亿美元，由中国进出口银行及中国工商银行以出口买方信贷方式向白方提供 85% 的项目融资，是中白合作建成单体规模最大的工程总承包项目，受到中白两国政府及国际纸浆行业的高度关注。

[12 月 12 日　老挝　铁路]　中国电建水电十五局承建的旺门村二号隧道顺利贯通，成为中老铁路项目全线首个贯通的隧道。中老铁路是中老两国领导人亲自推动的互联互通合作项目，自 2016 年 12 月全线开工以来，在两国政府的大力支持下，全线土建施工进展顺利，隧道、桥梁、路基等工程全面展开。

[12 月 13 日　肯尼亚　经贸]　首届中国非洲产能合作展览会在肯尼亚首都内罗毕开幕。本次展会由中国贸促会联合中非发展基金、肯尼亚投资局、肯尼亚国家工商会共同主办，中国国际展览中心集团公司承办，约 60 家中国企业展示中国基建、机械设备、信息通信等行业的先进技术和装备，寻求巩固中非合作，实现共同发展。这是中国贸促会首次在非洲举办产能合作展览会，是落实中非"十大合作计划"和"一带一路"国际合作高峰论坛成果、推进国际产能和装备制造合作的重要行动。此次展会为期 4 天，其间还将举办"中国非洲产能合作论坛"以及企业产品推介会等配套活动。

[12 月 14 日　莫桑比克　金融]　莫桑比克法兴银行和银联国际在莫桑比克马普托联合举办银联国际产品上线发布会，宣布银联国际正式进入莫桑比克市场，中华人民共和国驻莫桑比克大使苏健、经商参赞刘晓光及在莫中资企业代表和华侨华人代表出席活动。苏大使指出，金融服务对现代企业发展具有重要作用，中国金融机构长期以来为中莫务实合作提供了十分宝贵的支持，中国政府将继续鼓励中资金融机构为中莫、中非务实合作提供服务。2010 年，银联国际登录非洲，在 45 个非洲国家可以使用进行银联卡交易。银联国际进入莫桑比克有助于莫政府吸引外汇，改善国际支付能力；同时，银联用户可以减少交易成本，确保交易安全。

[12月16日　**肯尼亚　交通**]　位于肯尼亚首都的内罗毕集装箱内陆港正式移交并启动运营。这个由中国交通建设集团（简称中国交建）承建的内陆港是蒙内铁路（蒙巴萨—内罗毕标轨铁路）和东非铁路网的配套工程，将有助于提升蒙内铁路和蒙巴萨港的市场竞争力，巩固肯尼亚作为东非物流枢纽的地位，推动"一带一路"合作进一步走入非洲腹地。

[12月18日　**巴基斯坦　综合**]　巴基斯坦计划发展部举行《中巴经济走廊远景规划》发布会。根据远景规划，中巴经济走廊建设自中国新疆喀什，经红其拉甫口岸进入巴基斯坦，途经若干重要节点地区，至巴基斯坦南部沿海城市卡拉奇和瓜达尔。规划明确了走廊建设的指导思想和基本原则、重点合作领域以及投融资机制和保障措施。中国驻巴基斯坦大使姚敬表示，中巴双方在走廊建设中坚持面向全巴、惠及全巴，取得了积极成效，中方愿继续以走廊建设为契机，进一步推动中巴全方位合作。

[12月18日　**以色列　基础设施**]　由中国企业承建的特拉维夫红线轻轨东标段首段734米盾构隧道区间成功贯通，成为中土集团也是以色列历史上第一条贯通的盾构隧道区间。11月9日，中国铁建中土集团、深圳地铁集团有限公司与以色列最大公交运营商艾格德巴士公司组成的联营体与以方业主签署了特拉维夫红线轻轨运营维护项目合同。这是中国企业首次参与发达国家城市轨道交通运营维护，标志着中企在发达国家轨道交通运营市场已具备较强的国际竞争力。

[12月19日　**美国　反倾销**]　美国商务部公布初裁结果，认定从中国、印度、韩国进口的聚酯短纤产品存在倾销行为，其中中国大陆产品的倾销幅度为63.26%—181.46%，中国台湾产品的倾销幅度为0%—48.86%。

[12月19日　**埃塞俄比亚　一带一路**]　埃塞俄比亚总统穆拉图在接受中国新任驻埃塞俄比亚大使谈践递交国书时表示，"一带一路"倡议开辟了世界各国合作共赢、共同发展的新路径，埃塞备受鼓舞，将积极参

与。穆拉图说，埃塞始终视中国为重要战略合作伙伴。埃塞方面愿为中国企业到埃塞投资兴业创造更好环境，期待两国各领域合作取得更多实实在在的成果。

[12月19日 日本、韩国 一带一路] 日本首相安倍晋三在东京发表演讲时表示，将以明年日中和平友好条约缔结40周年为契机，推动日中高层加深交流，将日中关系提升至一个新高度。安倍近期在不同场合表达了推动日中关系发展的意愿。11月11日，国家主席习近平在越南岘港会见日本首相安倍晋三。安倍晋三表示，日方愿同中方一道努力，以明年日中和平友好条约缔结40周年为契机，推动两国战略互惠关系继续向前发展。日方希望同中方加强高层交往，开展互惠共赢的经贸合作，积极探讨在互联互通和"一带一路"框架内合作。11月14日，安倍在菲律宾首都马尼拉的记者会上再次提及"一带一路"倡议，他指出，期待"一带一路"能为世界和平与繁荣作出贡献，日本希望从这一观点出发同中方合作。

同日，韩国总统文在寅在其主持的首次驻外公馆负责人晚宴也表示愿与中国就"一带一路"倡议开展对接。

[12月19日 泰国 高铁] 泰国交通部长阿空在交通部每周例行发布会上表示，内阁已知悉泰中铁路一期工程，即曼谷至呵叻高速铁路的进展，并通过了此前泰中铁路合作联合委员会达成的相关决议，决议主要内容就是曼谷至呵叻高速铁路分为四段建设，项目定于12月21日开工。

[12月19日 亚投行 成员] 亚洲基础设施投资银行在北京宣布其理事会已批准新一批4个意向成员加入，成员总数再扩围至84个。这一轮包括库克群岛、瓦努阿图两个域内成员，和白俄罗斯、厄瓜多尔两个域外成员。

[12月20日 欧盟、亚投行 一带一路] 欧盟委员会副主席于尔基·卡泰宁接受《日本经济新闻网》的采访时，就中国的"一带一路"

倡议表示，欧盟的政策金融机构欧洲投资银行（EIB）非常愿意与中国主导的亚洲基础设施投资银行（AIIB）进行合作。卡泰宁还表示，作为欧盟来说所有投资在竞争政策和透明度等方面都要符合欧盟的标准，显露出希望欧洲企业在道路建设等方面能够广泛地参与进来的想法。

[12 月 21 日　**马来西亚　电商**]　中国银联国际宣布与马来西亚最大的在线支付网关供应商 iPay88 建立合作伙伴关系。目前，已有 50 多家马来西亚电商网站接受银联付款。未来，消费者将能够在马来西亚 70% 以上的电商网站上享受银联卡的安全和无缝支付体验。

[12 月 21 日　**欧盟委员会　制裁**]　欧盟委员会对原产于中国的电动自行车发起反补贴调查，这是欧盟委员会继今年 10 月份对中国电动自行车发起反倾销调查之后，在两个月之内再次对中国的同一产品发起贸易救济调查。商务部新闻发言人高峰今天表示，中方对此高度关注。

[12 月 29 日　**土耳其　基础设施**]　同方威视技术股份有限公司董事长陈志强与伊斯坦布尔新机场建设运营集团（IGA）首席执行官 Yusu Akç ayoglu分别代表中国、土耳其双方企业签署伊斯坦布尔新机场整套安检系统供货合同，驻伊斯坦布尔总领馆商务领事黄松峰应邀出席并见证签约仪式。建设中的伊斯坦布尔新机场（或称为第三机场）设计年客流量 2 亿人次，为全球第一大机场，有望成为欧亚非地区乃至世界重要航空交通枢纽之一。同方威视历时一年，经过层层严格技术和资质评审，最终拿下整个新机场安检方案，是中国企业在国际航空安检领域取得的历史性新突破，也是中土两国企业在"一带一路"倡议指引下开展互利合作的重要典范。

第五部分

中国经济外交相关文献

◇◇ 一　重要讲话

习近平：《共担时代责任 共促全球发展——在世界经济论坛 2017 年年会开幕式上的主旨演讲》，2017 年 1 月 17 日，载于人民网。

习近平：《共同构建人类命运共同体——在联合国日内瓦总部的演讲》，2017 年 1 月 18 日，载于新华网。

习近平：《携手推进"一带一路"建设——在"一带一路"国际合作高峰论坛开幕式上的演讲》（2017 年 5 月 14 日），载于《人民日报》2017 年 5 月 15 日 03 版。

习近平：《开辟合作新起点 谋求发展新动力——在"一带一路"国际合作高峰论坛圆桌峰会上的开幕辞》（2017 年 5 月 15 日），载于《人民日报》2017 年 5 月 16 日 03 版。

习近平：《团结协作 开放包容 建设安全稳定、发展繁荣的共同家园——在上海合作组织成员国元首理事会第十七次会议上的讲话》（2017 年 6 月 9 日），载于《人民日报》2017 年 6 月 10 日 03 版。

习近平：《坚持开放包容 推动联动增长——在二十国集团领导人汉堡峰会上关于世界经济形式的讲话》（2017 年 7 月 7 日），载于《人民日报》2017 年 7 月 8 日 02 版。

习近平：《共同开创金砖合作第二个"金色十年"——在金砖国家工商论坛开幕式上的讲话》（2017 年 9 月 3 日），载于《人民日报》2017 年 9 月 4 日 02 版。

习近平：《深化金砖伙伴关系 开辟更加光明未来——在金砖国家领导人厦门会晤大范围会议上的讲话》（2017 年 9 月 4 日），载于《人民日报》2017 年 9 月 5 日 03 版。

习近平：《深化互利合作 促进共同发展——在新兴市场国家与发展中国家对话会上的讲话》（2017 年 9 月 5 日），载于《人民日报》2017 年 9 月 6 日 03 版。

习近平：《在金砖国家领导人厦门会晤记者会上的讲话》（2017 年 9 月 5 日），载于《人民日报》2017 年 9 月 6 日 02 版。

习近平：《抓住世界经济转型机遇 谋求亚太更大发展——在亚太经合组织工商领导人峰会上的主旨演讲》（2017 年 11 月 10 日），载于《人民日报》2017 年 11 月 11 日 02 版。

习近平：《携手谱写亚太合作共赢新篇章——在亚太经合组织第二十五次领导人非正式会议第一阶段会议上的发言》（2017 年 11 月 11 日），载于《人民日报》2017 年 11 月 12 日 03 版。

李克强：《共同谱写自贸繁荣新篇章——在中澳经贸合作论坛上的演讲》（2017 年 3 月 24 日），载于《人民日报》2017 年 3 月 27 日 02 版。

李克强：《做创新合作的"黄金搭档"——在"中德论坛——共塑创新"上的演讲》（2017 年 6 月 1 日），载于《人民日报》2017 年 6 月 3 日 03 版。

李克强：《共同奏响高水平互利合作新乐章——在第十二届中欧工商峰会上的演讲》（2017 年 6 月 2 日）载于《人民日报》2017 年 06 月 04 日 03 版。

李克强：《在第十一届夏季达沃斯论坛开幕式上的致辞》（2017 年 6 月 27 日），载于《人民日报》2017 年 06 月 28 日 03 版。

李克强：《在第二十次中国—东盟领导人会议上的讲话》（2017 年 11 月 13 日），载于《人民日报》2017 年 11 月 14 日 04 版。

李克强：《在第二十次东盟与中日韩领导人会议上的发言》，2017 年 11 月 14 日，载于新华网。

李克强：《在第十二届东亚峰会上的讲话》（2017 年 11 月 14 日），载于《人民日报》2017 年 11 月 16 日 02 版。

李克强：《在第七届中国—中东欧国家经贸论坛上的致辞》（2017 年 11 月 27 日），载于《人民日报》2017 年 11 月 28 日 02 版。

李克强：《在第六次中国—中东欧国家领导人会晤上的讲话》（2017 年 11 月 27 日），载于《人民日报》2017 年 11 月 29 日 02 版。

李克强：《在上海合作组织成员国政府首脑（总理）理事会第十六次会议上的讲话》（2017 年 12 月 1 日），载于《人民日报》2017 年 12 月 2 日 03 版。

张高丽：《坚决贯彻落实新理念新思想新战略 深化供给侧结构性改革 促进经济平稳健康发展——在第十八届中国发展高层论坛上的讲话》（2017 年 3 月 19 日），载于《人民日报》2017 年 3 月 20 日 02 版。

张高丽：《携手推进经济全球化共同开创亚洲和世界美好未来——在博鳌亚洲论坛 2017 年年会开幕式上的演讲》，2017 年 3 月 25 日，载于新华网。

张高丽：《坚持共商共建共享 加强"五通"交流合作——在"一带一路"国际合作高峰论坛高级别全体会议上的致辞》，2017 年 5 月 14 日，载于《人民日报》2017 年 5 月 15 日 04 版。

汪洋：《迎接中菲友好合作的春天——在中菲经贸合作论坛暨中小企业投资与贸易洽谈会上的主旨演讲》，2017 年 3 月 18 日，载于新华网。

汪洋：《互利双赢就是最好的合作——在中美工商界联合欢迎午餐会上的主旨演讲》，2017 年 7 月 18 日，载于人民网。

杨洁篪：《在 2017 年金砖国家协调人第一次会议开幕式上的讲话》，

2017 年 2 月 23 日，载于外交部网站。

杨洁篪：《杨洁篪就"一带一路"国际合作高峰论坛接受媒体采访》，2017 年 5 月 18 日，载于新华网。

杨洁篪：《杨洁篪就金砖国家领导人第九次会晤和新兴市场国家与发展中国家对话会接受媒体采访》，2017 年 9 月 6 日，载于新华网。

王毅：《在澜湄合作中国秘书处成立仪式上的即席致辞》，2017 年 3 月 10 日，载于外交部网站。

王毅：《共建伙伴关系，共谋和平发展——在第十八届中国发展高层论坛上的演讲》，2017 年 3 月 20 日，载于外交部网站。

王毅：《加强国际合作，实现共赢发展——在"一带一路"国际合作高峰论坛中外媒体吹风会上的讲话》，2017 年 4 月 18 日，载于外交部网站。

王毅：《携手摆脱贫困，实现共同发展——在中非减贫发展高端对话会暨中非智库论坛开幕式上的主旨讲话》，2017 年 6 月 21 日，载于外交部网站。

王毅：《人人得享和平与发展——在第 72 届联合国大会一般性辩论上的演讲》，2017 年 9 月 22 日，载于外交部网站。

王毅：《共同构建新时代的亚欧新型伙伴关系——在第十三届亚欧外长会议第一次全会上的引导性发言》，2017 年 11 月 20 日，载于外交部网站。

王毅：《推进亚欧互联互通合作——在第十三届亚欧外长会议第二次全会上的引导性发言》，2017 年 11 月 20 日，载于外交部网站。

王毅：《在 2017 年国际形势与中国外交研讨会开幕式上的演讲》，2017 年 12 月 9 日，载于外交部网站。

肖捷：《在亚投行第二届理事会年会上的书面发言》，2017 年 6 月 17 日，载于财政部网站。

周小川：《中国经济前景：多方合力推动增长——在 2017 年 G30 国际银行业研讨会上的演讲及问答》，2017 年 10 月 15 日，载于中国人民银行网站。

◇◇ 二　重要署名文章

《深化务实合作　共谋和平发展》，国家主席习近平在对瑞士进行国事访问、出席世界经济论坛 2017 年年会并访问瑞士国际组织前夕，在瑞士媒体发表署名文章，载于《人民日报》2017 年 1 月 14 日 01 版。

《穿越历史的友谊》，国家主席习近平在对芬兰共和国进行国事访问前夕，在芬兰《赫尔辛基时报》发表署名文章，载于《人民日报》2017 年 4 月 4 日 01 版。

《为中哈关系插上梦想的翅膀》，国家主席习近平在对哈萨克斯坦共和国进行国事访问前夕，在《哈萨克斯坦真理报》发表署名文章，载于《人民日报》2017 年 6 月 8 日 01 版。

《为了一个更加美好的世界》，国家主席习近平在对德意志联邦共和国进行国事访问之际，在德国主流媒体发表署名文章，载于《人民日报》2017 年 7 月 5 日 02 版。

《开创中越友好新局面》，国家主席习近平在对越南社会主义共和国进行国事访问前夕，在越南《人民报》发表署名文章，载于《人民日报》2017 年 11 月 10 日 01 版。

《携手打造中老具有战略意义的命运共同体》，国家主席习近平在对老挝人民民主共和国进行国事访问之际，在老挝《人民报》《巴特寮报》《万象时报》发表署名文章，载于《人民日报》2017 年 11 月 14 日 02 版。

《开放经济，造福世界》，国务院总理李克强在英文版《彭博商业周刊》（2017 年 1 月 30 日—2 月 5 日）发表署名文章，2017 年 1 月 25 日，载于中国政府网。

《推动中澳关系向前走》，国务院总理李克强在对澳大利亚进行正式访问并举行第五轮中澳总理年度会晤之际，在澳大利亚《澳大利亚人报》发表署名文章，2017 年 3 月 22 日，载于中国政府网。

《勇攀中新友好合作新高峰》，国务院总理李克强在新西兰最大的主流媒体《新西兰先驱报》发表署名文章，2017 年 3 月 27 日，载于中国政府网。

《传承友谊，深化合作，共同谱写中菲关系的新篇章》，国务院总理李克强在访问菲律宾前夕，在菲律宾英文媒体《马尼拉时报》（*Manila Times*）和《菲律宾星报》（*The Philippine Star*）发表署名文章，2017 年 11 月 12 日，载于中国政府网。

《推动"16 + 1 合作"和中匈关系迈上新台阶》，国务院总理李克强在对匈牙利进行正式访问并出席第六次中国—中东欧国家领导人会晤前夕，在《匈牙利时报》发表署名文章，2017 年 11 月 24 日，载于中国政府网。

《推动形成全面开放新格局》，国务院副总理汪洋在《人民日报》刊文，载于《人民日报》2017 年 11 月 10 日 04 版。

《在习近平总书记外交思想指引下开拓前进》，外交部长王毅在《学习时报》上署名发文，载于《学习时报》2017 年 11 月 10 日 01 版。

《迈入新时代 展现新作为——外交部长王毅回顾 2017 年中国外交并展望明年工作》，外交部长王毅在《人民日报》上署名发文，载于《人民日报》2017 年 12 月 25 日 03 版。

《中国特色经济外交迈入新时代》，外交部国际经济司司长张军在

《外交》季刊 2017 年第 1 期上署名发文，载于《外交》季刊 2017 年第 1 期第 1—12 页。

《共建一带一路 发展开放型世界经济——深入学习贯彻习近平主席在一带一路国际合作高峰论坛上的重要讲话精神》，商务部部长钟山在《人民日报》署名发文，载于《人民日报》2017 年 6 月 6 日 07 版。

《实现我国开放事业新发展新提高新突破——学习贯彻习近平总书记关于开放的重要思想》，商务部部长钟山在《党建研究》署名发文，载于《党建研究》2017 年第 6 期。

《共同描绘金砖国家经贸合作新蓝图》，商务部部长钟山在《人民日报》署名发文，载于《人民日报》2017 年 7 月 31 日 08 版。

《新时代 新平台 新实践 认真学习党的十九大精神 全面把握举办中国国际进口博览会的重大意义》，商务部部长钟山在《人民日报》署名发文，载于《人民日报》2017 年 11 月 6 日 10 版。

◇◇ 三　部委文件及公告

（一）贸易

《商务部、工业和信息化部、国防科工局、国家原子能机构、海关总署公告 2017 年第 9 号》，禁止向朝鲜出口本公告所公布的与大规模杀伤性武器及其运载工具相关的两用物项和技术、常规武器两用品，2017 年 1 月 25 日。

《商务部 海关总署公告 2017 年第 12 号》，本年度暂停进口朝鲜原产煤炭，2017 年 2 月 18 日。

《中国对外贸易形势报告（2017 年春季）》，商务部综合司和国际贸易经济合作研究院联合发布，2017 年 5 月 4 日。

《关于中美经贸关系的研究报告》，商务部发布，2017 年 5 月 25 日。

《商务部 海关总署公告 2017 年第 40 号 关于执行联合国安理会第 2371 号决议的公告》，对涉及朝鲜进出口贸易的部分产品采取管理措施，2017 年 8 月 14 日。

《商务部 海关总署公告 2017 年第 52 号 商务部 海关总署关于执行联合国安理会 2375 号决议的公告》，对涉及朝鲜进出口贸易的部分产品采取管理措施，2017 年 9 月 22 日。

《中国对外贸易形势报告（2017 年秋季）》，商务部综合司和国际贸易经济合作研究院联合发布，2017 年 11 月 6 日。

（二）投资

《关于扩大对外开放积极利用外资若干措施的通知》（亦称"吸引外资 20 条"），国务院发布，2017 年 1 月 11 日。

《外商投资产业指导目录（2017 年修订）》，国家发展和改革委员会、商务部发布，2017 年 6 月 28 日。

《国务院关于促进外资增长若干措施的通知》，国务院发布，国发〔2017〕39 号，2017 年 8 月 16 日。

《商务部 工商总局关于执行联合国安理会第 2375 号决议关闭涉朝企业的公告》，2017 年 9 月 28 日。

2017 年版《对外投资合作国别（地区）指南》，2017 年 12 月 28 日。

（三）货币

《中国人民银行和其他中央银行或货币当局双边本币互换一览表（截

至 2017 年 7 月底)》，2017 年 7 月 31 日。

《人民币合格境外机构投资者（RQFII）额度一览表（截至 2017 年 7 月底)》，2017 年 7 月 31 日。

《人民币国际化报告（2017 年)》，2017 年 10 月 17 日。

（四）"一带一路"

《推动共建丝绸之路经济带和 21 世纪海上丝绸之路的愿景与行动》，2017 年 3 月 28 日。

《标准联通共建"一带一路"行动计划（2018—2020 年)》，2017 年 12 月 22 日。

◇◇ 四　国际重要协议、文件、声明、公报

（一）双边

《中华人民共和国和沙特阿拉伯王国联合声明》，2017 年 3 月 18 日。

《中华人民共和国和以色列国关于建立创新全面伙伴关系的联合声明》，2017 年 3 月 21 日。

《中华人民共和国和芬兰共和国关于建立和推进面向未来的新型合作伙伴关系的联合声明》，2017 年 4 月 5 日。

《中华人民共和国和缅甸联邦共和国联合新闻公报》，2017 年 4 月 10 日。

《中柬政府间协调委员会第四次会议联合新闻稿（全文)》（中国—柬埔寨），2017 年 4 月 27 日。

《关于成立中阿两国政府间合作委员会的谅解备忘录》（中国—阿联酋），2017 年 5 月 2 日。

《中丹联合工作方案（2017—2020）》（中国—丹麦），2017 年 5 月 3 日。

《中美经济合作百日计划早期收获联合新闻稿》（中国—美国），2017 年 5 月 12 日。

《中华人民共和国和乌兹别克斯坦共和国关于进一步深化全面战略伙伴关系的联合声明》，2017 年 5 月 12 日。

《中华人民共和国和匈牙利关于建立全面战略伙伴关系的联合声明》，2017 年 5 月 13 日。

《中越联合公报》（中国—越南），2017 年 5 月 14 日。

《中华人民共和国和智利共和国联合声明》，2017 年 5 月 15 日。

《中国和意大利关于加强经贸、文化和科技合作的行动计划（2017 年—2020 年)》，2017 年 5 月 16 日。

《中华人民共和国和柬埔寨王国联合新闻公报》，2017 年 5 月 17 日。

《中华人民共和国和阿根廷共和国联合声明》，2017 年 5 月 17 日。

《第十九次中国—欧盟领导人会晤成果清单》，2017 年 6 月 2 日。

《李克强总理正式访问德国并举行中德总理年度会晤成果清单》，2017 年 6 月 2 日。

《中华人民共和国和哈萨克斯坦共和国联合声明》，2017 年 6 月 8 日。

《中华人民共和国和俄罗斯联邦关于当前世界形势和重大国际问题的联合声明（全文)》，2017 年 7 月 5 日。

《中华人民共和国和俄罗斯联邦关于进一步深化全面战略协作伙伴关系的联合声明（全文)》，2017 年 7 月 4 日。

《中华人民共和国和塔吉克斯坦共和国关于建立全面战略伙伴关系的联合声明》，2017 年 8 月 31 日。

《中越联合声明》（中国—越南），2017 年 11 月 13 日。

《中老联合声明》（中国—老挝），2017 年 11 月 14 日。

《中华人民共和国政府和菲律宾共和国政府联合声明》，2017 年 11 月 16 日。

《中华人民共和国和巴拿马共和国联合声明》，2017 年 11 月 17 日。

《中国—加拿大气候变化和清洁增长联合声明》，2017 年 12 月 4 日。

（二）国际组织与国际会议

《二十国集团能效引领计划》，2017 年 2 月 14 日。

《全球能源互联网发展战略白皮书》，2017 年 2 月 22 日。

《跨国跨洲电网互联技术与展望》，2017 年 2 月 22 日。

《推进"一带一路"贸易畅通合作倡议》，2017 年 5 月 14 日。

《"一带一路"融资指导原则》，2017 年 5 月 14 日。

《"一带一路"国际合作高峰论坛圆桌峰会联合公报》，2017 年 5 月 15 日。

《"一带一路"国际合作高峰论坛成果清单》，2017 年 5 月 16 日。

《中国关于 APEC "后 2020" 贸易投资合作愿景的非文件》，2017 年 5 月 21 日。

《第二轮中日韩北极事务高级别对话联合声明》，2017 年 6 月 8 日。

《金砖国家外长会晤新闻公报》，2017 年 6 月 19 日。

《金砖国家领导人汉堡非正式会晤新闻公报》，2017 年 7 月 7 日。

《塑造联动世界——二十国集团汉堡峰会公报》，2017 年 7 月 20 日。

《金砖国家第七届经贸部长会议声明及附件》，2017 年 8 月 28 日。

《金砖国家领导人厦门宣言》，2017 年 9 月 4 日。

《新兴市场国家与发展中国家对话会主席声明》，2017 年 9 月 5 日。

《第二次"1+6"圆桌对话会联合新闻稿》，2017年9月12日。

《中非外长第四次联大政治磋商联合公报》，2017年9月20日。

《金砖国家外长联大会晤新闻公报》，2017年9月26日。

《2017年亚太经合组织部长级会议联合声明（英文）》，2017年11月9日。

《亚太经合组织第二十五次领导人非正式会议宣言（中文）》，2017年11月11日。

《驱动经济一体化 促进包容性发展——〈区域全面经济伙伴关系协定〉（RCEP）谈判领导人联合声明》，2017年11月14日。

《第六次中国—中东欧国家领导人会晤成果清单》，2017年11月28日。

《中国—中东欧国家合作五年成果清单》，2017年11月28日。

《上海合作组织成员国政府首脑（总理）理事会第十六次会议联合公报》，2017年12月1日。

《中国—加拿大气候变化和清洁增长联合声明》，2017年12月4日。

《澜沧江—湄公河合作第三次外长会联合新闻公报》，2017年12月15日。

第六部分

中国经济外交相关数据

表1　　　　　　　　　　2014—2017年中国货物进出口贸易额

（单位：万亿元人民币）

年份	进出口		出口		进口	
	金额	同比（%）	金额	同比（%）	金额	同比（%）
2014	26.43	2.3	14.39	4.9	12.04	−0.6
2015	24.59	−7	14.14	−1.8	10.45	−13.2
2016	24.3	−0.9	13.84	−2	10.49	0.6
2017	27.79	14.2	15.33	10.8	12.46	18.7

资料来源：笔者根据中华人民共和国商务部商务数据中心及商务部相关新闻报道整理。

表2　　　　　　　2014—2017年中国与主要贸易对象进出口比重　　　（单位:%）

2014 年				2015 年				2016 年				2017 年			
出口		进口		出口		进口		出口		进口		出口		进口	
国家/地区	比重	国家/地区	比重	国家/地区	比重	国家/地区	比重	国家/地区	比重	国家/地区	比重	国家/地区	比重	国家/地区	比重
美国	17	欧盟	12.4	美国	18	欧盟	12.4	美国	18.3	欧盟	13.1	美国	19	欧盟	13.3
欧盟	15.9	韩国	9.7	欧盟	15.6	韩国	10.4	欧盟	16.1	韩国	10	欧盟	16.4	韩国	9.6
中国香港	15.5	日本	8.3	中国香港	14.6	美国	9	中国香港	13.8	日本	9.2	中国香港	12.3	日本	9
日本	6.4	美国	8.2	日本	6	中国台湾	8.6	日本	6.1	中国台湾	8.8	日本	6.1	美国	8.4
韩国	4.3	中国台湾	7.8	—	—	—	—	韩国	4.5	美国	8.5	韩国	4.5	中国台湾	8.4

资料来源：世界贸易组织（WTO）Trade Profile 2015、2016、2017；《中华人民共和国2017年国民经济和社会发展统计公报》。

表 3　　　　　　2017 年进出口商品总值表（人民币值）月度表

（单位：亿元人民币）

月份	进出口	出口	进口	贸易差额	1 至当月累计			
					进出口	出口	进口	贸易差额
1 月	21629	12501	9128	3374	21629	12501	9128	3374
	18.9	14.5	25.5		18.9	14.5	25.5	
	−16.5	−12.5	−21.4					
2 月	17074	8173	8902	−729	38704	20674	18029	2645
	21.5	3.1	45.3		20	9.7	34.6	
	−21.1	−34.6	−2.5					
3 月	23022	12284	10738	1546	61725	32958	28767	4191
	23.5	21.3	26.2		21.3	13.7	31.3	
	34.8	50.3	20.6					
4 月	21993	12248	9745	2504	83718	45206	38512	6695
	15.1	12.8	18.1		19.6	13.5	27.7	
	−4.5	−0.3	−9.2					
5 月	23255	13002	10254	2748	106973	58208	48765	9443
	17.3	14.3	21.2		19.1	13.7	26.3	
	5.7	6.2	5.2					
6 月	23901	13374	10527	2847	130875	71582	59292	12290
	19.1	16.3	22.9		19.1	14.1	25.7	
	2.8	2.9	2.7					
7 月	23132	13116	10016	3101	154007	84698	69308	15390
	12.2	10.3	14.8		18	13.5	24	
	−3.2	−1.9	−4.9					
8 月	23995	13386	10609	2777	178002	98085	79917	18167
	9.8	6.3	14.5		16.8	12.5	22.6	
	3.7	2.1	5.9					
9 月	24576	13235	11341	1894	202578	111319	91258	20061
	13.6	8.8	19.6		16.4	12	22.3	
	2.4	−1.1	6.9					

续表

月份	进出口	出口	进口	贸易差额	1 至当月累计			
					进出口	出口	进口	贸易差额
10 月	22343	12413	9930	2483	224921	123732	101189	22543
	9.8	5.5	15.8		15.7	11.3	21.6	
	-9.1	-6.2	-12.4					
11 月	25936	14246	11691	2555	250857	137978	112879	25098
	12.1	9.5	15.4		15.3	11.2	20.9	
	16.1	14.8	17.7					
12 月	27066	15343	11723	3620	277923	153321	124602	28718
	4.5	7.4	0.9		14.2	10.8	18.7	
	4.4	7.7	0.3					

注：1. 本年度各月第一行数字为绝对指标；第二和第三行数字为相对指标。其中，第二行数字为与去年同期比（那个加减符号）；第三行数字为与上月环比。

2. 自 2014 年起，统计范围有所调整，详见编制说明。

资料来源：中华人民共和国海关总署，http://www.customs.gov.cn/customs/302249/302274/302276/1420951/index.html? from = singlemessage&isappinstalled = 0。

表4 **2007—2017 年中国对外直接投资统计** （单位：亿美元,%）

年份	流量		存量
	金额	同比增长	金额
2007	265.1	25.3	1179.1
2008	559.1	110.9	1839.7
2009	565.3	1.1	2457.5
2010	688.1	21.7	3172.1
2011	746.5	8.5	4247.8
2012	878.0	17.6	5319.4
2013	1078.4	22.8	6604.8
2014	1231.2	14.2	8826.4
2015	1456.7	18.3	10978.6

年份	流量		存量
	金额	同比增长	金额
2016	1961.5	34.7	13573.9
2017	1200.8	−29.4	

资料来源：中华人民共和国商务部。

表 5 　　　　　2015—2017 年中国吸收外商直接投资统计

（单位：亿元人民币）

	2015 年	2016 年	2017 年
全国设立外商投资企业数量	26575	27900	35652
实际使用外资金额	7813.5	8132.2	8775.6

资料来源：中华人民共和国商务部。

表 6 　　　2015—2017 年中国吸收外商直接投资主要来源经济体排名

（单位：亿美元）

排名	2015 年	金额	2016 年	金额	2017 年	金额
1	香港	926.7	香港	871.8	香港	989.2
2	新加坡	69.7	新加坡	61.8	新加坡	48.3
3	台湾省	44.1	韩国	47.5	台湾省	47.3
4	韩国	40.4	美国	38.3	韩国	36.9
5	日本	32.1	台湾省	36.2	日本	32.7
6	美国	25.9	澳门	34.8	美国	31.3
7	德国	15.6	日本	31.1	荷兰	21.7
8	法国	12.2	德国	27.1	德国	15.4
9	英国	10.8	英国	22.1	英国	15
10	澳门	8.9	卢森堡	13.9	丹麦	8.2
总和		1186.3		1184.6		1246.1

资料来源：中华人民共和国商务部。

表7　2015—2017年中国企业在"一带一路"沿线国家对外承包工程统计

	2015 年	2016 年	2017 年（1—11 月）
签约国家（个）	60	61	61
新签对外承包工程项目合同（份）	3987	8158	6201
新签合同额（亿美元）	926.4	1260.3	1135.2
占同期中国对外承包工程新签合同额比重（%）	44.1	51.6	54.1
新签合同额同比增长率（%）	7.4	36	13.1
完成营业额（亿美元）	692.6	759.7	653.9
占同期完成营业总额比重（%）	45	47.7	48.7
完成营业额同比增长率（%）	7.6	9.7	6.1

资料来源：中华人民共和国商务部。

表8　2015—2017年中国企业对"一带一路"沿线国家直接投资统计

	2015 年	2016 年	2017 年（1—11 月）
投资国家（个）	49	53	59
非金融类直接投资额（亿美元）	148.2	145.3	123.7
非金融类直接投资额同比增长率（%）	18.2	−2	−7.3
占同期中国对外非金融类直接投资总额比重（%）	—	8.5	11.5
投资主要流向	新加坡、哈萨克斯坦、老挝、印尼、俄罗斯和泰国等	新加坡、印尼、印度、泰国、马来西亚等	新加坡、马来西亚、老挝、印尼、巴基斯坦、俄罗斯、缅甸等

资料来源：中华人民共和国商务部。

表9　　"一带一路"国际合作重大工程项目盘点

项目名称	承接工程的中方企业	所在国家	建设地点	项目状态
三家央企联手收购土耳其第三大码头 Kumport	中国远洋集团下属中远太平洋有限公司、招商局国际有限公司与中投海外直接投资有限公司	土耳其	伊斯坦布尔	已竣工

续表

项目名称	承接工程的中方企业	所在国家	建设地点	项目状态
沙特延布炼厂	中国石化	沙特	延布	已投产
哈萨克斯坦苏克石油天然气公司（港资）	香港中科国际石油天然气投资集团有限公司	哈萨克斯坦	克孜奥尔达州	在建
帕德玛大桥及河道疏浚项目	中国电建	孟加拉国	孟加拉国达卡地区Mawa镇	在建
阿斯玛特·阿里汗桥（中孟中友谊七桥）	黑龙江国际经济技术合作公司	孟加拉国	马达里普县阿里尔坎河	已竣工
中老铁路	—	中国、老挝	中国云南、老挝孟赛、琅勃拉邦、万荣、万象	在建
中缅铁路	—	中国、缅甸	云南保山市、德宏州、大理州、临沧市	在建
白俄罗斯中白工业园	中工国际工程股份有限公司和哈尔滨投资集团有限责任公司	白俄罗斯	白俄罗斯明斯克州斯莫列维奇区	在建
中缅天然气管道项目	中国石油天然气集团公司	中国、缅甸	管道起自中缅天然气管道楚雄分输站，终点位于四川省攀枝花市仁和区	已竣工
霍尔果斯国际边境合作中心	—	中国	霍尔果斯边境	在建
马来西亚马中关丹产业园	—	马来西亚	马来西亚彭亨州关丹市	在建

注：本表格并未包含"一带一路"国际合作的所有工程项目，而是整理汇总了"中国一带一路网"项目案例中列举的重点工程项目，其中"项目状态"是指该项目截至2017年的进展情况。

资料来源：中国一带一路网，https：//www.yidaiyilu.gov.cn/qyfc/xmal/2475.htm。

表10   **2012—2017年中国外汇储备规模统计**   （单位：亿美元）

年份	金额
2012	33115.89
2013	38213.15

续表

年份	金额
2014	38430.18
2015	33303.62
2016	30105.17
2017	31399.49

资料来源：中国人民银行。

表11　　　2008年后中国人民银行签订的货币互换协议统计

（单位：亿元人民币）

签订时间	互换对象国/地区	互换规模	现在是否有效
2008.12.12	韩国	1800	否（后续新约）
2011.10.26	韩国	3600	否（后续新约）
2014.10.11	韩国	3600	否
2009.2.8	马来西亚	800	否（后续新约）
2012.2.8	马来西亚	1800	否（后续新约）
2015.4.17	马来西亚	1800	是
2009.3.11	白俄罗斯	200	否（后续新约）
2015.5.10	白俄罗斯	70	是
2009.3.23	印度尼西亚	1000	否（后续新约）
2013.10.1	印度尼西亚	1000	否
2009.4.2	阿根廷	700	否（后续新约）
2014.7.18	阿根廷	700	否（后续新约）
2017.7.18	阿根廷	700	是
2010.6.9	冰岛	35	否（后续新约）
2013.9.30	冰岛	35	否
2010.7.23	新加坡	1500	否（后续新约）
2013.3.7	新加坡	3000	否（后续新约）
2016.3.7	新加坡	3000	是
2011.4.18	新西兰	250	否（后续新约）

签订时间	互换对象国/地区	互换规模	现在是否有效
2014. 4. 25	新西兰	250	否（后续新约）
2017. 5. 19	新西兰	250	是
2011. 4. 19	乌兹别克斯坦	7	否
2011. 5. 6	蒙古国	50	否（后续新约）
2012. 3. 20	蒙古国	100	否（后扩资）
2014. 8. 21	蒙古国	150	否（后续新约）
2017. 7. 6	蒙古国	150	是
2011. 6. 13	哈萨克斯坦	70	否（后续新约）
2014. 12. 14	哈萨克斯坦	70	否
2011. 12. 22	泰国	700	否（后续新约）
2014. 12. 22	泰国	700	否
2011. 12. 24	巴基斯坦	100	是
2014. 12. 23	巴基斯坦	100	否
2012. 1. 17	阿联酋	350	否（后续新约）
2015. 12. 14	阿联酋	350	是
2012. 2. 21	土耳其	100	否（后扩资）
2015. 9. 26	土耳其	120	是
2012. 3. 22	澳大利亚	2000	否（后续新约）
2015. 3. 30	澳大利亚	2000	是
2012. 6. 26	乌克兰	150	否（后续新约）
2015. 5. 15	乌克兰	150	是
2013. 3. 26	巴西	1900	否
2013. 6. 22	英国	2000	否（后扩资）
2015. 10. 20	英国	3500	是
2013. 9. 9	匈牙利	100	否（后续新约）
2016. 9. 12	匈牙利	100	是
2013. 9. 12	阿尔巴尼亚	20	否
2013. 10. 10	欧洲央行	3500	否
2014. 4. 25	新西兰	250	否（后续新约）

续表

签订时间	互换对象国/地区	互换规模	现在是否有效
2017.5.19	新西兰	250	是
2014.7.21	瑞士	1500	否（后续新约）
2017.7.21	瑞士	1500	是
2014.9.16	斯里兰卡	100	否
2014.10.13	俄罗斯	1500	否
2014.11.3	卡塔尔	350	否
2014.11.8	加拿大	2000	否
2015.3.18	苏里南	10	是
2015.3.25	亚美尼亚	10	是
2015.4.10	南非	300	是
2015.5.25	智利	220	是
2015.9.3	塔吉克斯坦	30	是
2016.5.11	摩洛哥	100	是
2016.6.17	塞尔维亚	15	是
2016.12.6	埃及	180	是

资料来源：中国人民银行。

表12　　　　　　　　**联合声明中涉及本币结算的国家情况统计**

时间	对象国	政治事件	公报/协议	相关内容
2009.6.18	俄罗斯	时任国家主席胡锦涛访问俄罗斯	《中俄元首莫斯科会晤联合声明》	做好边贸和边境地区旅游服务本币结算工作，为扩大人民币和卢布结算创造良好条件
2009.10.13	俄罗斯	时任俄罗斯联邦政府总理普京访问中国	《中俄总理第十四次定期会晤联合公报》	边贸本币结算业务稳步发展；研究进一步拓展双边本币结算业务
2010.9.28	俄罗斯	时任俄罗斯联邦总统梅德韦杰夫访问中国	《中俄关于全面深化战略协作伙伴关系的联合声明》	为开展双边本币结算创造有利条件

时间	对象国	政治事件	公报/协议	相关内容
2010.11.24	俄罗斯	时任国务院总理温家宝访问俄罗斯	《中俄总理第十五次定期会晤联合公报》	推动扩大双边本币结算范围的重要步骤
2011.10.12	俄罗斯	时任俄罗斯联邦政府总理普京访问中国	《中俄总理第十六次定期会晤联合公报》	扩大两国本币结算，促进贸易和投资增长
2013.10.22	俄罗斯	俄罗斯联邦政府总理梅德韦杰夫访问中国	《中俄总理第十八次定期会晤联合公报》	在双边贸易、直接投资和信贷领域扩大使用本币
2014.5.20	俄罗斯	俄罗斯联邦总统普京访问中国	《中俄关于全面战略协作伙伴关系新阶段的联合声明》	推进财金领域紧密协作，包括在中俄易、投资和借贷中扩大中俄本币直接结算规模
2017.7.5	俄罗斯	习近平主席访问俄罗斯	《中华人民共和国和俄罗斯联邦关于进一步深化全面战略协作伙伴关系的联合声明》	推动扩大贸易、投资及金融领域本币使用规模
2011.6.14	哈萨克斯坦	时任国家主席胡锦涛访问哈萨克斯坦	《中哈关于发展全面战略伙伴关系的联合声明》	双方将推动双边贸易本币结算，欢迎两国银行建立合作伙伴关系并开展代理业务
2012.4.2	哈萨克斯坦	时任哈萨克斯坦共和国总理卡里姆·马西莫夫访问中国	《中哈总理第一次定期会晤联合公报》	推动双边本币结算发展
2012.6.7	哈萨克斯坦	哈萨克斯坦共和国总统努尔苏丹·纳扎尔巴耶夫访问中国	《中华人民共和国和哈萨克斯坦共和国联合宣言》	落实好双边货币互换协议，探讨在双边贸易中使用本币结算
2013.9.7	哈萨克斯坦	习近平主席访问哈萨克斯坦	《中哈关于进一步深化全面战略伙伴关系的联合宣言》	努力为扩大两国贸易、投融资领域本币结算和落实已签署的双边协议创造条件
2015.8.31	哈萨克斯坦	哈萨克斯坦共和国总统努尔苏丹·纳扎尔巴耶夫访问中国	《中华人民共和国和哈萨克斯坦共和国关于全面战略伙伴关系新阶段的联合宣言》	扩大两国贸易、投融资领域本币结算

续表

时间	对象国	政治事件	公报/协议	相关内容
2015.12.14	哈萨克斯坦	时任哈萨克斯坦共和国总理卡里姆·马西莫夫访问中国	《中华人民共和国政府和哈萨克斯坦共和国政府联合公报》	推动双边本币结算
2017.6.8	哈萨克斯坦	习近平主席访问哈萨克斯坦	《中华人民共和国和哈萨克斯坦共和国联合声明》	扩大本币结算在贸易和投融资领域的使用规模
2012.6.7	塔吉克斯坦	塔吉克斯坦共和国总统埃莫马利·拉赫蒙访问中国	《中华人民共和国和塔吉克斯坦共和国联合宣言》	鼓励并支持在双边贸易中使用本币结算，支持两国银行建立代理行关系并开展多种形式的合作
2014.9.13	塔吉克斯坦	9月11日至12日，上海合作组织成员国元首理事会第十四次会议在杜尚别举行	《中塔关于进一步发展和深化战略伙伴关系的联合宣言》	推动双边贸易本币结算
2017.9.1	塔吉克斯坦	塔吉克斯坦共和国总统埃莫马利·拉赫蒙访问中国	《中华人民共和国和塔吉克斯坦共和国关于建立全面战略伙伴关系的联合声明》	双方将深化金融合作，推动在双边贸易中使用本币结算
2013.5.30	斯里兰卡	时任斯里兰卡总统贾帕克萨访问中国	《中华人民共和国和斯里兰卡民主社会主义国联合公报》	双方领导人同意鼓励扩大本币在双边贸易和投资中的使用
2013.6.21	越南	时任越南国家主席张晋创访问中国	《中越联合声明》	鼓励在边境贸易中使用本币支付结算
2013.10.15	越南	李克强总理访问越南	《新时期深化中越全面战略合作的联合声明》	在2003年两国央行签署边境贸易双边本币结算协定基础上，继续探讨扩大本币结算范围，促进双边贸易和投资
2013.6.28	韩国	时任韩国总统朴槿惠访问中国	《充实中韩战略合作伙伴关系行动计划》	双方将在贸易结算领域推动本币结算
2014.7.4	韩国	习近平主席访问韩国	《中韩面向未来联合声明》	认识到推动本币结算有利于两国经贸往来发展

时间	对象国	政治事件	公报/协议	相关内容
2013.9.9	乌兹别克斯坦	习近平主席访问乌兹别克斯坦	《中乌关于进一步发展和深化战略伙伴关系的联合宣言》	加快落实2011年4月19日签订的双边本币互换协议，推动双边贸易本币结算
2013.10.11	泰国	李克强总理访问泰国	《中泰关系发展远景规划》	推动更多使用两国本币作为两国贸易和投资结算货币
2014.5.8	尼日利亚	李克强总理访问尼日利亚	《中尼联合声明》	双方同意，两国中央银行推进本币结算
2014.8.22	蒙古国	习近平主席访问蒙古国	《中蒙关于建立和发展全面战略伙伴关系的联合声明》	支持以本币进行贸易结算
2014.11.9	加拿大	时任加拿大总理哈珀访问中国	《中加联合成果清单》	提高本币在中加贸易和投资中的使用
2014.12.16	16个中东欧国家	第三次中国—中东欧国家领导人会晤在塞尔维亚贝尔格莱德举行	《中国—中东欧国家合作贝尔格莱德纲要》	推动本币结算成为促进贸易与投资的有效方式之一，鼓励中国和中东欧国家企业在跨境贸易和投资中采用人民币结算
2015.5.11	白俄罗斯	习近平主席访问白俄罗斯	《中华人民共和国和白俄罗斯共和国关于进一步发展和深化全面战略伙伴关系的联合声明》	推动双边贸易本币结算
2016.9.30	白俄罗斯	白俄罗斯共和国总统亚历山大·卢卡申科访问中国	《中华人民共和国和白俄罗斯共和国关于建立相互信任、合作共赢的全面战略伙伴关系的联合声明》	积极推动双边贸易和投资使用本币结算
2015.7.10	俄罗斯、蒙古国	中俄蒙元首第二次会晤	《中华人民共和国、俄罗斯联邦、蒙古国发展三方合作中期路线图》	在相互贸易中扩大使用本币结算
2015.11.24	马来西亚	李克强总理出席东亚合作领导人系列会议并访马	《中华人民共和国和马来西亚联合声明》	跨境贸易、投资和资金流动中扩大两国本币使用

续表

时间	对象国	政治事件	公报/协议	相关内容
2015.12.16	上海合作组织成员国	上海合作组织成员国政府首脑（总理）理事会第十四次会议	《上海合作组织成员国政府首脑（总理）关于区域经济合作的声明》	开展本币互换
2015.12.17	吉尔吉斯斯坦	时任吉尔吉斯斯坦总理捷米尔·萨里耶夫访华	《中华人民共和国政府和吉尔吉斯共和国政府联合公报》	推动双边本币结算
2016.3.23	柬埔寨、泰国、越南、缅甸、老挝	澜沧江—湄公河合作首次领导人会议	《澜沧江—湄公河合作首次领导人会议三亚宣言》	推进双边本币互换和本币结算
2016.3.29	捷克	习近平主席访问捷克	《中华人民共和国和捷克共和国关于建立战略伙伴关系的联合声明》	视情推动在双边贸易和投资中使用本币结算
2016.5.18	莫桑比克	莫桑比克共和国总统菲利佩·雅辛托·纽西访问中国	《中华人民共和国和莫桑比克共和国关于建立全面战略合作伙伴关系的联合声明》	支持双方企业在投资和贸易中使用本币结算
2016.6.29	塞尔维亚	习近平主席访问塞尔维亚	《中华人民共和国和塞尔维亚共和国关于建立全面战略伙伴关系的联合声明》	推动在双边贸易和投资中使用本币结算
2016.10.21	菲律宾	菲律宾共和国总统罗德里戈·罗亚·杜特尔特访问中国	《中华人民共和国与菲律宾共和国联合声明》	扩大双边贸易和投资本币结算
2017.5.13	匈牙利	匈牙利总理欧尔班·维克多应邀来华出席"一带一路"国际合作高峰论坛，并对华进行正式访问	《中华人民共和国和匈牙利关于建立全面战略伙伴关系的联合声明》	推动在双边贸易和投资中使用本币结算
2017.5.15	"一带一路"沿线30个国家	"一带一路"国际合作高峰论坛圆桌峰会举行	《"一带一路"国际合作高峰论坛圆桌峰会联合公报》	推动签署双边本币结算和合作协议

时间	对象国	政治事件	公报/协议	相关内容
2017.9.4	巴西、俄罗斯、印度、南非	金砖国家领导人第九次会晤	《金砖国家领导人厦门宣言》	通过货币互换、本币结算、本币直接投资等适当方式，就加强货币合作保持密切沟通，并探索更多货币合作方式

资料来源：中华人民共和国外交部。

表13　　　　　　　　　　人民币可直接交易货币一览表

启动时间	可交易币种
2017.9.13	柬埔寨瑞尔（银行间市场区域交易）
2017.8.11	蒙古国图格里克（银行间市场区域交易）
2016.12.12	瑞典克朗
2016.12.12	挪威克朗
2016.12.12	匈牙利福林
2016.12.12	丹麦克朗
2016.12.12	波兰兹罗提
2016.12.12	土耳其里拉
2016.12.12	墨西哥比索
2016.11.14	加拿大元
2016.9.26	阿联酋迪拉姆
2016.9.26	沙特里亚尔
2016.6.27	韩元
2016.6.20	南非兰特
2015.11.10	瑞士法郎
2014.10.27	新加坡元
2014.9.25	哈萨克斯坦坚戈
2014.9.29	欧元
2014.6.18	英镑
2014.3.18	新西兰元
2013.4.9	澳大利亚元

续表

启动时间	可交易币种
2012.5.29	日元
2010.11.22	俄罗斯卢布
2010.8.19	马来西亚林吉特

资料来源：中国外汇交易中心。

表14　　　　中国签署的建立货币清算机制的备忘录

时间	对方央行	清算银行
2013.4.2	新加坡金融管理局	中国工商银行新加坡分行
2014.3.28	德国联邦银行	中国银行法兰克福分行
2014.3.31	英格兰银行	中国建设银行（伦敦）有限公司
2014.6.28	卢森堡中央银行	中国工商银行卢森堡分行
2014.6.28	法兰西银行	中国银行巴黎分行
2014.7.3	韩国银行	交通银行首尔分行
2014.11.3	卡塔尔中央银行	中国工商银行多哈分行
2014.11.8	加拿大中央银行	中国工商银行（加拿大）有限公司
2014.11.10	马来西亚国家银行	中国银行（马来西亚）有限公司
2014.11.17	澳大利亚储备银行	中国银行悉尼分行
2014.12.22	泰国银行	中国工商银行（泰国）有限公司
2015.5.25	智利中央银行	中国建设银行智利分行
2015.6.25	匈牙利中央银行	匈牙利中国银行
2015.7.1	南非储备银行	中国银行约翰内斯堡分行
2015.9.17	阿根廷中央银行	中国工商银行（阿根廷）股份有限公司
2015.9.17	赞比亚中央银行	赞比亚中国银行
2016.9.21	美联储	中国银行纽约分行
2016.9.23	俄罗斯中央银行	中国工商银行莫斯科股份有限公司
2016.12.7	阿联酋中央银行	中国农业银行迪拜分行

资料来源：中国人民银行。

表 15　　　　　人民币合格境外机构投资者（RQFII）额度一览表

序号	国家或地区	总额度（亿元）	宣布时间
1	中国香港	200	2011 年 8 月
		500	2012 年 4 月
		2000	2012 年 11 月
		2300	2017 年 7 月
2	英国	800	2013 年 10 月
3	新加坡	1000	2013 年 10 月
4	法国	800	2014 年 3 月
5	韩国	1200	2014 年 7 月
6	德国	800	2014 年 7 月
7	卡塔尔	300	2014 年 11 月
8	加拿大	500	2014 年 11 月
9	澳大利亚	500	2014 年 11 月
10	瑞士	500	2015 年 1 月
11	卢森堡	500	2015 年 4 月
12	智利	500	2015 年 5 月
13	匈牙利	500	2015 年 6 月
14	马来西亚	500	2015 年 11 月
15	阿联酋	500	2015 年 11 月
16	泰国	500	2015 年 11 月
17	美国	2500	2016 年 6 月
18	爱尔兰	500	2016 年 12 月
合计		17400	

资料来源：中国人民银行。

表 16　　近三年人民币占全球外汇储备比重表（截至 2017 年第 3 季度）

（单位：亿美元,%）

币种	2015Q4		2016Q4		2017Q3	
	外汇储备量	全球占比	外汇储备量	全球占比	外汇储备量	全球占比
美元	48769.3	65.73	55028.6	65.34	61256.3	63.50

币种	2015Q4		2016Q4		2017Q3	
	外汇储备量	全球占比	外汇储备量	全球占比	外汇储备量	全球占比
欧元	14193.1	19.13	16111.1	19.13	19328.4	20.04
英镑	3497.0	4.71	3658.3	4.34	4334.7	4.49
日元	2784.8	3.75	3328.6	3.95	4359.8	4.52
加元	1316.3	1.77	1631.4	1.94	1928.1	2.00
澳元	1310.3	1.77	1423.0	1.69	1711.3	1.77
人民币	—	—	907.8	1.08	1079.4	1.12
瑞士法郎	198.2	0.27	137.0	0.16	162.9	0.17
其他	2124.5	2.68	1992.2	2.37	2299.8	2.38
总额	74193.5	100	84218.0	100	96460.5	100

资料来源：国际货币基金组织。

表 17　　　　　　　人民币外汇市场交易量　　（单位：亿美元,%）

年份	人民币外汇交易量	全球占比
2010	343	0.9
2013	1196	2.2
2016	2021	4.0

资料来源：国际清算银行。

表 18　　　　　2010—2016 年跨境贸易人民币结算量　　（单位：万亿元）

年份	跨境贸易人民币结算量
2010	0.5
2011	2.08
2012	2.94
2013	4.63
2014	6.55

续表

年份	跨境贸易人民币结算量
2015	7.23
2016	5.23

资料来源：中国人民银行。

表19　　　　　　　2015—2017 年中国原油和天然气净进口量

	2015 年	2016 年	2017 年
原油（万吨）	33262.57	37809.71	41947.48
天然气（亿立方米）	571.22	702.85	952.64

资料来源：中华人民共和国海关总署。

表20　　　　　　　2015—2017 年中国原油进口主要来源　　　　（单位：万吨）

排名	2015 年	进口规模	2016 年	进口规模	2017 年	进口规模
1	沙特阿拉伯	5054.20	俄罗斯	5247.91	俄罗斯	5953.76
2	俄罗斯	4243.17	沙特阿拉伯	5100.34	沙特阿拉伯	5218.10
3	安哥拉	3870.75	安哥拉	4375.16	安哥拉	5041.77
4	伊拉克	3211.41	伊拉克	3621.64	伊拉克	3681.61
5	阿曼	3206.42	阿曼	3506.92	伊朗	3115.38
6	伊朗	2661.59	伊朗	3129.75	阿曼	3100.71
7	委内瑞拉	1600.89	委内瑞拉	2015.67	巴西	2309.27
8	科威特	1442.81	巴西	1914.04	委内瑞拉	2176.26
9	巴西	1391.75	科威特	1633.96	科威特	1824.35
10	阿联酋	1256.97	阿联酋	1218.36	阿联酋	1015.95
—	欧佩克	19732.11	欧佩克	21763.44	欧佩克	23171.44

资料来源：中华人民共和国海关总署。

表 21　　　　　　2015—2017 年中国天然气进口主要来源国

（单位：亿立方米）

排名	2015 年	进口规模	2016 年	进口规模	2017 年	进口规模
1	土库曼斯坦	277	土库曼斯坦	294	土库曼斯坦	341
2	澳大利亚	72	澳大利亚	157	澳大利亚	240
3	卡塔尔	65	卡塔尔	65	卡塔尔	104
4	马来西亚	44	乌兹别克斯坦	43	马来西亚	59
5	印度尼西亚	39	缅甸	39	印度尼西亚	43

资料来源：中华人民共和国海关总署，英国石油公司。

表 22　　　　　　全球主要经济体/地区国内生产总值统计　　（单位：亿美元）

	2012 年	2013 年	2014 年	2015 年	2016 年
美国	161552.55	166915.17	173931.03	181207.14	186244.75
中国	85605.47	96072.24	104823.72	110646.66	111991.45
日本	62032.13	51557.17	48487.33	43830.76	49401.59
德国	35439.84	37525.14	38906.07	33756.11	34777.96
英国	26620.85	27398.19	30228.28	28855.70	26478.99
法国	26814.16	28085.11	28493.05	24335.62	24654.54
印度	18276.38	18567.22	20353.93	20898.65	22637.92
意大利	20728.23	21304.91	21517.33	18323.47	18589.13
巴西	24651.89	24728.07	24559.93	18036.53	17961.87
加拿大	18242.89	18426.28	17928.83	15528.08	15297.60
韩国	12228.07	13056.05	14113.34	13827.68	14112.46
俄罗斯	22102.57	22971.28	20636.63	13658.64	12831.63
澳大利亚	15381.94	15671.79	14595.98	13453.83	12046.16
东亚与太平洋地区	210191.32	212625.44	219000.32	217669.48	224804.28
南亚	22979.10	23566.60	25776.92	26828.04	28924.81
北美	179850.81	185397.19	191917.56	196794.38	201602.96
欧洲与中亚地区	223406.99	233491.59	236547.00	203646.23	202738.41
欧盟	172902.02	180268.81	186324.24	164107.00	164873.44

续表

	2012 年	2013 年	2014 年	2015 年	2016 年
拉丁美洲与加勒比海地区	61212.07	62729.89	63915.50	54592.06	52998.66
中东与北非地区	35297.58	35240.24	35635.59	31472.79	31447.98
撒哈拉以南非洲地区	16121.10	16985.18	17802.85	16058.74	15125.96
世界	748899.47	769908.57	790492.31	747577.45	758451.09

资料来源：世界银行。

表 23　　　　　　　　　　2015—2017 年中国出境游主要数据

	2015 年	2016 年	2017 年
出境人次（万人）	11700	12197	13051
境外旅行花费（亿美元）	1045	1098	1152.9

数据来源：中国旅游研究院。

主编后记

《中国经济外交蓝皮书（2018）》是我近年来致力于推动中国经济外交的学科建设和政策分析的产物，它源于我和合作者孙忆于2014年在《外交评论》上发表的论文《理解中国经济外交》，正是在这篇论文中，我圈定了关于中国经济外交的基本研究框架和概念体系，我随后围绕中国经济外交的所有研究以及对经济外交概念的使用都是以这篇论文为基础的，只是我当时并没有完全意识到它开启了我个人的一项新的学术研究计划。

我从2011年秋季开始，在中国人民大学国际关系学院从事国际政治经济学（IPE）方向的教学与研究。由于学院在国际政治经济学的理论研究和学科建设上，已经拥有相当完备和比较雄厚的师资力量和课程体系，为了避免学术上的重复建设，我个人开始考虑如何走一条学术研究的新路，以和既有的学术同行和同事形成区别与互补。

经过数年的探索，我决心以中国经济外交作为我的学术主攻方向之一，尝试将国际政治经济学理论与中国实践相结合。中国的国际政治经济学研究近年来取得了长足的进展，已经形成了一个规模可观的学术共同体，形成了比较健全的学科建制和知识体系，成为国际关系学下的一个重要分支领域。但是总体而言，中国的国际政治经济学理论体系引进西方较多，中国原创较少，而且也以研究西方案例为主，中国案例（或者说"中国故事"）在国际政治经济学理论体系中着墨较少。而最近几年，特别是随着中国成为全球第二大经济体、第一大贸易体，中国对国际经济体系的影响越来越大，中国的实践再也不是国际政治经济学中可有可无的"边缘故事"。

考虑到上述两重因素，我希望以中国经济外交研究为切入点，将国际政治经济学的研究视角与中国外交实践相结合，突出中国在国际经济舞台上的外交行为，以中国为主角来研究国际政治经济学。

在此期间，我有机会参与由外交学院领衔的中国国际关系学会经济外交研究会的创会及相关学会建设工作。研究会于 2015 年年初正式创建，在凝聚相关力量推动经济外交的理论和实务研究方面做了一些非常重要的工作。2017 年春季，在经过了多年准备之后，我给国际政治经济学专业的硕士研究生开设了《中国经济外交研究》的专业选修课程，这门课程相对淡化理论，突出中国参与国际经济体系的实务和案例研究，定位的主要听众是不继续攻读博士的硕士研究生。

正是在这些基础之上，也是从 2017 年春季开始，我正式启动《中国经济外交评估报告》的集体项目，即每个月梳理一次中国政府经济外交的重要实践，并对其重要事件进行简要评估。中国人民大学 2016—2019 年明德研究品牌计划"中国经济外交的理论与实践"（项目号：14XNJ006）为这个项目提供了少量启动经费，但明德研究品牌计划并不是专门支持我们的评估报告，我们以此为题的其他经费申请都宣告失败。而且最初，我们也并没有信心，这个自设的项目究竟能走多远。但坚持一年下来后，我和我的团队都倍感振奋，一致认为要将我们一年积累的成果出版成册，认为它对推动中国经济外交研究具有一定的价值，如果长期积累下去，将可望成为中国经济外交研究的"大百科全书"。经过反复斟酌，我们决心以蓝皮书的形式出版。

为此，我向作为 25 家首批国家高端智库的中国人民大学国家发展与战略研究院（简称国发院）寻求出版支持，在国发院常务副院长聂辉华教授、国发院国际战略研究中心主任方长平教授以及国发院研究员韩冬临副教授的鼎力支持下，本书通过评审程序，有幸被纳入国发院智库丛书，进而获得了出版资助；不仅如此，我们也非常感谢中国人民大学副校长、国发院执行院长、著名经济学者刘元春教授能为拙作拨冗作序，这是对我们莫大的鞭策和鼓励。同时感谢学校图书馆和中国人民大学国际关系学院为我们的月度例会提供了会议场所。

本书的团队成员都是我在中国人民大学国际关系学院指导的博士生、硕士生和少量本科生。一年来，团队成员已经发生了一些变化，有些学生在研究生阶段已经转到其他老师的名下，退出了团队；有些学生则已经毕业，到了新的工作岗位，但整个团队的主体力量保持了基本稳定。作为主编，我非常感谢我们的团队成员，本项目是在没有太多经费支持下起步的，团队成员却无怨无悔，完全是基于一种纯粹的学术兴趣和学术使命在努力贡献，并在学术合作中结下了深情厚谊。

感谢中国社会科学出版社的王茵总编辑助理、喻苗副主任与郭枭编辑。作为一名有着深厚学术素养的专业型编辑，郭枭博士从接手本书手稿开始，就和我们团队保持了密切沟通，对我们的想法充满了理解，并帮助我们完善全书的体例、内容和文字。没有郭枭编辑的大力支持，本书不可能以这种精美的形式与读者见面。

本书的顺利出版也激励了我们整个团队，我们将继续投入《中国经济外交蓝皮书》的编写，努力使之成为一个持续性的学术品牌。由于我们是首次从事这类作品的撰写，非常缺乏经验，其中的不足和谬误之处在所难免，还望各位同人不吝指教。

李巍

2018 年 1 月 31 日于

中国人民大学明德国际楼